재미있는
섹스사전

재미있는 섹스사전

© 강준막, 2011

2011년 1월 10일 1쇄 찍음
2011년 1월 20일 1쇄 펴냄

편저자 | 강준막
펴낸이 | 이태준
기획편집 | 문형숙, 박김문숙, 이동국, 이연희, 이혜미
교정교열 | 김진아
디자인 | 이은혜
마케팅 | 박상철
관리 | 김수연

인쇄 및 제본 | 대정인쇄공사
펴낸곳 | 북카라반
출판등록 | 제17-332호 2002년 10월 18일

주소 | (121-839) 서울시 마포구 서교동 392-4 삼양빌딩 2층
전화 | 02-486-0385
팩스 | 02-474-1413

www.inmul.co.kr | cntbooks@gmail.com
ISBN 978-89-91945-28-9

값 17,000원

Interesting

상식과 편견의

Sex

벽을 허물다

Dictionary

재미있는 섹스사전

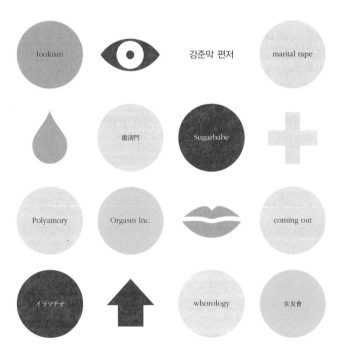

lookism

강준막 편저

marital rape

肅淸門

Sugarbabe

Polyamory

Orgasm Inc.

coming out

イラマチオ

whorology

女友會

북카라반
CARAVAN

머리말

유쾌하고 건강한 성담론을 위해

"그런 책 쓰다간 평생 결혼 못한다."

전국 집창촌에 대한 기록인 『유곽의 역사』(페이퍼로드 발행, 2007)를 펴낸 홍성철 씨의 말이다. 『유곽의 역사』는 그가 신문 기자로서 집창촌 르포를 썼던 걸 계기로 3개월간 군산의 개복동과 대명동, 전주 선비촌과 선화촌, 목포 사쿠라마치 등 전국 30여 곳의 집창촌을 발로 누비는 등 그야말로 피땀 흘려 쓴 훌륭한 작품이다. 그의 이런 선구적인 노력에 뜨거운 박수를 보내줘도 모자랄 판에 왜 주변 사람들은 그의 작업을 만류했던 걸까?

이 물음에 대한 답은 마광수 교수가 당했던 시련과 탄압의 이유와 무관치 않다. 한국 사회 특유의 이중성 때문이다. 한국은 세계에서 둘째가라면 서러울 정도로 성매매의 기회가 잘 보장된(?) 나라다. 주택가에서 학교 주변에 이르기까지 도처에 유사 성매매 업소들이 즐비하다. 심지어 검사들의 성상납 의혹까지 불거지고 해외에서 한국인들의 성매매가 국제적인 문제가 될 정도로 한국 남성들의 성매매 행각은 유명하다. 그러면서도 공개적으론 성 표현 규제가 매우 엄격하다. 바로 이런 이중성이 마땅히 심각한 연구의 대상이 돼야 할 주제를 외면하게 만드는 건 물론이고 선구자들의 연구마저 마땅치 않게 보는 풍토를 낳은 것이다.

'성매매 유비쿼터스' 라는 말이 나올 정도로 성매매 기회는 흘러넘치는 반면, 성교육은 빈약하기 짝이 없다는 것도 불가사의한 일이다. 정신과 의사 김영진 박사는 "한국 사회는 성적인 담론에 대해 폐쇄적이고 신비화된 것이 특징이다. 서양인은 성적 능력을 사춘기부터 행동으로 배운다. 그들은 성(性)을 통해 성(性)을 배우고 성장하지만 한국은 그럴 기회가 상대적으로 적다"고 했다.[1] 바로 여기에 문제가 있는 게 아닐까? 게다가 그나마 있는 성교육마저 너무 근엄하게 이뤄지는 탓에 올바른 섹스관을 세우는 데에도 실패하고 있는 건 아닐까? 이 책은 바로 그러한 문제들을 해결하는 데 도움이 되길 바라는 마음으로 쓴 것이다.

'바우들러' 라는 인물이 있다. 토머스 바우들러(Thomas Bowdler)는 영국에서 1820년대에 "책의 내용 중 상스러운 부분을 삭제하거나 수정하다" 라는 뜻을 가진 'bowdlerize' 란 단어가 생겨나게 만든 장본인이다. 1818년 에든버러의 내과의사이면서 복음주의자인 바우들러는 자신의 '가족에게 큰소리로 읽어줄 수 없는' 모든 구절을 삭제한 『가족 셰익스피어^{Family Shakespeare}』(전10권)를 출판했다. 셰익스 피어가 제대로 교육받지 못해 당시의 '무절제한 기호'에 야합했다 는 것이 그 이유였다. 『햄릿^{Hamlet}』에서 햄릿이 오필리아^{Ophelia}에게 "아 가씨, 당신 허벅지에 누워도 되겠습니까?"라고 묻는 장면을 햄릿이 오필리아의 발치에 눕는 걸로 대체하는 식이었다. 바우들러는 1826년 기존의 『로마 쇠망사』(전6권)에서 비종교적, 부도덕한 인상 을 주는 구절들을 삭제한 개정판을 냈는데, 이때부터 '바우들러 화'란 말이 널리 쓰이게 되었다.

이 책 『재미있는 섹스사전』은 '바우들러' 식의 금기와 성역을 완 전히 탈피하고 파괴했다. 책의 목차를 보면 알겠지만, 성과 관련된 역사와 문화는 물론 각종 은어와 속어, 음담패설까지 여과 없이 공 개된다. 이는 한국 사회가 가지고 있는 '성담론과 성문화의 이중 성'에 대한 도전이기도 하다. 저속하다거나 민망해 보이는 내용들 역시 실제 우리 사회와 개개인이 행하고 있는 통속적인 문화 현상 임을 각인할 필요가 있다. 예컨대, '모텔 회전율'을 보자.

모텔 업계에서 따지는 수익 기준은 하루 한 방에 손님이 몇 차례 들어오느냐는 것이다. 손익분기점은 '3회전'이다. 그래서 모텔은 오히려 밤이 아니라 대낮에 승부가 난다. 두꺼운 비닐천으로 가린 모텔 주차장 안에 얼마나 많은 차들이 들락거리느냐에 달렸다. 3회전이 이뤄지려면 낮에 대실 2회전에 밤에 투숙객 1회전이 기본이다. 모텔 투자서 『나는 모텔로 돈 벌러 간다』(부연사, 2009)의 저자 이길원 '모텔사랑' 대표는 "서울에서 잘되는 방 40개 안팎짜리 모텔이면 보통 다달이 억대 매출을 낸다"고 말했다. 방 40개에서 방당 하루 7만~8만 원 매출을 올리면 월 1억 원 수준이 된다. 모텔 보증금이 보통 7억~8억 원에서 많게는 10억~15억 원 정도인데, 월세가 2500만~3000만 원에 인건비와 전기·수도료 등 운영비가 월 2500만 원 정도 들어간다. 따라서 월 1억 원 매출을 올리면 보증금을 융자받아 운영해도 순이익이 1500만 원 정도 나온다는 계산이다. 매출액 순이익률이 15%이므로, 제조업보다 훨씬 남는 장사다.

한편, 이 책은 많은 사람들이 미처 알지 못하는 역사적 사건들의 이면을 소개하는데, 그 사례로 '마녀사냥'을 들 수 있다. 대다수 역사서는 마녀사냥을 종교적인 관점에서만 다루고 있지만, 사실 마녀사냥은 섹스사냥이기도 했다. 당시엔 남자 의사조차 여자의 몸을 보는 것이 금기시됐지만, 마녀라는 증거를 찾기 위해 여자의 몸을 보는 것은 예외였다. 마녀 혐의를 받은 여자는 완전히 벌거벗은 채 낯선 남자들이 가득 모인 방에 끌려들어가 조사를 받았다. 역사가 안네 바스토우에 따르면 "간수, 고문자, 사형집행인 등 모두가 여자 죄수를 조롱하며 즐길 수 있었다. 존경받는 성직자나 재판관 역시 마찬가지였다. 자신의 지위를 이용해 마녀사냥을 즐겼던 것이다. 즉 이들은 여자를 상대로 절대적인 성적 권력을 행사했다. 마녀사냥에서, 마녀의 자백을 받아내는 과정은 여자의 육체를 짓밟는 행위를 은폐하는 승인된 절차였다."

이 외에도 '백남준 성애론', '삼천 궁녀 허구론' 등 다양한 담론들이 등장하며, 비아그라Viagra의 이름이 "활력Vigor을 나이아가라Niagara 폭포처럼 넘치게 해준다는 뜻" 에서 작명되었다는 점 등 여러 용어들의 해설, 걸 그룹을 향한 삼촌팬들의 열렬한 사랑을 '신新 롤리타 현상'으로 해석한 견해 등 다양한 이야기들이 쏟아진다.

모쪼록 이 책이 독자들에게 재미와 정보는 물론 유익하고 건강한 성담론을 형성하는 데 조금이나마 도움이 되기를 바라는 마음이다.

2011년 1월

강준막 올림

차례

머리말 유쾌하고 건강한 성담론을 위해 • 4

ㅇ

Interesting
Sex Dictionary

가상 여행

독신 남성이 게임 속에 존재하는 가상의 여자 친구와 함께 여행을 떠나는 것을 말한다. 그동안 외로운 독신의 가상 여행은 가상 공간 안에서만 가능한 일이었다. 하지만 이 여행을 현실 세계에서 즐길 날이 머지않은 것 같다. 이미 일본의 한 게임 업체가 이 발칙하고도 판타스틱한 여행을 성사시켰다. 연애 게임 '러브 플러스'는 유저가 일정 이상 점수를 따면 가상의 여자 친구와 아타미로 가상 여행을 떠날 수 있게 설정되어 있다. 여기에 착안해 게임을 개발한 코나미 사*는 아타미 시*와 함께 게임 속 캐릭터와 실제로 여행을 떠나는 1박 2일 여행 프로그램을 야심 차게 선보였다. 이 행사는 2010년 7월 10일부터 8월 31일까지 진행됐는데 이 기간 동안 무려 1,500명 이상의 독신 남성들이 혼자서 게임기를 들고 아타미로 찾아왔다.

여행은 철저하게 커플을 위한 프로그램으로 기획됐다. 예를 들어 호텔 직원은 체크인을 하는 고객이 남성 혼자인 줄 뻔히 알면서도 "두 분이시네요"라고 말하면서 방으로 안내한다. 이불, 수건 등의 객실용품도 모두 2인용이다. 깊은 밤까지 게임에 흠뻑 빠질 수 있도록 연인의 밀월을 두루 배려했다. 호텔 밖에서도 연인의 여행은 보장된다. 여행객은 게임 속에서 자주 보곤 했던 아타미 곳곳의 관광 명소를 돌아다니며 사진을 찍고 편집하는 방법으로 둘만의 추억을 만들 수 있다. 그들이 여행지에서 어떤 밀담과 밀애를 나누었는지는 그들 스스로 발설하지 않는 이상 아무도 모를 일이다. 『월스트리트저널』은 갈수록 양극화되어가는 일본의 결혼율 감소와 이에 따른 독신 남성의 증가, 신혼여행지로 유명했던 아타미의 관광객 감소 등을 이 기이한 여행의 배경으로 꼽았다. 그러나 현실과 가상의 경계를 자유롭게 넘나들고 있는 성적 판타지의 놀라운 번식력에 대해서는 이렇다 할 논평을 내지 않았다.[1]

가정 파괴범

흔히 강간범을 일컫는 말이다. 표준국어대사전은 가정 파괴범을 "단순한 강도 범행으로 그치지 않고 부녀자를 강간하는 따위의 행위로 가정을 파괴하는 흉악범"이라고 정의하고 있다. 배은경은 이 말에 숨은 남녀 차별적 함의에 대해 이렇게 비판했다. "이런 용어법 속에는 상황이 어쨌건 여성이 일단 강간 범죄의 피해자가 되고 나면 그 여성의 결혼 관계가 깨지거나 미래의 결혼 생활이 순탄하지 못할 것이 당연하다는 생각이 전제되어 있다. 이는 여성의 몸을 여성의 인격과 주체성이라는 관점에서 포착하기보다는 임신과 출산을 통해 가족이나 가문 등 공동체를 생물학적으로 재생산하는 그릇으로만 보는 관념과 관련된다. 전통적으로 '정조'란 태어날 아기의 생물학적 아버지를 분명히 함으로써 상속 등 공동체의 사회관계를 안정화하려는 문화적 장치이며, 따라서 정조에 관한 죄란 결국 '공동체의 재산으로서의 여성의 재생산적 신체에 대한 죄'라는 의미가 된다. 이러한 관점은 '부녀'에 대한 '간음(성기 삽입)'만을 강간이라고 보는 형법상 강간죄 규정에서도 명백히 드러난다."[2]

가학적 강간 sadist rape

섹스와는 거의 관련이 없는 강간으로, 이 행위의 본질은 지배와 굴욕이다. 영국의 동물학자 데즈먼드 모리스Desmond Morris에 따르면, "경찰에게 잡힌 강간범은 대개 동정이 갈 정도로 형편없는 부랑자이거나 완전한 사회 적응 실패자다. 그들은 갈가리 찢긴 자신의 자아를 어떻게든 구하기 위해 초지배로 자신을 부풀릴 필요가 있다. 강간범들은 그런 욕구를 만족시키기 위해서 자신이 겪는 극심한 정신적 고통을 힘없는 피해자에게 전가한다. 그들이 강간을 범하는 목적은 여자를 굴복시키고 일그러진 정복욕의 대상으로 삼으려는 것이지 결코 성적 만족감을 위한 것이 아니다. 다시 말하면, 병리적

지배 행위가 섹스로 가장된 것이며 성적 행위의 폭력적 형태가 아닌 것이다."[3] (참고 '군인 강간')

간통죄 사멸론

간통죄가 법적으론 아직 남아 있지만 사실상 사멸했다는 주장이다. 그간 간통죄는 여자의 보호 장치로 여겨져 왔지만, 이제 꼭 그렇게 보기는 어려워졌다. 대법원 자료에 따르면 2006년 이혼 소송을 당한 부인 8,664명 가운데 절반 이상인 51.6%가 부정행위 때문에 이혼을 요구받았다.(1999년엔 36%였다.) 여성 단체도 더 이상 간통죄 폐지에 반대하지 않는 분위기다. 간통죄에 대한 헌법재판소의 입장 역시 제5차 간통죄 결정에서는 위헌으로 뒤집힐 가능성이 높아졌다. 2008년 10월 30일 헌법재판소는 제4차 간통죄 결정에서 재판관 9명 중 5명이 위헌 또는 헌법불합치 의견을 냈음에도 정족수 6명을 채우지 못해 합헌 판결을 내린 바 있다. 당시 헌법재판소의 간통죄 합헌 결정은 많은 사람들로부터 위선이라는 비판을 받았다. 문화평론가 홍현종은 "대한민국엔 구멍가게보다 모텔이 더 많고 그곳에서 현실적 간통이 1년에 수백만 건씩 일어나는데 겨우 몇십 명이 실형을 사는 법률은 이미 실효성이 없어진 것"이라 지적하고, "아침 드라마부터 주말 드라마까지 모두 불륜이나 간통을 아름답게 다루고, 〈아내가 결혼했다〉란 영화까지 관객을 끌어들이는 등 불륜이 일상화되었는데 간통죄를 존치하는 것은 오히려 우리가 얼마나 위선적인가를 보여주는 것"이라고 말했다.[4] 2009년 간통죄로 재판을 받은 1,157명 중 실형이 선고된 사람은 34명(2.93%)에 그쳤다. 2년 전(2007년)엔 실형선고 비율이 4.13%였다. 이에 따라 간통죄로 고소해서는 배우자와 부정행위를 한 상대방에게 실질적인 '복수'를 하기 어렵다는 인식이 퍼지면서 이제는 간통죄의 빈자리를 손해 배상 소송이 채우고 있다. 불륜 상대방에 대해 정신적 피해에 따른 위자료를 달라는 청구가 줄을 잇고 있는 것이다.[5]

갈보 蝎甫

직업적인 매춘부를 가리키는데, 조선 후기부터 사용됐다.[6] 1904년 무렵 "전답 좋은 것은 철로(鐵路)로 가고 계집애 고운 것은 갈보로 간다"는 속요('신 아리랑 타령')가 나오기도 했다.[7] 갈보의 '갈(빈대)'은 중국 말에서 온 것으로 밤에 나와서 사람의 피를 빨아먹는 취충(臭蟲: 냄새 나는 벌레)을 뜻하는 것이었으니, 욕치고는 끔찍한 욕이었다.[8] 갈보는 원래 갈부(蝎婦)인데, 이것이 변하여 갈보가 됐다는 설도 있다. 가장 황당한 설은 1920~1930년대에 활약한 미국의 섹시 여배우 그레타 가르보(Greta Garbo)에서 비롯했다는 것인데, 이는 그냥 우스갯소리로 보는 게 옳겠다.[9]

감족 鑑足

얼굴이 아닌 발을 보고 기생을 택하는 중국 기방의 관습이다. 기생이 옆방에서 발을 내밀어 보이면, 기방을 찾은 남성은 그 발의 자태로 36가지의 관능미를 가늠해 함께 밤을 보낼 기생을 선택했다.[10] 오늘날에도 여성의 발을 보고 성적 매력과 충동을 느끼는 사람들이 적지 않다.

강보혼 襁褓婚

조혼 早婚의 일종으로 가문과 가문이 강보에 싸인 젖먹이 적에 아이의 혼인을 약속하는 걸 말한다.[11] (참고 '조혼')

거리 접속

거리에서 이루어지는 원조교제 시도를 말한다. 이팔청춘의 피 끓는 남녀가 길거리에서 자유롭게 만남을 즐기는 것이 '헌팅'이라면 거리 접속은 나이와 신분을 초월하여 하룻밤 거래를 시도하는 사람들, 즉 10대 소녀와 성인 남성의 길거리 만남에 특별히 하사된 말이다. 컴퓨터 통신이나 인터넷, 혹은 전화방 등을 통해 이뤄지던 원조교제가 경찰의 단속을 피해 길거리로까지 번지면서 새롭게 등장했다. 이미 1999년에 홍대 앞과 대학로, 강남역, 신촌 등지가 거리 접속의 주요 무대라는 기사가 보도된 바 있다.[12]

거울방

일본의 노조키 서비스와 태국의 자카싸이 서비스를 혼합한 한국형 서비스 업소로 방 벽면을 거울이 차지하고 있어 '거울방'이라고 부른다. '노조키'란 무언가를 엿본다는 뜻이다. 남성은 거울방에서 홀로 자위행위 쇼를 하는 여성의 모습을 밀실에서 훔쳐보는 것으로 노조키 서비스를 제공받는다. 여성 눈에는 거울로 보이는 유리가 사실은 밀실에서 거울방을 들여다볼 수 있게 만든 특수 유리인 셈이다. 남성이 밀실에 들어가 있으면, 속옷 차림의 여자가 한 명 나와 음악에 맞춰 농밀한 춤을 추다가 속옷을 하나둘 벗기 시작한다. 밀실의 위치에 따라서 보이는 각도가 다르기 때문에 여자는 한 바퀴 돌면서 골고루 보여준다. 슬슬 쇼가 무르익으면 여자가 나체로 자위행위를 하는 자세를 취한다. 자위행위 끝에 클라이맥스에 다다르게 되면 쇼가 끝나는 것이다. 이렇게 밀실에서 여자의 쇼를 구경하고 있으면, 서비스 걸이 들어와 한껏 흥분한 남성을 어루만져준다. 취향에 따라 손이냐 입이냐를 선택할 수 있고, 돈을 더 내는 추가 서비스를 받지 않고 단순히 엿보기만 해도 된다. 노조키 플레이가 끝나면 자카싸이 서비스가 이어진다. 자카싸이는 태국에서 오랫동안 전해져 내려오는 남성 건강 마사지를 일컫는 말로 '황제식 성기 관리'라는 아로마 오일 마사지로 시작한다. 회음부와 전립선 부분을 서비스 걸이 강약을 조절하며 부드럽게 자극하여 사정 직전의 느낌, 즉 준 오르가슴의 쾌감을 반복해서 맛보게 하는 것이다. 여성은 남성의 요도에서 나오는 쿠퍼액의 양과 상태, 그리고 성기의 강직도를 통해 남성의 사정 직전 긴장을 풀어줄 수 있다고. 이 전립선 마사지는 원활한 혈액 순환과 노폐물 제거에 효과가 있기 때문에 고객은 마치 성 건강에 도움이 되는 운동을 하고 나온 듯 개운한 기분을 느낄 수 있다고 한다. 홈쳐보는 것으로 시작한 멋쩍은 플레이를 황제가 된 기분으로 마감하는 한국만의 독특한 혼합형 서비스라 할 수 있다. 김윤재는 거울방의 등장에 대해 이렇게 분석한 바 있다. "거울방은 남성들의 욕망 해소와 새로운 것에 목말라 하던 색티즌들의 호기심을 파고들어 틈새를 이용한 새로운 업종으로 자리 잡을 것이라는 전망이 현재는 우세하다. 그러나 일부에서는 '대딸방의 업그레이드 버전', '일본과 태국의 성 문화를 혼합한 국적불명의 업소'라는 지적도 제기되고 있다. 그럼에도 거울방에 몰리고 있는 남성들의 참을 수 없는 욕망은 쉽게 가라앉지 않을 조짐이다."[13](참고 '대딸방')

걸레

성관계 대상이 많은 여자를 가리키는 속어다. '방 걸레'부터 '똥 걸레'까지 걸레 내부의 등급화도 이루어진다. 권수현은 성적 행동을 기준으로 여성을 등급화하는 비어는 많은 반면, 남성을 대상으로 하는 용어는 전혀 없다고 지적하면서, 이를 남녀 차별 의식이 반영된 결과로 보았다. 권수현은 10대 비행 청소년들이 사용하는 성적 비어를 다음과 같이 소개했다. "서울에서는 성행위를 '콩'이라

26

고 하고, 부산에서는 '빠구리'라고 해요. 섹스하는 거는 '콩을 깐다'고 하고요. 한 번도 성행위를 하지 않은 숫처녀를 '아다', 키스조차 안 한 여자는 '생아다', 한두 번 해본 여자는 '후다', 수도 없이한 여자는 '걸레'라고 해요. 섹스해본 횟수는 콩으로 하는데, '반접시'는 50콩, '한 접시'는 100콩이에요. 숫처녀와 자는 걸 '따먹었다'고 해요. 여자가 남자에게 입으로 성기를 애무해주는 것을 '사카시'라고 하고요. 항문을 '후장'이라고 하고, 항문에다가 하는 거를 '후장을 뚫는다'라고 해요. 물론 후장을 뚫는 거는 남자가 여자에게 하는 걸 말해요."[14]

검투사의 섹스

로마 시대에 활약했던 검투사의 섹스는 스타에 열광하는 여성의 심리를 잘 보여주는 고전적인 사례다. 검투 문화의 전성기인 서기 107년엔 1만 명의 검투사가 4개월 동안 싸우는 경기가 개최되기도 했는데, 실력이 뛰어난 유명 검투사들은 로마 시민, 특히 여성들로부터 엄청난 인기를 누렸다. 폼페이 벽에서 발견된 낙서들은 당시 검투사들이 얼마나 많은 사랑을 받았는지를 단적으로 보여준다. '여성들의 영웅이자 축복자!', '소녀들을 낫게 하는 치료자!' 오늘날의 어떤 짐승돌도 받아보지 못한 찬사가 전쟁포로나 노예의 신분이었던 검투사들에게 쏟아졌던 것이다. 하늘을 찌르고도 남았던 인기 덕분에 많은 수의 궁중 여성이 검투사와 섹스 스캔들을 일으켰는데, 가장 대표적인 사례가 마르쿠스 아우렐리우스의 부인인 파우스티나다. 그녀의 아들 코모두스는 검투사와의 불륜으로 태어났다.[15]

게이 | gay

사전적으로 '즐거운', 유쾌한', '기쁜', '행복한' 등의 의미를 가지고 있다. 1960년대 서양에서 여성 인권 운동, 흑인 인권 운동과 더불어 동성애자의 인권 운동이 활발하게 일어나면서 '게이' 라는 용어가 새롭게 사용됐다. 게이는 남녀 동성애자를 아울러 일컫는 말이지만, 최근에는 주로 남성 동성애자를 지칭하는 말로 쓰인다. 우리나라에서는 보통 '게이' 는 남성 동성애자를, '레즈비언' 은 여성 동성애자를 나타내는 말로 구분되어 쓰인다. 동성애자[homosexuality], 양성애자[bisexual], 성전환자[transgender, transsexual] 등 성적 소수자 전체를 퀴어[queer] 라는 용어로 표현한다. 이성애자를 일반적이라고 보는 사회를 비판하는 취지에서 동성애자들은 자신을 역설적으로 이반(二般 또는 異般)이라고 부르기도 한다.[16] 한편, 지난 2005년 미국이 적군 병사들의 동성애를 유발하는 '게이 폭탄[gay bomb]' 개발 계획을 추진했던 것으로 드러나 사회적 파장을 일으킨 바 있다. 일명 '사랑 폭탄' 으로 명명된 이 무기는 최음제를 이용한 것으로, 이 폭탄을 터뜨리면 병사들이 사랑에 빠져 군의 사기와 규율을 극도로 문란케 할 수 있다고. 미 과학자들은 1994년부터 6년 동안 750만 달러를 투입해 게이 폭탄을 개발하려다가 애꿎은 전 세계 일반인들에게도 피해를 줄 수 있다는 치명적 결함 때문에 개발을 중도 포기했다고 한다.[17]

게이더 gaydar

게이gay와 레이더radar의 합성어로, 게이를 알아보는 능력이라는 의미다. 게이는 길거리를 지나가는 수천 명 중에서도 직감으로 다른 게이를 찾아낼 수 있다는데, 그런 직감을 가리킨다. 이와 관련된 미국 게이들의 주장을 소개하면 다음과 같다. "아무리 수염을 기르고 근육이 울퉁불퉁해도 우리는 금세 알아볼 수 있어요. 나는 그것을 '게이 아이gay eye'라고 하는데, 눈을 보면 어딘지 보통 남자들은 가지고 있지 않는 부드러움이 있지요. 나는 그것으로 다른 게이들을 알아봅니다.", "나는 행동으로 알아봐요. 어딘가 남자들과는 다른 행동이 있거든요.…… 톰 크루즈, 존 트라볼타는 모두 게이예요. 존 트라볼타는 게이라는 것이 보도되기 시작하자 바로 결혼을 했는데 결혼 조건으로 여자에게 얼마를 주었다고 하죠. 톰 크루즈가 게이일 가능성에 나는 돈을 걸겠어요."[18]

게이바 gay bar

남성 동성애자들이 출입하는 술집을 말한다. 한국에선 1990년대에 급증했다. 『한국일보』(1996년 11월 9일)에 따르면, 당시 서울엔 70여 곳

의 게이바가 있었는데, 하나같이 남의 시선이 미치지 못하도록 창
이 없거나 완전히 가려져 있었으며 쉽게 찾기 어려운 뒷골목에 자
리 잡고 있었다. 게이의 상징인 레인보우 깃발이 걸려 있는 것도 공
통점이었다.[19](참고 '레인보우 깃발')

게이올라 gayola

게이바 등이 경찰(범죄 조직)에 바치는 뇌물로, 게이 탄압의 대표적
사례 중 하나다. '페이올라(payola, 노래 따위를 선전해주도록 디스크자키
등에게 주는 뇌물)'에 빗대어 생긴 말이다.

게이 지수

지역별 게이 분포도를 이르는 말로, 게이의 밀집 정도를 근거로 지
역의 순위를 매기는 것이다. 게이가 많이 거주할수록 게이 지수가
높다. 게이 지수를 연구해온 도시연구가 게리 게이츠Gary Gates는 2000
년 인구 조사(이 조사는 성적 취향도 함께 조사한 최초의 인구 조사다) 자료
를 근거로, 하이테크 산업이 위치한 지역이 게이들로부터 인기가
높다면서 게이를 '창조적 시대의 카나리아'라고 결론 내렸다. 이
와 관련, 경제학자 리처드 플로리다Richard Florida는 "게이 지수는 한 지
역의 하이테크 산업 밀집도를 나타내는 아주 강력한 예측 자료이
며, 다양성을 재는 훌륭한 척도"라며 다음과 같이 주장했다. "한 집

단으로서 게이들은 특히 심한 차별을 받아왔다. 사회의 주류에 통합되려는 게이들의 시도는 상당한 반발을 일으켰다. 어느 정도 동성애는 우리 사회에서 다양성의 마지막 전선을 나타낸다. 따라서 게이 공동체를 기꺼이 받아들이는 지역은 모든 종류의 사람들을 환영한다.…… 이러한 이유 때문에 게이 공동체에 대한 개방은 창조성을 자극하고 하이테크 성장을 생성하는 데 매우 중요한 인간 자본의 낮은 진입 장벽을 나타내는 훌륭한 지표다."[20] 실제로 미국의 10대 하이테크 산업 도시와 게이 지수가 높은 10대 도시를 비교한 결과 게이에게 인기 있는 지역에 하이테크 산업이 많았고, 게이의 분포도가 가장 높은 곳은 실리콘밸리였던 것으로 조사됐다. 관용이 베풀어지는 사회, 게이가 용납되는 사회, 다양성이 허용되는 사회. 새 시대의 경쟁력은 다양한 인재를 포용하는 관용과 열린 마인드를 갖출 때 생겨난다.

게이 페스트

후천성면역결핍증후군[AIDS]을 일컫는 말이다. 동성애를 혐오하는 보수주의자들이 에이즈를 게이가 퍼뜨리는 일종의 위험한 전염병으로 폄하하면서 '게이 페스트'라는 말을 탄생시켰다.

결혼 매춘론

결혼도 일종의 매춘과 다를 바 없다고 보는 주장이다. 영국 작가 메리 월스톤크래프트Mary Wollstonecraft는 1790년 결혼을 '합법적 매춘'이라고 주장했다.[21] 프리드리히 엥겔스Friedrich Engels도 "양갓집의 여성은 임금 노동자로 매번 육체를 파는 대신 한번에 노예로 판다는 점에서만 다르다"며 부르주아 계급 여성의 결혼을 장기적인 매춘으로 보았다.[22] 엥겔스는 "우리는 현재 사회 변혁으로 나아가고 있다. 오늘날 경제 행위의 토대를 이루는 일부일처제는 반드시 사라질 것이다. 이를 뒷받침해주었던 매춘과 함께"라고 말했다. 그는 일부일처제와 유사하지만 사회적 (그리고 자본적) 이유보다는 감정에 기초한 배타적 결합인 '개인적·성적 사랑'이 가능하리라고 믿었다.[23] 러시아 출신의 아나키스트 엠마 골드먼Emma Goldman은 "여성이 결혼해서 한 사람에게 몸을 파는 것이나 매춘 형태로 여러 남자들에게 몸을 파는 것이나 다르지 않은 문제"로 보았다. 프랑스 작가 시몬 드 보부아르Simone de Beauvoir도 "아내가 한 남성에게 고용된 사람이라면, 매춘 여성은 일정액을 지불하는 여러 명에게 고용된 사람"이라고 주장했다.[24]

계간鷄姦

우리말로는 '비역', 흔히 '남색男色'이라고 부른다. 남녀 사이에 성교를 맺듯이 남성 간에 그와 같은 행위를 하는 것을 말한다. 남성에게만 애정을 느끼는 남성의 순수한 남색뿐만 아니라, 가까이에 여성이 없기 때문에 있을 수 있는 남성끼리의 성교, 청소년기에 많이 나타나는 과도기적인 양성兩性 경향 중 동성 간의 성교도 넓은 의미로 보아 남색이다. 남색에는 남성이 남성 그대로의 자태로 남성을 즐기는 경우와 남성의 한쪽이 여장을 하여 서로 즐기는 두 가지 경향이 있다. 유럽의 남색들은 전자의 경우 자신들이 이상성욕자라고 불리는 것을 달가워하면서, 후자를 '변태(남성이 여성으로 변태한다는 뜻)' 라 부르고 멸시하며 자신들과 구별하고 있다. 역사적으로 가장 먼저 알려진 남색은 고대 이집트의 '군대 내에서 상호 단결과 질서를 어지럽히는 여성을 배제한다' 는 사상에서 비롯했다고 하며, 그 후 유럽의 노르만인 등 전투적 부족에게서 남색 경향을 볼 수 있었다. 예전에는 많은 나라에서 동성애 중 남색을 법률로 금했으나, 최근에는 많이 달라지고 있는 것이 세계적인 추세다. 미국에서는 남성 간 혼인이 인정되고 있지만, 우리나라에서는 남성 간 혼인이 인정되지 않는다.[25]

계곡주 사건

2002년 2월 21일 민주당 윤호중 부대변인이 「테러 대참사 현장에서 계곡주 파티라니」라는 제목의 논평에서 "지난 1월 이회창 총재의 미국 방문을 수행한 한나라당의 전·현직 의원 11명이 뉴욕의 한 룸살롱에서 이른바 '계곡주 파티' 를 벌였다"고 주장함으로써 벌어진 여야 간 공방을 말한다. 한나라당 남경필 대변인은 민주당 이낙연 대변인에게 전화를 걸어 "전혀 사실이 아닌 내용을 발표하면 되느냐"고 항의했다. 이에 이 대변인은 "인터넷에 떴으니 사실 여부를 물은 것 아니냐"며 논평 취소를 거부했다. 남 대변인은 "수행 의원들이 미국 방문 마지막 날 쫑파티 성격의 술자리를 한 것은 사실이지만 룸살롱이 아니었다"면서 "인터넷에 뜬 글에 술집 전화번호가 있어 각 언론사에서 취재를 했으나 전화번호조차 틀리다고 하더라"고 말했다. 인터넷에 뜬 글에서 술자리를 주도했다고 묘사된 모 의원은 "아이고, 참……. 내 홈페이지에도 그런 글이 떠 대꾸 안 하려고 했는데 갈수록 태산이네"라며 펄펄 뛰었다. 이 의원은 "여성인 김영선 전 의원과 뉴욕 교포 사업가인 또 다른 여성 등이 그 자리에 함께 있었는데 무슨 계곡주냐"면서 "치밀하게 기획된 음해 공작으로 본다"고 말했다.[26] (참고 '북창동식 룸살롱')

고백 신드롬

불륜을 저지른 남성이 쉽게 고백을 하는 심리 상태를 말한다. 남자가 바람을 피워 신경정신과를 찾은 위기의 부부 중 80%는 아내가 어림잡아 물어보거나 심지어 묻지 않았는데도 남편이 순순히 고백한 케이스라는 통계가 있다. 알고 보면 남자는 '고백의 동물'이라는 것. 이는 남자의 무의식 속에 자리 잡은 '의존성' 때문이다. 어린이가 엄마의 관심과 사랑을 받기 위해 일부러 나쁜 짓을 저지르는 것처럼, 남자들은 '나 바람 피웠어. 나쁜 짓 했어. 그래도 당신은 날 사랑해줄 거지?' 하며 아내에게 기대는 동시에 아내의 사랑이 어디까지인지 시험해보려는 충동을 갖고 있는 것이다.[27] 그러나 이런 무의식적인 의존성의 이면엔 바람은 피워도 가정은 절대 깨지 않는다는 남자들의 이중적이고 이기적인 생각이 자리 잡고 있을지도 모른다. 강자의 여유가 어리광의 형태로 나타나는 것이라고나 할까?

골드 디거 gold digger

1933년에 개봉된 버스비 버클리의 뮤지컬 영화 제목으로, 돈을 바라고 돈 많은 남자와 성관계를 갖는 여자를 이르는 말이다. 이 영화의 폭발적인 흥행으로 다양한 골드 디거 시리즈가 할리우드에서 제작되었으며, 스토리 또한 다양하게 확대재생산 되어 지금까지 사랑받고 있다. 부자와의 하룻밤 사랑으로 신분 상승을 꿈꾸는 여자들의 이야기나, 순진무구한 여성이 알고 보니 부자인 남자와 사랑에 빠져 인생 역전을 맞는다는 이야기 등 돈 가진 남자를 매개체로 한 다양한 작품들이 멜로, 로맨스, 코믹, 에로 등 다양한 장르에서 골드 디거 판타지를 자극하고 있다. 지금은 부유한 남자를 만나기 위해 자신을 가꾸는 여자들을 폭넓게 이르는 말로 사용되고 있다.

골뱅이족

나이트클럽에서 만날 수 있는 술에 만취한 여성을 말한다. 술에 취하면 세상이 뱅뱅 도는 것처럼 보이기 때문에 이런 이름을 붙였다고 하는데 사실 어원은 명확지 않다. 골뱅이족은 대부분 남자의 이끌림에 서슴없이 모텔을 출입하고 성관계도 가질 수 있기 때문에 정상적인 방법으로 2차를 갈 수 없다면 이 여성들을 통해서라도 하룻밤의 만족을 꾀하려는 남자들이 적지 않다. 최근에는 일명 '페이크fake 골뱅이' 라는 가짜 골뱅이족도 출현했다. 진짜 술에 취해 남성과 모텔에 들어가는 여성이 아니라 술에 취한 척하고 남성과 성관계를 맺은 후 용돈이나 거액의 돈을 뜯어내는 여성들을 일컫는 말이다.[28] (참고 '낙지족')

공연 음란죄

1. 연극 〈미란다〉 사건은 공연예술물이 음란성을 문제로 법의 심판대에 올라 유죄를 선고받은 최초의 사건이다. 〈미란다〉는 영국 작가 존 파울즈John Fowles의 원작 『컬렉터The Collector』를 각색한 작품으로 1994년 6월부터 7월까지 서울의 대학로 소극장에서 초연됐다. 문제가 된 장면은 연극 제5장, '피고인은 옷을 모두 벗은 채 팬티만 걸친 상태로 침대에 누워 있고, 여 주인공은 뒤로 돌아선 자리에서 입고 있던 가운을 벗고 완전 나체 상태로 성교를 갈구하는' 장면과, 제6장에서 '나체의 여 주인공이 관람객에게 음부를 정면으로

노출시키는 방식으로 연기한' 장면 등이었다. 법원은 이 연극이 "여성의 신체를 상품화해 관객의 성적 자극을 유발시키려는 상업적 의도가 엿보이고, 여배우의 전라 장면도 원작의 전체적인 흐름과 배치돼 이 연극이 예술이라기보다는 음란물에 해당된다" 며 주연 남자 배우 겸 연출자인 최 모 씨에 대해 징역 6개월에 집행 유예 1년을 선고했다. 공연물의 외설 시비는 〈미란다〉가 처음은 아니었다. 1988년 극단 바탕골의 〈매춘〉도 공연법 위반과 외설 시비를 이유로 서울시로부터 공연 및 극단 영업정지 처분을 받았다. 하지만 극단은 '표현의 자유' 를 내세워 승소했다.[29]

2. 알몸 시위 역시 형법상 공연 음란죄에 해당한다. 2000년 12월 31일 대법원은 고속도로에서 알몸 시위를 벌인 황 모 씨의 행동에 대해 '음란 행위' 라는 판결을 내렸다. 재판부는 판결문에서 "알몸 시위를 벌인 것이 성적인 흥분이나 만족을 구할 목적이 아니라 해도 일반인의 성적 수치심을 유발하는 음란 행위라는 사실을 황 씨 본인이 충분히 인식하고 있었다면 음란 행위로 간주해야 한다" 고 밝혔다. 황 씨는 같은 해 4월 하남시 중부고속도로에서 차를 몰고 가다 진로를 방해한다며 앞서 가던 문 모 씨와 시비를 벌이던 중 출동한 경찰의 제지에 항의해 옷을 벗고 바닥에 드러눕는 등 시위를 벌인 혐의로 구속 기소됐다.[30]

3. 2005년 7월 30일 MBC 생방송 〈음악캠프〉에서 초대형 사고가 터

졌다. 펑크 그룹 '럭스' 의 공연 도중 함께 무대에 오른 퍼포먼스 팀 '카우치' 멤버 두 명이 갑자기 바지를 벗어 내리고 춤을 추는 등 의도적으로 성기를 5초 정도 노출시킨 화면이 방송되는 사고가 발생했다. MBC는 공식 사과하고, 출연자 고발과 함께 해당 프로 중단이라는 특단의 조치를 취했다. 문제가 된 카우치 멤버들은 공연 음란 및 업무 방해 혐의로 불구속 입건되어 각각 징역 10월과 8월에 집행 유예 2년을 선고받았다.

4. 야외에서 부녀자에게 자신의 성기를 노출시키는 속칭 '바바리맨' 에 대한 판결은 2006년 9월 이후 보다 엄격해졌다. 2006년 9월 25일 의정부지법은 길 가던 여학생과 주부들이 보는 앞에서 음란행위를 한 박 모(39) 씨에 대해 성폭력 범죄의 처벌 및 피해자 보호 등에 관한 법률 위반 혐의로 구속 영장을 발부했다. 법원은 피의 사실이 상습적으로 이루어지고 피해자가 다수 발생해 사회 불안을 가중시켜 격리 필요성이 인정된다며 구속 사유를 밝혔다.[31] 바바리맨에 대해서는 그동안 경범죄 수준의 처벌에 그쳤기 때문에 법원의 구속 영장 발부는 당시로서는 이례적인 일이었다. 이 사건 이후 바바리맨이 줄지는 않았지만, 바바리맨이 공연 음란 행위 혐의로 구속되는 사례는 꾸준히 늘고 있다.

5. 술에 취해 길에서 자위행위를 하다 경찰에 체포돼 해임된 교사에 대해 항소심 재판부가 해임이 정당하다는 판결을 내렸다. 2006년

12월 2일 서울고등법원은 서울 모 고등학교 노 모(47) 교사가 교원소청심사위원회를 상대로 낸 소송에서 학교 측의 해임 처분을 인정한 교원소청심사위원회의 결정이 옳다며 원고 패소 판결을 내렸다. 재판부는 판결문에서 "여학생까지 있는 상황에서 공연 음란 행위를 한 것은 교육적 견지에서 용인될 수 없고 교사들에 대한 불신과 불만을 초래했다"고 밝혔다. 노 씨는 2005년 3월 만취한 상태로 자택 근처에서 자위행위를 하다 남녀 고교생들의 신고로 경찰에 체포됐다.[32]

과다 성욕 satyriasis, nymphomania

끊임없이 성욕이 이어지는 것으로, 생리 현상이 아니라 음허陰虛 질환이다. 이와 관련, "마른 장작이 잘 탄다"는 성적인 농담은 틀린 말이 아니다. 체형이 마를수록 체내의 음혈이 부족하기 때문이다. 인체를 구성하는 4가지 요소, 기氣, 양陽, 혈血, 음陰 가운데 기와 양이 부족하면 성욕 자체가 무기력하게 소실되지만 혈과 음이 부족하면 성욕이 지나치게 된다. 따라서 부족한 혈과 음을 보충하면 섹스 중독을 치유할 수 있다.(참고 '변태 성욕')

과부재가금지법

조선 초기만 해도 여성의 재가·삼가는 흔한 일이었지만, 9대 왕인

성종 때에 어머니는 아들의 출세를 위해서 수절해야 한다는 법이
만들어졌다.[33] 이는 서얼[庶孼] 차대와 더불어 조선 특유의 발명품이었
다. 유교 문화를 중국에서 들여왔다지만 중국에도 없는 걸 만들어
놓고, 당시의 진보적 지식인이라 할 실학자들조차 그것을 자랑으
로 생각했다. 예컨대, 이수광은 수절을 "중화의 풍속이 미치지 못
하는 우리의 미속"으로 꼽았다.[34] 왜 그랬을까? 조선 시대에 가족은
'정치 제도의 일부'였기에, 가부장제와 양반 중심의 신분제를 강화
하기 위한 목적이었다.[35] 그러나 조선 시대나 지금이나 인간의 욕망
에 차이가 있을 리 없다. 1874년에 출판된 프랑스 선교사 샤를 달레
Charles C. Dallet 의 『한국 천주교회사』는 과부의 재가 금지가 낳는 폐해를
다음과 같이 지적했다. "조선 사람들처럼 정열적인 국민에 있어서
는, 이런 재혼의 불공평한 금지로부터 필연적으로 중대한 풍기 문
란이 결과한다. 젊은 양반 과부는 재혼은 하지 않지만 거의 모두가
공공연하게 또는 비밀리에 자기들을 부양하려는 자의 첩이 되어
있다."[36] 과부의 재가가 허용된 건 1894년 갑오개혁 때였지만, 그건
명목상의 조치였을 뿐 10여 년이 지나서도 달라진 건 없었다. 『황
성신문』(1907년 8월 23일)은 "제 속으로 난 자식을 제가 못 기르고 다
리 구멍에 내버리니 차마 할 노릇인가"라고 개탄하면서 과부 재가
를 허용하지 않는 비인도적인 처사를 비판했다.[37]

관광 포주

1970년대에 쓰이던 말로, 외국인 관광객 상대의 매매춘을 관장한 사람을 말한다. 이 시기의 언론 보도를 보면 관광 포주의 횡포가 지금에 못지않음을 알 수 있다. 예컨대, 『조선일보』(1972년 7월 15일)에 따르면, "서울 시경은 14일 시내 관광호텔에 투숙한 외국인들에게 콜걸을 넣어주고 이들이 받은 돈의 대부분을 갈취해온 포주 최 모 (36) 씨를 황 모(21) 양 등 콜걸 8명의 진정에 따라 윤락 행위 방지법 위반 및 횡령 혐의로 입건, 구속 영장을 청구했다."[38] 지금은 워낙 글로벌한 성매매 산업이 발달하여 이 말을 따로 두고 쓰지 않는다.

관음증 觀淫症, voyeurism

다른 사람의 성교 장면이나 성기를 몰래 반복적으로 보면서 성적인 만족을 느끼는 성적 도착증의 하나다. 도시증, 절시증, 암소 공포증이라고도 한다. 이 증세의 환자는 그 대상자와 성관계는 하지 않으면서 다른 사람의 나체나 성교 장면을 몰래 보면서 자위행위를 통해 성욕을 해소하거나 후에 그 장면을 회상하면서 자위행위를 한다. 대개 이 증세가 6개월 이상 지속될 때 관음증 환자로 진단한다. 이러한 증상은 공상이나 성적 충동으로 인해 임상적으로 심각한 고통을 받거나 사회 · 직업적 또는 기타 중요한 기능 영역에 장애를 초래한다. 또 강간이나 피학증으로도 발전할 수 있다. 일반적으로 남자에게 많이 나타나고 15세 이전에 발병하며 만성화하는 경향이 있다. 원인은 어린 시절에 우연히 성적인 흥분을 불러일으켰던 장면을 반복적으로 보려는 충동에 의한 것이다. 즉 어렸을 때 수동적으로 경험했던 것을 성인이 되었을 때 능동적으로 극복하려는 시도로 볼 수 있다. 또 다른 원인은 스릴과 흥분이 있는 불안한 상황에서만 성적인 쾌감을 느낀다는 것이다. 정신 분석학적으로 그 원인을 살펴보면 아동은 성장 과정에서 이성의 부모에게 사랑을 받고자 하는 욕구를 느끼게 되는데, 남자아이는 이러한 욕구에 대한 처벌로 자신의 성기가 거세되지 않을까 하는 거세 불안을 느끼게 된다. 거세 불안을 느끼게 되면 정상적으로 성기 접촉을 통한 성행위와 성적인 절정이 억제된다. 기질적인 원인은 성호르몬 장애나 대뇌의 장애에 있다.[39]

광해군 비방秘方

조선 시대에 널리 퍼졌던 부적에 의한 낙태를 말한다. 광해군이 낙태 부적을 만들어 후궁들에게 나누어주었다고 해서 '광해군 부적'으로 널리 알려졌다. 광해군은 즉위 후 후궁들로부터 많은 왕자를 얻고 싶어했지만, 어느 날 꿈속에서 "한 아들도 보전하지 못할 텐데 어찌 많은 아들을 원하느냐"는 계시를 받게 된다. 잠에서 깬 광해군은 느낀 바가 있었는지, 조선에 와 있던 중국 술사術師에게 낙태 부적을 구해 이를 후궁들에게 강요했다는 기록이 있다. 이후 광해군 부적은 근대에 이르기까지 부녀자들에게 높은 인기를 끌었는데, 이 부적을 만들 수 있는 무당은 극소수여서 진품 '광해군 부적'을 구하려면 개화기 때만 해도 나락 열 섬은 줘야 했다고 전한다.[40]

구강성교 oral sex

'펠라티오' 참조.

구멍 개그

2000년 공화당 후보 조지 부시와 민주당 후보 앨 고어가 맞붙은 미국 대통령 선거 때 플로리다 주의 유효표 논란으로 인해 유행한 개그를 말한다. 당시 선거는 투표용지에 펀치로 구멍을 뚫는 방식으로 진행됐는데, 이 때문에 투표용지에 혼선을 일으켜 엉뚱한 곳에 투표를 하거나, 실수하고도 투표용지를 바꾸지 않은 채 구멍을 두 번 뚫은 사람들이 많았다. 이를 포착한 코미디언들은 앞다투어 구멍 개그를 선보였다. NBC-TV의 〈투나잇 쇼〉 진행자 제이 레노는 "고어 지지표 가운데 구멍이 제대로 안 뚫린 표가 왜 이렇게 많은지 모르겠다. 클린턴이 후보였다면 이런(구멍이 안 뚫리는) 일은 없었을 것"이라며 클린턴의 난잡한 여성 행각을 꼬집었다.[41] 한 라디오 코미디 쇼에서는 기자와 한 여성 유권자 사이의 대화가 연출됐다. "당신은 투표용지에 구멍을 잘못 뚫었다고 했는데, 당신 남편도 구멍을 잘못 뚫었습니까?" "물론이죠. 그 인간은 지난 30년간 내 구멍을 한 번도 제대로 뚫은 적이 없다고요!"[42]

군대송

군대에서 비공식적으로 불리는 노래를 말한다. 철저하게 성과 연관되어 있어 군가하고는 상대가 안 될 정도로 인기가 높고, 그 파급력 또한 쓰나미급이라 할 수 있다. 군 생활을 했던 또는 군 복무 중인 현역에겐 없어서는 안 될 비타민 같은 존재라 정의하고 싶다. 예를 들자면 다음과 같다.

1. 인천(부산)에 성냥 공장(설탕 공장) 성냥 공장(설탕 공장) 아가씨/하루에 한 갑 두 갑 낱개로 열두 갑/치마 밑에 불이 붙어 보지 털이 다 탔네/인천(부산)에 성냥 공장(설탕 공장) 아가씨는 백보지(꿀보지)! 백보지(꿀보지)!

2. 길가는 여대생을 붙잡아놓고/한 번만 더 합시다/아니 됩니다/만약에 애 새끼가 배는 날이면/당신은 별 볼 일 없는 군바리고요/나는야 무책임한 여대생이라/야야야야……. .

첫 번째 곡은 '성냥(설탕) 공장' 시리즈이고, 두 번째 곡은 김지애가 부른 그 유명한 유행가 '얄미운 사람'를 탄생시킨 군대송이다. 이 밖에도 김무스의 '아가씨'('여군 미스 리' 편곡), 태진아의 '사랑은 아무나 하나' ('영자송' 편곡) 등 군대송을 편곡해 남성들의 향수를 자극하는 노래가 적지 않다. 그러나 아무래도 군대송은 군대에서 마무리 짓는 게 좋겠다.

군대 음담패설

군대에서 유통되는 음담패설로, 여성 비하가 가장 심하기로 악명이 높다. 권김현영은 "군대에서 여성에 대한 비하가 훨씬 더 심해지는 이유는 단순히 남성들만 모여 있고 성욕을 풀 곳이 없어서가 아니다. 여성에 대한 비하는 군대에서 만들어지는 남성다움의 정의 자체가 여성을 비하하는 정의로 내려지기 때문이다"라며 다음과 같이 말했다. "군대에서 성 경험을 공개적으로 말할 때는 성기 중심적 성행위만을 묘사하도록 요구된다. 이때 성관계는 주로 '따먹고 따먹히는' 관계로 묘사된다. 이것은 성행위가 남성들에게 정복 욕망을 충족시키는 것으로, 페니스는 그 충족을 위한 무기로 인식되어 있다는 점을 잘 보여준다. 이렇게 군대에 간 남성들 사이에서 성행위가 극도로 대상화되는 것에 대해 클라우스 테벨라이트[Klaus Theweleit]는 남성 군인들이 여성과의 관계를 통해 자신의 남자다움을 잃을까 봐 두려워하기 때문이라고 지적한다. 군인들에게 있어서 여자를 사랑하는 것은 매우 불명예스러운 일이므로(감정은 여성스러운 것이므로), 이들은 성관계를 묘사할 때 무기와 폭력의 이미지와 연결시키거나(정복/페니스의 무기화), 상대 여자를 살아 있지 않은 대상

(여성의 비인격화/대상화)처럼 묘사한다는 것이다."[43]

군인 강간^{soldier rape}

대개 집단 범행으로, 폭력배들이 저지르는 윤간에서 전쟁터에서 벌어지는 집단 강간에 이르기까지 다양하다. 데즈먼드 모리스에 따르면, "군부대와 같은 남성들의 집단이 어떤 지역으로 들어가 패배한 적국의 연약한 여자들을 만나면 조직적으로 강간을 자행한다. 이런 강간의 목적은 물론 지배욕과도 연관되기는 하지만 기본적으로는 성적인 것이다. 많은 여성 피해자들은 임신을 하며, 그 지역에는 갑자기 침입자들의 유전자가 대대적으로 유입된다. 이것은 대규모적인 '씨 퍼뜨리기'로 오랜 과거부터 약탈자의 무리들이 성공적으로 다른 문화권의 영토를 침입할 때마다 되풀이되어왔다. 이런 잔인한 행위를 하는 젊은 군인들은 가학적 강간범들과 같은 정신병자들이 아니다. 그들은 낯선 땅에서 아무런 사회적 통제를 못 느끼게 되자 앞뒤 가리지 못하고 자신들의 유전자를 퍼뜨리려는 욕구를 주체하지 못하게 된 것뿐이다. 전쟁이 끝나면, 그들은 아내에게 돌아가서 다시 가족을 돌보는 아버지가 된다."[44] (참고 '가학적 강간')

군인 위문 공연

여성 연예인이 군부대에 위문 공연을 가는 것은 섹스학적으로 깊이 연구해볼 만한 주제다. 성적으로 가장 혈기왕성한데다 오랫동안 섹스에 굶주린 젊은이들 앞에 당대 최고의 섹시한 여성 연예인이 나타났을 때 어떤 일이 벌어지겠는가. 미국 섹시 스타 메릴린 먼로가 1954년 1월 한국 주둔 미군 부대를 찾아 위문 공연을 했을 때 벌어진 일은 '섹스의 역사'의 한 장면으로 남겨둘 만하다. 당시 먼로는 눈보라가 몰아치던 겨울 날씨에 어깨가 드러나는 옷을 입고 군인들의 열광 속에서 4일 동안 공연했다. 전 주한미군이 흥분 상태에 빠졌으며, 병사들은 절규하며 신음했다. 먼로는 노래를 잘 했던가? 그건 중요치 않았다. 당시 반주를 맡은 밴드의 피아니스트였던 알 과스타페스테의 회고에 따르면, "기적이 일어났지요. 그녀의 경우 노래를 잘 부를 필요는 없었어요. 단지 거기 서 있는 것만으로 됐으니까요. 속삭이거나 울거나 재잘거리거나 신음하기만 하면 됐지요."[45] 먼로의 위문 공연은 아무런 사고 없이 끝났지만, 언론에 보도가 되질 않아서 그렇지 연예인 위문 공연에는 의외로 작은 사고들이 많다. 흥분한 군인들이 무대에 뛰어올라 연예인을 으스러지게 껴안아 상처를 입히는 일도 종종 발생한다. 이와 관련, 김정운의 고백을 들어보자. "내 생애 최고의 음악회는 군대 시절 김수희의 위문 공연이었다. 나는 그녀의 음악을 듣고 감동해 기절까지 했다.…… 그녀는 몸을 흔들며 '예써, 아이캔부기'를 불렀다. 그 격한 감동을 어쩌지 못해 나는 무대 위로 뛰어 올라갔다. 그러고는 바로 김수희의 허리를 두 손으로 감아 안았다.…… 내 코에 가득했던 여인의 향기에 난 그대로 정신을 잃었다.…… 내가 기절한 것에 대해서는 그 후, 약간의 이견이 있다. 내 동기 녀석은 내가 김수희의 허리를 안은 순간, 헌병이 올라와 총 개머리판으로 내 뒤통수를 내리쳤다고 했다. 기절한 나는 개처럼 끌려 내려왔다고 한다. 하지만 난 아직도 그녀의 음악과 향기에 취해서 기절했다고 믿는다."[46]

궁녀의 한

조선 시대의 궁녀는 대체로 10살 정도에 궁궐에 들어갔는데, 왕의 선택을 받지 못하면 평생 처녀로 살아야 했다. 궁녀의 품계는 총 10등급으로 종4품 이상은 왕의 후궁이었으므로 엄밀히 말하면 종5품의 상궁에서 종9품의 나인까지가 궁녀라 할 수 있었다. 수많은 궁녀 중에서 왕의 선택을 받는 건 하늘의 별 따기였기에, 궁녀들 사이에선 은밀히 동성애가 성행했다. 궁녀는 늙거나 병들어 일할 수 없게 되면 궐 밖으로 나갈 수 있었지만, 그래도 순결은 계속 지켜야만 했다. 참으로 불쌍한 인생 아닌가. 그래서 조선 시대 사람들은 궁녀의 서러움이 원한을 낳게 하고 이 한이 쌓여 가뭄이 일어난다고 믿었다. 그래서 큰 가뭄이 들 때마다 궁녀를 수십 명씩 궐 밖으로 방출하는 관행이 생겨났다.[47]

궁형 宮刑

강간범, 간부姦夫, 음부淫婦 등에게 가해진 형벌로 성기를 자르거나 성감대를 절단시키는 형을 말한다. 중국에선 한漢나라 전후로 궁형이 널리 행해졌으나, 우리나라엔 그런 기록이 없다. 다만 스스로 거세하는 자궁自宮 습속은 널리 퍼져 있었다. 10여 년 전 대만 국회에서는 여당 내의 여성 의원들이 상습 강간범에게 궁형을 가하도록 하는 형법 개정안을 상정해 이를 반대하는 야당 의원들과 열띤 논쟁을 벌인 바 있다.[48] 오늘날 궁형에 해당하는 것은 '화학적 거세'로 여러 나라에서 실시되고 있다.(참고 '화학적 거세')

귀두 龜頭, glans

남성 음경 끝의 팽대한 부분으로 '음경 귀두'라고도 한다. 귀두의 뒤쪽 테두리는 약간 볼록하게 솟아나 있는데 이것을 '귀두관龜頭冠'이라 하고, 그 뒤의 가늘게 잘록해진 부분을 '귀두경龜頭頸'이라고 한다. 귀두의 끝 부분에는 요도구가 열려 있다. 귀두에는 털이나 땀샘은 없으나 포피선이 있어 특이한 냄새를 풍기는 지방성 분비물을 낸다. 내부에는 음경 해면체가 들어 있어 조밀한 정맥총이 발달했으며, 지각 신경의 종말이 풍부하게 분포되어 있다. 여성에게는 남성의 음경에 해당하는 음핵이 좌우 소음순이 접합하는 부분의 뒤에 있으며 길이 3~4cm의 작은 원 모양으로 그 끝의 아래쪽에는 음핵 귀두가 있다.[49] 보통 남자들은 성생활을 할 때 남성의 성기가 커야 여성의 만족도가 높다고 생각하는데, 진짜 힘을 발휘하는 것은 성기가 아니라 귀두의 크기와 모양이다. 발기 시 돌출된 귀두관이

질 벽에 마찰을 일으키면서 파트너가 쾌감을 느끼기 때문이다. 즉
아무리 음경이 굵더라도 귀두가 왜소하다면 파트너의 만족도는 떨
어질 수 있는 것이다.[50] 크기에 고개 숙였던 자여, 귀두에 주목하라.
당신은 귀두로 승부해야 한다!

귀숙일 貴宿日

한국 전통 사회에서 속신으로 전해지는 '씨 내리기 날'로, 이날 합
방을 하면 1년 중 귀하게 될 아들을 임신할 가능성이 크다고 믿었
다. 여자들은 월경이 끝날 무렵, 깨끗한 무명 조각을 음구에 꽂았다
가 떼어보아 그 색깔이 옅으면 잉태의 적기가 지난 것이고, 붉으면
아직 적기에 이르지 않았으며, 금빛이면 적기로, 나흘 안에 홀수날
에 씨를 내리면 아들이고 짝수날은 딸이 된다고 배웠다.[51] 오늘날
음구에 무명 조각을 꽂는 여성은 거의 없겠지만, 귀숙일을 지키는
여성은 의외로 많다.(참고 '남아 선호 성교법')

귀태 鬼胎

귀신과 관계를 가져 한 임신을 말한다. 도무지 말이 안 되는 이야기
지만, 그게 가능하다고 믿었던 시절이 있었다. 이규태에 따르면,
"우리 조상들은 임신 중절을 하면 그 때문에 고통받는다는 인과응
보를 믿었기에 아무리 상황이 긴박하더라도 낙태를 하지 못했다.

이렇게 낙태가 불가능한 문화권이었기에 배 속에 든 부정한 아이가 불의나 부정이 아니게끔 합리화하는 문화가 파생될 수밖에 없었다. 그 전형적인 것이 귀태다. 개화기의 신문을 보면 아무개 과부나 처녀가 귀태를 했다는 광고를 이따금 볼 수 있는데, 낙태할 수는 없고 해서 생긴 궁여지책이 아닐 수 없다."[52]

그로테스크 grotesque

'기괴한', '괴이한' 의 뜻을 가진 영어 단어로, 어원은 여성 성기의 특성과 관계가 있다. 김홍탁은 "객관적 형상으로 볼 때 여성의 성기는 아름답다기보다는 그로테스크하다"며 이렇게 말했다. "동굴의 의미를 갖는 '그로테grotte' 라는 이탈리아어로부터 그로테스크란 말이 유래했는데 '동굴같이grotto-esque' 깊고 어두운 지형적 특성이 여성의 성기를 나타내는 메타포로 쓰일 수 있기 때문이다. 특히 남자에게 어둡고 내밀하고 비의적인 그곳은 끝이 보이지 않는 판타지의 세계다. 수많은 도색 잡지가 여성의 성기를 해부학적으로 드러내는 데 혈안이 되어 있는 것도 판타지의 충족을 위한 것이다. 늘 제기되는 페미니스트의 지적처럼 여성의 몸이란 남성적 환상에 의해 식민화된 신체인지도 모른다."[53]

근친상간 近親相姦

가족이나 가까운 친척들 사이의 성관계 및 이에 준하는 성적 행위를 말한다. 세계 대부분의 문화권에서 터부시되고 있으나, 그 범위와 정도는 문화에 따라 다르다. 어떤 문화권에서는 핏줄에 따른 유전적 관계가 있는 이들 사이의 관계만을 금하나, 다른 문화권에서는 입양이나 부모의 결혼 등을 통해 한 가족이 된 이들 사이의 관계도 금지한다. 사실 근친상간은 어제오늘 얘기가 아니다. 인류가 생겨난 이래 끊임없이 논란이 돼왔다. 근친상간은 왜 발생할까? 프로이트 심리학에서는 오이디푸스 콤플렉스, 엘렉트라 콤플렉스 등의 용어를 빌려 아들과 딸이 각각 아버지와 어머니에 대한 경쟁 심리가 작용해 근친상간이 빚어진다고 설명한다. 또는 공생적 성격을 갖고 있어 근친상간을 애정 표현으로 여기고 자식을 자신의 소유물로 생각하는 사람들에게서 근친상간이 벌어진다거나, 정신병질이나 성 도착증 때문에 근친상간이 생긴다고 설명하고 있다.[54]

근친혼 近親婚

신라 시대에 성행했던 근친 간 결혼이다. 예컨대, 진흥왕의 부모는 법흥왕의 딸과 동생이었다. 이런 3촌 간의 근친혼은 통일 이후에도 계속됐다.[55] 근친혼은 고려 시대에도 한동안 성행하다가 고려 중기 이후 점차 사라졌다. 지배층 스스로 자신들의 특권을 확대하기 위해서는 자신들과 비슷한 다른 집안과 혼인하는 것이 더 낫다고 판

단했기 때문이다.[56]

기쁨조

북한의 지도자와 그 측근에 대한 봉사를 위해 조직된 집단이다. 성적 봉사를 위한 만족조, 피로 회복을 위한 행복조, 댄서나 가수 등의 가무조로 나뉜다. 18세부터 25세까지의 여성들이 소속되어 있지만, 그 실태는 확실치 않다. 이한영에 따르면, 기쁨조의 시작은 1970년 초 김정일이 김일성의 비위를 맞추기 위해 북한 전역에서 미모를 갖춘 여성을 선발해 김일성 별장에 배치하면서부터다. 김정일을 위한 기쁨조는 1983년 12월부터 조직됐다. 까다로운 심사와 산부인과 검진을 거쳐 최종 선발된 여성들은 6개월 정도 교육을 받는다. 만족조는 주연 시중과 성적 봉사에 필요한 예절과 기교를, 행복조는 안마, 마사지, 지압 등의 피로 회복 전문 기술을, 가무조는 주연 시 발휘할 수 있는 노래와 춤 등을 익힌다. 마지막 교육 과정인 보름간의 해외 견학이 끝나면 이들은 호위총국 소위 계급이 주어져 명목상 인민군 군관으로 복무하게 된다. 김정일의 기쁨조 파티는 소위 자본주의적인 유흥 분위기를 능가하는 퇴폐적·환락적 분위기를 연출했다. 김정일 전속 요리사였던 후지모토 겐지에 따르면, 김정일은 춤을 추고 있는 기쁨조에게 다가가 느닷없이 "옷 벗어!"라고 명령한 후에 무희들이 천천히 옷을 벗자, 다시 "브래지어와 팬티도 벗어!"라고 시켰다는 것이다. 기쁨조 여성들은 25세가 넘으면 대개 김정일 주변에서 근무하는 호위군관 및 고위 인사들과 결혼시켜 철저히 비밀을 유지하도록 한다. 김정일과 가장 오랫동안 동거하며 정실 역할을 해온 고영희도 기쁨조 출신이다. 남한에서는 이들이 불쌍한 여자로 비쳐질지 모르지만 북한에서는 사정이 그렇지 않다. 선택받은 여성들인 것이다. 북한 사람들은 주위 사람이 기쁨조로 선발되면 누구는 팔자를 고쳤다고 말하기까지 한다.[57] 그러나 기쁨조에 대한 남한의 인식이 사실과 다르다는 주장도 있다. 지난 1998년 8월 가족을 따라 탈북한 탤런트 겸 가수 김혜영은 다음과 같이 말했다. "북쪽에서 기쁨조는 '백성들을 기쁘게 해주는 예술 단체'란 뜻이에요. 김정일에게 수청 드리는 조직이란 건 사실과 다른 것 같아요. 제가 내부를 들여다본 건 아니니까 모르긴 하지만 북쪽 사람들은 그렇게 생각해요. 속으로 불만이 있는 사람이야 있겠지만, 김정일에 대해 욕하는 사람은 없어요. 사생활이 그럴 사람이라고 생각하는 사람도 없죠.…… 남쪽 사람들이 북에 대한 생각을 좀 바꿀 필요가 있을 것 같아요. 왜 그렇게밖에 모르는지 안타까울 때도 있어요. 알려고 노력을 하지 않기 때문이겠죠."[58]

기생 분류법

1908년 6월 일제 통감부는 매춘부의 기둥서방이나 포주들에게 '경성유녀조합'을 조직하게 해 성병 검사 위반자에 대한 경찰 개입을 강화했다. 같은 해 9월에는 매매춘 관행의 공창화를 구체화하면서 단속 역시 강화했는데, 이때 경시청령으로 발표된 것이 '기생단속령'과 '창기단속령'이다. 과연 '기생'은 무엇이고 '창기'는 무엇인가? 기생은 매춘을 할 수 없고 객석에서 무용과 음곡을 할 수 있게 한 반면, 창기는 매춘만 할 수 있게 한 구분이었다.[59] 이즈음부터 기생을 일패, 이패, 삼패로 나누는 분류법도 쓰였다. 일패는 양반층의 잔치에 참여해 흥을 돋우는 예전 뜻 그대로의 기생을 뜻했다. 이패는 기생 출신으로 은밀히 몸을 파는 은근자隱勤者 또는 은군자隱君子인데, 이때의 '군자'는 도둑을 양상군자梁上君子로 부르는 것과 같은 반어적 용법이다. 사람들은 보통 '은근짜'라고 불렀다. 삼패는 성매매만으로 생계를 이어가는 여성을 뜻했다. 전통 기생은 이패와 삼패가 기생으로 불리는 것에 분노했으며, 기생만 쓸 수 있는 홍양산을 삼패가 쓰고 다니자 경무청에 항의를 하는 한편, 양산에 '기妓'자를 금색으로 새겨 붙이기도 했다.[60] 기생은 그들이 사용하는 화장품에 의해서도 분류됐다. 일패는 값이 가장 비싼 양분을 썼기에 양분 기생, 이패는 값이 중간인 왜분을 썼기에 왜분 기생, 삼패는 값이 가장 싼 국산품인 연분을 썼기에 연분 기생으로 불렸다.[61]

기업형 룸살롱

중소기업 수준의 거대한 룸살롱을 말한다. 2009년 4월 서울 강남에서 적발된 한 룸살롱은 룸이 60개, 그 규모가 1,650m²(약 500평)에 달하는 것으로 알려졌다. 특급 호텔의 객실을 통째로 빌려 영업해온 이 룸살롱은 남자 종업원 150명, 여자 종업원 100명이 일하고 있었으며, 손님을 관리하는 '상무常務'도 80명에 달했다. 상무는 믿을 만한 손님으로 판단되면 술값을 계산할 때 "2차 가겠느냐?"고 묻고, 2차 의사를 보인 손님들에게 기본 술값에 1인당 30만 원의 성매매 비용을 포함시킨 것으로 알려졌다. 손님은 업소와 바로 연결된 엘리베이터를 이용해 호텔 객실로 들어가 2차를 즐겼다.[62] 2009년 6월 강남에서 적발된 또 다른 룸살롱도 호텔 3개 층 객실을 이용해 성매매를 알선한 것으로 밝혀졌다. 조사 결과 주인은 대기업처럼 계열사를 운영한 것으로 드러났다. 술집과 호텔뿐 아니라 300여 명의 여종업원이 이용하는 전용 의상실·미용실·식당까지 지하에 갖춰놓고 거기서도 매출을 올렸다. 경찰 관계자는 "월 매출 8억 원 정도를 올려 업계 2위로 널리 알려진 업소였다"고 말했다.[63] 한편, 2010년 8월 서울 논현동에 국내 최대 규모(세계 최대 규모인지도 모른다)의 기업형 룸살롱이 들어섰다. 새로 생긴 Y 룸살롱은 157개의 룸을 갖추고 있으며 200여 명의 영업 부장이 고객을 관리한다. S 호텔의 지하 1, 2, 3층 전체와 지상 1층의 일부를 사용하고 있는 이 룸살롱은 100여 명의 웨이터와 500~600명의 여종업원이 밤낮으로 손님을 맞이하고 있다.[64]

긴자쿠きんちゃく

남자의 성기가 삽입되면 마치 구강성교를 하듯 나긋나긋 빨아대는 질을 가진 여성을 일본의 비속어로 '긴자쿠' 라고 한다. 복주머니 같은 모양새의 입구를 잡아당기면 닫히는 일본의 돈주머니에서 그 어원을 찾을 수 있는데, 조정래의 소설 『태백산맥』에 나오는 외서 댁의 성기가 이에 해당한다 할 수 있겠다. "워메, 겨울 꼬막 맛맨치로 그 짠득짠득한 것이 인자 워떤⋯⋯." 긴자쿠는 선천적으로 타고나지만, 케겔 운동법(질 강화 운동)을 통해 후천적으로 만들어질 수 있다고 전문가들은 말한다. 벌교에 놀러 가면 '외서댁 꼬막집' 에 꼭 들러보시라.

김본좌

2006년 10월 18일 인터넷 음란계에서 '음지의 슈바이처', '야동의 문익점', '한국의 래리 플린트' 등으로 불리는 김본좌(本座, 자칭 최고수를 뜻하는 말)가 일본 음란물 2만여 건을 P2P 사이트를 통해 불법 유통시킨 혐의로 경찰에 붙잡혔다. 김본좌는 2년 반 동안 일본에서 제작된 음란 비디오를 내려받은 뒤 곧바로 P2P에 올려 회원 3만 1,000여 명에게 건당 300원에 다운로드하게 해 불법 이득(500여 만원)을 취한 혐의로 구속됐다. 다음 아고라에는 김본좌의 석방과 음란물을 허용할 분위기를 조성하도록 투쟁하라는 선동적인 글들이 올라왔다. 누리꾼 '천상' 은 "한국 정부가 청소년 보호를 명목으로 성인문화를 탄압한다" 며 "김본좌가 미국 포르노 대부 래리 플린트처럼 정부에 맞서 싸워야 한다"고 주장했다.[65] 김본좌는 2007년 7월 징역 10월에 집행 유예 2년을 선고받았다. 이에 김홍진 『조선일보』 논설위원은 "김본좌의 죄질에 비해 집행 유예 선고는 너무 약했다. 그런데도 검찰은 항소하지 않아 형이 확정됐다고 한다. 김본좌뿐 아니라 일반 음란물 사범도 대부분 처벌이 가볍다"며 다음과 같이 주장했다. "정보통신망법의 음란물 유포 법정 형량이 '1년 이하 징역이나 1,000만 원 이하 벌금'이다. 법원의 선고 형량도 너무 낮다. 작년 음란물 유포로 기소된 사람 497명 중 실형을 선고받은 사람은 5명밖에 안 됐다.…… 인터넷 음란물이 특히 청소년에게 끼치는 해악을 생각하면 세상이 거꾸로 돌아가고 있다는 생각마저 든다. 이 래서야 정말 누가 김본좌에게 돌을 던질 수 있겠는가."[66]

김정일 정력제

한때 유행했던 불법 정력제의 이름이다. 2006년 8월 북한 김정일 국방위원장의 경호원 출신으로 알려져 2000년 입국 당시 화제를 모았던 탈북자 이 모 씨가 무허가로 '김정일 정력제'를 팔아 오다 경찰에 붙잡혔다. 이 씨는 2005년 2월 서울 송파구 마천동에 공장을 차려 중국에서 밀수한 발기부전 치료제인 시알리스 성분의 전문 의약품에 산수유와 구기자 등 한약재를 배합해 무허가 정력제를 만들었다. 그는 자신이 김 위원장의 경호원 출신임을 내세우며 '김 위원장도 이 약을 먹고 정력이 좋아졌다'는 내용의 허위 전단 광고를 냈고, 자신의 아버지와 할아버지가 김 위원장의 주치의였다고 구입자들을 속였다. 이 씨는 원가 1만 2,000원 정도인 정력제 한 상자에 30만 원을 받고 팔아 5억 2,500만 원을 챙겼다.[67]

꽃뱀 컬렉트콜

2007년부터 유행한 스팸 전화의 일종으로 '사람을 속여 꼬시는 전화'라 하여 이런 별칭으로 불린다. '060', '080' 등의 전화 정보 서비스가 스팸이라는 인식이 확산되자 '011', '010' 등 일반 전화번호가 발신 번호에 찍히게 하는 수법이 사용된 것이다. 이런 스팸 전화는 사람이 직접 거는 게 아니라 기계 프로그램에 의해 자동적으로 걸리는데, 새로 등장한 유형으로는 '원 링One-ring'과 '콜백 URL SMS' 스팸이 있다. 원 링은 휴대폰이 1~2번 울리다 끊기게 함으로써 부재자 번호를 남기는 방식으로 전화하면 바로 서비스와 연결되거나 연결 번호를 알려주는 광고가 나온다. 콜백 URL SMS는 문자 메시지를 받고 확인 버튼을 누르면 인터넷 사이트에 연결되는 서비스다.[68] 통신회사들은 해외 국제 전화 사업자들에게 컬렉트콜로 유발되는 통화료의 20% 정도를 수수료로 정산해주고 있어 이들과 결탁한 현지의 개인이나 사업자들이 무작위로 전화를 걸어 악의적으로 컬렉트콜 통화를 유인하는 것으로 알려졌다. 국제 전화 컬렉트콜 요금은 분당 평균 1,500원으로 일반 국제 전화 평균 송신요금(분당 650원)보다 배 이상 비싸다. 통신 업계 관계자는 "국제 전화 컬렉트콜은 국제 전화 통화료가 비싸고 치안이 좋지 않은 중국 필리핀 등에서 주로 송신되는 경우가 많다"며 "국제 전화 컬렉트콜이 오면 받아야 할 전화인지를 반드시 확인해야 한다"고 당부했다.[69]

꿀단지

외설 서적의 한 종류로『금강산』,『오대산』 등이 있으며 겉표지가 빨간 마분지로 되어 있어 일명 '빨간책' 이라 불렀다. 주로 세운상 가에서 많이 팔았으며, 1970년대 당시 부동의 베스트셀러였다. 지금 생각하면 내용이 유치하고 말도 안 됐으나 성에 대한 호기심이 왕성한 10대들이 주요 독자였다.

꿀방

호스트바에서 선수(남성 접대부)들이 들어가고 싶어하는 방이다.『주간조선』(2010년 8월 16일)의 현장 취재에 따르면, 선수들이 피하고 싶어하는 손님은 '같은 바닥' 에서 일하는 화류계 여성들이다. "자신들이 직업적으로 받은 모욕과 수치심을 동일한 방식으로 푸는 경우가 많기 때문" 이라는 것이다. "양주를 스트레이트로 열 잔 가까이 주는 거야. 죽는 줄 알았어. 그리고 자기들이 쌓인 게 많은지 이래라 저래라 벗어라 입어라 마구 시키고……." D군은 "과하게 무엇을 시키거나 괴롭히지 않고 옆에 앉혀둔 채 그냥 적당히 노는 손님들이 가장 좋다"며 "일반 대학생들이 오는 경우엔 대부분 '꿀방'

이 될 확률이 높아 선수들이 서로 들어가려고 한다"고 말했다.[70]

꿀벅지

신조어로, 일반적으로 '꿀'과 '허벅지'의 합성어로 본다. '꿀처럼 달콤한 허벅지', '꿀을 바른 듯한 매끄러운 허벅지' 등 다양한 해석이 제기되고 있으나, 현재 일반적으로 통용되고 있는 뜻은 '마르고 얇은 허벅지가 아닌 탄탄하고 건강미 있는 허벅지'를 지칭한다. 유사어로는 '찰벅지(찰떡+허벅지)'가 있다. 2009년 하반기에 비욘세, 유이(애프터스쿨), 티파니(소녀시대)를 시작으로 연예인의 매력을 표현하는 말로 이 단어가 자주 등장했다. '꿀벅지'라는 단어가 주목을 받은 배경으로 시대의 변화에 따른 미의 기준 변화가 반영되어 있다는 분석이 나오기도 했다. 한편, 2009년 9월 20일 충청남도 천안시의 한 여고생이 "꿀벅지라는 단어가 성적 수치심을 유발한다"며 "언론에서라도 사용하지 않게 해달라"는 제안을 여성부 홈페이지에 올렸다. 이에 대해 여성부는 "성희롱은 피해자가 성적 표현이나 행위를 접했을 때 느끼는 모멸감 등이 기준이 되므로 개인적인 문제"라고 답했다. 이에 덧붙여 "성희롱 민원은 인권위원회에 제기해야 하고, 언론에서 사용하는 단어 관련 문제는 방송통신위원회에 제기해야 할 문제"라고 설명했다. 이어 "현재 올라온 민원도 분류해 각 위원회로 이관해야 할 것으로 안다"고 밝혔다.[71]

Interesting
Sex Dictionary

나가요닷컴

밤 문화 전문 웹진이다. '나가요닷컴'의 목영두 대표이사는 2002년 "불과 1년 전까지만 해도 깔끔한 정장 차림의 청순한 여대생 종업원이 인기였으나 요즘에는 등이 깊게 파이고 몸의 굴곡이 완전히 드러나는 얇은 소재의 홀복(룸살롱 안에서 입는 옷)을 입은 24~26세의 잘 노는 '선수(분위기를 잘 띄우는 여종업원)'의 반응이 좋다"고 말했다.[1]

나비 작전

1968년 9월 26일 오후 세운상가 건설 현장을 둘러보고 가던 서울시장 김현옥(일명 '불도저 시장')이 골목에서 한 윤락녀로부터 "아저씨, 놀다가세요"라며 소매를 잡혔다. 김현옥은 즉시 종로구청장실로 가 시 관계자들과 경찰 간부 등을 긴급 소집해 당시 국내 최대의 윤락가였던 '종삼(종로 3가 일대)' 소탕을 위한 나비 작전을 세웠다. '나비'는 사창가를 찾는 사람을 표현한 것으로 '꽃(윤락녀)' 단속만 으론 한계가 있으므로 나비를 뿌리 뽑자는 것이었다. 손정목은 이렇게 회고했다. "나비 작전은 그날(26일) TV · 라디오에 대대적으로 방송됐고, 다음 날 모든 신문에 크게 보도됐다. 27일 낮부터 한국전력 직원이 총동원되다시피 해 종삼 골목 입구마다 수많은 100V짜리 전구를 달았다. 나비를 가려내기 위해서였다. 본격적인 작업은 27일 저녁에 시작됐다. 골목에 사람이 들어서면 골목 어귀에 진을 치고 있던 시 · 구청 공무원과 사복 경찰이 몰려가 '이름이 뭔가', '직업은 뭐냐', '주소가 어디냐' 물었다. 분명 인권 침해였지만 항의하는 사람은 없었다. 공무원과 경찰관이 몰려들어 묻기도 전에 달아났다. 소문이 퍼져 나가면서 종삼에 사람의 발길이 뚝 끊겼다. 포주, 윤락녀들에 대한 설득 작업도 병행했다. 김 시장은 10월 말까지는 나비 작전을 펼쳐야 할 것으로 예상했으나 10월 초에 나비의 발길이 완전히 끊기면서 종삼은 끝을 맞았다."[2]

나이트클럽 추첨

2000년대 초 강남 나이트클럽의 인기가 치솟으면서 나이트클럽 입장 및 룸 배정을 위해 벌인 추첨을 말한다. 『한국일보』(2001년 1월 11일)는 "요즘 서울 강남의 '잘나가는' 3대 나이트클럽은 주말마다 몰려드는 손님을 감당하지 못해 영업 전에 추첨 행사를 연다. 객석보다 룸을 선호하는 젊은이들이 많아지자 10여 개의 한정된 방을 차지하기 위해 치열한 경쟁이 벌어져 아예 예비 손님들이 나이트클럽에 모여 젓가락 뽑기, 카드 뽑기 등 추첨을 통해 결정하고 있다. 경쟁률도 10대 1에 이른다"며 다음과 같이 보도했다. "최근 J 나이트클럽 추첨에 참가했던 김 모(24) 씨는 '오후 3시 30분께 100여 명이 나이트클럽에 모여 추첨하는 모습이 정말 가관이었다'며 '당첨돼 기뻐하는 표정이 마치 대학에 붙은 수험생을 연상케 했다'고 전했다. 이 모(23) 씨도 '치열한 추첨 경쟁에서 살아남기 위해 친구들과 짜고 복수 지원과 교차 지원을 하는 건 예사'라며 '심지어 친한 웨이터에게 줄을 대 추첨 비리를 저지르는 경우도 있다'고 귀띔했다. 취업 준비 중인 김 모(27) 씨는 '가뭄에 콩 나듯 들어오는 입사원서를 얻기 위해 선후배 간에 눈치를 보며 추첨을 하는 처지인데 경제난에 아랑곳없이 여유를 만끽하는 사람들 이야기를 들으면 왠지 우울해진다'며 쓸쓸해 했다."[3]

나훈아 괴담

가수 나훈아의 성기를 두고 꽤 오랫동안 퍼진 소문이다. 나훈아는 2008년 1월 25일 기자회견을 열고, 시중에 떠도는 루머에 대해 "하나부터 열까지 엉뚱한 얘기들"이라며 55분간 격정적으로 토로했다. 취재진을 비롯해 600여 명이 참석한 회견장에서 나훈아는 야쿠자의 연인을 건드려 야쿠자로부터 신체 일부를 훼손당했다는 소문에 대해 "제가 (외국에서) 공부할 때 'Seeing is believing(백문이 불여일견)'이란 말이 있었다"며 윗옷을 벗어던지더니 갑자기 테이블에 올라갔다. "제가 지금부터 여러분이 원하는 걸 시작하겠습니다." 그러고는 허리띠와 바지 단추를 풀고 지퍼를 반쯤 내렸다. 좌중에서 "어머, 어머" 하는 소리가 들렸다. 그가 오른손을 쫙 펴보였다. "제가 (바지를) 내려서 5분을 보여드리겠습니다. 아니면, 믿으시겠습니까." 팬들은 "나훈아님 믿습니다!" 하고 소리쳤다. 옷을 고쳐 입은 그는 자리에 앉아 "'밑'에가 잘렸다는 겁니다, 여러분. 제가 오늘 나온 이유를 이제 얘기합니다"라며 '야쿠자의 여인'으로 소문이 돌았던 여배우에 대해서도 모든 게 사실무근이라고 말했다.[4] 이 사건을 호주제 폐지와 연결해 보는 시각도 있다. 2008년 1월 박은주는 "최근 호주제가 폐지되고, 여성들의 법적인 권위가 높아지면서 우리 사회에는 일종의 심리적 '거세 공포'가 자리 잡은 것도 사실이다. 자신을 지켜주던 종이 한 장, 명함은 사라졌고, 연금은 보잘것없는데다 '호주'라는 단어에 관한 독점적 지위도 상실하게 됐다. 세상이 모두 남자들의 자리를 빼앗으려는 무리로 보였을 것이고, 이런 불안감이 '한 가수의 거세극'이라는 소문을 전하는 희열, 혹은 불안감으로 대체된 건 아닐까"라고 해석했다.[5] (참고 '호주제 폐지 논쟁')

낙엽 줍기

1970년대 '묻지마 관광'이 성행할 때 유행했던 은어다. '낙엽'은 부녀자가 과음한 나머지 의식을 잃은 상태를 표현한 것인데, '묻지마 관광'에 나선 남자들 사이에서 "낙엽 주우러 가자"는 은어가 탄생한 것이다. '묻지마 관광'은 1990년대에 꽃을 피웠지만, 1970년대엔 2박 3일 이상 관광 코스에 서로 모르는 남녀를 동수로 짝짓기를 해 불륜 잔치를 벌이는 식으로 이루어졌다. 이런 불륜 관광에 참여한 유부녀의 남편들의 진정으로 경찰이 수사에 착수한 결과 불륜 관광은 거의 모든 관광 회사에서 이뤄지고 있는 것으로 밝혀졌다. 출발지에선 여자만 타고 나중에 다른 곳에서 남자를 태우는 방식을 쓰는 관광 회사도 있었다.[6] (참고 '묻지마 관광')

낙지족

술을 너무 많이 먹어 온몸이 잡혀온 낙지처럼 '쭉 뻗어버린' 여성을 지칭하는 말이다. 취한 척 가장해 의도적으로 남성과 성관계를 맺는 가짜 골뱅이족(페이크 골뱅이)과 구별하기 위해 생겨난 말이기도 하다. 낙지족의 경우 성관계를 쉽게 맺을 수 있다는 장점은 있지만 서로 간에 뜨거운 호흡으로 흥을 돋우기는 아무래도 힘들기 때문에 호색한이라 하더라도 낙지족을 꺼리는 남성이 많다고 한다. 성사 확률이 떨어지더라도 긴장감을 느낄 수 있는 순수한 아마추어와 부킹을 하고 싶다는 게 대다수 남성들의 소박한 바람이라고.

어쨌든 나이트클럽은 최근 '능력에 따른 섹스 부킹의 장'으로 변해 가고 있는 것 같다. 그러나 자칫하면 '꽃뱀'에 걸려 고생을 할 수도 있다는 점에서 남성들의 주의를 요한다.[7] (참고 '골뱅이족')

낙태 민간요법

임신부가 낙태를 위해 사용하던 전통적인 방식을 말한다. 박정희의 어머니가 쓴 방법이 그걸 잘 보여준다. 박정희는 1917년 11월 14일 (음력 9월 30일) 오전 11시경 경북 선산군 구미면 상모리의 금오산 자락에서 아버지 박성빈(46)과 어머니 백남의(45)의 5남 2녀 중 막내로 태어났다. 당시 박정희의 위로 장남 박동희(22), 차남 박무희(19), 장녀 박귀희(15), 3남 박상희(11), 4남 박한생(7), 차녀 박재희(5)가 있었다. 아버지 박성빈은 영락한 양반 계급으로 처가 문중의 산지기로 호구지책을 삼으며 술로 소일했다. 박정희는 어머니가 원치 않은 자식이었다. 찢어지게 가난한 살림에서 어떻게 해서건 한 입이라도 덜어야 했기 때문이었다. 게다가 45세에 임신을 한데다 큰딸이 결혼해 이미 임신을 하고 있었기 때문에 부끄럽게 생각한 점도 있었을 것이다. 백남의는 태아 박정희를 낙태시키려고 온갖 민간요법을 총동원했다. 간장 한 사발 마시기, 밀기울 끓여서 마시기, 섬돌에서 뛰어내리기, 장작더미 위에서 곤두박질치기, 수양버들강아지 뿌리 달여먹기, 디딜방아의 머리를 배에 대고 뒤로 자빠지기, 뒷동산에 올라가 밑으로 뒹굴기 등등 해보지 않은 방법이 없을 정도

68

였다.[8] 박정희는 그런 엄청난 시련과 고난에도 굴하지 않고 결국 태어났다. 그러나 태아 시절에 겪은 시련 탓인지 아버지와 형들은 기골이 장대했지만, 박정희는 왜소하고 까만 얼굴을 갖게 됐다.[9]

남근 비평 phallic criticism

페미니스트 작가 메리 엘먼Mary Ellman이 저서 『여성에 대해 생각하기 Thinking About Women』(1968)에서 사용한 말로, 작품 평가 시 저자의 성별이 가장 중요하다고 간주하는 남성 중심의 문학 비평을 가리킨다.[10]

남녀 혼탕(한국)

남녀가 한곳에서 같이 목욕할 수 있는 공동목욕탕으로, 고려 시대까진 대중 노천탕에서 혼욕을 하면서도 여인들이 이를 부끄럽게 여기지 않았다는 기록이 있다. 『삼국유사三國遺事』는 박혁거세와 왕비 알영이 목욕을 통해 "몸에서 광채가 났다身生光彩"고 적고 있어 종교 의식으로서의 목욕을 보여준다. 신라 시대에 대형 공중목욕탕이 절에 있었다는 기록이 있으며, 『삼국사기三國史記』「고구려 본기」에는 "서천왕 17년(286)에 왕의 동생들이 온탕에 가서 무리들과 어울려 유락을 즐겼다"는 기록이 있다. 고구려의 목욕은 중국까지 소문이 나 "청결한 것을 좋아해 목욕을 여러 차례 한다"는 기록이 『후한서後漢書』 등 여러 문헌에 전한다.[11] 통일신라 시대에는 돌을 쌓아올려

뜨겁게 달군 후 거기다 물을 부었을 때 나오는 증기로 몸을 쐬는 증기욕까지 선을 보였다. 이 풍속이 일본에까지 전파되어 한증탕이 보급됐다고 한다.[12] 고려인들은 목욕을 더 자주해 중국 송나라 문신 서긍이 고려에서 보고 들은 일을 기록한 『고려도경高麗圖經』에는 "고려인들이 하루에 서너 차례 목욕을 했고 개성의 큰 내에서 남녀가 한데 어울려 목욕을 했다"는 기록도 나온다. 이때의 목욕은 옷을 벗고 하는 전신 목욕이었는데, 대중 노천탕에서 혼욕을 하면서도 여인들이 이를 부끄럽게 여기지 않았다. 고려의 귀족 부인들은 난초 삶은 물로 난탕을 즐겼다고 한다.[13] 그러나 조선 시대에 들어서면서 많은 변화가 있었다. 유교 때문이었다. 쾌락과 알몸 노출을 문제 삼아 목욕을 불온하게 보았으며, 이때부터 집에서 은밀하게 옷을 입고 하는 부분 목욕의 시대가 열렸다.[14] 그것도 겨우 함지박과 대야를 이용한 수준의 몸 닦기였으니 사실상 목욕이 사라졌다고 해도 과언이 아니었다.[15] 그러나 다시 세상은 달라져 오늘날 한국은 세계 최고 수준의 목욕 문화를 자랑하는 나라가 됐다. 사치와 방탕까지 더해져 "로마는 목욕탕 때문에 망했다"는 말이 경고로 자주 거론되는 수준에까지 이르렀다.

남녀 혼탕(서양)

서양에서 남녀 혼탕의 역사는 중세 후반으로 거슬러 올라간다. 15세기 피렌체의 작가 포조 브라치올리니Poggio Bracciolini는 독일 바덴의 공중

목욕탕 탐방기를 썼다. 르네상스를 꽃피운 이탈리아는 이미 공동 생활을 탈피한 상태였기 때문에 독일의 남녀 혼탕은 그를 깜짝 놀라게 만들었다. "욕탕 위에는 회랑이 있고 남자들은 거기에 앉아 주변을 둘러보며 한담을 나눈다. 누구나 다른 사람들이 들어 있는 욕실에 들어가 사색하고 잡담하고 장난치고 고민을 이야기할 수 있다. 그들은 여자들이 알몸으로 들어와도 그대로 있다. 누가 들어가는지 감시하는 사람도 없고 문도 없다. 음란성은 전혀 찾아볼 수 없다.…… 남편들은 낯선 사람이 아내를 건드려도 개의치 않는다. 모든 행동을 선의로 해석하고 신경을 쓰지 않는다."[16] 그러나 남녀 혼욕으로 인한 음란 행위가 심해지자 15세기부터 대부분의 도시는 남탕과 여탕을 분리하도록 규정했다. 물론 이런 단속 규칙은 잘 지켜지지 않았다.[17] 이미 한번 남녀 혼탕의 재미를 맛본 사람들이 그 재미를 포기할 리 만무했다. 대륙에 비해 남녀 혼탕이 늦게 나타난 영국에서는 16세기에 혼탕 문화가 꽃을 피웠다. 1572년 "서로 볼 수 없게 해야 하고, 껴안을 수 없게 해야 한다. 그렇지 않으면 점잖지 못할뿐더러 외국에서 본다면 아주 야만스럽다고 생각할 것이다"라는 내부 비판이 나오기도 했지만, 남녀 혼탕은 17세기까지도 성행했으며 성적 방종과 간음의 중심지로 부상했다.[18] 유럽 대륙에서 대중탕은 대략 16세기에 들어와 음습한 곳으로 규정되면서 하나둘 폐쇄되기 시작했다. 종교개혁 이후 도덕적 감성이 드높아지면서 당시 남녀 혼욕이 일반적이었던 대중탕은 용인될 수 없었기 때문이라는 견해가 유력하지만, 『풍속의 역사』 저자인 에두아르트 푹스^{Eduard Fuchs}는 그 원인은 도덕관념과는 전혀 무관한 것이었다고 주장했다. 푹스는 첫째, 15세기 무렵부터 창궐하기 시작한 매독에 대한 공포가 도시민들에게 확산되면서 대중탕이 경원시 되었다는 점, 둘째로 소시민 수공업자들이 점차 계급 의식에 눈뜨기 시작하면서 대중탕이 귀족들의 지배에 대한 저항을 주요 이슈로 삼는 정치적인 토론장으로 변하기 시작했다는 점을 그 이유로 들었다.[19]

남녀 혼탕 에티켓

오늘날 한국에서 남녀 혼탕은 상상할 수도 없는 일이어서 일부 관광객들은 일본, 독일, 핀란드 등에 가면 꼭 남녀 혼탕을 찾곤 하는데, 이때 반드시 지켜야 할 에티켓이 있다. 『경향신문』(1994년 7월 15일)에 따르면, "우리 여행객 중에는 호기심으로 이 같은 곳을 찾는 사람들이 적지 않지만 이 경우에도 몸매를 감상한다고 상대 여성을 힐끗힐끗 처다보거나 어슬렁거리다간 오히려 낭패를 당한다. 지난해 겨울 새로운 관광 상품 개발을 위해 핀란드 헬싱키를 찾은 송 모(37) 씨는 방문 기간 중 매일 혼욕 온천탕을 찾기로 작정했다. 일과 후 피로를 풀면서 '눈의 풍요'도 즐길 수 있는 일석이조라는 생각에서였다. 그러나 그의 생각은 단 이틀 만에 어긋나고 말았다. 첫날과 다름없이 욕탕을 찾은 그는 넓은 탕 안에서 미모의 여성을 발견하고 그녀를 뚫어지게 처다봤다. 5분쯤 지났을까. 누군가 뒤에서 그의 어깨를 툭툭 쳤다. 뒤를 돌아보는 순간 다짜고짜 주먹이 날

아들었다. '온천에서 피로는 풀지 않고 무슨 행동이냐. 성인 비디오를 보는 게 훨씬 나을 것'이라는 말이 튀어 나온 것은 거의 동시였다. 상대가 그녀의 애인이었던 것은 짐작하고도 남는 일이었다."[20]

남색 男色

남자끼리 행하는 간음으로 특히 소년을 상대로 하는 동성애를 말한다. 동양에서는 한국보다는 특히 일본에서 더 찾아보기 쉬운 성 문화라고 할 수 있다. 고대 일본의 남색에 대해서는 잘 알려져 있지 않지만 중세 시대에 들어와 무사 계급이 정착되고 불교의 민중 문화가 이루어짐에 따라 무사와 승려 계급 사이에서 남색이 행해졌다. 무로마치 막부의 쇼군 아시카가 요시미쓰와 배우이며 작가인 제아미가 남색 관계인 것으로 전해지고 있다. 전국 시대의 무사 세계에서도 주군과 연소한 신하 사이에 남색이 많이 이루어졌다. 무사가 무도를 숭상하고 여자를 멀리하게 된 것도 남색과 관련이 있었던 것으로 보인다. 근세 막부의 성립에 결정적인 역할을 한 오다 노부나가나 도쿠가와 막부의 쇼군 도쿠가와 이에미쓰, 도쿠가와 쓰나요시 등도 남색으로 알려졌다. 에도 시대부터 오늘까지 이어져오는 무대 예술인 가부키는 남성만으로 작품이 이루어지는 연극으로 미남 배우들이 많이 등장하는데 그들도 관객이었던 무사나 상인들의 남색 상대였음은 잘 알려져 있다. 이처럼 일본에서는 남색에 관한 죄악감은 거의 없으며 근대에 들어와서도 학생들이나

군대 내에서 남색은 드문 일이 아니다. 현재도 남색 전문 잡지가 발행되고 있을 정도다.[21]

남성 갱년기

게일 쉬히[Gail Sheehy]는 1998년 『남성도 갱년기가 있는가[Understanding Men's Passages]』라는 책에서 남성의 갱년기는 성욕이 줄어드는 40대부터 나타난다고 주장했다. 단단하던 근육의 힘이 빠지는 신체적 징후 외에 무기력증이나 의기소침, 쉽게 화를 내거나 변덕이 심해지는 심리적 징후와 더불어 정서 상태가 불안정해진다는 것이다. 60대가 되면 많은 남성이 심각한 발기 불능의 문제를 겪고, 3분의 1 정도는 남성 호르몬인 테스토스테론이 제대로 분비되지 않는다.[22]

남성박멸협회

1960년대 말 미국에 등장한 급진적 페미니스트 단체 이름이다. 밸러리 솔라니스[Valerie Solanis]는 창립 선언에서 "남성은 유전자 상태에서 잘못된, 걸어 다니는 미숙아이며 불완전한 여성이다"고 주장했다.[23]

남성성 콤플렉스

삽입 성교에선 오르가슴을 얻지 못하지만 클리토리스 자극에는 열정적으로 반응하는 여성들이 갖고 있는 특성으로, 지그문트 프로이트 Sigmund Freud의 주장이다. 이들은 자신의 여성성을 받아들이지 못한 채 스스로 활동적인 성 역할을 고수하며, 남성성의 우월에 대한 질투를 극복하지 못했기 때문에 콤플렉스를 보인다는 논리다.[24]

남아 선호 성교법

아들을 낳기 위한 성교법으로, 옛날엔 혼전 교육의 필수 과제였다. 이규태에 따르면, "여자의 자궁에는 좌우에 2개의 구멍이 나 있는데 왼쪽 구멍에 남정男精이 들어가면 아들을 배고, 오른쪽에 남정이 들어가면 딸을 밴다. 그러기에 아들을 낳으려면 왼쪽 자궁혈에 남정을 넣도록 하는 수법이 습속화했다. 성교 시 질구에서 1촌 2분(약 3.7cm) 깊이에서 왼쪽에 치우쳐 사정을 해야 이 자궁의 좌혈에 남정이 들어간다. 성교 후 부인은 왼쪽 발을 움직여서는 안 되고 반드시 왼쪽으로 누워 남정이 왼쪽 구멍으로 흘러들게 해야 한다."[25] (참고 '귀숙일')

남자가 월경을 한다면

미국의 여성운동가 글로리아 스타이넘Gloria Steinem이 1978년에 쓴 글의 제목이다. 스타이넘은 이 글에서 월경에 대한 성차별적 인식을 풍자적으로 비판했다. 스타이넘은 "어느 날 갑자기 남자가 월경을 하고 여자는 하지 않게 된다면 무슨 일이 벌어질까?"라는 질문을 던진 뒤 "그렇게 되면 분명 월경이 부러움의 대상이 되고 자랑거리가 될 것이다"라고 답했다. "남자들은 자기가 얼마나 오래 월경을 하며, 생리량이 얼마나 많은지 자랑하며 떠들어댈 것이다. 초경을 한 소년들은 이제서야 진짜 남자가 됐다고 좋아할 것이다. 처음으로 월경을 한 날을 기념하기 위해 선물과 종교 의식, 가족들의 축하 행사, 파티들이 마련될 것이다." 어디 그뿐인가. 국가적 차원의 호들갑이 벌어질 것이라는 게 스타이넘의 주장이다. "지체 높은 정치가들의 생리통으로 인한 손실을 막기 위해 의회는 국립월경불순연구소에 연구비를 지원한다. 의사들은 심장마비보다는 생리통에 대해 더 많이 연구한다. 연방 정부가 생리대를 무료로 배포한다.…… 통계 자료들이 동원되어 월경 중인 남자가 스포츠에서 더 뛰어난 능력을 발휘하고, 올림픽에서도 더 많은 메달을 획득한다는 것이 증명된다. 군 장성, 우파 정치인, 종교적 근본주의자들은 월경은 남자들만이 전투에 참가해 나라에 봉사하고 신을 섬길 수 있다는 증거라고 말한다. ('피를 얻기 위해서는 피를 바쳐야 한다.') 우익 정치인들은 생리를 하는 남자들만이 높은 정치적 지위를 차지할 수 있다고 주장하며 ('화성이 지배하는 주기에 따라 일어나는 신성한 월경도 하지 않는 여성이 고위직을 차지한다는 게 말이나 되는가?'), 종교 광신도들은 남자만이 신부나 목사가 될 수 있고 신 자체도 남자이며 남자만이 랍비가 될 수 있다는 증거가 바로 월경이라고 주장한다. ('신께서는 우리의 죄를 사하려고 피를 주셨다.', '매월 한 번씩 행해지는 정화 의식이 없는 여성들은 깨끗할 수가 없다.')"[26]

남자가 일찍 죽는 이유

미국의 심리학자 데이비드 버스David M. Buss에 따르면, 남자가 일찍 죽는 이유는 다른 많은 포유류와 마찬가지로 성 심리, 즉 짝을 차지하기 위한 경쟁 때문이다. 남자는 경쟁을 하기 위해서 위험한 전술을 더 많이 구사하며, 이런 누적적 효과가 여자에 비해 수명이 짧아지게 되는 원인이라는 것이다.[27]

남자의 데이트

데이트하고 싶은 여자를 찾을 때 남자는 얼굴보다 몸매를 더 중요시한다는 조사 결과가 발표됐다. 2010년 9월 미국 텍사스 대학 연구팀이 375명의 남녀를 대상으로 실시한 조사에 따르면, 남자는 일회성 만남의 경우 얼굴보다 몸매를, 지속적인 만남의 경우 몸매보다 얼굴의 매력을 더 중요하게 여기는 것으로 나타났다. 연구팀은 "남자들은 짧은 기간 만날 상대를 고를 때 여자의 몸매만 고려하는 동물적인 성향을 숨기지 못했다"면서 그 이유를 진화론을 근거로 설명했다. 일시적인 선택을 순간적으로 해야 할 경우 남자들은 본능적으로 여성의 생식 능력이 몸 전체에서 나온다는 것을 느끼게 된다. 그래서 성적 매력이 돋보이는 몸매나 각선미에 더 끌린다는 것이다. 반면 여자들은 기간에 상관없이 남자의 몸매보다 얼굴을 더 중시하는 것으로 나타났다. 연구팀은 "여자들은 상대의 얼굴에서 성격이나 다른 특징을 파악하려는 경향을 보인다"고 밝혔다.[28]

남장한 년 홀아비 집 찾아들기

여자가 겉으로 정숙한 체하면서도 실제 행동은 음란하다거나 자신의 미모를 미끼로 어떤 이해관계를 꾀할 때 쓰는 말이다. 국문학자 김준영은 "전에 남녀가 다 같이 머리칼을 길러 남자는 상투를 틀고, 여자는 쪽을 찔 때에는 남녀가 이성으로 변장하기 쉬웠다. 그래서 남자가 여자로 변장할 경우에는 엄벌에 처했다"며 다음과 같이 말했다. "조선조의 법전인 『경국대전經國大典』에는 '남자가 여자 옷을 입고 여자로 가장한 자는 곤장 100대를 때려 외딴 섬으로 귀양 보내라'는 내용이 있고, 고전에 실제 그런 예가 보인다. 그것은 남자가 여자로 변장하고 과부의 집에 들어가 저녁에 같이 자게 되면 사고가 나기 때문이었다. 그러나 여자가 남자로 변장하는 일은 묵인했다. 그것은 젊은 여자가 먼 길을 나들이 할 때 남장하면 남자의 유혹이나 접근을 피할 수 있기 때문에 좋은 뜻에서 남장하는 것이므로 죄가 될 것이 없었던 것이다. 그래서 관청의 기생이나 계집종에게도 남복을 입히기도 했다. 그런데 못된 여자는 자기가 남자의 접근을 피하기 위해 그러는 듯이 남장하고는 정작 홀아비 집만 찾아갔다. 이 말은 이런 것에 연유해 생긴 말이다."[29]

남창 男娼, male prostitute

직업적으로 남색을 팔거나, 여장을 하고 매춘 행위를 하는 자를 말한다. 미동美童, 톳장이, 창남 등으로도 불리며, 보통 남자 창부를 지칭한다. 남창은 대개 성도착자의 수동자受動者 역할을 하며, 여성적 경향이 강하다. 우리나라는 1986년 아시안 게임과 1988년 서울 올림픽을 치른 후 세계 여러 나라들과의 교류가 더욱 빈번해지고, 경제 성장에 따라 소득 수준이 높아지면서 그 수가 늘어나고 있다. 이들은 주로 유한부인 또는 유흥업소의 여종업원 등을 주요 고객으로 하고 있으며, 거래 자체가 음성적으로 이루어지기 때문에 정확한 실태를 파악하기 어렵다. 하지만 미국의 남성 매춘부 마커스 베스틴(25)을 통해 남창의 세계를 들여다볼 수 있다. 해병대 출신인 베스틴은 180cm의 키에 81kg의 다부진 체격을 가졌다. 부담 없는 로맨스를 즐기고 싶은 여성이라면, 누구나 베스틴을 품에 안을 수 있다. 단, 시간당 300달러(약 35만 원)를 내야 한다. 그는 미국 최초이자 유일한 합법적 남성 매춘부다. 미국에서 유일하게 매춘이 법적으로 허용된 네바다 주에서 일하고 있다. 베스틴은 남성 고객은 받지 않고, 여성만 상대한다. 그는 "샤워를 함께 할 수도 있고, 목욕을 시켜줄 수도 있고 손님이 원한다면 세세한 것 무엇이든 다 해줄 수 있다"고 했다. 가게의 주인 바비 데이비스는 "고객들의 요구가 끊이질 않아 결국 남성 매춘부를 도입하게 됐다"고 말했다. 데이비스의 책상 위에는 이미 100개가 넘는 지원서가 쌓여 있다. 지원자들의 이력은 바텐더에서 부동산 업자까지 다양하지만, 대부분 경기 불황으로 일자리를 잃었다는 공통점이 있다.[30]

내시|內侍

고려 시대와 조선 시대 궁궐 안에서 잡무를 보는 관직 또는 임금을
옆에서 모시는 중요한 관직이다. 궁궐 내의 여인들을 넘보지 않도
록 생식기를 잘라야 내시가 될 수 있었다. 내시는 양민 중 지원한
자에 한해 선발하도록 되어 있는데 거세 과정에서 살아남은 자가
최종 선발됐다고 해도 무방할 것 같다. 생식기를 잘라낼 때는 남근
과 고환 뿌리까지 거세하게 되어 있는데 이 과정에서 내시 지망생
중 80%가 목숨을 잃었기 때문이다. 그래서 거세를 하는 곳에서는
내시가 될 것이냐고 3회 질문을 하는데 그때마다 자신 있게 "내시
가 되겠습니다"라고 말해야 거세를 해주었다. 남성을 뿌리째 뽑는
거세로 인해 내시는 소변을 가리지 못해 오줌싸개가 된다. 거세를
성공적으로 마치게 되면 내시는 항아리에 자신의 이름을 붙이고
그 속에 자신의 고환을 보관하는데 이 항아리는 내시가 궁 생활을
하는 동안 내시감에게 보관된다. 내시가 죽을 경우 해당 내시의 항
아리에서 남근을 꺼내 봉합한 후 장례를 치르게 되어 있다.[31]

냄새 섹스

섹스를 하는 데 있어서 이성의 냄새를 가장 중요하게 생각하는 것
으로, 프랑스가 그 원조다. 프랑스인들은 섹스를 할 때 섹시한 몸
냄새를 중요하게 생각한다. 이집트 원정을 마무리하고 프랑스로
돌아가기 직전 나폴레옹이 조제핀에게 "씻지 마라. 곧 갈 거니까"

라는 편지를 쓴 것도 냄새 섹스를 제대로 해보자는 뜻이었다. 목욕 안 하기로 유명한 나라가 프랑스인 것도 바로 이런 섹스 취향과 무관치 않다. 루이 14세는 거의 씻지 않고 살았다. 그러나 그는 셔츠를 하루에도 서너 번씩 갈아입는 것으로 나름대로 청결을 유지했다. 오늘날에도 프랑스인은 1년에 1인당 4.2개의 비누를 사용하는데, 이는 영국인의 1인당 비누 소비량의 절반 수준에 지나지 않는다. 영국인의 60%가 매일 샤워하는 반면, 매일 샤워하는 비율은 프랑스 남자 19%, 여자는 32%에 불과하다. 그렇다고 해서 프랑스인이 더럽고 지저분하냐 하면 그건 아니다. 목욕에 대한 개념이 다르기 때문이다. 다른 나라 사람들이 체취를 없애려고 애쓰는 반면 프랑스인은 체취를 유지하려고 애를 쓴다. 프랑스인은 물에 대한 두려움을 갖고 있어 옷이나 화장품으로 대신하는 건성 청결법을 쓰고 있다. 프랑스에서 향수 산업이 발달한 것도 바로 이런 이유 때문이다.[32] 프랑스 여성의 속옷 소비량이 다른 나라 여성에 비해 많은 것도 이와 무관치 않다. 프랑스패션연구소[IFM]의 조사에 따르면, 프랑스 여성들은 연간 옷 구입비의 20%가량을 속옷 제품을 사는 데 소비한다. 그 덕에 프랑스 속옷 시장 규모는 연간 26억 유로(약 3조 2,000억 원)에 달한다.[33] 남녀를 막론하고 프랑스인과 섹스를 할 때엔 냄새 관리에 신경을 쓸 필요가 있겠다.

너는 내 운명

2005년 9월 개봉돼 300만 명 이상의 관객을 동원한 영화로 티켓 다방의 일면을 보여준다. 이 영화에 대해 김주희는 "농촌 지역 남성 커뮤니티에 등장한 '다방 아가씨' 를 향한 남성의 시선이 잘 드러나 있다" 며 다음과 같이 말했다. "영악해 보이지만 가부장적 위계의 가장 하부에 존재하는 '피해자' 일 수밖에 없는 다방 여종업원 은하의 존재는 어수룩한 남성 석중이 기사도 정신을 발휘하게 만드는 낭만적인 존재다. 이 영화는 결국 은하와 석중의 사랑에 대한 이야기가 아니라, 세상 물정 모르는 '남자' 가 세상 물정을 모르기 때문에 쏟아 붓는 '지고지순한' 사랑에 대한 이야기다." [34] (참고 '티켓 다방')

노가바

노래 가사 바꿔 부르기의 준말로 1980년대 운동권에서 대중가요의 가사를 운동권 이슈에 맞게 바꿔 부른 데서 유래했다. 그러나 노가바의 진짜 효시는 술집에서 찾는 게 옳다. 1970년대부터 방석집 술좌석에서는 청춘을 불사르던 애주가들이 시도때도없이 모여앉아 무궁무진한 레퍼토리로 노래 가사를 바꿔 불렀다.

1. 너무 크지도 않은 몸매를 갖고/진한 갈색 침대에 다소곳이/말을 건네기도 어색하게/너는 너무도 조용히 벌리고 있구나/너를 만지면 좆 끝이 짜릿해/온몸에 너의 열기가 퍼져/소리 없는 물이 네게

로 흐른다.(노고지리의 '찻잔')

2. 때 미는 여자, 내 이름은 때 미는 여자/비가 오나 눈이 오나/홀딱 벗은 목욕탕에서/이태리 타올 한 장 들고 때를 밀어요/아저씨, 어딜 밀어드릴깝쇼?/아! 좆대 때 미는 여자.(TBC 방송 프로그램 로고송 '내 이름은 모범 운전사')

왜 이런 노래가 유행을 했을까? 1970년대는 퇴폐 조장, 왜색 창법, 현실 도피 등 갖가지 규제를 이유로 금지곡이 넘쳐났던 시기다. 다른 한편으로는 관제 노래가 대량 보급되어 부르고 싶은 노래는 있으나 부를 수 있는 노래는 없었으니, 이에 대한 반발이 없을 리 없었다. 특히 혈기 왕성한 10대, 20대들의 원성이 자자하여 이에 대한 저항감이 술자리에서 드높았으니, 이런 노래를 같이 불러 강한 유대감을 느끼는 동시에 성적 욕구를 해소할 수 있었다. 하지만 무엇보다도 가사가 재미있다는 게 이유였을 것이다. 요즘엔 가사를 굳이 바꿔 부르지 않아도 화끈한 내용이 도처에 넘쳐 흐른다.

노래방 불법영업 규탄대회

2004년 9월 성매매 특별법 시행 이후 손님들이 노래방 등지로 대거 빠져나가면서 폐업이 속출하는 등 위기에 처하자 룸살롱 등 유흥주점 업주들의 모임인 사단법인 한국유흥음식업중앙회가 전국적으로 전개한 운동이다. 이들은 "버젓이 접대부를 부르고 술을 판매하는 노래방과 단란주점의 불법 변태 영업으로 정작 비싼 세금을 내는 유흥주점이 위기에 처했다"고 주장했다. 업주들은 "울산의 경우 1,200여 개에 이르던 유흥업소 가운데 500여 개가 최근 문을 닫았다"면서 "상당수 유흥업소는 단속을 피해 간판만 노래방으로 바꿔 달고 변태 영업을 계속 하고 있는 실정"이라고 말했다.[35] 노래방이 인기를 끌자 '노래밤'이라는 신종 업소가 생겼는데 대개 단란주점이나 룸살롱 같은 유흥주점이다. 취객이 노래방으로 착각하고 들어오게 받침 하나만 바꾼 것이다. '노래장', '노래바', '노래빠' 등을 쓰기도 한다. 강남 지역 관계 공무원은 "지난해 강남에서 한두 곳이 간판을 바꿔 달더니, 이제 서울 전역으로 퍼졌다"며 "일반 유흥주점보다 더 퇴폐적인 곳이 있고, 취객을 현혹해 주머니를 터는 변태 영업이지만 마땅히 단속할 근거가 없다"며 개탄했다.[36]

노류장화 路柳牆花

누구든지 꺾을 수 있는 길가의 버들과 담 밑의 꽃이라는 뜻으로, '노는 계집' 또는 기생을 가리키는 말이다. 조선 시대 노류장화의 신세를 한탄한 어느 기생의 시 한 편을 소개한다. "이내 손은 문고리인가/이놈도 잡고 저놈도 잡네/이내 입은 술잔인가/이놈도 핥고 저놈도 핥네/이내 배는 나룻배인가/이놈도 타고 저놈도 타네."[37]

노 민스 노 NO MEANS NO

"NO라고 말하는 것은 말 그대로 NO다." NO라고 말하는 여성에게 성관계를 요구하는 것은 폭력이라고 인식시키는 캠페인 구호다.[38] 이에 대해 김현진은 다음과 같이 말한다. "심지어 합의하여 성관계를 가지고 질 내에 그의 물건이 지금 입장해 있는 상태라 하더라도, 하고 싶지 않다면 그만둬야 한다는 것이다. 물론 남자들은 자신의 욕망을 불러일으켜 놓고 몸을 빼는 여자를, 할 수만 있다면 고소해서 최고 형량이라도 먹이고 싶어 하는 것 같지만, 하기 싫다는 데 어쩌란 말인가. 그러나 우리는 끝없는 자기 검열에 익숙하며, 이 모든 상황이 다 내가 나쁜 년이어서 생긴 것처럼 생각하는 데 익숙하다. 저렇게 하고 싶어 하는데, 내가 들이대 놓고 안 대줬네. 오, 나는 정말 나쁜 년이야. 혹은 나는 정말 하고 싶지 않은데도 본인은 굉장히 하고 싶어서 괴로워하는 남자를 보면 자책감에 빠진다. 내가 마치 성관계를 원한 것 같고, 그렇게 교묘하게 그를 조종해서 들뜨게 만들고 모른 체하는 것 같고. 그러나 우리에게 그들을 그토록 마음대로 조종할 만한 섬세하고도 요망한 힘이 있다면 왜 우리가 그토록 많은 남자 때문에 울어야 했겠는가."[39]

노인의 성

노인에 대한 편견 가운데 가장 못된 것이 노인은 성욕이 없다고 보는 고정 관념이다. 이는 연령 차별주의의 전형이다.[40] 미국 시카고

대학의 조사에 따르면, 미국 노인 중 65~74세 남자는 67%, 여자는 40%가 지난 1년간 섹스를 했으며 75~85세 남자의 30%가량, 여자의 17%가 성행위를 하는 것으로 나타났다.[41] 2009년 서울시의 조사에 따르면, 65세 이상 노인 10명 중 3명이 한 달에 한 번 이상 성관계를 가졌다.(월평균 1회가 31.3%, 2회가 40.8%) 성관계의 대상은 배우자가 76.4%, 이성 친구가 16.2%, 유흥업소 종업원이나 성매매 여성은 1.6%다. 이성 친구를 찾는 곳은 복지관·경로당이 53%로 가장 많고 모임·단체가 13%, 공원(10.5%)과 콜라텍(8.2%)도 있었다. 성매매 경험을 묻는 질문에는 남성의 28.4%인 132명이 '경험이 있다' 고 답했다. 여성은 4.6%였다. 또 남성 중 87명, 여성은 13명이 성병에 걸린 경험을 갖고 있다.[42](참고 '박카스 아줌마')

노인정 약 당번

노인정에서 발기부전 치료제를 구해오는 역할을 맡은 사람을 뜻한다. 『서울신문』(2006년 8월 30일)은 "노인정에 약 당번이 생겼다" 면서 "발기부전 때문에 말 못할 숱한 에피소드들이 생겨나고 있다" 고 전했다. 약 당번이 생긴 이유는 노인들이 병원에 가기를 꺼리기 때문. 발기부전 치료제를 사려면 의사의 처방전이 있어야 하는데 점잖은 체면에 비뇨기과를 자주 들르기 어렵다는 게 그 이유다. 이에 머리를 맞대고 궁리한 끝에 당번제라는 묘안을 내놓은 것. 이 때문에 어르신들 사이에서는 약 당번을 뜻하는 은어인 '발기부전치료제 2번'

이라는 말까지 새롭게 생겼다고 한다. 순번에 뽑힌 노인은 동병상
련의 노인들이 복용할 약까지 한꺼번에 사오는 역할을 맡는다.[43]

노출증 exhibitionism

낯선 사람에게 성기를 노출하고픈 강한 충동과 실제로 노출하는
행위를 말한다. 성적 흥분은 노출에 대한 기대감에서, 극치감은 그
러한 일이 있는 동안이나 자위행위로 얻는다. (참고 '변태 성욕', '바바리맨')

논다병

오스트레일리아 북쪽에 있는 뉴기니 섬에서 주기적으로 발생한다
고 알려진 일종의 집단 광란 병이다. 이 병에 걸리면 평소 얌전하고
부끄럼을 타던 부녀자들이 갑자기 야한 옷차림으로 이웃끼리 어울
려 음담패설을 하고, 사내를 유인해 외설적인 시늉과 춤으로 밤을
지새운다고 한다. 이에 대해 이규태는 "논다병의 '논다'가 무슨 말
인지는 모르겠지만 우리나라의 '노라리', 곧 논다는 말과 일치하고
있음은 흥미있는 일이 아닐 수 없다"며 "우리 전통 사회에서도 논
다병으로 추정되는 사례가 기록에 나온다"고 전했다. 이규태는 폐
쇄적인 전통을 가진 문화에서 억압당하며 지내온 사람들이 오랫동
안 심리적 갈등과 불안을 해소하지 못하면 그것이 축적되면서 집
단심리 병으로 발현할 수 있다고 분석했다.[44]

누드 nude

회화, 조각, 사진, 쇼 따위에서 사람의 벌거벗은 모습을 말한다. 즉 알몸이 바라보는 사람을 위한 하나의 대상으로 전시될 때 사용되는 개념이다. 반면, 단순히 옷을 걸치지 않은 상태로서 누군가를 의식하지 않고 스스로를 드러내는 것은 '네이키드naked' 라고 한다.[45]

능동적 · 수동적 강간

미국 의학자이자 사회학자인 에스터 빌라Esther Vilar는 여성에 대한 성폭행과 남성에 대한 성폭행을 구별하기 위해 능동적 강간과 수동적 강간이라는 표현을 썼다. 능동적 강간은 남성이 자신의 성적인 충동을 만족시킬 목적으로 어떤 여성에게, 드물게는 동성에게 강제로 가하는 성행위를 말한다. 수동적 강간은 강제는 아니지만 물질적 혹은 비물질적 이득을 얻을 목적으로 여성이 주도해 남성과 맺는 성행위를 말한다. 물질적 이득이란 생계 부양, 비물질적 이득이란 아이 때문에 피해자가 가해 여성과 같이 사는 것을 뜻한다.[46]

니뽕 논쟁

2000년 봄 문화연대가 발간한 신문에 칼럼 제목으로 등장한 「니뽕」을 두고 벌어진 논쟁이다. 사회학자 홍성태는 다음과 같이 비판했다. "'니뽕'이라는 제목은 사실 너무 심한 욕설입니다. '니미 씹할

놈' → '니미 씹' → '니미 뽕' → '니뽕' 이 된 말이죠. 언젠가 TV에서 꼬마 여자애가 '니뽕' 이라고 하는 말을 듣고 놀란 적이 있습니다. 이런 끔찍한 욕이 마구 사용되고 있는 게 우리의 처참한 현실입니다. 문화연대 신문이 이런 현실에 편승해서야 되겠습니까?" 이에 편집진의 권유에 따라 '니뽕' 이라는 제목을 썼다는 칼럼 필자 조형근은 "욕설을 빈 풍자는 민중들에겐 신나는 무기가 되기도 한다" 며 "똥이 문제가 아니라 아무 데나 퍼지르는 똥, 썩은 똥이 문제인 것이다"고 답했다.[47]

님부스 2000

세계 최대 완구 업체 마텔이 만든 장난감 빗자루로 사실상 어린이용 바이브레이터라고 해서 논란을 빚었다. 옐토 드렌스Jelto Drenth는 "바이브레이터가 초대받지 않은 시장에 진입한 사례도 있다" 며 다음과 같이 말했다. "해리포터 마케팅 열풍을 타고 만들어진 그 빗자루는 아이들이 다리 사이에 끼고 노는 것으로, 원격 조종이 가능한데다 불까지 번쩍번쩍했다. 무엇보다도 진동 기능이 있었다. 제조사의 웹사이트에 한 순진하고도 열성적인 삼촌이 올린 글을 보면, 자신이 선물한 그 빗자루를 여자 조카애가 '완전히 탈진할 때까지' 종일 갖고 논다는 것이다."[48](참고 '딜도', '바비 신드롬', '바이브레이터')

Interesting
Sex Dictionary

다꽝 마담

호스트바의 마담을 말한다. 보통 20대 후반의 남자가 다꽝 마담 노릇을 한다. 남성의 성기를 다꽝(단무지)에 빗대어 '남자 마담'이라는 뜻으로 쓴다는 설이 유력하다. 호스트는 '선수'로 불린다.[1]

닭피 캡슐

19세기 유럽에서 여성들이 즐겨 썼던 처녀성 증명 도구다. 자신의 질 속에 닭의 피가 들어 있는 캡슐을 사용하여 결혼 첫날밤에 처녀로 보이게 하는 방식이었다.[2]

대딸방

'여대생 딸딸이방', '대신해서 딸딸이를 해주는 방'의 약칭이다. 대딸방의 원조는 퇴폐 이발소라 할 수 있으며, 현재 성매매 특별법에 의해 불법이며 구속 대상이다. 경찰의 단속에도 전국 각지에서 영업을 하고 있으며 스포츠 마사지 혹은 남성 휴게실로 간판을 걸고 영업을 하는 경우가 많다. 서비스는 보통 조명이 어두운 개인 독방에서 이루어진다. 스포츠 마사지로 위장하는 경우 스포츠 마사지를 먼저 해준다. 마사지 시간은 40분에서 50분 정도. 마사지가 끝나면 고객의 음경을 잡고 사정을 할 때까지 대신 자위행위를 해주며 이때 성적 접촉은 이루어지지 않는다. 초기에 여대생이 서비스하는 것으로 알려졌으나 실제로는 윤락 여성들이 대부분이다. 요즈음에는 유사 성행위를 넘어 성매매를 알선하는 것으로 알려졌다.

대리모

아이를 가질 수 없는 부부를 위해 아이를 대신 낳아주는 여자를 말한다. 불임 부부의 증가로 수년간 음성적인 대리모 거래가 횡행하고 있다고 알려졌는데, 최근에는 인터넷 공간을 통해 대규모 거래가 이뤄지고 있는 것으로 밝혀져 충격을 안겼다. 『한국일보』(2010년 10월 7일)에 따르면, "한 대리모 모집 홈페이지에는 대리모를 희망하는 지원자와 대리모를 구하려는 의뢰인의 글이 올 들어 190여 건, 하루에도 1~3건씩 올라오고 있다." 비용도 천차만별이다. 배만 빌

러주는 기본급은 4,500만 원, 의뢰인 부부의 수정란을 대리모의 자궁에 착상시켜 출산까지 하는 대가다. 난자까지 제공하는 경우에는 대리모의 외모, 성격, 학력, 가정환경 등등 까다로운 자격 심사를 거쳐 적게는 수백만 원에서 많게는 수천만 원까지 형성된다. 현행 생명윤리법은 금전적 거래를 통해 난자를 제공하는 것을 불법으로 규정하고 있지만, 의뢰인의 수정란을 지원자의 자궁에 착상시켜 아이를 낳는 건 규제할 법 자체가 없고, 난자 매매도 금전 거래를 밝혀내지 못하면 처벌할 수 없다. 이 때문에 2010년 국정감사에서는 대리모 거래를 규제하는 법 규정을 마련하고 복지부도 단속에 적극 나서야 한다는 주장이 강력하게 제기되기도 했다.[3](참고 '대리부')

대리부

불임 부부를 위해 정자를 제공하는 남자를 말한다. 2010년 10월 22일 국회 보건복지부 소속 한나라당 김금래 의원은 "인터넷 대리부 카페에서 대리부를 지원하는 남성의 상세한 프로필을 볼 수 있다"고 지적하고, 특히 대리부는 "인공 수정뿐만 아니라 직접적인 성관계까지 하고 있어 심각한 문제"라며 "정자 판매에 대한 적극적인 단속을 실시해 엄연한 불법 행위가 인터넷을 통해 보편화되는 것을 막아야 한다"고 주장했다.[4](참고 '대리모')

대화방

대화가 필요한 외로운 중년 남성들을 위해 대화를 나눌 여성과 장소를 제공하는 신종 서비스업이다. 30대 후반에서 40대 후반의 기러기 아빠나 '돌싱남(이혼남)'들이 자주 이용하는 것으로 알려졌다. 대화방은 남녀가 술을 마시며 조용히 대화를 나눌 수 있도록 배려된 8m²(약 2.5평) 정도의 작은 공간이다. 여성과 대화를 나누는 데 드는 비용은 시간당 10만 원. 신체 접촉은 금지되어 있으며 1시간 동안 술은 무제한으로 공급된다. 전문가들은 가족 구성원들 사이에서 소통 불능자가 된 이 땅의 중년 남성들이 '대화'라는 원초적인 욕구불만에 시달릴 수밖에 없고, 진정한 대화를 나눌 수 있는 탈출구를 찾아 나선 곳이 대화방이라고 풀이하고 있다.⁵ 그러나 지금은 대화방을 키스방, 대딸방, 휴게텔 등 변종 성매매 업소의 하나로 보는 시각이 좀더 우세한 것 같다. 신체 접촉이 제한된 대신 고객의 시각적 만족감을 높이기 위해 거울을 사방에 배치한 공간적 구조가 그렇고, 고객의 신변 보호를 위해 철저한 정회원제나 사전 예약제로 운영되고 있다는 점도 법망을 피해갈 소지가 다분하다는 지적이다. 분명한 것은 대화방을 찾는 남성들이 지독한 외로움에 휩싸여 있다는 것뿐, 그 속을 누가 알겠는가.

WXY

문란 낙서계에서 여성의 나체를 상징하는 기호로, W는 가슴, X는 배꼽, Y는 다리 가랑이다. 여성의 나체를 크로키보다 쉽게 그리는 전형적인 방법으로, 한때 화장실에서 많이 볼 수 있었다. 정확하고 분명하게 특징을 짚은 간결한 표현으로 실없이 욕구만 하늘을 찔렀던 뭇 남성들로부터 많은 사랑을 받았다. 그러나 작품 세계에 몰입하는 방법이 비좁은 화장실에 쪼그려앉는 것이어서 불편이 영없지는 않았다. 이에, 관련 미학에 새 지평을 연 자가 있었으니 그가 바로 거침없는 성 담론으로 우리 시사時史에서는 드물게 외설 논란의 중심에 섰던 시인 김영승이다. 그의 작품 「반성 784」를 감상해보자. "WXY 그려진 WC 입구/비상구 같은 질구膣口/도시는, 아 고녀석 자지도 굵다/까진 데만 25cm네. 이젠, 개선문凱旋門도/개선凱旋, 개선改善, 개, 개개個個, 포문砲門도 이젠/이젠 삽입揷入 이전以前에 끝났단다, 소녀少女야/찢어지지 않아서 좋겠다, 좆 컸다/미동들아……."[6]

더치와이프 Dutch Wife

주로 열대 지방에서 등나무로 만들어 손발을 얹던 일종의 베개로, 한국의 죽부인과 비슷한 것이다. 원래는 그런 뜻이었는데, 이젠 남성을 위한 여성 대용 섹스 용품의 총칭으로 쓰인다. 일종의 마네킹이라 할 수 있는 더치와이프는 여성의 형체를 본뜬 모사물로 플라스틱 인형에서부터 공기주입식 비닐 제품까지 소재가 다양하다. 섹스 용품 제조 회사인 스위트앤네스트의 더치와이프 광고에는 양이 등장한다. 양은 질의 질감이 여성과 가장 흡사하다 하여 변태적인 수간獸姦 행위에 빈번하게 활용되던 짐승이다. 광고 카피는 노골적이다. "여자, 누가 그들을 필요로 할까? 수세기 동안 양치기들이 누려왔던 만족감을 느껴보십시오."[7] 그런데 왜 하필 명예롭지 못한 섹스 용품에 '네덜란드의Dutch' 라는 단어가 동원되었을까? 이는 17세기에 네덜란드가 영국의 앙숙이었다는 사실과 관련이 있다. 영국인들이 어떻게 해서든 네덜란드를 나쁘게 묘사하려는 심보는 영어에 고스란히 반영되어 있다. '네덜란드식 경매Dutch auction' 는 값을 깎아 내려가는 경매, '네덜란드식 매매Dutch bargain' 는 술자리에서 맺는 매매 계약, '네덜란드식 용기Dutch courage' 는 술김에 부리는 용기를 의미했다. 'Double Dutch' 는 알아들을 수 없는 말을 뜻했고, I'll be a Dutchman은 "내가 틀렸으면 내 목을 쳐라"는 말로 통용됐다.[8]

데이트 date

'데이트' 라는 표현이 연인 사이에 서로를 탐색하면서 애정을 발전시켜가는 과정이라는 뜻으로 사용된 건 미국 하류 계급의 '슬랭slang' 에서 연유한다. 1896년 시카고 출신의 작가 조지 에이데G. Ade가 당시의 신문 『시카고레코드』에 연재하던 칼럼 「거리, 뒷골목 이야기」에서 처음 사용한 이후 널리 애용되기 시작했다는 기록이 있다.[9]

도시락

룸살롱에 남자 손님(주로 방송사 PD)과 같이 온 신인 여자 연예인을 가리키는 속어다.

독신자 사회

결혼을 하지 않는 독신자가 많은 사회를 말한다. 스테판 라딜[Stefan Hradil]은 2000년 「독신자 사회」에서 독일 가구의 35%를 1인 가구, 독일 인구의 약 16%를 독신자로 보았다. 독일은 스칸디나비아 국가들 다음으로 독신자가 많은 나라다. 2006년 2월 프랑스 시사 주간지 『렉스프레스』는 「독신자 1,000만 시대」라는 특집 기사에서 프랑스 독신자 수가 1,000만 명에 육박하고 있다고 보도했다. 지난 30년새 프랑스의 독신자 비율은 2배로 늘어 3가구당 1가구가 독신자이며, '고독한 도시' 파리는 그 비율이 더 높아 2가구당 1가구가 독신가구다. 결혼은 줄고 동거나 독신이 늘어나면서 2005년 프랑스 신생아의 절반가량은 법적 부부가 아닌, 자유 동거 커플 사이에서 태어났다. 독신자가 계속 느는데도 프랑스 인구가 증가하는 이유다. 2005년 11월 1일 현재 한국의 전체 가구 1,598만 8,000가구에서 적어도 317만 1,000명은 '나홀로' 살고 있다. 2005년 한국 통계청의 인구주택 총 조사에서 1인 가구는 20.0%를 차지했는데, 2000년 조사 때 1인 가구는 15.5%(222만여 가구)였다. 엄밀한 의미의 1인 가구 외에 혼자서 아이를 키우는 이른바 싱글 대디, 싱글 맘까지 합치면 실질적 독신 가구는 약 450만 가구에 이를 것으로 추산됐다. 충남대 전광희 교수는 "우리나라도 최근에 진행되고 있는 만혼화, 비혼화, 장수화 등의 추이로 볼 때 10년 내에 독신 가구 비율이 30% 수준에 이를 것이라고 전망할 수 있다"며 "생산성 향상 등의 새로운 방법으로 인적 자본을 확충하여 성장 동력을 재구축하지 않는다면, 독신 가구의 빠른 증가가 미치는 경제 성장에 대한 장기적인 악영향의 함정에서 벗어나기가 쉽지 않을 것이다"고 경고했다.[10]

돈 텔 마마 Don't Tell MaMa

서울 강남구 역삼동 경복아파트 사거리에 있는 성인 카바레·나이트로 '부킹의 지존'으로 유명했다. 2000년 영업을 시작한 이 업소는 30~40대의 부킹 명소로 이름을 떨쳐 이 업소의 상호를 그대로 따온 주점과 음식점이 전국에 생겨났다. 한 30대 손님은 "구약 성경 창세기에 나오는 소돔과 고모라처럼 30~40대의 욕망이 뜨겁게 분출하는 곳이다"고 평했다.[11] (참고 '소돔과 고모라론')

돌계집

아이를 낳을 수 없는 불임 여성을 말한다. 석녀石女라고도 한다.[12]

동녀동침 童女同寢

고대부터 전해 내려온 장수 비결로, 나이 든 남자가 어린 소녀와 동침하되 섹스는 하지 않고 기만 빨아들이는 방식이다. 이는 동서양을 막론하고 행해졌는데, 서양에선 이를 슈나미티즘shunammitism이라 한다. 구약 성경 「열광기」에서 유래한 것으로, 다윗왕이 쇠약해지자 팔레스타인의 수넴 마을에 사는 나이 어린 슈나미족 소녀를 왕에게 바쳐 동침하게 했다는 것이다. 『본초강목本草綱目』에도 11세 이전의 동남동녀童男童女와 동침하면 그 기운을 흡수해 양생에 좋다고 쓰여 있다. 이는 해방 전까지 자식들이 부모에 대한 효도의 일환으로 꽤 성행했던 것이다. 소녀가 이런 식으로 2~3년간 기를 빼앗기고 나면 온몸에 주름이 생겨 나이 어린 할머니가 됐다는데, 믿어야 할지 말아야 할지 모르겠다. 한국에선 그런 어린 할머니를 '윗방 아기'라 불렀다. 이규태는 자신의 저서에서 "어릴 적 한 마을에 살았던 '윗방 아기'라는 할머니 생각이 난다. 분명히 얼굴에 주름살이 쭈글쭈글한 할머니였는데도 아기로 불렸던 비밀을 아는 데는 많은 세월이 필요했다"고 회고했다.[13]

동맹 속의 섹스 Sex among Allies

미국 웨슬리 대학 정치학 교수인 캐서린 문Katherine H. S. Moon이 1997년 출간한 이후 2002년에 국내에서 번역 출간된 책의 제목이다. 한국이 미국과의 동맹 관계, 특히 주한미군을 위해 기지촌 여성들을 직간접적으로 관리했다는 주장이다. 실제로 1970년대 기지촌 여성들을 대상으로 매월 실시했던 교양 강좌에선 시장, 지역의 공보관, 경관 등이 인사말을 하면서 "미군을 만족시키는 여러분 모두가 애국자다. 여러분 모두는 우리 조국을 위해 외화를 벌려고 일하는 민족주의자들이다"라고 말하곤 했다.[14] 이런 식의 칭찬(?)은 학교에서조차 이루어졌는데, 이승호는 1974년 자신의 중학교 2학년 시절의 경험에 대해 다음과 같이 말했다. "어느 따뜻한 봄날, 얼굴이 아주 검었던 체육 선생 한 분이 애들을 운동장에 모아놓고 이런 훈시를 하셨습니다. '차렷, 열중쉬어! 미군에게 몸을 파는 우리 누나들은 애국자다. 그 누나들이 벌어들이는 달러는 가난한 우리나라 경제 발전에 큰 도움을 주고 있다. 너희들은 그 누나들을 양공주, 유엔 마담이라고 손가락질하면 안 된다.' 체육 선생은 학교 도서관 등 여러 건물을 손으로 가리키며 이런 얘기도 했지요. '저 건물들을 짓는데도 누나들이 도움을 준 것이다. 누나들의 은혜를 잊지 말아라. 이놈들 움직이지 마. 야, 이승호!' 아, 이런 얘기도 하셨습니다. '일본도 전쟁에서 진 뒤 젊은 여자들이 미군에게 몸을 팔아 달러를 벌었다. 오늘날 일본이 경제 대국으로 성장한 데는 그런 누나들의 공이 컸다. 차렷, 열중쉬어!'"[15] (참고 '매춘 애국론')

동물 애호증 zoophilia

수간은 단순히 동물과 성교를 하는 것이나, 동물 애호증은 인간보다도 동물을 성교의 상대로 더 선호하는 경우다. 남성의 경우에는 대개 동물의 질에 자신의 성기를 삽입하지만, 여성의 경우에는 애완동물이 자신의 성기를 핥거나 빨도록 유도한다. 한 보고에 의하면 어떤 여성의 경우 자신의 수캐를 훈련시켜 정기적으로 성교를 해왔다고 한다.(참고 '변태 성욕')

동성애 강간 homosexual rape

남자에 의한 남자의 강간을 말하는데, 공격자가 게이인지 불분명한 경우가 많아 '동성에 의한 강간 same-sex rape' 이라는 용어가 더 적격이다. 동성애 강간은 주로 감옥에서 많이 발생하는데, 일반적인 통념과는 달리 남성을 강간하는 남자들은 스스로 이성애자라고 밝힌 경우가 많다. 또 희생자들은 이성애자 남자보다도 게이 남성일 가능성이 더 높다. 그 이유는 희생자들이 자신을 공격한 남성을 게이라고 생각하고서 게이를 찾아서 보복하는 경향이 높기 때문이다.[16]

동성애 공포증 homophobia

동성애자를 강박적으로 참지 못하거나 그 자체에 대한 공포, 동성애자로 진단되는 것, 남성이 여자답게 보이는 것에 대한 공포 등을 말한다. 동성애 공포증은 보통 권위주의적이고, 독단적이며, 지위를 의식하는 사람들에게서 강하게 나타난다.[17](참고 '헤테로섹시즘')

동정녀 신드롬

조선 초기 여성 천주교 신자들이 동정녀가 되는 걸 최고의 신앙으로 여긴 것과 더불어 그로 인한 일련의 사건과 사회적 현상을 말한다. 정해은은 "동정녀들의 독신 고수는 사회 윤리에 직접적으로 반기를 드는 패륜적인 행동으로 여겨졌다"며 다음과 같이 말했다. "유교 사회에서 후사의 단절은 가장 큰 불효였기에 혼인이란 인류의 근본이었다. 그런데 동정녀들은 결혼을 거부하고 자신만의 생활 방식을 추구했다. 동정을 지키기 위해 거짓으로 머리에 쪽을 올리거나 과부라고 속이기까지 했다. 요즘으로 보자면 수녀이기를 고수한 행동이었다. 이들의 결혼 거부는 여필종부, 일부종사, 삼종지도, 칠거지악 등 여성을 제약하는 사회 이념을 무색하게 만들었다. 여성들은 처음으로 자신의 의지와 판단으로 결혼을 거부했고, 자신이 추구하는 가치를 몸소 실천했다."[18] 심지어 결혼을 하고도 남편을 설득해 몇 년간 동정을 지킨 여인들도 있었다. 그렇게 4년간 동정을 지킨 한 여인은 순교 직전에 쓴 편지에서 동정을 잃을 위기 때마다 "우리는 서로 맞붙들고 흐느끼면서 그 악마의 구렁텅이를 빠져 나오곤 했습니다"라고 말했다. 또 결혼 후 15년간 동정을 지킨 한 여인은 순교를 당하면서 "저와 같은 죄인에게 천주님은 순결을 지키는 커다란 은혜를 베풀어주셨습니다"라고 감사했다고 한다. 정약종의 딸 정엘리자베스는 욕망에 사로잡혀 동정을 파계할 위기를 느낄 때마다 벌거벗은 등짝에 피가 나도록 매질을 했다니, 모두 다 지금으로선 도무지 믿기지 않는 이야기다.[19]

된장녀

능력도 없으면서 소비지향적이고 유행에 휩쓸리는 젊은 여성들을 부정적으로 일컫는 말이다. 2005년부터 일부 인터넷 카페에서 20대 여성을 비하하는 표현으로 사용돼 오다 2006년 7월 한 네티즌이 인터넷에 올린 「된장녀의 하루」라는 글이 확산되면서 널리 알려졌다.[20] 그런데 왜 하필 '된장녀' 라는 이름이 붙었을까? 원래 인터넷에서 떠도는 말들이 그렇듯이 그 이유는 확실치 않다. 백승찬은 "'똥인지 된장인지 가리지 못한다' 에서 따왔다는 얘기도 있고, 속은 된장처럼 토종이면서 외국의 유행만을 좇기 때문이라는 지적도 있다"고 했다.[21] 박현동은 "남성들이 외국인과의 성적 관계를 즐기는 여성을 비하한 데서 비롯됐다는 설과 부정적 의미의 감탄사 '젠장' 이 그 어원이라는 주장도 있다"고 했다.[22] 구둘래는 "유래는 크게 세 가지"라며 "첫 번째는 '젠장녀' 에 역 구개음화를 적용해 '덴장녀' 가 됐다가 '된장녀' 로 정착했다는 설, 두 번째는 외국인과 사귀고 싶어 하는 여자를 '그래 봤자, 된장' 이라고 부른 데서 시작됐다는 설, 세 번째는 일본인들이 한국인을 비하할 때 '김치', '된장' 운운했던 것에서 나왔다는 설이다. 그리하여 만들어진 '된장녀' 는 '똥인지 된장인지 모르는 여자' 로 의미 해석이 따랐다"고 했다.[23] 인터넷에선 한동안 '된장녀 때리기' 가 신드롬이라고 해도 좋을 정도로 크게 유행했다.

뒤집힌 음낭

해부학의 아버지이자 고대 그리스에서 가장 영향력이 큰 의사였던 갈렌[Gale]이 자궁을 가리켜 부른 말이다. 그는 여자는 생식기를 밖으로 밀어내는데 필요한 열이 모자라기 때문에 생식기가 돌출하지 못하고 체내에 있으며, "여자의 생식기는 남자의 것보다 불완전하므로 남자가 여자보다 완전한 존재"라고 주장했다.[24] 서기 2세기 시대의 사람이 한 수작이니, 이해해야지 어쩌겠는가.

드라이브 인 성매매

차를 끌고 들어가서 즐기는 성매매를 말한다. 공터에 일명 '섹스 박스'로 불리는 3~4m 높이의 칸막이를 설치해놓고, 함께 시간을 보내기로 합의한 커플이 각 칸에 차를 몰고 들어가 일을 치를 수 있도록 하는 것이다. 독일 헤센과 쾰른에서 이미 실시 중이고 최근에는 스위스의 최대 도시 취리히가 날로 팽창하는 도심 홍등가 문제를 해결하기 위해 도입을 검토 중이다. 드라이브 인 성매매는 성매매 업자들이 허가된 홍등가 구역을 벗어나 주거 지역까지 침투해 주민들의 불평이 끊이지 않자, 관계 당국이 고심 끝에 내놓은 묘책이다. 성매매를 막지 못한다면 일단은 안 보이게 가리고 보자는 취지다. 이렇게 하면 일반 시민의 눈에서 성매매 현장을 조금이나마 가릴 수 있다는 장점(?)이 있다.[25]

드라이브 인 섹스

자동차가 가져다준 이동성은 전통적인 마을의 성역과 금기를 깨는 혁명을 몰고 왔다. 특히 부부가 아닌 남녀가 성행위 장소를 찾는 건 어려운 일이었지만, 자동차는 일시에 그 문제를 해결해주었다. 초기의 자동차엔 지붕이 없었지만, 1920년대부터 지붕 있는 자동차가 생산됐다. 한 자동차 해설가는 "T형 모델은 실내 공간이 너무나 커서 아무리 키가 큰 사람도 선 채로 자신들의 욕구를 충족할 수 있었다"고 주장했다. 자동차의 대중화는 매매춘의 일상화도 몰고 왔다. 1924년 청소년 법정에서 성범죄로 기소된 30명의 소녀 중 19명은 자동차 안의 행위로 기소됐다. 1920년대 중반 자동차를 탄 채로 이용할 수 있는 '드라이브 인 업소'들이 우후죽순 나타났다. 1925년 무렵에는 수천 개의 모텔과 야영장도 등장했다. FBI의 J. 에드가 후버 J. Edgar Hoover 는 모텔을 가리켜 '범죄의 온상'이라고 우려했지만, 불륜이 범죄인지는 생각하기 나름이다. 1940년대엔 모텔 가는 것도 귀찮다는 듯 자동차 안에서 모든 걸 해결하는 '드라이브 인 영화관'이 생겨났다. 드라이브 인 영화관은 1947년 554개에서 1958년 4,700개로 늘어났다. 드라이브 인이 호황을 누리는 동안 시내의 영화관은 하루에 2개 정도의 비율로 문을 닫았는데, 1946년에서 1953년 4월 사이에 5,000개 이상의 영화관이 망했다. 자동차 광고는 '사랑과 섹스'를 주요 소구점으로 삼았으며, 이 기본 방침은 1960년대까지 지속됐다. 1964년의 한 광고 카피는 이를 잘 보여준다. "이 남자는 2주 전만 해도 숫기없는 교사였습니다. 지금은 계속 만나는 여자 친구만 3명이고 이 동네 최고급 식당의 지배인과 트고 지내는 사이이며 사교 모임의 총아입니다. 이 모든 것이 무스탕과 함께 왔습니다.…… 차가 아닙니다. 사랑의 묘약입니다.…… 멋진 자동차는 열정을 자극합니다."[26]

드릴 drill

'구멍을 뚫다', '훈련하다' 라는 뜻이지만, 미국에서 '섹스를 하다' 라는 의미의 비어로도 쓰인다. 예컨대, I drilled her는 '그녀를 뚫었다', 즉 '그녀를 먹었다' 는 뜻이다. drill 과 비슷한 말로 screw, bang, pork 등이 있는데, I screwed라고 하면 '일을 망쳤다' 는 뜻도 된다.[27]

디카룸

디스코 장과 카페와 룸살롱의 기능을 종합한 업소로, 1990년에 등장했다.[28] 다양한 기능이 결합되면 보다 우수한 서비스가 제공될 것 같지만 사실상 젊은 대학생을 고객으로 포섭하고 대낮부터 부담 없이 음주가무를 즐길 수 있도록 이름을 바꿔 단 유흥업소다. 디지털카메라와는 아무런 관련이 없다.

딜도 ^{Dildo}

남성의 성기 모양을 본뜬 여성용 자위 기구다. 기원전 수세기 전부터 있었던 이 기구는 초기에는 주로 진흙으로, 중세 시대에는 금이나 은 등의 귀금속 또는 상아로 제작되다가 고무가 발견된 뒤로는 고무 제품이 많이 쓰인다. 일본의 딜도는 촉감이나 온도에서 실물과 거의 같게 제작돼 실제 섹스의 느낌을 불러일으켜 세계 최고로 꼽힌다. 한국에서도 옛날에는 나무를 깎아 만든 딜도가 과부들 사이에 쓰였다. 딜도 제조 회사인 스위트앤내스트는 광고 카피에서 자사 제품인 바이브레이터형 딜도가 남자의 진짜 페니스보다 더 낫다고 자신 있게 강조했다. "남자, 누가 그들을 필요로 할까?" [29]

딥 스로트 ^{Deep Throat}

입안 깊이 남성의 성기를 삽입하는 행위를 말한다. 또한 1972년 미국에서 개봉된 최초의 합법적 포르노 영화 제목이기도 하다. 〈딥 스로트〉(감독 제라드 데미아노)는 4,000달러의 제작비로 이후 10년 동안 600만 달러를 벌어들인 포르노계의 기념비적인 작품이다. 이 영화 덕분에 1970년대 말부터는 포르노 배우들이 유명 인사가 되는 등 지위가 급격히 상승했다. 비슷한 시기에 『워싱턴포스트』의 두 기자 밥 우드워드^{Bob Woodward}와 칼 번스타인^{Carl Bernstein}은 워터게이트 사건 보도 시 취재원을 끝내 밝히지 않은 채 버텼는데, 이들에게 정보를 준 익명의 제보자를 가리켜 '딥 스로트'라고 했다. 영화보다 워터게이트 사건이 더 유명해진 탓에 딥 스로트는 이후 '은밀한 제보자' 또는 '심층 취재원'을 가리키는 보통명사가 됐다.[30]

딸딸이

남자들의 자위행위를 이르는 은어다. 중학생 시절 '누가 누가 멀리 나가나' 경쟁을 하기도 한다. 1970년대 초반에는 당시 반드시 암기해야 했던 '새마을노래'를 개사해 딸딸이 주제가로 부르곤 했었는데 아직도 이 노래가 구전되는지 모르겠다. "뽕짝뽕짝 뽕짝뽕짝/새벽좆이 꼴렸네/딸딸이를 칩시다/너도나도 일어나/딸딸이를 칩시다/기분좋은 딸딸이/어서 많이 칩시다."

땁족

룸살롱에 혼자서 술 마시러 오는 사람을 의미하는 유흥업계 은어다. '나홀로 룸살롱족'이라고도 한다. 2009년 경기 침체로 불황을 겪고 있던 룸살롱과 단란주점 등은 룸을 소형화하고 저렴한 가격을 내세우며 땁족 유치에 열을 올렸다. '1인 손님 파격가'를 제시하는가 하면, 룸에 들어가자마자 손님의 옷을 다 벗겨 놓고 접대를 시작하는 등 업소마다 차별화된 서비스로 땁족의 고객 만족도를 높이기 위해 힘썼다. 업계 관계자의 말에 따르면 땁족 유치를 통한 업계 매출이 기대 이상이라고. 그동안 룸살롱이나 단란주점은 여

럿이 가야 '제대로 놀았다'는 소리를 들을 수 있었지만 이제는 혼자서 업소를 찾는 외로운 남성들이 계속해서 늘고 있는 추세라고 전했다. 사회가 각박해지고 경제가 어려워질수록 땁족의 주가는 계속해서 올라갈 전망이다.[31]

떡텔

1985년 이후 우후죽순처럼 생기기 시작한 교외의 러브호텔에 붙여진 초기 별명이다. 떡텔은 영원한 동반자를 데리고 나타났는데, 이른바 에로 비디오가 그 무렵에 등장했다. 비디오 테크놀로지와 영상 미디어의 진보와 함께 에로 비디오는 성황을 누리고 룸살롱도 대중화의 길을 걷기 시작했으며, 이 동반자들과 같이 떡텔도 전 국토를 점령해 나가기 시작했다.[32]

똥 떼어주기

룸살롱 호스티스들이 룸서비스를 마치고 받는 돈 가운데 10%를 관리자인 '새끼 마담'들에게 떼어주는 걸 가리켜 부르는 은어다.[33] 아마도 이런 뜻이었을 것이다. '에잇! 더럽다. 먹고 떨어져라!'

Interesting
Sex Dictionary

ㄹ

라벤더 색 위협 ^{Lavender Menace}

1969년 전미여성기구 회장 베티 프리단^{Betty Friedan}이 레즈비언을 가리키는 용어로 처음 사용한 표현이다. 프리단은 레즈비언이 여성 운동의 이미지를 파괴하고 정치적 성공을 위협한다면서 레즈비어니즘을 중요한 문제에서 주의를 흐트러뜨리는 '라벤더 색 위협'이라고 공격했다. 이 때문에 이성애 페미니스트와 레즈비언 페미니스트 간의 갈등이 심해졌고 1970년대 초 미국의 여성 해방 운동이 커다란 위기를 맞기도 했다. 이에 대해 약 20명의 레즈비언 페미니스트들은 '라벤더 색 위협'이라는 그룹을 결성하여 레즈비언의 권리를 위해 투쟁했다.[1]

라부호테루

일본의 러브호텔을 말한다. 라부호테루는 미혼 남녀나 불륜 남녀보다는 부부가 더 많이 이용한다. 방음이 안 되는데다 비좁은 일본 특유의 가옥 구조 때문이라는 분석이 있다. 일본에서 일어나는 모든 성행위의 3분의 1 정도가 라부호테루에서 일어난다고 추산한 김정운은 라부호테루의 외양이 한결같이 과도할 정도로 서구 건축 양식을 흉내 내고 있으며, 라부호테루에서 쓰이는 상품도 일본의 문화적 전통과 관련 있는 것은 전혀 없다는 점에 주목해 이런 해석을 내렸다. "결국 라부호테루 안에서 일어나는 성행위를 통해 끊임없이 재생산되는 결핍의 내용은 '서구적인 그 어떤 것'이란 이야기다. 일본인들은 라부호테루에서 성관계를 가지면서 서양의 이미지를 소비하며, 서양을 끊임없이 재생산하고 있는 것이다. 그런데 정말 재미있는 사실은 이렇게 생산되는 서양이 실제의 서양과는 별로 관련이 없다는 사실이다.(참고로, 한국은 더 재미있다. 일산의 한 초등학교에서 백마 탄 왕자님이 사는 성을 그려 오라고 했다. 대다수 아이들이 인근의 러브호텔을 그려왔다고 한다.)"[2]

라이브 섹스 클럽

고객들이 노골적인 성행위를 하고 다른 손님들이 이를 구경하는 테마 클럽이다. 2009년 6월 서울 논현동에 등장한 '커플 테마 클럽'엔 주로 연인, 부부 등이 쌍을 지어 찾았다. 고객들은 클럽 안에서 실제 성행위 등 적나라한 애정 행각을 벌인다. 그룹 섹스나 스와 핑(swapping, 서로 상대를 바꿔 성관계를 가지는 것)도 볼 수 있다고 한다. 클럽 측은 "미국, 유럽, 일본 등지에서 성행하는 '보이어리즘 (voyeurism, 관음)&엑서비셔니즘(exhibitionism, 노출) 클럽'을 국내 최초로 도입했다"며 "성에 대한 어떤 금기도 금기시하고 있다"고 선전했다. 클럽 운영자는 "변호사에게 자문한 결과 현행 실정법에 위반되지 않는다는 결론을 얻었다"고 주장했다. 밀폐된 공간인데다 성행위 주체가 고용한 종업원이 아니라는 점에서 제재를 가할 수는 없다는 것이다. 경찰서 관계자는 "인허가 관련법이나 식품위생법 등 다른 법 조항을 검토해 단속하는 방법을 찾겠다"고 밝혔다.[3]

러버보이 loverboy

준수한 외모로 10대 소녀들을 꼬드긴 후 성매매를 시키는 20대 남성을 지칭하는 신조어로, 네덜란드와 독일 등지에서 심각한 사회 문제로 대두되고 있다. 독일 방송 도이체벨레[DW] 인터넷판은 2010년 8월 9일 네덜란드에서만 10대 소녀 5,000여 명이 러버보이들의 희생양이 됐다고 보도했다. DW에 따르면 러버보이들은 심적으로 불안하고 미약한 10대 소녀들을 꼬드겨 자신에게 의지하도록 만든 뒤 성매매를 강요해 돈을 갈취한다. 시키는 대로 하지 않으면 흉기로 위협하거나 알몸 사진을 찍어 협박하기도 한다. 러버보이 범죄에 대해 책을 낸 네덜란드 언론인 마리아 제노바[Maria Genova]는 "소녀들이 두려움과 사랑 두 가지 감정에 휘말려 경찰에 신고하길 꺼린다. 심지어 러버보이를 지켜주려고 한다"고 말했다. 암스테르담 경찰청도 "러버보이를 검거해도 법원에서 징역 2~3년의 솜방망이 처벌에 그쳐 효과가 없다"고 말했다.[4]

레인보우 깃발

빨강, 주황, 노랑, 초록, 파랑, 보라 등 6가지 색깔의 줄무늬 깃발로 1978년 '샌프란시스코 동성애자 자유의 날' 시가 행진에 처음 사용된 이래 전 세계 동성애자들의 상징이 됐다. 레인보우 깃발은 다원성을 상징하는 무지개를 모티브로 한다. 이성애와 동성애, 양성애 등 다양한 성적 정체성이 평등하게 어울리는 사회를 뜻할 뿐만 아니라 동성애자 공동체 내의 인종적, 계급적, 종교적 다양성을 동시에 상징한다. 샌프란시스코의 예술가 길버트 베이커Gilbert Baker가 처음 디자인 했을 때는 7가지 색을 모두 띄고 있었으나 1979년 레인보우 깃발위원회가 다른 무지개 깃발과의 차별화를 위해 남색을 제외하기로 결정해 여섯 색깔의 무지개 깃발이 됐다.[5]

레즈비언 lesbian

레즈비언은 고대 그리스 에게 해 동부에 위치한 레스보스Lesbos라는 섬의 여인이라는 뜻인데, 그 섬의 수도였던 미틸렌에 거주하던 여성들의 동성애에서 유래했다. 기원전 6세기경 레스보스 섬에서 태어나 여성을 흠모하고 동경하는 서정시를 9권이나 발표했던 그리스 최대의 여류시인 사포^{Sappho}라는 이름도 여성 간의 동성애를 표현하는 용어로 사용돼 사피즘^{sapphism}이란 말을 낳았다.[6]

레즈비언 괴롭히기^{lesbian baiting}

페미니즘을 레즈비어니즘과 같다고 간주하여 여성을 페미니즘으로부터 멀어지게 만들려는 책략을 말한다.[7]

레지

커피숍의 전신인 다방에서 일하는 여성 종업원을 가리킨다. 이 단어는 레이디^{lady}에서 나왔다는 설도 있지만 레지스터(register, 카운터에서 요금을 계산하는 사람)에서 비롯됐다는 것이 일반적인 정설이다.[8] 오늘날에도 티켓 다방 레지의 성매매가 사회 문제화되고 있다.(참고 '티켓 다방')

로 대 웨이드^{Roe vs Wade} 판결

1973년 미국 여성 운동사의 한 페이지를 장식해도 좋을 기념비적인 연방 대법원 판결이다. 그간 미국에서 낙태 반대자들은 '친 생명'을, 낙태 찬성자들은 '친 선택' 또는 '자유 선택'을 구호로 내세우며 격렬하게 싸워왔는데, 이에 대한 심판이 내려진 것이다. 텍사스의 여성 노마 맥코비^{Norma McCorvey}는 독신으로 살다가 아이를 갖게 되자 낙태를 원했지만 낙태를 금지한 텍사스의 법 때문에 하는 수 없이 아이를 낳아 입양을 시켰다. 그리고 나서 텍사스의 낙태금지법을 뒤엎을 심산으로 달라스 지방 검사 헨리 웨이드를 상대로 소송을 제기했다. 그녀는 사생활을 보호받고 싶다는 소망에 따라 제인 로^{Jane Roe}라는 이름으로 법정 투쟁을 벌였다. 1973년 1월 22일 연방 대법원은 로 대 웨이드 판결에서 7대 2의 표결로 임신 3개월 이전의 자발적 낙태를 금하는 것은 위헌이라고 판결했다. 더불어 임신 6개월 동안의 낙태 금지에도 제한을 가했다. 낙태가 여성의 기본권으로 인정된 역사적 판결이었다. '친 선택' 진영은 기쁨을 표현한 반면, '친 생명' 진영은 분노와 경악의 비명을 질러댔다. 그 비명은 중국 공산당이 낙태를 지지하는 것을 들어 '친 선택' 진영을 '구찌 볼셰비키^{Gucci Bolshevike}'로 부르면서 불그스름하게 물들이려는 시도로 발전하기도 했다.⁹ 그런데 흥미롭게도 판결의 주인공인 맥코비는 1998년 기독교로 개종하면서 낙태 지지운동과 완전 결별을 선언했다.

로맨틱 섹스

모든 섹스가 로맨틱한 사랑의 행위이며 영혼의 결합이라는 주장으로, 상호 간의 사랑과 애정 없는 섹스를 무가치한 것으로 여긴다. 그러나 매매춘을 하는 남성의 75%가 기혼 남성이라는 통계는 이 주장의 오류를 잘 보여주는 예다. 일부 사회학자들은 매매춘에서 이루어지는 섹스가 현대 사회에서 너무 흔한 부부간의 애정 없는 섹스에 비해 윤리적 · 도덕적으로 높은 수준의 심미審美를 나타내는 행위적 현상이라고 주장하기도 한다.[10]

롤러코스터 효과

이성이 상대방에게 애정의 감정을 가지면 뇌에서 페닐에틸아민이란 호르몬이 나오는데, 롤러코스터를 타면 이 호르몬이 듬뿍 나와 도취감을 느끼게 해준다는 효과를 말한다.[11] 연인들이 놀이공원을 즐겨 찾는 데엔 그럴 만한 이유가 있는 셈이다.

롤리타 콤플렉스

어린 소녀에게 품는 중년 남성의 비정상적인 성욕을 가리키는 말이다. 원조교제도 일종의 롤리타 콤플렉스라 할 수 있다. 이 말은 러시아 출신의 미국 작가 블라디미르 나보코프Vladimir V. Nabokov의 소설 『롤리타Lolita』에서 유래했다. 롤리타는 이 소설의 주인공 험버트가 사랑한 소녀 돌로레스 헤이즈의 애칭이다. 험버트는 뛰어난 지성을 갖춘 인물이나 정작 자신이 사랑하는 소녀의 마음은 헤아리지 못하는 비뚤어진 인간이다. 미국으로 옮겨온 그는 어렸을 적 잃은 연인 애너벨의 모습을 집주인의 어린 딸 롤리타에게서 발견하고 사랑에 빠진다. 험버트는 롤리타와 함께 하기 위해 그녀의 어머니와 결혼까지 하지만 결국 아내를 살해하고 사랑의 도피를 떠나게 된다. 물론 롤리타는 도중에 달아나고 험버트는 롤리타를 가로챈 퀼티를 죽이고 투옥되고 만다. 1955년 프랑스에서 발간됐다가 판매 금지가 되고 1958년 미국에서 다시 발간된 이 책은 뛰어난 작품성과 금기시되던 주제로 엄청난 반향을 불러일으켰다. 1962년에는 스탠리 큐브릭이, 1997년에는 아드리안 라인 감독이 영화화했다. 작품의 성공으로 나보코프는 행복했지만, 이 용어가 자신의 소설에서 탄생했다는 사실만큼은 별로 반기지 않았다고 한다.

루키즘 lookism

외모 지상주의, 외모 차별주의를 말한다. 2000년대 초 미국의 칼럼니스트인 윌리엄 새파이어William Safire가 인종, 성별, 종교, 이념 등에 이어 새롭게 등장한 차별 요소로 지목하면서 부각되기 시작했다. 개인이 외모에 지나치게 집착하는 경향뿐 아니라 실력이나 성품보다 외모를 우선하는 사회 풍조도 포함한다. 우리나라에서는 특히 여성들의 성형 수술과 무리한 다이어트 열풍이 루키즘의 대표적인 현상으로 지적되고 있다.

룸살롱

술값에서부터 세금 문제에 이르기까지 룸살롱의 정의를 둘러싼 논란이 벌어지곤 했는데, 1997년 10월 서울고등법원이 명쾌한 유권해석을 내렸다. 재판부는 경기도 모 단란주점 주인 한 모 씨가 안산시장을 상대로 낸 재산세 부과처분 취소소송에서 단란주점이라도 밀실을 2개 이상 갖췄다면 고급 유흥주점인 룸살롱에 해당, 중과세 대상이라는 판결을 내렸다. 재판부는 판결문에서 "원고가 자신의 술집에 설치된 객실은 밖에서 보이도록 유리로 둘러싸여 밀실이 아니라고 주장하지만 식품위생법상 이 같은 방도 밀실과 아무 차이가 없고 '밀실 2개 이상이면 룸살롱' 이라는 법 규정에 따라 중과세한 것은 정당하다"고 밝혔다.[12]

룸살롱 마일리지

이른바 '텐프로' 로 알려진 룸살롱에서 2차를 가는 데 필요한 실적을 말한다. 보통 한 달에 3,000만 원은 끊어줘야 2차를 갈 수 있다는 게 이 바닥 룰이다.[13]

룸살롱 이용 후기

룸살롱이 운영하는 인터넷 사이트 게시판에 룸살롱 서비스를 이용한 고객들이 올리는 평가성 글로, 인터넷을 통한 룸살롱 마케팅의

한 종류다. 초기에는 종업원 수십 명의 얼굴 사진과 이름, 나이, 신체 사이즈와 특기(손장난하기, 엉덩이 흔들며 하기 등) 등을 게시한 홍보성 내용이 주를 이뤘지만, 최근에는 종업원의 서비스에 대한 평가를 적을 수 있도록 이용 후기 게시판을 마련한 업소가 늘고 있다. "ㅈ양 죽이더구먼. 못하는 서비스가 없을 정도로 화끈했는데 다음에도 꼭 옆에 앉혀달라", "검은 정장 입은 ㅅ양 서비스 때문에 밤새 잠을 못 이뤘네. 일본인 바이어가 반했는데 개인적인 만남도 가능한지 연락이 왔다" 등 성매매를 암시하는 내용이 잔뜩 올라와 있다. 룸살롱에서 이뤄지는 속칭 '2차'에 대한 기대감을 최대한 부풀리는 전략인 셈이다.[14]

룸살롱 장부 사건

2003년 10월 울산지방경찰청이 룸살롱의 고객 관리 장부 명단에 오른 80여 명을 윤락행위방지법 위반 혐의로 소환해 사회적으로 큰 파장을 일으켰던 사건이다. 당시 경찰에 고객 명부를 압수당한 M 룸살롱은 적극적인 마케팅을 위해 여종업원들에게 자신이 상대한 고객의 이름과 직업 등 신원을 알아내도록 한 뒤 장부에 적어 관리해온 것으로 드러났다. 장부에는 '외박'을 나갔거나 술자리 파트너였던 여종업원을 관리자로 지정한 뒤 고객의 이름과 직장명, 연락처, 다음 약속일, 고객의 특징, 신용도란을 만들어 기록해두고 있었다. 특히 여종업원이 윤락 행위를 했을 경우 '착함', '정신병자', '더듬이', '변태', '왕자병', '상태 안 좋음', '아다(초보 고객)' 등 고객의 성적 취향과 특징까지 알기 쉽게 정리해두었으며 신용도 역시 A, B, C, D 네 등급으로 분류해 세심하게 고객을 관리해온 것으로 드러났다.[15] 이 사건 이후 유사한 사건이 심심하면 터지는 바람에 긴장을 늦추지 못하는 룸살롱 단골 고객들이 많다. 2010년 9월 목포 룸살롱에서 압수한 고객 장부에는 무려 400여 명의 명단과 신상정보가 정리되어 있었다니, 모집단을 추출해 한국인의 성적 취향을 연구해야 한다면 이보다 더 충실하고 좋은 자료는 없을 것이다.

룸살롱 조조할인
룸살롱 불황 극복 프로젝트 중의 하나로 이른 저녁시간대에 룸살롱을 찾은 손님들에게 술값을 할인해주는 마케팅 전략이다. 보통 오후 4시부터 7시까지 할인가가 적용된다. 이 방면의 선두 주자인 서울 강남의 N 룸살롱은 1인당 22~24만 원을 받는 조조할인 서비스로 미국발 금융 위기에 따른 불황 속에서도 월평균 14억 원의 매출을 올렸다고 한다. 업계에서는 이 시간대 손님들의 고객만족을 위해 다양한 파격 서비스를 개발해 제공할 예정이다.[16]

룸 쇼걸
룸살롱, 카페에서 나체춤을 추는 여성으로, 1990년부터 유행했다.[17]

리비도 libido

정신분석학 용어로 성 본능, 성 충동이라는 뜻이다. 보통 말하는 성욕, 다시 말해 성기와 성기의 접합을 바라는 욕망과는 다른 넓은 개념이다. 프로이트는 리비도가 사춘기에 갑자기 나타나는 것이 아니라 태어나면서부터 서서히 발달하는 것이라고 생각했다. 성 본능은 구순기, 항문기에 발달하다가 5세경 절정에 이른 후, 억압을 받아 잠재기에 이르고, 사춘기에 다시 성욕으로 나타난다고 한다. 그러나 리비도는, 중도에서 발달이 중지되기도 하고(고착), 완전히 발달했다가 거꾸로 되돌아가는 경우도 있다(퇴행). 변태 성욕이나 신경증이 이에 속한다. 또한 리비도는 대상에 주입注入되어 축적되는데, 이러한 리비도를 '대상 리비도' 라고 한다. 우정, 부자간의 정, 연애 같은 것이 이에 속한다. 그리고 자아에게 주입된 리비도를 '자아 리비도' 또는 '나르시시즘적 리비도' 라 한다. 자기의 건강 상태를 이상스러울 정도로 걱정하는 상태, 말하자면 심기증 같은 것이 그것이다. 리비도가 충족되기를 바라다가 충족되지 않을 때는 불안으로 변한다. 또한 리비도는 승화되어 정신 활동의 에너지가 되기도 한다. 프로이트는 처음에 리비도를 자기 보존 본능과 대립하는 것으로 보았으나, 나중에는 이 둘을 결합해 '에로스(영원의 결합을 구하는 본능)' 라고 하여 죽음의 본능, 즉 삶을 파괴하려는 본능과 대립시켰다.[18]

립스틱 레즈비언

1990년대에 등장한 신세대 레즈비언으로, 이들은 여성성을 보이는 걸 경계했던 선배 레즈비언들과는 달리 남자들을 위해서가 아니라 다른 여자들을 위해서 여성성을 이용해야 한다는 마돈나의 발상을 따랐다.[19]

Interesting
Sex Dictionary

마거릿 생어

오늘날 세계 여성의 대부분이 피임법을 사용하고 있다. 이처럼 피임이 세계적으로 일반화된 데는 '산아 제한'이라는 용어를 최초로 사용한 미국 여성 마거릿 생어^{Margaret Sanger}의 기여가 누구보다 크다. 1912년 뉴욕의 빈민 지역에서 트럭 운전사 제이크 작스의 부인인 26세의 젊은 유대인 여성 새디 작스는 자궁 속에 날카로운 도구를 집어넣어 유산을 하려다가 의식을 잃고 쓰러졌다. 2주일 뒤 병세가 호전되자 다시 임신하게 될 것을 우려한 새디는 의사에게 "믿을 만한 피임법을 알려달라"고 요청했지만 의사는 "남편을 지붕 위에서 자게 하라"는 말만 했다. 당시 의사와 동행했던 간호사 마거릿 역시 믿을 만한 피임법을 알려주지 못한 채 묵묵히 서 있을 뿐이었다. 3개월 후 똑같은 일이 반복되었고 혼수상태에 빠져있던 새디는 마거릿이 도착한 지 10분 뒤 숨졌다. 피임법을 알려달라고 애원하던 새디의 모습은 독실한 가톨릭 신자로서 피임을 하지 않은 끝에 11명의 아이를 낳느라 쇠약해져 50세에 사망한 마거릿의 어머니, 아니 당대 많은 여성의 얼굴이기도 했다. 이 시기 미국인의 사망 원인 중 1위는 결핵이었지만 14세에서 54세 사이의 여성은 출산 도중 목숨을 잃은 사람의 수가 결핵으로 죽은 사람의 수보다 많았다. 원치 않은 임신으로 인한 빈곤과 질병, 죽음을 상징하는 새디의 죽음은 마거릿에게 새로운 시작을 의미했다. 이후 마거릿의 인생은 '여성이 자신의 육체를 스스로 통제하도록 해야만 한다' 는 하나의 모토로 집약될 수 있다. 당시 미국에는 다양한 피임 방법과 기구들이 알려져 있었지만 대단히 초보적인 수준으로 효율성이나 안전성에 대해서는 검증되지 않은 상태였다. 마거릿 생어는 1916년 10월 산아 제한 클리닉을 연 죄로 투옥된 이후 1966년 사망하기까지 50년이 넘는 세월 동안 일관되게 산아 제한 운동을 펼쳤다. 마거릿이 죽기 1년 전인 1965년 미국의 대법원은 "미국인은 피임을 실시할 헌법적인 권리를 가진다"고 선언했다. 그렇게 그가 시작한 피임 운동은 근대 여성 운동의 한 축이 됐다.[1]

마광쉬즘

기존 성 윤리의 성역과 금기에 도전함으로써 낡은 질서와 관행에 자유의 바람을 불어넣으려는 마광수의 성애 철학을 말한다. 마광쉬즘은 그의 제자들이 붙인 이름이다. 마광수는 『성애론』의 서문에서 다음과 같이 선언했다. "'성의 자유'는 이제 '음란'이나 '퇴폐' 같은 애매모호한 말이나 수구적 봉건 윤리에 의한 '모럴 테러리즘'으로는 막을 수 없는, 이 시대의 당당한 화두가 되어가고 있다. 성은 이제 쾌락의 문제이기 이전에 '인권'의 문제요, '문화적 민주화'를 추진시킬 수 있는 '합리적 지성'에 관련된 문제다. 또한 성은 '창조적 상상력'의 원천이 된다는 점에서 정치, 경제, 문화 발전의 원동력 역할을 해줄 수 있다."[2] 변태는 기존 윤리에 대한 반항이며, 반항은 언제나 즐겁다고 보는 마광쉬즘의 행동 강령은 다음과 같다. "닥치는 대로 섹스하라. 탐미적 섹스 또는 유미적 섹스는 마음을 평화롭게 한다. 펠라티오나 커닐링구스를 하더라도 씻지 말고 하라. 퀴퀴한 냄새를 즐겨라. 나는 여자가 펠라티오를 하기 전에 페니스를 물로 씻고 오라고 하면 오만 정이 뚝 떨어진다. 결벽증에서는 창조가 나오지 않는다. 탁한 개천 같은 물에서만 용이 나온다. '개천에서 용 난다'는 속담은 그런 뜻이다. 키스는 마구 하면서 오럴 섹스를 할 땐 왜 위생을 따지는가? 입은 성기보다도 더한 세균의 온상이다."[3]

마녀사냥

1585년부터 1635년까지 약 50년은 유럽 전역에서 마녀사냥이 절정에 이르렀던 시기다. 마녀사냥으로 처형된 희생자의 수는 최소 50만 명에서 최대 900만 명으로 역사가마다 견해가 다르다.[4] 대부분의 역사서가 마녀사냥을 종교적인 관점에서 다루고 있지만, 실은 마녀사냥은 섹스 사냥이기도 했다. 당시엔 남자 의사조차 여자의 몸을 보는 것이 금기였지만, 마녀라는 증거를 찾기 위해 여자의 몸을 보는 것은 예외였다. 마녀 혐의를 받은 여자는 완전히 벌거벗은 채 낯선 남자들이 가득 모인 방에 끌려들어가 조사를 받았다. 역사가 안네 바스토우Anne L. Barstow에 따르면, "간수, 고문자, 사형 집행인 등 모두가 여자 죄수를 조롱하며 즐길 수 있었다. 존경받는 성직자나 재판관 역시 마찬가지였다. 이들은 자신의 지위를 이용했다. 마녀에 대한 재판보다는 마녀사냥을 즐겼던 것이다. 즉 이들은 여자를 상대로 절대적인 성적 권력을 행사했다. 마녀사냥에서 마녀의 자백을 받아내는 과정은 여자의 육체를 짓밟는 행위를 은폐하는 승인된 절차였다."[5] (참고 '찌르기')

마녀 젖꼭지

15세기의 유명한 마녀 사냥꾼 제이콥 스프랭거Jacob Sprenger와 하인리히 크래머Heinrich Kraemer가 발견했다고 주장한 것으로, 실은 부풀어 오른 음핵이었다. "우리는 여자의 은밀한 곳에서 그것을 찾아냈다. 그것은 음순 안에서 길게 자란 살점이었었는데 그것을 잡아당기자 2cm가량 늘어났고 꼭 손가락처럼 보였다." 영국에서는 이 '마녀 젖꼭지'가 있다는 이유로 18명의 여성이 처형됐다.[6]

마담뚜

정략적 거래의 성격이 강한 상류층의 결혼 중매쟁이를 말하나, 나중엔 고급 매매춘 브로커까지 뜻하게 됐다. 마담뚜는 주로 40대의 여성이었다. 그래서 '마담'과, 남녀의 야합을 소개하는 것을 업으로 삼는 사람을 가리키는 '뚜쟁이'를 합해서 만들어진 말로 추정된다. 1980년 대구에서 상류층 자제들의 명단이 가득한 마담뚜 장부가 언론에 입수·공개됐는데, 부모나 본인의 재산 정도와 직업을 기준으로 남녀 등급을 매긴 것으로 나타났다.[7] 1982년 11월 13일 KBS 2TV 〈추적 60분: 83년 결혼풍속도〉는 마담뚜들의 생생한 목소리를 공개했다. "한 장만 있으면 의사 신랑 볼 수 있어. 병원 하나 지으려면 1억은 있어야지.", "판검사 신랑도 있는데 액수는 비슷해. 이왕이면 의사 신랑이 낫지 않아?"[8] 1984년에는 마담뚜가 무허가 유료 중매 행위로 처음 구속됐다. 『조선일보』(1984년 2월 21일)는 "마담뚜들의 행각을 살펴보면, 결혼이란 것이 이제는 갈수록 도박 행위와 흥정 행위를 닮아가고 있다는 느낌을 갖게 된다"며 다음과 같이 비판했다. "어떤 마담뚜의 수첩에는 장안의 갑부들과 '대단한 집안' 자녀들의 명단이 가득히 적혀 있다고도 하고, 유명 기업체 엘리트 사원의 신상 명세까지 상세히 파악돼 있다고도 한다. 그래서 일단 중매가 진척되면 구체적으로 신랑에게 무엇을 해주고 무엇을 사준다는 식의 흥정이 붙는다고도 한다.…… 마담뚜 중 어떤 사람은 자기에게 돌아오는 몫의 다과에 따라 잘 성사되던 혼담을 고의로 깨뜨리기도 하고, 이쪽으로 소개했던 사람을 저쪽으로 빼

돌리기도 한다고 한다."[9]

마조히즘 masochism

이성으로부터 육체적 또는 정신적으로 학대당하고 고통받음으로
써 성적 만족을 느끼는 병적인 심리 상태로 사디즘[sadism]에 대응하는
뜻을 지녔다. 오스트리아의 작가 레오폴트 폰 자허–마조흐[Leopold R. von
Sacher-Masoch]가 이와 같은 변태적 성격의 소유자로서 이런 경향의 테마
로 작품을 쓴 데서 유래한다. 흔히 남녀 간의 성적 행위에서 서로가
가벼운 고통을 주고받으며 흥분을 높이는 일이 적지 않으나 마조
히즘, 사디즘의 경우는 정도가 심한 상태를 말한다. 따라서 변태 성
욕을 가리키는 말이다. 대체로 성행위에서 남성이 사디즘의 경향
을 나타내고, 여성이 마조히즘의 경향을 보이는 경우가 많다. 심한
경우에는 매질 또는 흉기나 부젓가락에 의한 폭행·상해를 주고받
거나 상대방에게 노예적으로 굴종함으로써 성적 쾌감을 느끼기도
한다.[10](참고 '변태 성욕', '사디즘', '사도마도히즘')

마찰 도착증 frotteurism

지하철이나 버스 등 사람이 붐비는 곳에서 동의하지 않은 상대방
과의 접촉과 문지름을 통해 성적 흥분과 쾌감을 얻는 증상이다.(참고
'변태 성욕')

매매춘 賣買春

1986년 10월 14일 한국교회여성연합회가 개최한 "매춘 문제와 여성 운동" 주제의 세미나에서 손덕수와 이미경은 종래의 '매춘'이라는 용어가 잘못됐다고 지적했다. 손덕수는 우리나라에서 처음으로 "매춘은 몸을 파는 사람과 몸을 사는 사람이 있을 때 성립하므로 賣春婦와 買春夫가 똑같이 문제가 되어야 한다. 그러므로 매춘을 매매춘賣買春이라 부르는 것이 마땅하다"며 용어의 적확한 사용을 촉구했다. 이미경도 '사는' 남자 쪽을 강조하며 賣買春 혹은 買春으로 쓰기를 주장했다.[11] 이후 매매춘이라는 용어가 널리 쓰이게 됐다.(참고 '매춘')

매매춘 공화국

차정미의 시 제목으로, 1970년대에 일본인들을 대상으로 한 기생 관광이 성행한 것을 겨냥한 것이다. "몸 파는 일을 애국이라고/어린 딸자식 아내/늙은 어미마저 도매 값에 팔아넘기고/짭짤한 관광 수입 재미 좋다고/관광호텔 우뚝우뚝 솟는 나라/……/관광안내 책자마다/화대 팁 액수까지 밝혀주는/동방의 얼굴 빤질빤질한 나라/기생 파티 요리집 최고라고/왜놈 자본가와 매춘 자본가/나날이 살찌게 해주는 나라"[12]

131

매매혼 賣買婚

금전 거래 하듯이 돈이 큰 역할을 하는 정략적 결혼을 말하지만, 일부 국가에서는 아직 매매혼이 당당한 풍습으로 남아 있다. 우리나라에선 상류층의 결혼에서 많이 나타나며, 특히 1990년대 전반에 극성을 부려 사회적 물의를 빚기도 했다. 당시 '열쇠 다섯 개'니 '억대 통장'이니 하는 말이 나돌 정도로 혼수의 부담은 딸 가진 부모들을 괴롭혔다. 1990년 주부교실중앙회의 조사에 따르면, 결혼 후 혼수 문제로 가정불화를 경험한 경우가 37%에 이르는 것으로 나타났다. 또 소비자보호원의 혼수 실태 조사로는 신혼부부의 20%가 혼수 때문에 가정불화를 경험했으며 83.7%가 현재의 혼수 규모가 과하다고 응답했다. 2,000만 원어치의 혼수가 적다고 아내를 때리는가 하면 결혼 지참금을 적게 가져왔다고 아내의 갈비뼈를 부러뜨린 회사원도 있었다. 1억 2,000만 원 상당의 혼수가 적다고 아내를 때려 유산케 한 의사도 있었다. 심지어 아내를 목 졸라 죽이는 사건까지 벌어졌다. 혼수로 구박받다 자살하는 아내, 딸 혼수 하느라 빚져 자살하는 부모도 있었다.[13] 1990년대 전반 신문엔 이런 종류의 기사들이 수시로 등장한다.

매춘 賣春

춘春은 원래 당나라에서 술을 가리키는 말이었던 바, 매춘이라고 하면 술을 사는 것이었다. 또 여자가 남자를 그리워하는 정을 춘春이

라 했다. 오늘날엔 돈을 받고 남에게 성을 파는 일을 가리킨다.[14] (참
고 '매매춘')

매춘부의 선천적 기질설

20세기 초까지 유럽에서 유행했던 주장으로, 매춘부가 되는 이유는
타고난 기질, 즉 유전적 요인에 영향을 받는다는 가설이다. 키는 작
지만 몸은 무겁다, 체모가 많다는 등의 이유가 제시됐다. 매춘부의
선천적 기질설을 과학적으로 내세운 의사들의 주장은 공창제 옹호
파를 고무시키는 결과를 가져왔다.[15]

매춘 애국론

매춘을 애국적 행위로 보아야 한다는 주장이다. 1970년대에 외화
벌이를 위해 매춘의 국책 사업화가 이루어진 과정에서 제기됐다.
박정희 정권은 1973년부터 관광 기생들에게 허가증을 주어 호텔
출입을 자유롭게 했고 통행금지에 관계없이 영업을 할 수 있도록
했다. 여행사를 통해 '기생 관광'을 국제적으로 선전했을 뿐만 아
니라 1973년 6월에는 문교부 장관이 나서 매춘을 여성들의 애국적
행위로 장려했다.[16] 주한미군도 이러한 국책 사업의 주요 고객으로
등장했다. 기지촌 여성들을 '가장 더러운 여자들'로 낙인찍으면서
도 동시에 '외화를 버는 애국자들', 심지어 '민간 외교관'이라고 칭

송하는 일이 벌어졌다.[17] 외국 바이어를 상대하는 여성들도 애국자의 반열에 들었다. 이영자는 1970년대 중반 유흥업소에 당당하게 파고든 매춘 애국론의 실태를 다음과 같이 증언했다. "그 현장은 대기업의 외국 바이어를 접대하는 고급 요정이었는데, 마담은 나에게 외국 바이어들에게 온갖 서비스를 다 했던 여성들이 없었더라면 한국의 수출 경제가 과연 그토록 빨리 성장했겠느냐고 열변을 토했다. 요정 마담의 '한국수출경제론'은 새삼스러운 이야기는 아니었다. 그가 특히 겪었던 어려움은 유색 인종을 꺼리는 접대 여성들을 설득시키는 일이었다고 한다. 이는 우리 사회에 뿌리 깊은 백인 사대주의와 인종 차별주의를 그대로 드러내는 대목이었다. 그는 애국심을 들먹이면서 접대 서비스의 '국가적' 책임을 역설해야 했고, 그 덕분에 바이어 접대가 성공적일 수 있었다는 것에 큰 자부심을 가지고 있었다."[18] (참고 '매매춘 공화국', '동맹 속의 섹스')

매춘 · 포르노 육성론

김완섭이 1995년에 출간한 『창녀론』에서 편 주장으로, 그는 매춘 · 포르노 육성이 가져오는 여러 효과에 대해 다음과 같이 주장했다. "한국에서 매춘업과 포르노, 누드 쇼, 라이브 쇼 등 향락 산업이 번창하게 되면 동남아 후진국으로 섹스 관광을 떠나는 한국인의 숫자는 최소한 지금의 절반 이하로 줄어들 것이 틀림없다.…… 매춘업을 합법적으로 허용하여 건전하고 경쟁력 있는 매춘 기업의 발전을 장려한다면 창녀가 포주에게 막대한 돈을 착취당하는 일은 없어질 것이다. 게다가 매춘 기업에서는 보다 질 좋은 창녀를 구하기 위해 나름대로 여러 가지 노력을 할 것이고, 그 결과 수요 공급의 원리에 따라 본격적인 가격 파괴와 서비스 경쟁이 불붙게 될 것이 아닌가. 이로 인해 한국의 전반적인 '여자 값'은 지금의 절반 이하로 떨어질 것이고 품질과 서비스도 대폭 개선될 것이다.…… 서양의 품질 좋은 창녀들도 한국 시장으로 몰려들 것이고 그에 따라 한국인의 성생활은 이전보다 훨씬 개선될 것이다.…… 문화 예술 분야의 소프트웨어 산업이 발전하는 효과를 얻을 수 있다. 포르노를 비롯한 에로티시즘 영화 제작이 허용되면 일단 수많은 고용이 창출될 것이고, 관련 산업도 발전할 것이다."[19]

맥드워키니즘 MacDworkinism

미국의 급진적 페미니스트 안드레아 드워킨Andrea Dworkin과 캐서린 맥키넌Catharine A. MacKinnon의 이름을 따서 만든 합성어로 포르노그래피 반대 사상이다. 드워킨은 포르노그래피가 표현의 자유의 문제가 아니라 성별 권력 구조의 문제, 여성 인권 이슈라고 주장했다. 성 활동에 있어서 남녀의 상호 동등성은 불가능하며, 가부장제 사회에서는 섹스 그 자체가 여성에 대한 폭력이라는 것이다. 매키넌은 성 표현이 적나라한 책은 강간 행위나 다름없다며 검열 정책을 주장했다. 맥키넌은 여성의 복종을 표현한 것은 무엇이든지 포르노적인 것으로 보았고, 드워킨은 섹스가 남성이 여성을 지배하기 위한 것으로 이용되고 있다고 주장했다. 온건 페미니스트들은 이들이 여성을 피해자, 필연적으로 성을 두려워할 수밖에 없는 사람으로 보는 것에 동의하지 않았다. 글로리아 스타이넘은 맥키넌·드워킨파와 페미니스트들을 떼어놓기 위해 에로틱한 것과 포르노적인 것 사이의 구분을 보여주려고 애썼다. '검열에 반대하는 영국페미니스트연합'은 1991년에 낸 자신들의 팸플릿 〈포르노그래피와 페미니즘〉에서 드워킨과 매키넌이 "포르노그래피가 무엇이며, 무엇을 하는지에 대해 설명하고자 하는 인과 모델을 문제시하는 데에 완전히 실패해버린 운동의 선봉에 서 있다"고 비판했다. "포르노그래피는 사회의 성 차별주의를 비춰줄 수 있지만, 그것을 만들어내지는 않았다"는 것이다. 이들은 또 포르노를 금지하는 법의 제정은 여성 섹슈얼리티의 자유로운 표현에 대해 악영향을 미칠 수 있으며, 정작 싸워야 할 대상은 사회에서의 실질적인 차별과 폭력이라고 주장했다.[20]

메두사의 웃음

프랑스 페미니스트 엘렌 식수Hélène Cixous가 1975년에 발표한 논문으로, 여성 육체의 해방 선언이다. 메두사는 그리스 신화에 나오는 고르곤, 즉 바다에 사는 추악한 세 괴물(모두 암컷) 중의 하나다. 메두사의 얼굴은 너무도 추악해 메두사의 눈을 본 사람은 모두 돌로 변하고 만다. 프로이트는 이런 신화에 착안하여 「메두사의 머리」라는 논문을 썼는데 여기서 그는 남성의 눈을 멀게 하는 메두사의 머리를 여성 성기의 상징으로, 그리고 눈이 머는 현상을 거세 공포의 상징으로 해석했다. 메두사의 신화는 여성의 성기, 더 나아가 여성의 성을 드러내 표현하는 것을 금지하는 이데올로기로 기능해 왔다. 미국에서 40여 년 전까지도 여성이 자신의 성기를 만지는 것을 금기시하여 여성용 피임 기구를 삽입할 때마저 손가락 대신 집게를 사용하도록 한 것이나 우리가 '보지'라는 단어를 금기시하는 것도 바로 이런 이데올로기의 작용 때문이다. 그런데 식수는 여성으로 하여금 자신의 성을 되찾아 그것을 드러내놓고 표현할 것을 주장한 것이다.[21] 이수연에 따르면, "메두사는 남성적인 시각에서는 거세 공포를 유발하는 괴물이지만 식수에게 메두사는 괴물이 아니라 아름답고 힘있는 여성이다. 더구나 그 메두사는 웃고 있다. 웃음은 지배자의 권력을 전복시킬 수 있는 약자의 무기이다."[22] 일부 페미니스트들이 각종 공연 예술과 담론 행위를 통해 "보지, 보지, 보지"라고 마음껏 외치는 것은 바로 그런 메두사의 신화를 깨기 위한 노력이다. 자, 마음껏 외쳐보자. 보지, 보지, 보지! 도대체 무엇이 문제란 말인가?(참고 '보지 커밍아웃')

메이드 카페 maid cafe

일본에서 유행하는 '하녀 카페'로 카페의 여종업원이 손님의 하녀 역할을 해준다. 김정운의 방문기에 따르면 이런 식의 서비스다. "문을 열고 들어가니 20대 초반의 표정만 귀여운 메이드가 웃으며 반긴다. 영화 〈바람과 함께 사라지다〉에 나오는, 흑인 하녀들이 입는 하얀 레이스로 장식된 검은 옷을 입고 있다.…… 테이블에 앉으니 메이드가 물수건을 가져온다. 손을 내밀란다. 손을 닦아준다. 옆자리를 보니 케이크를 먹여주기까지 한다. 또 다른 테이블에서는 한 사내가 메이드와 주사위 놀이를 하고 있다. 요즘 유치원에서도 보기 힘든, 정말 유치하기 짝이 없는 놀이다. 그러나 둘은 사뭇 진지하다. 메뉴를 보니 90분 동안 이런 방식의 하녀 시중을 받는 데 2,000엔이다. 우리 돈으로 1만 6,000원이다."[23]

메이플소프 논쟁

성 정체성 등 도발적인 주제를 주로 다룬 미국의 사진작가 로버트 메이플소프 Robert Maplethrope의 작품을 둘러싸고 벌어진 논쟁이다. 게이였던 그는 여성을 촬영할 때도 가슴 없는 여자나 근육질의 여자 등 남성화된 여성을 찍었으며, 꽃을 발기한 페니스의 이미지로 표현하기도 했다. 반대자들은 메이플소프의 사진을 명백한 포르노라고 주장했다.[24]

명도 名刀

남성들은 누구나 변강쇠가 되고 싶은 욕망을 가지고 있다. 남성을 잠자리에서 황홀하게 만드는 여성의 성기를 속칭 '명기名器'라고 한다면, 크기와 기능이 뛰어난 남성의 성기를 '명도'라고 한다. 신체 내부에 자리 잡고 있어 비교가 어려운 여성과 달리 남성의 성기는 한눈에 드러난다. '해바라기'라고 불리는 불법 시술부터 실리콘 주입, 봉침까지……. 명도를 꿈꾸는 남자들은 지금도 변강쇠급 명도를 꿈꾸며 거의 병적인 수준으로 최선을 다하고 있다.

명예 살인 honor killing

사람을 죽여도 처벌받지 않는 가족에 의한 가족의 살인을 말한다. 일부 이슬람 국가에서는 간음한 여자를 가족의 일원이 살해했을 경우, 가족과 가문의 명예를 지키기 위한 불가피한 살인으로 간주하여 처벌하지 않고 있다. 부모가 정해준 사람이 아닌 다른 남자와 연애결혼을 하거나 가족의 동의 없이 결혼을 했을 때도 명예 살인이 행해진다. 2003년 파키스탄에서 명예 살인으로 사망한 여성은 1,261명으로 집계됐으나 알려지지 않은 살인이 많기 때문에 실제로는 그 이상일 것으로 추산됐다. 아프가니스탄에선 2003년 약 300명의 여성이 남편의 구타를 견디다 못해 분신자살을 시도했고 이 중 80%는 숨졌다. 대부분 10대 후반에서 20대 중반으로 가정 형편 때문에 돈에 팔려 시집을 간 여성들이었다. 2004년 10월 26일 파키스탄 하원은 명예 살인을 저지르면 7년형 또는 최고 살인에 처하는 내용의 법률안을 통과시켰다. 2004년에 43명의 여성이 명예 살인으로 희생된 터키에서는 명예 살인 철폐 광고를 방영하는 등 명예 살인을 없애기 위한 전국적 캠페인이 벌어졌다. 한편, 2005년 5월 31일 요르단의 법원은 여동생에 대한 명예 살인을 저지른 오빠에게 '분노에 의한 우발적 사고'라며 6개월 징역형을 선고했다. 법원은 "살해된 여성이 불륜을 저질러 오빠를 분노케 했으며, 그에게 심각한 심적 고통을 주었을 것으로 판단된다"고 판결 이유를 밝혔다. 해마다 20건 정도의 명예 살인 사건이 일어나고 있는 요르단에서는 "간통처럼 가족의 명예를 더럽히거나 이슬람 교리에 어긋나는 행동을 목격한 뒤 심한 분노에 이끌려 저지른 범죄는 최고 1년 미만, 최소 3개월의 가벼운 형량을 선고한다"(형법 98조)고 규정하고 있다. 명예 살인이 대부분 이슬람권에서 발생하고 있는 게 사실이지만, 이슬람 지도자들은 "코란이나 하디스(예언자 무하마드의 언행록)에는 명예 살인을 지지하는 구절이 없다"며 이를 비판하고 있다. 여성 인권보다 가족의 명예를 중시하는 가부장적 토착 전통이 이후 전래된 이슬람을 제멋대로 해석해서 기존의 명예 살인 관행을 합리화한 사례라는 것이다. 유엔인구활동기금UNPFA은 매년 5,000여 명의 여성이 명예 살인에 희생되는 것으로 추정하고 있다.[25]

명우회

한국 명문가 자식들의 사교 모임 가운데 서울대와 이화여대 출신이 모인 모임이다. 끼리끼리만 결혼하는 상류층의 혼맥을 탐구한 『한겨레』(2003년 1월 1일)에 따르면, "반세기 가까운 이력을 지닌 이 모임은 구성원의 상당수가 재벌가와 관료 집안의 자제들로 이뤄져 있다. 이 모임을 통해 결혼한 재벌-정치권 결혼 사례는 일일이 꼽기 힘들 정도다. 명우회에는 비할 수 없지만, 유력 자제 대학생들로 형성된 사교 클럽들은 '팍스', '센추리', '이스라', '스플래쉬', '서현회' 등 20개가 넘는다. 강남 압구정동과 청담동 일대에 이런 '선택받은 소수'들의 만남을 위한 사설 멤버십 클럽이 활발히 생겨나고 있다."[26]

명월이 생식기

국립과학수사연구소에 보관되어 있는 여성 생식기의 일부를 일컫는 말이다. 2010년 일제 강점기 때 부검 과정에서 적출된 인체의 일부가 여태껏 국립과학수사연구소에 남아 있어 이를 폐기해야 한다는 소송이 제기됨에 따라 해당 적출물을 보관하게 된 역사적 배경이 관심을 끌었다. 장기 보존 용액에 담겨 비공개로 보관 중인 인체 적출물은 백백교 교주 전용해의 머리와 명월관 기생으로 추정되는 여성의 생식기의 일부였다. 명월관은 당시 종로의 유명한 기방이었고, 명월이라는 이름의 이 여성과 잠자리를 함께한 무수한 남성들이 복상사로 숨진 것으로 알려졌다. 의학계 안팎에서는 이런 신체 일부의 적출과 보관은 당시 일본의 근대 의학에 대한 큰 관심 때문이라는 의견이 많다. 서울대병원 병원역사문화센터 전우용 교수는 "근대 의학이 발전하는 과정에서 종종 보이는 현상이다.…… 왕성한 생식 능력을 보였거나 성적으로 문란했다면 그것이 뇌나 생식기 등 신체에 미친 영향을 연구하기 위해 끄집어냈을 가능성이 높다"라고 설명했다. 그렇다면 이들의 신체는 어떠한 과정을 거쳐 국과수가 보관하게 된 것일까. 전문가들은 신체 일부를 적출하는 것은 당시에도 사회통념상 공개를 꺼리는 일이어서 공식 자료가 부족하고, 그나마 있던 것도 한국전쟁을 거치며 대부분 소실돼 자세한 정황을 파악하기는 어렵다고 입을 모았다. 국과수는 "정확한 기록이 없어 상세한 경위를 파악하기 어렵다. 연구적 가치는 없으나 역사적 의미를 가질 가능성을 배제할 수는 없다"고 밝혔다. 전 교수는 "그 시절에는 부검을 하고서 학계에서 연구용으로 보관하는 경우가 많았는데 보안이 필요한 경우 경찰이 보관하기도 했다"고 전했다. 일제 강점기에 경찰부 감식과가 보관했던 신체가 미 군정기의 법의학실험소를 거쳐 1955년 내부무 산하로 설립된 국과수의 전신인 치안국 감식과에 전해졌을 공산도 있는 것으로 보인다. 국과수 관계자는 "관련 규정이 없어 고심 중이지만 가급적 빠른 시일에 적당한 절차를 거쳐 인체 적출물을 처리하도록 하겠다"고 말했다.[27]

모노가미 | Monogamy

일부일처제를 말한다. 현대 853개 문화권 중 일부일처제가 명문화된 곳은 16%에 불과하다는 조사 결과가 있다.[28] 우리나라도 일부일처제를 법으로 규정하고 있다는 점을 감안하면, 엄격하게 일부일처제를 따르는 국가는 어쩌면 1.6%에도 이르지 못할지도 모른다. (참고 '폴리아모리')

모의 섹스

사이버 공간에서의 가상섹스를 교육용으로 간주한 개념이다. 마이크 샌즈Mike Saenz는 "모의 비행이 실제로 비행기를 타기 전에 미리 조종사를 훈련시키는 데 사용되는 것처럼 모의 섹스도 원하지 않은 임신을 방지하고 섹스에 의해 전염되는 질병을 경고하는 데 사용될 수 있을 것"이라며 "정교한 모의 섹스가 모든 곳에 퍼져 합법적인 오락, 교육, 치료의 수단으로 받아들여질 것"이라고 전망했다. 그 결과 "개인적이고 친밀한 관계를 실제로 어떻게 맺을지 모르는 사람들이 많은 불필요한 고통에 안녕을 고하게" 될 수 있다는 것이다. 반면 수지 브라이트Susie Bright는 컴퓨터 산업과 성적 오락 산업이 모두 남성의 지배 영역이라는 점을 들어 "컴퓨터 도사들이 만들어낸 가상 현실에 여성의 욕망과 관점이 생생하게 살아날까?"라는 의문을 제기했다.[29]

모텔 motel

원래 자동차 여행자용 숙박 시설이란 뜻으로 자동차^{motor}와 호텔^{hotel}
의 합성어다. 도심보다는 주로 교외나 도시 사이의 중간 지점 등에
자리 잡은 저렴한 숙박 시설로 1908년 미국에서 처음 생겼다. 그러
나 한국에서 모텔은 전혀 다른 형태로 바뀌어 번창했다. 우리나라
의 숙박 시설은 1세대 여인숙(또는 여관), 2세대 장급 여관, 3세대 초
기 모텔에 이어 최근 고급형 모텔로 빠르게 진화했다. '~장'이 대
세였던 여관이 모텔이란 이름으로 바뀌기 시작한 것은 88올림픽 직
전인 1987년 무렵부터였다. 장급 여관보다 한 수 높고 호텔보다는
아래인 중간 단계라는 것을 강조하는 이름이었다. 그리고 2000년
대 들어 모텔 간 경쟁이 치열해지면서 대대적인 리모델링 바람이 불
었다. 2008년 말 기준 전국에 모텔은 줄잡아 3만여 곳, 수도권에만
1만여 곳으로 추정된다. 성인 1,000명당 1곳 꼴이다. 막연히 많다
싶은 모텔이 실제 전국의 찻집 2만 6,453곳(2006년 통계청 자료)보다
더 많은 것이다.[30]

모텔시간대여금지법

2006년 3월 8일 미국 로스앤젤레스 시의회가 성매매를 막기 위한
방편으로 만장일치로 통과시킨 조례안이다. 이 조례안은 시간제로
방을 사용토록 하는 것을 금지하면서 업주가 같은 방을 정리하지
않은 채 12시간 안에 한 번 이상 대여하는 것을 불법으로 규정했다.

또 업주는 투숙객에 대해 사진이 있는 신분증을 제시하게 하고 투숙의 인적 사항을 적은 기록을 보관해야 하며 종업원들에게 관련 사항을 교육시키도록 규정했다.[31] 높은 모텔 회전율로 먹고 사는 한국의 모텔 업계로선 이런 법을 만들 엄두조차 내지 못하는 한국의 너그러운 성 문화에 감사해야 할 일이겠다.

모텔형 비디오방

2005년부터 신촌 등 대학가를 중심으로 등장한 신종 섹스 업소다. 『문화일보』(2006년 1월 6일)에 따르면, "최근 서울 신촌 등 대학가를 중심으로 침대식 소파에다 헤어드라이어까지 갖춘 모텔 같은 비디오방이 등장했다.…… 감상실 안에는 침대처럼 뒤로 젖혀지는 널찍한 소파가 구비돼 있고, 테이블과 선반엔 헤어드라이어와 물티슈, 화장지가 놓여 있다. 또 천장에는 둥근 거울, 벽면엔 1m는 족히 돼 보이는 거울이 달려 있고, 산소 발생기까지 구비돼 있다. 요즘 서울 대학가에서 인기를 모으고 있는 '연인 비디오방'의 모습이다."[32]

모텔 회전율

하루 한 방에 손님이 몇 차례 들어오느냐를 따지는 것으로 모텔 업계의 수익 기준이다. 손익분기점은 '3회전'이다. 그래서 모텔은 오히려 밤이 아니라 대낮에 승부가 난다. 두꺼운 비닐로 가린 모텔 주차장 안에 얼마나 많은 차들이 들락거리느냐에 달렸다. 3회전이 이뤄지려면 낮에 대실 2회전에 밤에 투숙객 1회전이 기본이다. 모텔 투자서 『나는 모텔로 돈 벌러 간다』의 저자 이길원은 "서울에서 잘 되는 방 40개 안팎 규모의 모텔이면 보통 다달이 억대 매출을 낸다"고 말했다. 방 40개에서 방당 하루 7~8만 원 매출을 올리면 월 1억 원 수준이 된다. 모텔 보증금이 보통 7~8억 원에서 많게는 10~15억 원 정도인데, 월세가 2,500~3,000만 원에 인건비와 전기ㆍ수도료 등 운영비가 월 2,500만 원 정도 들어간다. 따라서 월 1억 원 매출을 올리면 보증금을 융자받아 운영해도 순이익이 1,500만 원 정도 나온다는 계산이다. 매출액 순이익률이 15%이므로, 제조업보다 훨씬 남는 장사다. 2008년 삼성전자의 매출액 순이익률은 7.6%, 현대차는 4.5%, SK텔레콤은 10.9%였다.[33]

목소리의 성적 효과

목소리가 성적 매력의 원천으로서 갖는 효과다. 로버트 그린[Robert Greene]은 『유혹의 기술』에서 나폴레옹의 아내 조제핀은 이국적인 냄새를 물씬 풍기는 나른한 목소리를 가졌으며, 20세기 섹스 심벌인 메릴린 먼로는 속삭이는 듯한 어린 아이 목소리를 가졌지만 나중에 목소리를 더 낮게 깔아 유혹적인 음성으로 변화시켰다고 했다.[34] 목소리에 반하는 건 그럴만한 근거가 있다. 미국 뉴욕 주립 대학의 심리학 연구팀은 목소리가 매력적인 사람이 성생활도 왕성하다는 걸 밝혀냈다. 가장 좋은 평가를 받은 목소리를 가진 학생들이 더 어린 나이에 성관계를 가졌고, 성관계를 맺는 파트너가 더 많았다는 것이다. 연구팀은 "목소리는 즉석에서 그 사람의 성과 나이에 대한 정보뿐만 아니라 성생활에 대한 정보를 전달하는 매개체인 것처럼 보인다"고 결론 내렸다.[35]

몽달귀신

우리 무속에 사춘기에 든 총각이나 처녀가 달콤한 결혼 생활을 맛보지 못하고 죽으면 총각은 그 혼이 몽달귀신이 되고, 처녀는 손각시가 되어 그 부모나 형제 또는 남에게 붙어 병을 일으켜 못살게 군다고 한다. 여기서 연유해 처녀가 거부하는데도 총각이 끈질기게 달라붙으면 총각을 '몽달귀신 같다'고 하고, 총각이 싫다는데도 처녀가 달라붙으면 그 처녀를 '손각시 같다'고 하는 말이 생겨났다.[36]

몽정 夢精, night pollution

성숙한 남성이 수면 중에 성적으로 흥분하는 꿈을 꾸고 사정하는 것, 의학에서는 '야간 유정遺精'이라고 한다. 성욕의 생리 조절 현상이며, 미혼일 경우 한 달에 2~3회 정도는 걱정할 필요가 없다. 그러나 가벼운 성적 자극으로 쾌감이 따르지 않거나 또는 발기되지 않고 사정하는 것은 주간 유정 또는 각성 유정이라 하는데, 이것은 병적인 것이다. 후부요도, 전립선, 직장, 척수 등의 질환이나 과로에 따르는 경우도 있으나 지나친 자위, 성적 신경 쇠약, 공포 등에 의한 경우가 많다. 배뇨 또는 배변 시의 누정漏精도 넓은 의미의 유정에 속한다. 병적인 경우는 치유가 어렵다. 횟수가 잦을 경우에는 성적 자극이 강한 잡지나 영화 같은 것을 멀리 하는 등 원인 요법을 쓰고, 술, 담배, 커피 등 자극물을 피하고 적당한 휴식을 취하는 게 좋다.[37]

무모증 無毛症, atrichia pubis

"무모증은 3년간 재수가 없다"는 남성 세계의 속설 때문에 이 증상을 가진 여성들이 고통 속에 살고 있다. 2차 성징에 따른 다른 신체적 발육은 정상임에도 사춘기가 지나도록 음모가 정상인에 비해 훨씬 적은 경우를 음부털 감소증(빈모증, hypotrichosis of pubis)이라고 하며, 이 중에서 아예 털이 없는 경우를 무모증이라 한다. 음모는 사춘기가 되어 2차 성징이 나타남과 동시에 자라나게 되는데, 이성의 주의를 끌고 성생활 시 촉각적 기능과 음부 피부의 균열을 막아주는 등 중요한 생리적 기능을 가지고 있다. 음모의 발모, 성장, 탈모에는 부신피질 호르몬이나 여성 호르몬, 갑상선 호르몬 등 신체내 여러 가지 내분비 호르몬의 균형뿐만 아니라 인종적·체질적·유전적 요소 등 여러 요소가 관여한다. 무모증과 빈모증은 몽골계 인종의 여성에게서 주로 발생하며 한국 여성의 약 4.4% 정도가 여기에 속한다. 정확한 원인은 아직 밝혀지지 않았지만 주로 유전적인 요인에 의해 영향을 받는 것으로 알려졌다. 우리나라에서는 대중 목욕 문화의 특성과 사회적 편견 때문에 생식 기능이나 성생활에는 장애가 없음에도 남모르는 정신적 열등감과 수치심으로 자가 모발 이식술을 원하는 환자가 증가하고 있는 추세다. 자가 모발 이식술은 자신의 머리 뒤쪽에서 두피를 절제한 후 한 올씩 모발을 나눈 다음 모낭을 포함하는 모발을 음부에 직접 이식하는 방법이다. 이식된 이식모는 거의 다 생착을 하며 시간이 지남에 따라 음모처럼 고불거리는 모양으로 변하게 된다.[38](참고 '백보지 신드롬')

무성 無性, genderless

생물학적 성과 무관하게 자신을 '중성' 혹은 '돌연변이 성'으로 여기는 사람들(성전환자 포함)을 말한다. 기존 성 관념을 벗어난 사람들의 사연은 천차만별이다. 성전환 수술을 받았더라도 다른 성으로 살았던 이전의 경험까지 지우긴 힘들다는 사실을 깨달은 사람도 있고, 자신의 성 정체성이 계속 변한다는 사람도 있다. 그런가 하면 자신에게 가장 잘 맞는 성을 찾으려는 여정이 끝나지 않았다고 느끼는 사람도 있다. 2010년 봄 세계 최초로 '무성'의 자격을 공식 인정받은 호주인 노리 메이-웰비(48)의 소식이 전 세계에 대서특필됐다. 뉴사우스웨일즈 출생사망결혼등록국은 시드니에 거주하는 메이-웰비에게 남성 또는 여성으로 분류되지 않은 증명서를 발급했다. 이후 며칠 동안 메이-웰비는 스스로 가장 적합하다고 느낀 무성으로 인정받겠다는 기나긴 법정 투쟁에서 승리를 쟁취했다고 믿었지만, 승리의 기쁨은 오래가지 못했다. 언론이 들썩대자 며칠 뒤 뉴사우스웨일즈 주 정부는 결정을 철회했다. 주 정부는 등록국에 남성, 여성이 아닌 제3의 성이 기재된 증명서를 발급할 권한이 없다고 밝혔고, 메이-웰비는 호주 연방인권위원회에 진정서를 제출해 계속 투쟁 중이다.[39]

무인 러브호텔

1997년 분당 신시가지에 처음으로 등장했다. 그 구조는 이렇다. 일단 주차장으로 들어가서 차를 차고에 놓은 뒤 차고 안에 있는 정산기에 요금을 내면 차고에서 객실로 연결된 통로 문이 열린다. 나올 땐 객실에서 쓴 물품의 요금을 객실 안에 있는 정산기에 넣어야 하는데, 돈을 넣지 않으면 차고로 연결되는 통로 문이 열리지 않는다. 무인 호텔마다 방식이 좀 다를진 몰라도, 한 가지 분명한 건 절대로 다른 사람을 만날 일이 없다는 점이다.[40]

묻지마 관광

상대방의 신원에 대해 아무것도 묻지 않고 말하지도 않는 걸 전제로 남녀가 만나 같이 여행을 떠나는 것이다. 신분, 연락처 등 공개하기 꺼리는 질문은 절대 하지 않는 깔끔하고 세련된 매너 때문에 중년층에게 상당히 인기가 높다. 1995년 부산에서는 한 여행 업체가 여행을 함께할 남녀 파트너를 모집해 소개해주겠다는 광고를 일간지에 게재해 며칠 만에 1,000여 명의 남녀 회원을 확보한 일도 있었다. '묻지마 해외 관광'은 이런 만남의 더 적극적이고 대중적인 형태다. 만나서 상대방을 전혀 알려고 하지 않은 채 즐기다 헤어지기는 마찬가지며, 단지 시간과 경제적 여유가 있는 사업가나 전문직 40~50대들이 자신을 보다 안전하게 숨길 수 있는 외국으로 떠난다는 점만 다를 뿐이다. 이렇게 여행사가 남녀를 짝지어 눈요기와 함께 몸요기까지 할 수 있게 하는 관광 상품이 개발돼 판매된 지 이미 오래, 이제는 한 발 더 나아가 관광지가 아닌 도심에서 짧은 시간에 그리고 간단히 익명의 즐김을 제공하는 수준에까지 이르렀다. 일부 이벤트 업체는 생활 정보지에 원하는 남녀를 모집하는 광고를 실어 '묻지마 미팅'의 대중화에 앞장서고 있다. "누군가 그립고 외로워 동반자를 찾는 남녀는 연락주십시오." 남자의 경우 10~15만 원 정도를 입금하면 회원이 될 수 있으며 여자는 영광스럽게도 무료다. 회비를 내는 남자 회원들이 짝을 찾는 데 실패할 경우 3~4차례의 기회를 더 준다니 애프터서비스도 좋은 편이다. 이들이 결혼 정보 업체와 다른 점은 말 그대로 '묻지마'에 있다. 업체는 남녀가 회원으로 가입하면 상대의 조건을 들은 뒤 서로를 짝지어 주지만, 모든 과정에서 업체와 회원이 얼굴을 맞대는 일은 전혀 없다. 회원 남녀에게 만날 장소만 알려주면 그것으로 끝이다.[41] '묻지마 관광', '묻지마 미팅'에 이어 앞으로 어떤 상품이 나올지 몹시 궁금하지만 마땅히 물어볼 곳이 없어 답답할 뿐이다.

묻지마 정책

빌 클린턴이 1993년 대통령 취임 초기에 야심 차게 제안했다가 엄청난 비판에 직면한 '게이의 군 입대 허용 법안'의 별칭이다. 군은 게이가 있을 경우 군의 기강이 허물어지고 도덕성이 훼손된다는 이유로 대통령의 제안을 강력 반대하고 나섰다. 결국 양측은 타협을 봤는데, 그건 "군은 입대한 군인에게 동성애 사실을 물을 권리는 없으나, 만일 군인 자신이 호모란 사실을 밝히거나 혹은 동성애를 하는 사실이 눈에 띄면 군복을 벗게 할 수 있다"는 이른바 "묻지 말라, 말하지 말라, 추궁하지 말라" 정책이었다.[42] 이 정책은 비판을 받기도 했지만, "평화로운 중간 지대를 찾으려는 '제3의 길' 방식을 아주 잘 표현한 구호였다"는 평가도 있다.[43]

미망인 未亡人

과부를 뜻하지만 '남편과 함께 죽어야 하는데 아직 죽지 아니한 아내'라는 남존여비적 의미를 담고 있는 말이다.[44] 남편이 죽으면 아내가 남편을 따라 목숨을 끊는 순장 제도가 청나라 초기까지 남아 있었는데, 순장 제도가 없어지면서 죽어야 할 부인이 죽지 않고 살아 있다는 뜻으로 쓰이게 된 말이다. 아직도 이 말을 쓰는 사람들이

많은데, 의미가 의미인 만큼 이 말은 쓰지 않고 폐기하는 게 좋다.[45]

미시 Missy

'미스Miss 같은 아줌마'를 뜻하는 말로, 1990년대 중반에 탄생했다. 겉으로 보아서는 '미스'인지 '미세스Mrs.'인지 구별하지 못할 정도로 외모와 행동에 젊음이 느껴진다는 뜻으로 주로 20~30대 젊은 기혼 여성들에게 바쳐진 표현이다. 김주영은 "1980년대에 가임 여성 1명당 2.83명이었던 출산율이 1990년대에는 1.59명으로 낮아졌기 때문에 자녀에 쏟아붓던 어머니의 시간과 관심이 다른 곳으로 돌려졌으며, 그 결과 탄생한 것이 미시"라고 분석했다.[46] 1990년대는 여성의 사회활동이 눈에 띄게 늘어난 시기다. 여성의 형편없던 취업률도 증가했지만, 무엇보다도 결혼과 동시에 회사를 그만둬야 했던 사회 분위기가 바뀌면서 결혼 후에도 퇴직하지 않고 계속 직장을 다니는 여성이 대기업을 중심으로 대폭 증가했다. 이에 따라 가정과 일에서 동시에 성공을 거두려는 적극적인 여성들이 늘어나면서 아줌마에 대한 인식도, '결혼하면 아줌마가 된다'는 통념도 깨지기 시작한 것이다. 이 단어가 등장한 초기에는 미시 화장품, 미시 탤런트 선발대회 등 불황에도 불구하고 여전히 소비력을 지닌 미시족을 겨냥한 다양한 소비 상품이 생겨났지만, 이제는 '미시'가 너무 많아서, 사회학적으로나 마케팅 측면에서나 이 단어를 사용하는 일이 드물어졌다.

미시촌

룸살롱에 일자리를 잡기 어려운 30, 40대 여성들이 나오는 술집으로, 그 원조는 과부촌이다. 1990년대 중반 새로 등장한 신조어 '미시'를 빌려와 젊고 싱싱하고 세련된 이미지를 더했다. 『동아일보』(2000년 10월 21일)에 따르면, "미시촌 상호를 가진 유흥업소가 갑작스럽게 번성하기 시작한 것은 경제 위기가 몰려와 서민들의 삶이 어려워진 무렵이었다. 'IMF 미시'라는 말까지 생겨났다. 경기 성남의 미시촌 화재 사고로 숨진 여종업원 6명 중 4명이 자녀를 부양하는 주부들이었다. 이들은 자녀의 학비를 벌거나 컴퓨터를 사주기위해 유흥업소에 나왔다는 안타까운 소식도 들려온다."[47]

미아리 텍사스

서울시 성북구 하월곡동 88번지 일대의 성매매 밀집 지역을 이르는 속칭이다. 1960년대 말 당시 서울의 대표적 집창촌이던 양동과 종로 3가(속칭 '종삼')지역 집창촌의 폐쇄('나비 작전' 참조)로 성매매 여성들이 하월곡동 정릉천변으로 유입되면서 형성됐다. 1980년대 한국의 경제 호황과 제5공화국의 통행금지 해제 조치로 성 구매 남성들의 접근이 활발해져 청량리 588, 천호동 텍사스와 함께 서울의 3대 사창가로 떠오르며 성업했다. 2004년 9월 23일 참여정부의 성매매 특별법이 발효된 이후 정부의 집중 단속으로 인해 이 지역의 성매매 영업은 상당히 쇠퇴했다. 2003년 11월 18일 서울시에 의해

균형발전촉진지구로 지정되어 현재의 성매매 지구가 철거되고 대신 2010년까지 판매, 업무, 문화시설, 주상복합건물 등이 들어설 예정이다. '미아리'라는 이름은 초창기 업주들이 호객에 용이하도록 사람들에게 잘 알려진 지명을 차용한 것으로 추정된다. '텍사스'라는 명칭의 유래 역시 확실하지 않다. 다만 홍성철의 『유곽의 역사』(2007)에 따르면 1층에서는 술을 마시고 2층에서는 성매매가 이루어지는 18세기 미국 서부 영화 속에 묘사된 술집에 착안하여 하월곡동이나 천호동 업주들이 기존의 사창가와 자신들을 구분 짓기 위해 스스로를 '텍사스'로 부르기 시작했다고 한다.[48] 미아리 텍사스는 오늘날 집창촌에서 벌어지는 모든 묘기나, 북창동 일대의 룸살롱 등 음주 문화의 원조가 되는 곳이다. 술을 마시면서 온갖 묘기를 관람할 수 있었으며, 동석한 아가씨와 옆방에서 바로 성행위를 할 수 있기 때문에 당시 대단한 인기를 누렸다. 한때 이러한 술집은 해외 관광객(주로 일본, 중국계 동남아 관광객)의 단골집이었는데, 이곳에서는 해괴망측하고도 엽기적인 묘기 대행진이 연일 벌어졌다고 전한다.

각종 묘기대행진은 아래와 같다.
1. 음부에 붓을 삽입하여 글씨 쓰기
2. 음부에 탁구공을 삽입하여 탁구공으로 천장 맞추기
3. 음부에 병따개를 삽입하여 병 따기
4. 음부에 동전을 10개 정도 삽입하여 하나하나 떨어뜨리기

5. 음부에 담배를 삽입하여 음부로 담배를 피고 힘을 주어 발사
   하여 풍선 터뜨리기

미인계美人計

미인을 미끼로 남을 꾀는 계교를 말한다. 원래 『손자병법』에 나오
는 병법 36계 중 31계에 해당하는 책략이다. 아름다운 여자를 보내
적장을 섬기게 하면 적장의 마음이 해이해지고 군대의 규율이 흩어
져 전략이 약화된다는 것이다. 월나라 왕 구천이 서시라는 미인을
오나라 왕 부차夫差에게 보낸 뒤 전쟁에서 승리한 데서 나온 말이다.[49]

미즈 Ms.

미국의 여성 운동가 글로리아 스타이넘이 만든 말로 미혼Miss과 기혼
Mrs.을 통칭한 것이다. 스타이넘은 "남자들이 기혼·미혼을 가리지
않는 것은 성적인 방종을 할 때 그 같은 구별이 장애가 되므로 이를
은폐하기 위한 저의 때문이며, 여성에 대해서 기혼·미혼을 구별
하는 것은 그들의 방종을 위한 수단이다"라고 주장했다.[50] 스타이
넘 일행은 스스로를 '난자돌격대'라고 부르면서 여성 운동을 맹렬
하게 전개했다. 스타이넘이 클레이 펠커Clay Felker와 함께 발간한 『미
즈』 창간호(1972년 1월호)는 표지에 원더우먼의 사진을 실었고, 스타
이넘을 포함해 이미 낙태를 한 적이 있는 50명이 넘는 저명한 여성

들의 서명과 함께 낙태의 법적 허용을 요구하는 탄원서를 실었다. 이 창간호는 8일 만에 30만 부나 팔리는 놀라운 기록을 세웠다. 1972년 UN은 1975년을 공식적인 '세계 여성의 해'로 선포했다. 1972년 여름까지 『미즈』는 "섹시스트 교육을 타도하라", "왜 여성들은 성공을 두려워하는가?", "여성들이 여성을 사랑할 수 있을까?" 등과 같은 파격적인 내용의 기사들을 실었다. 1970년대 중반 『미즈』의 독자는 50만 명으로 증가하면서 페미니스트 운동의 원동력이 됐다. 1971년 『뉴스위크』에 의해 "미모와 매력과 성공에도 불구하고 해방된 여성"이라는 묘한 찬사를 받은 바 있는 스타이넘은 전국적인 유명 인사로 부상했지만, 『미즈』를 인정하지 않은 좌파와 레즈비언들은 그녀를 '타락한 부르주아 여권주의의 대변자'로 매도했다.[51]

미짜
유흥업계의 속어로 미성년 접대부를 가리킨다.[52]

민주성노동자연대
2005년 9월 6일 경기도 평택 지역을 중심으로 성매매 여성 220여 명이 결성한 법외 노동조합이다. 노동법상 인정된 노조는 아니지만 성매매 여성들이 스스로를 '성 노동자'로 규정하고 노동자의 권익

보호를 위해 조직을 구성했다는 점에서 주목할 만한 단체다. 민주성노동자연대(민성노련)는 창립과 동시에 조합 전임자 배치, 하루 10시간 근무, 생리휴가 및 연·월차 휴가 보장 등을 내용으로 하는 단체 협약을 80여 명의 성매매 업주로 구성된 '민주성산업인연대'와 체결하고 노조로서의 본격적인 행보를 가져갔다. 같은 달 23일 민성노련이 사회진보연대, 여성문화이론연구소 등 5개 단체와 함께 개최한 "성매매 방지법 1년 평가와 성 노동자 운동의 방향과 전망" 토론회는 성매매 여성들의 노동조합 조직에 대한 당시의 반응을 잘 보여준다. 발제자로 나선 이희영 민성노련 대표는 "(성매매 여성들이) 인간으로서의 권리를 찾기 위해서는 정치성을 갖고 주체화돼야 한다"며 "우리는 '일하는 자', 즉 '성 노동자'로 스스로를 규정했다"고 밝혔다. 이 주장에 대해 한신대 고정갑희 교수는 "성 노동과 노동권 주장이 악용될 소지가 있다"고 전제하고 "그럼에도 이를 지지하는 이유는 현재와 같은 단속과 처벌이 성매매 여성을 사회 어디서도 발붙이지 못하게 만들기 때문"이라고 말했다. 그러나 한국여성단체연합 조영숙 사무총장은 "성매매는 여성에 대한 인권 유린이자 성폭력"이라며 "근로 환경을 개선해도 무의미한 일"이라고 반박했다.[53] (참고 '성 노동자론', '섹스 워커')

밀월蜜月

신혼여행을 나타내는 '허니문honeymoon'의 번역어다. 신혼여행 기간

이 꿀같이 달콤한 밤의 연속이라는 뜻이겠다.[54] 그러나 누가 요즘 신혼여행에서만 밀월을 즐긴다던가. 세태를 반영하여 결혼 전후를 막론한 모든 공식·비공식 커플의 달콤한 밤에 밀월이라는 단어가 쓰이고 있다.

밑구멍 째짐

"밑구멍이 째지게 가난하다"라는 속담에서 비롯한 말이다. 김동진의 『사천년간조선이어해석』에 따르면, "어떤 백성의 집이 몹시 가난하여 부녀의 옷이 몸을 가리지 못해 아랫도리가 들여다보이는 지경이었다. 겨우 말을 할 줄 아는 어린 자식이 그 어미의 밑구멍이 드러났음을 보고 묻기를 '어머니는 밑구멍이 왜 째졌소'라고 하였다. 그리하여 '심히 간구(艱苟)한 것'을 '밑구멍이 째지게 가난하다'라고 표현하는 것이다." 이에 대해 조항범은 "'밑구멍'에는 '여자의 음부'라는 의미도 있지만, '항문'이라는 의미도 있으므로 '밑구멍'을 '항문'으로 간주하고 속담의 전체 의미를 해석해도 무리는 없다"고 지적했다.[55]

Interesting
Sex Dictionary

ㅂ

바바리맨

주로 여학교 앞에 자주 등장하며 안에 아무것도 입지 않은 채 바바리코트만 입고 등장하는 남자를 말한다.('양말은 신는다' 는 지적도 있다.) 바바리맨의 직업군은 일반 회사원, 공기업 간부, 할아버지, 10대 남학생, 심지어는 선생님, 청소년 상담원까지 매우 다양하다. 성격적으로 이들은 보통 소심하고, 내성적인 사람들이다. 현실의 압박을 이겨내지 못하는 좌절, 고통, 슬픔을 여성들에게 나체를 보여줌으로써 스트레스를 푼다고 한다. 자신의 모습을 드러낼 때 여성들이 두려워하거나 놀라는 장면 혹은 쳐다보는 모습에서 희열과 만족감을 느끼는 것이다. 바바리맨은 형법 245조 공연 음란죄를 적용 1년 이하의 징역, 500만 원 이하의 벌금, 구류 또는 과태료에 처한다. 만약 바바리맨을 본다면, 여성들은 놀라지 말고 무시하고 지나

가는 것이 가장 바람직한 방법이다. 인터넷에서 보면 '바바리맨 대처법'이라고 하여 '작다고 놀린다', '욕을 한다' 등등 과감한 행동을 추천하기도 하는데, 이는 전혀 좋은 방법이 아니다. 바바리맨은 현실에서 무시당하고 소외감을 느끼는 데 대한 고통을 노출을 통해 푸는 것이므로 노출 행위에 반응을 보이는 것은 사실상 바바리맨의 욕구를 충족시키는 것이다. 무표정으로 지나가고, 바로 경찰에 신고하는 것이 좋다.[1](참고 '노출증')

바비 신드롬

바비 인형의 폭발적 인기에서 비롯한 신드롬이다. 바비는 1959년 3월 9일 미국 장난감박람회에 얼룩말 무늬 수영복 차림에 굽 높은 뾰족 구두를 신은 모습으로 출현했다. 30cm의 크기였다. 당시엔 아기 인형이 주류였는데, 바비 인형은 10대 소녀의 모습이었다. 완구 업체 마텔의 설립자 루스 핸들러Ruth Handler의 작품이었다. 루스는 딸 바버라에서 '바비'라는 이름을 얻고 독일 신문에 연재되던 포르노그래피의 여주인공 '릴리'에게서 인간으로서는 상상하기 어려운 39-18-33이라는 몸매를 가져왔다. 바비 인형이 나오기가 무섭게 대중문화의 우상으로 떠오르자, 페미니스트들은 바비가 어린 소녀들에게 비현실적인 몸의 이미지를 심어주고, 바비의 눈동자에 숨어 있는 여성스러움에서는 굴종의 냄새가 난다고 비난했다. 바비의 모습이 지나치게 성적이라는 비판도 제기됐다. 그러나 바비

보다 훨씬 더 섹시한 라이벌 인형 브래츠가 등장하자 논란보다도 더 치열한 '섹시 경쟁'이 벌어졌다. 바비 인형의 매끈함과는 달리 브래츠 인형에는 거리의 아이들 같은 거친 면과 섹스가 결합되어 있었다. 브래츠의 공식 웹사이트에는 관능적인 엉덩이와 멜론만 한 가슴을 뽐내는 이 인형들의 사진이 올랐다. 이에 질세라 마텔은 입술과 엉덩이가 더 풍만한 '마이 신 바비'를 새로 출시했다. 이어 2002년에 '란제리 바비'가 나오면서 바비가 브래츠를 압도하는데, 이는 일명 '포르노 바비'라 불렸다. 항의가 빗발치자 매장에서 철수시켰지만, 이후로도 인형들의 섹스 경쟁은 계속됐다.[2]

바우들러 Bowdler

영국에서 1820년대에 '책의 내용 중 상스러운 부분을 삭제하거나 수정하다'라는 뜻을 가진 'bowdlerize'란 단어가 생겨나게 만든 장본인이다. 1818년 에든버러의 내과 의사이자 복음주의자인 토머스 바우들러Thomas Bowdler는 자신의 '가족에게 큰소리로 읽어줄 수 없는' 모든 구절을 삭제한 『가족 셰익스피어Family Shakespeare』(전10권)를 출판했다. 셰익스피어가 제대로 교육받지 못해 당시의 '무절제한 기호'에 야합했다는 것이 그렇게 한 이유였다. 『햄릿Hamlet』에서 햄릿이 오필리아에게 "아가씨, 당신 허벅지에 누워도 되겠습니까?"라고 묻는 장면을 햄릿이 오필리아의 발치에 눕는 걸로 대체하는 식이었다. 바우들러는 1826년 『로마쇠망사The Decline and Fall of the Roman Empire』(전6권)에서 비종교적이고 부도덕한 인상을 주는 구절을 삭제한 개정판을 냈는데, 이때부터 '바우들러화'란 말이 널리 쓰이게 됐다.[3] (참고 '성적 금기어')

바이브레이터

여성이 사용하는 자위 기구의 일종으로 여자의 질 내에 삽입하여 전원을 작동시키면 기구가 부르르 떨며 마치 남자와 성교를 하는 듯한 쾌감을 준다. 요즘엔 남녀 혼용 기구도 개발되어 있다.

바캉스 애인

여름 바캉스 시즌에 돈을 받고 여행에 동반하는 유흥업소 여성을 말한다. 한 룸살롱 관계자는 "7월 하순부터 8월 중순까지 손님이 줄고, 아가씨들도 따라서 줄어든다"면서 "업소에서는 손님과의 사적인 만남을 원칙적으로 금지하고 있지만 휴가를 내고 몰래 같이 떠나는 것을 막을 방법은 없다"고 말했다. 매년 휴가철이면 윤락여성뿐 아니라 유흥업소 여성들의 피서지 매춘이 성행한다. 채팅이나 애인 대행 사이트 등을 통해 남자를 만나는 경우도 있지만 끼리끼리 피서지에 방을 구해놓고 활동하기도 한다. 모텔뿐 아니라 계곡이나 해변에서 즉석 섹스를 하고 회당 몇만 원씩 챙기는 과감한 수법도 등장했다.[4]

박애주의자

섹스 상대를 가리지 않는 호색한을 가리켜 우스갯소리로 부르는 말이다. 미국 유명 인사들 가운데 제35대 대통령 존 F. 케네디와 제42대 대통령 빌 클린턴이 박애주의자로 명성이 높다. 케네디의 섹스 파트너는 그 수가 너무 많아 케네디도 이름을 기억하지 못할 정도였는데, 오드리 헵번, 소피아 로렌, 메릴린 먼로 등 수백 명에 이르는 것으로 추산된다. 케네디는 백악관에 밀애 장소를 두고 섹스 파티를 벌여서 경호원들에게 굴욕감을 주는 일도 서슴지 않았으며 유명한 마피아 갱의 여자 친구와 섹스를 해 협박을 받을 정도로 무모했다.[5] 클린턴이 섭렵한 여자도 수백 명에 이르렀다. 홍은택에 따르면, "그는 인종이나 노소는 물론, 심지어 유부녀나 과부도 가리지 않았다. 흑인, 백인, 딸 첼시만큼 어린 처녀, 이혼녀, 창녀, 카바레 가수, 변호사, 미스 아메리카, 기자, 공무원, 친구의 부인에 이르기까지 골고루 상대했다."[6] (참고 '지퍼 게이트')

박인수 사건

1955년 6월에 일어난 이른바 '박인수 여대생 간음 사건'을 말한다. 희대의 한국판 카사노바 박인수가 70여 명의 여인과 간음을 했다는 것인데, 그는 공무원 사칭과 혼인빙자간음 혐의로 피소됐다. 70여 명이라는 숫자와 그 대부분이 여대생이라는 점이 호기심을 자극해 박인수 재판엔 수천 명의 방청객이 몰려들어 법정은 아수라장이

됐다. 언론은 박인수가 여자들을 댄스로 유혹했다며 '댄스 유죄'로 몰아가는 보도를 했다.[7] 또 재판 과정에서 자신이 섭렵한 여성 중 처녀성을 가진 여자는 단 한 명밖에 없었다는 박인수의 실토에 대해 언론은 일제히 "우리 여성들의 정조 관념에 일대 경악과 통탄을 금할 수 없는 중대한 현실 문제"라고 규정했다.[8] 그러나 달리 보자면, 그만큼 여성들의 개척·모험 정신(?)이 강하다고 해석할 수도 있는 일이었다. 박인수는 1심에서 공무원 사칭만 유죄로 인정됐고 혼인빙자간음은 인정되지 않았다. 담당 판사 권순영은 혼인빙자간음 혐의에 대해 무죄를 선고하면서 "법은 정숙하고 순결한 여인의 건전하고 순결한 정조만을 보호할 수 있다는 것을 밝혀두는 바다"라는 명언을 남겼다.(최종심에서는 징역 1년이 선고됐다.)[9]

박진영 논쟁

2001년 6월 섹스를 주요 콘셉트로 내세운 박진영의 6집 음반이 발매되면서 일어난 사회적 논쟁이다. 이 음반에 대해 방송사는 적게는 4곡, 많게는 6곡까지 방송 금지 조치를 내렸다. 6월 21일 기독교윤리실천운동을 포함한 52개 단체가 '대중가요 음란 저질화를 우려하는 시민사회단체 일동' 의 명의로 발표한 성명서는 박진영 음반의 판매 중지를 촉구하면서 '머리에서 발끝까지 입 맞추고 싶어'(곡명 '방문에서 침대까지'), '흐름 속에 널 맡겨 봐'(곡명 '처음 만난 남자와') 등의 가사를 해괴망측하다고 비난했다. 이에 대해 6월 29일 문화연대 등 33개 진보적 시민단체는 성명을 통해 "청소년의 들을 권리를 차단할 만큼 심각하거나 치명적이라고 보지 않는다"면서 "이는 사회적 공론과 합의 속에서 토론할 대상이지 억압하거나 근절시킬 대상이 아니다"라고 주장했다.[10]

박진영 누드 사건

남성 누드도 아름다운 볼거리가 될 수 있다는 걸 한국에서 최초로 보여준 사건이다. 박진영은 1995년 여성 잡지 『이브』의 요청으로 누드 사진을 게재했는데, 재판까지 매진될 정도로 인기를 끌었다. 어느 TV 방송사 9시 뉴스는 박진영의 누드 사진을 비추면서 '성의 상품화'라고 보도했다. 온 가족이 저녁 식사를 하던 중에 그 장면을 본 아버지가 화를 냈고, 박진영은 일단 무조건 죄송하다고 빌 수밖에 없었다. "나중에 그 기자한테 전화를 걸어서 뭐가 상품화냐고 항의를 했어요. 그랬더니 그 기자는 자기가 서울대 정치학과를 나왔는데 남자 누드 찍은 게 성의 상품화가 아니고 뭐냐고 그러더라고요. 그래서 당신 여성학 강의 들어봤느냐고 물었죠. 물론 하나도 안 들었죠. 그래서 난 연대에서 여성학 강의를 세 과목이나 들었다, 성의 상품화가 뭔지 알고 싶으면 여성학 공부 좀 하고 보도하라고 그랬어요."[11] 박진영은 "왜 벗느냐가 중요하다고 본다"고 주장했다. "언제나 여자는 벗고 남자는 본다는 사실에 의문을 제기하고 싶었다. 남자가 벗고 여자가 본다면 무엇이 잘못인가 생각해보자

167

는 거였다. 군이 거창하게 얘기하면 성적 불평등에 대한 실천적 문제제기라고나 할까. 다른 의도는 없었다. 내 행위가 사회적으로 파문을 일으켰다면 그것만으로도 의의가 있는 것 아닌가."[12]

박카스 아줌마

노인을 대상으로 한 성매매 여성으로, 박카스를 팔면서 접근한다고 해서 붙여진 이름이다. 서울 종로의 종묘공원에 많은데, 경찰은 200명가량으로 추정하고 있다. 2009년 8월 혜화경찰서와 보건소가 종묘공원의 노인 320명을 대상으로 성병 유무를 검사한 결과 8%가 감염된 것으로 나타났다. 2009년 서울시 조사에 따르면, 성매매의 필요성에 대한 인식은 남녀 간에 차이가 컸다. 남성은 35%가량이 '필요하다'는 응답인 반면 여성은 12%에 불과했다.[13] (참고 '노인의 성')

반금련

중국 명나라 때의 소설 『금병매金甁梅』의 여주인공으로, 색골로 악명이 높다. 한국에서도 고우영의 만화가 폭발적인 인기를 끌면서 익숙한 이름이 됐다. 반금련은 색욕과 금욕을 충족시키고자 남편인 무대를 살해하고 돈 많은 서문경의 다섯째 첩으로 들어가 온갖 음행을 일삼는다. 서문경은 반금련이 먹인 강력한 음약 때문에 죽고, 반금련은 남편의 동생인 무송에 의해 참살당한다. 그간 반금련은

악한 요부로만 여겨졌는데, 중국의 현대극은 그녀를 고루한 전통에 얽매이기를 거부한 선각자요, 봉건주의 가치관에 정면으로 도전해 여성 해방을 부르짖은 혁명가로 부각했다. 이에 대해 이규태는 "하지만 『금병매』를 읽은 사람이라면 반금련을 여성 해방과 연결시키기에는 『변강쇠전』의 천하잡년 옹녀를 요조숙녀로 연결시키기보다 무리가 있다는 것을 알 수 있을 것이다"라고 했다.[14]

발기 논쟁

남성 성기의 발기를 둘러싸고 벌어진 논쟁이다. 고대에서 르네상스에 이르기까지 사람들은 간에서 생성되는 마치 공기와도 같은 물질이 음경을 부풀려 발기를 일으킨다고 믿었다. 요즘 식으로 말하자면 타이어에 공기를 불어넣는 방식이라고 믿은 것이다. 이에 대해 발기의 동력은 공기가 아닌 혈액이라고 주장한 사람이 레오나르도 다빈치Leonardo da Vinci다. 1477년에 피렌체에서 집행된 공개 교수형을 군중 틈에 끼어 구경하면서 사형수의 발기 현상에 주목한 그는 교수형을 당하는 사람들의 발기는 갑작스럽게 목이 졸리면서 혈액이 아래쪽의 기관으로 한꺼번에 몰리기 때문이라는 사실을 확인했다. 인체를 해부한 후에 그는 이런 결론을 내렸다. "발기한 음경은 귀두가 붉다. 이것이야말로 피가 그 안으로 흘러 들어갔음을 보여준다. 반면 발기하지 않았을 때의 음경 표면은 그저 하얀색일 뿐이다." 남자가 발기하는 데 있어 필요한 혈액은 70g 정도라고 한다. 이는 몸무게가 60kg인 남성의 몸에 있는 혈액의 80분의 1가량 되는 양이다. 피로 인한 변화는 남성의 사타구니에서만 일어나는 게 아니다. 여성의 경우에도 피는 골반 부근의 온도를 높이고, 음순과 음핵을 팽창시키고 민감하게 만들며, 가슴 역시 부풀게 하고 젖꼭지를 단단하게 만든다. 빌 아예스^{Bill Hayes}는 "흡혈귀의 세계에 있어 피에 대한 욕구는 곧 성욕이나 마찬가지다. 그와 반대로 우리 인간의 세계에서는 오히려 피로 인해 성욕이 솟아나고, 피로 인해 우리 몸에 극적인 변화가 일어난다"고 말했다.[15]

발기부전 통계

2004년 11월 2일 대한남성과학회는 '우리나라 발기부전 대규모 역학조사' 1차 결과를 발표했는데, 40대 이상 남성 가운데 49.8%가 발기부전 증상을 갖고 있는 것으로 나타났다. 연령별 발기부전 비율은 40대 33.2%, 50대 59.3%, 60대 79.7%, 70대 82%였다. 연구를 주도한 울산의대 비뇨기과 교수 안태영은 "우리나라 40대 이상 남성의 절반이 발기부전을 겪고 있다는 사실은 놀라운 것"이라면서 "과거에는 발기부전의 원인이 심리적이거나 나이가 들면 생기는 현상으로 이해됐지만, 최근에는 흡연과 음주, 스트레스 등 잘못된 생활 습관의 영향이 큰 것으로 밝혀지고 있다"고 말했다.[16]

발바리

원래 별로 중요한 일도 없이 경망스럽게 여기저기 돌아다니는 사람을 비유적으로 일컫는 말이다. 1980대 선풍적인 인기를 끌었던 성인 만화 〈발바리의 추억〉을 아는 사람이라면, 이 여자 저 여자 쫓아다니며 자유로운 연애 행각을 일삼았던 반백수 날건달 달호의 별칭으로 기억하고 있을 것이다. 그러나 지금은 연쇄 성폭행범을 일컫는 표현으로 바뀌었다. '발바리' 란 호칭은 2006년 2월 대전에서 115명의 여성을 성폭행하고 구속된 범인에게 처음으로 붙여졌다. 당시 일선 수사관들이 범인을 '대전 발바리' 로 빗대 불렀던 것을 언론이 그대로 받아쓰면서 연쇄 성폭행범의 대명사가 됐다. 이후 연쇄 성폭행 사건이 터질 때마다 언론이 '경기도 발바리', '보일러 발바리', '원조 발바리', '이웃 발바리' 등 온갖 발바리를 탄생시키는 바람에 '대전 발바리' 가 이들의 선조로 모셔졌다. 그러나 언론에서 '발바리' 란 희화화된 호칭을 사용하는 것은 가해자의 폭력성을 은폐하고, 성폭행 범죄를 선정적이고도 가볍게 취급함으로써 피해자에게 2차 피해를 줄 수 있다는 문제가 있다. 연쇄 살인범에게는 '살인마' 와 같은 별칭을 붙이길 마다하지 않으면서 연쇄 성폭행범에게는 '강간마' 대신 '발바리' 라는 용어를 붙여, 수사 기관과 언론이 나서서 성폭행 범죄의 심각성을 희석하고 범죄의 본질 자체를 왜곡하고 있는 것이다. 이 때문에 여성 단체에서는 '성폭력 보도 가이드라인' 을 배포하여 언론사에 '발바리' 라는 용어 사용의 자제를 요청하고, 이에 대한 모니터링을 십수 년째 계속하고 있다.[17]

발장기

1980년대 부녀자들 사이에 카바레 열풍이 불면서 쓰인 은어로, 춤추는 걸 뜻한다. 발로 장기를 두듯이 스텝을 밟는다는 말이다. 카바레의 단골 고객인 '장바구니 아줌마'들의 발장기는 1960년대부터 성행했지만, 1980년대엔 이들을 대상으로 한 카바레의 서비스도 크게 진화했다. 작가 김홍신이 『조선일보』(1984년 6월 2일)에 기고한 르포 「'제비'와 '제비밥'의 숨바꼭질 카바레」에 따르면, "카바레 손님은 30대 여인이 주류인데 이들은 대개 시장바구니를 들고 찾아온다. 그래서 어떤 업소에서는 바구니 안에 '파 한 단, 쇠고기 두 근' 하는 식의 메모지만 넣어두면 알아서 장보기를 해결해주기도 한다. 웨이터가 짝을 붙여 뺑뺑이를 도는 사이에 이 업소의 총각 녀석은 주부들이 들고 온 각종 시장바구니와 메모를 들고 짐 자전거 가득히 시장을 보다가 입구에 가지런히 놓아둔다. 그런 변태 업소에는 언제나 '발장기' 도사들이 득실거리게 마련이고 분위기가 무르익으면 메모지가 날아온다. 체인을 맺어둔 인근 여관의 약도와 호실이 적힌 메모가 다시 테이블 위에 얹혀진다."[18](참고 '장바구니 아줌마')

밤을 되찾자 Reclaim the Night

여성에 대한 폭력에 항의하여 페미니스트가 행한 야간 행진이나 데모를 영국에서 부르는 호칭이다. 섹스 숍 앞에서도 행해지고, 밤에 여성이 홀로 습격당한 장소에서 행해지기도 한다. 최초의 '밤을 되찾자' 데모는 1977년 11월 12일 런던 등 영국의 5개 지역에서 행해졌다. 미국에서도 비슷한 운동이 벌어졌는데, 미국에선 'Take Back the Night'라 부른다.[19]

방석집

방석 위에 앉아서 대접을 받는 집이란 뜻으로, 오랜 역사를 지닌 성매매 업소다. 방석집의 모태는 기생집 또는 요정이라 불리던 유흥업소다. 짧게는 일제 강점기부터 길게 보자면 문명 이래 계속된 한국사와 그 궤를 함께하고 있다. 기생집과 유사하지만 고가의 기생집과 달리 방석집은 저렴하다. 보통 남자 여러 명이서 미리 가격을 흥정하고 가게에 들어가는 것이 관행화되어 있다. 술과 음식을 먹으면서 여종업원으로부터 성적 서비스를 받기도 하지만 일반적으로 성행위가 이루어지지는 않는다. 그러나 술자리가 끝난 뒤에 성매매가 별도로 이루어지는 경우도 있다.

방중술 房中術

도교의 종교적 수행법의 하나로, 규방에서 남녀(음양)가 성을 영위하는 방법 또는 기술을 말한다. 음양 사상에 바탕을 두고 있으며, 성의 본능을 부당하게 억압하거나 방종하는 일 없이 이 길을 올바르게 행하면 음양의 이기二氣가 조화를 이루어 불로장수할 수 있다고 말한다. 성을 영위하는 방법이나 그때 지켜야 할 일, 성과 관계 있는 약의 종류, 불륜에 대한 훈계 등을 내용으로 하고 있는데, 내용의 성질상 외설한 것이라 하여 특히 유교 사회에서는 배척당했다.[20]

방중절도일 房中節度日

조선 시대에 남성들에게 권장된 섹스 횟수를 말한다. 20대는 3~4일에 한 번, 30대는 8~10일에 한 번, 40대는 1개월에 한 번, 50대는 1~3개월에 한 번, 60대는 7개월에 한 번 또는 사정하지 않는 걸 원칙으로 했다. 당시엔 자식을 둔 이후나 60세 이후에는 한 방울의 정액도 배설하지 않는 것이 건강을 지키는 비결이라고 강조됐다.[21]

배꼽

우리 모두가 가지고 있는 탯줄의 흔적이다. 인류 최초의 인간에게 배꼽이 있었느냐 하는 문제는 종교계의 숙제와도 같은 것이었다. 만약 아담이 여자에게서 태어나지 않았고 신에 의해 창조됐다면 탯줄도 없었을 것이고 그렇다면 배꼽도 없어야 한다는 것이다. 그래서 많은 미술가들이 아담을 화폭에 그릴 때 배꼽을 그려야 할까 말까로 심각하게 고민했고, 배꼽이 있어야 하는 이유를 나름대로 지어낸 뒤 그림에 배꼽을 그려 넣기도 했다. 이런 시도는 또 다른 논란을 낳았다. 하느님이 자기 모습을 본떠 인간을 만들었다면 하느님 역시 배꼽이 있어야 하지 않겠는가 하는 의문이다. 그런가 하면 배꼽은 성적 측면에서도 다양한 의미를 지닌다. 여성의 배꼽은 남성보다 좀더 깊숙이 들어가 있고 또 구멍처럼 보이기 때문에 언제나 여성의 외부 생식기를 강렬히 연상시킨다. 이런 배꼽의 성적 이미지 때문에 1930~1940년대 미국에서는 영화 검열에서 배꼽 삭제를 명령했다고 한다. 참으로 청교도적인 엄격함이지만 이로 인해 수정된 영화에서 배꼽 없는 밋밋한 배가 얼마나 어색하고 우습게 보였을지 짐작이 된다. 배꼽의 형태에 따라 잠자리 능력이 다르다는 속설도 있다. 대체로 가늘고 긴 배꼽의 여성은 섹스를 즐기고 적극적으로 상대에게 요구하며, 둥근 배꼽의 여성은 다소 섹스를 터부시하는 경향이 있다고 한다. 배꼽이 얕은 여성은 육체적 성감도가 둔한 편으로 남성들이 애무에 많은 시간을 투자해야 하며 배꼽이 깊은 여성은 이성에 무관심한 척하지만 본심은 다른 내숭형이 많다고 한다. 배꼽이 배의 위쪽에 있는 여성은 단단하고 강한 성격으로 좀처럼 남자에게 함락되지 않고 배꼽이 아래쪽에 있는 여성은 남성의 마음을 읽을 줄 알지만 잠자리에서는 모든 것을 남성에게 맡기는 수동형 타입으로 그저 환희에 빠져 있기를 좋아한다는 말도 있다. 이 밖에도 배꼽이 큰 여성은 조숙한 타입으로 남자에게 매달리니 남성은 만족스럽고 즐거우나 여성 자신은 좀처럼 격한 쾌감을 얻기가 힘들고, 배꼽이 작은 여성은 미적 감각이 있고 복장도 화려해 남자의 관심을 끄나 격한 욕망을 채우지 못하면 만족하지 못해서 남성에게 바람직하지 않다는 얘기도 있다.[22] 지금 배꼽을 보고 있다면, 아서라. 어디까지 믿어야 할지 모르는 속설일 뿐이다.

배려 경제 care economy

서로 만지고 만져지는 '터치'를 중심으로 이루어지는 산업의 경제를 말한다. 김정운 명지대 교수는 "전혀 상관없어 보이는 룸살롱과 아이폰의 공통점은 바로 '터치'를 통한 위로"라며, 이를 '배려 경제'라고 정의했다. 그는 곳곳에 널려 있는 발 마사지, 스포츠 마사지, 타이 마사지, 안마 시술소, 좀더 넓은 의미에서 코칭, 상담, 심리 치료와 같은 '마음의 터치'와 관련된 각종 산업도 배려 경제에 해당한다고 규정했다. 아이를 키우는 여자에게 '터치'가 아주 자연스럽고 당연한 정서적 경험인 반면 현대 사회에서 남자에게 만지고 만져지는 것은 거의 모든 사회적 상호작용에서 금지되고 있다는 것이다. 김정운은 다음과 같이 갈파했다. "한국의 철없는 사내들은 이 박탈된 터치의 경험을 룸살롱에서 위로받는다. 한국의 남자들은 룸살롱에 술 마시러 가는 것이 절대 아니다. 술 마시려면 포장마차나 음식점에서 마실 일이지, 왜 꼭 룸살롱에서 여자를 옆에 앉혀놓고 마시려 하는가? 만지고 만져지고 싶기 때문이다. 그래서 하룻밤에 적게는 수십만 원, 많게는 수백만 원을 내고 룸살롱에 가는 것이다. 아무도 나를 만져주지 않기 때문이다. 아닌가? 남자들이 룸살롱에 가는 이유를 나보다 더 잘 설명할 수 있으면 나와 보라!"[23]

배설 도착증

분변 애호증^{coprophilia}, 관장 애호증^{klismaphilia}, 소변 애호증^{urophilia}을 합해 일컫는 말이다. 분변 애호증 환자는 대변을 보는 행위나 대변 자체에, 관장 애호증 환자는 관장, 소변 애호증 환자는 소변에서 성적인 흥분을 느낀다. 일반적인 의미에서 더러운 것, 오염 상태에 성욕을 느낀다는 점이 공통적이며, 배설 기능에 집착한다.(참고 '변태 성욕')

백남준 성애론

음악에도 성애론이 필요하다는 백남준의 주장이다. 1960년대에 백남준은 미국에서 24세의 첼리스트 샬럿 무어만$^{Charlotte\ Moorman}$과 활동하면서 음악과 비디오와 섹스의 결합을 시도했다. 1965년 그들의 유럽 공연은 체포 일보 직전까지 갔을 정도로 큰 센세이션을 불러일으켰다. 1967년 뉴욕 공연 〈오페라 섹스트로니크〉에선 무어만이 유방을 완전히 노출시킨 채 첼로를 연주했는데, 이 일로 백남준은 공연 도중 무어만과 함께 경찰에 체포당해 '공공장소에서의 과대 노출죄'로 재판에 넘겨졌다. 백남준은 이에 대해 다음과 같은 의문을 제기했다. "문학과 예술에서 중요한 주제인 섹스가 어찌하여 음악에서만 금지되는가? 심각해지고자 한다는 구실 아래 섹스를 정화한다고 해서 문학과 미술과 마찬가지로 고전적 예술에 위치한 음악의, 소위 말하는 '심각함'에 무슨 흠이 생기겠는가? 음악의 역사에도 음악의 로렌스, 음악의 프로이트가 필요하다." 그런 신념에 따라 백남준의 '무어만 벗기기'는 그 이후에도 계속됐다. 1969년의 〈살아 있는 조각을 위한 TV 브라〉에서는 상체를 벗은 채 앞가슴을 가린 브래지어 위에 소형 TV 모니터를 부착한 무어만이 첼로를 연주했다. 1971년의 〈TV 첼로와 비디오 테이프를 위한 협주곡〉, 1973년의 〈기차 브라〉, 1976년의 〈구아달카날 진혼곡〉 등도 모두 무어만과 그녀의 브래지어를 이용한 백남준의 작품이다.[24]

백백교 사건

일제 강점기를 통틀어 미신으로 인해 일어난 최악의 비극으로 1937년에 벌어진 사건이다. "한 사람의 흰 것으로 천하를 희게 하자"는 종지宗旨에서 연유한 이름인 백백교는 평남 덕천 태생의 동학교도 전정운이 1900년에 창시했다. 1930년 신도 살해 사건으로 백백교 간부 10여 명이 무기 징역에서 징역 5년까지 법의 심판을 받았지만, 전정운의 둘째 아들 전용해는 건재해 새로운 교주로 백백교를 계속 이어갔다. 전용해는 "곧 심판의 날이 온다. 너희가 전국 53곳의 피난처에 가 있으면 난 금강산에 은거한다. 그때 천부님이 내려오셔서 난 임금이 되고 너희는 헌금을 바치는 순서대로 벼슬을 받아 날 모시게 된다"고 주장하면서 무지몽매한 농민들을 끌어모았다. 전용해와 그의 일당들은 남녀 신도들의 고혈을 짜 재산을 통째로 상납하게 하고 돈이 없으면 딸이라도 바치게 해 성적 노예로 삼았다. 또 자기의 정사를 여신도들이 지켜보게 하고는 이를

'신神의 행사'라고 했다. 이에 불만을 가지는 교도가 있으면 가차 없이 죽여버렸다. 이때 살인을 담당한 간부들은 스스로를 '벽력사霹靂使'라고 불렀다. 이렇게 해서 죽은 사람이 시체 발굴로 확인된 경우만 해도 380명에 이르렀다.[25]

백보지

'밴대보지', '알보지'의 잘못된 표기다. 일명 무모증을 일컫는 말로 음모가 나지 않은 어른의 보지를 말한다.(참고 '무모증')

백보지 신드롬

서양 여성들 사이에 유행하는 음모 제거 열풍을 말한다. 인도에선 남편이 있는 여성들은 늘 음모를 제모해도 과부들은 제모해선 안 되는 풍습이 있다고 하지만 서양에선 남편이 있건 없건 일종의 새로운 성적 습관으로 제모가 유행하고 있다. 옐토 드렌스는 "자연적인 '세상의 근원'보다는 매끄럽게 드러난 음부가 훨씬 매력적이고 자극적이라고 여기는 남녀들이 있다. 개인 광고나 웹사이트를 보면 이 취향을 공공연히 밝히는 것이 유행처럼 되는 것 같다. 2003년부터 포르노 업계는 '북슬북슬한 음모'를 좋아하는 포르노 중독자들을 아예 별개의 고객군으로 분류했다"며 다음과 같이 말했다. "요즘처럼 해방된 시대에는 남편이 면도한 음부를 좋아한다는 사실이 부부 싸움의 원인이 될 수도 있다. 부인에게 야한 속옷이나 가죽 옷을 입히고 싶어 하는 취향처럼 말이다. 파리에서는 크리스마스가 지난 뒤 백화점 고객 센터마다 엄청난 혼잡이 빚어진다. 남편이 선물한 하늘하늘한 고가의 속옷 세트를 실용적인 취사 도구 같은 걸로 교환하려는 여성들이 몰리기 때문이다. 음모를 면도하는 것은 남성들의 리비도를 위해 약간의 희생을 감수해주는 일로 보인다. 하지만 면도를 하고 나서 사우나에 가기 꺼려진다거나, 아이들 앞에 몸을 보이기 부끄러울 정도라면, 남성의 취향은 당신에게 바람직하지 못한 영향을 미치고 있는 것이다."[26] (참고 '무모증')

백상계 白孀契

조선 시대에 나이 많은 과부들이 건장한 사나이를 사서 섹스를 즐기기 위해 만든 계다. 특히 젊은 과부끼리 맺는 계는 청상계 青孀契라고 불렀다.[27] 계가 인기를 끌자 나중엔 남편이 있는 유부녀들도 비슷한 계를 만들어 즐겼는데, 계 이름은 과부 상孀 대신에 구름 운雲을 넣어 백운계 白雲契, 청운계 青雲契라고 불렀다.[28] 조선 부녀자들의 활력과 더불어 계 문화의 역동성을 보여주는 사례라 할 수 있다. (참고 '숙청문')

백인 노예

19세기에 성매매에 종사한 백인 여성을 가리킨 말이다. 1902년 파리 회의에서 백인 노예 매매를 억제하기 위한 수단을 강구하고자 몇몇 국가의 정부 대표들이 만났는데, 여기에서 '백인 노예'라는 말이 공식적으로 사용됐다.[29] 그러나 이 표현은 '엄밀하게 말해 옳지 않다'는 주장이 제기해기도 했다. 미국의 저명한 성 과학자인 번 벌로 Vern Bullough와 보니 벌로 Bonnie Bullough는 "인신매매는 모든 인종과 민족을 포함하고 있으며 실제로 그들은 결코 노예가 아니다"라고 주장했다. 그러나 '백인 노예'라는 말은 이후 국제 조약이나 여러 연방법과 국가들의 법률에도 등장하게 되었으며, 매춘을 위해 부녀자를 알선하고 수송하는 행위에 대해 널리 사용되고 있다.[30]

뱀 사 안 사 게임

호스트바에서 이뤄지는 게임으로, 남녀가 둘러앉아 시계 방향으로 게임을 진행하며 신체 접촉의 수위를 높여가는 것이다. 옆에 있는 이성에게 "뱀 사 안 사?"(뱀을 살지 안 살지 묻는 것)라고 물어서 그가 "산다"고 답하면 스킨십을 해야 한다. 그는 다시 옆 사람에게 "뱀 사 안 사"라고 말하고 그가 산다고 하면 더 강한 스킨십을 한다. 처음에는 손잡기부터 시작해 이후 포옹, 입맞춤 등으로 접촉 수위가 높아간다. "안 산다"고 답하면 게임은 중단되며, 중단한 사람은 벌칙을 받아야 한다. '선수'의 경우 접대부인 만큼 통상 뱀을 산다. 벌칙은 보통 폭탄주이거나 또 다른 종류의 스킨십으로 정해놓는데, 얼음을 입에 물고 다 녹을 때까지 파트너와 입맞춤을 하거나,

속옷 속에 얼음을 넣고 파트너가 찾게 하거나, 무릎 위에 올라와 마주보고 앉아 입술과 목을 애무하는 것 등이다.[31] 벌칙이 이 정도라면 과연 어느 단계에서 뱀을 안 산다고 하는 것일까?

버디 Buddy

1999년 창간된 한국 최초의 레즈비언 전문 잡지다. 『버디』는 이렇게 선언했다. "1970년대 미국의 페미니스트들은 자신들의 이미지를 더럽힌다는 이유로 레즈비언을 여성 단체에서 쫓아냈다. '레즈비언으로 오해받는 것이 싫다!' 하지만 지금은 '레즈비언 페미니스트'라는 말이 공공연하게 쓰이고, 여성학 책에서 '레즈비어니즘'이란 단어를 발견하기 어렵지 않다. 그러나 정작 '레즈비어니즘'에 대해서 말하는 레즈비언은 한 명도 없다는 걸 알고 있는가? 페미니스트가 아닌 레즈비언에 대해서 생각해본 적이 있는가? 혹 당신은 페미니스트임은 당당히 알리면서 레즈비언임은 뒤로 감추고 있지는 않은가? 또는 레즈비언은 하위문화라 말하며 묘한 우월감이나 분리적 시각을 가지고 있지는 않은가? 페미니스트와 레즈비언은 같은 여성으로서 서로 연대하고 서로의 아픈 곳을 보듬어줄 준비가 되어 있는가?"[32]

번들링 ^{bundling}

1700년대 미국에서 약혼 중인 남녀가 판자나 베개로 선을 그어놓고 옷을 입은 채로 한 침대에서 같이 자던 관행으로 '태링^{tarrying}'이라고도 한다. 이는 종종 성관계로 이어졌고 원치 않는 아이를 낳게 되는 원인이 됐다. 그럼에도 이 관습은 널리 퍼져 있었다. 이는 청교도가 섹스에 매우 금욕적이었다는 속설을 반박하는 증거로 거론된다. 로드아일랜드 브리스톨에서는 1720~1740년 사이에 임산부의 약 10%가 결혼한 지 8개월 이내에 첫 아기를 낳았고, 그 후 20년 동안에는 신혼부부의 약 50%가 결혼한 지 9개월이 되기 전에 아기를 출산했다. 매사추세츠의 점잖은 마을인 콩코드에서 독립 전쟁 전 20년 새에 태어난 아기의 3분의 1은 사생아였다. 어떤 면에서 보면 청교도 가족이 현대의 미국 가족보다 섹스에 훨씬 더 개방적이었다는 말이 나오는 이유다. 청교도가 섹스에 매우 관대했다는 주장은 메이플라워호의 필그림들이 도착한 지 반세기 만에 보스턴이 '창녀로 가득' 했다는 사실로도 입증된다. 다른 도시도 마찬가지였다. 1699년부터 1779년까지 버지니아의 주도였던 윌리엄즈버그에는 작은 크기에도 매음굴이 3개나 있었다. 청교도는 성행위를 식사만큼 자연스러운 것으로 여겼고 대수롭지 않게 화제에 올렸다. 혼전 성관계가 권장되었으며, 결혼을 하려는 남녀는 precontract, 곧 성관계를 할 수 있는 허가를 받았다. 간음은 공개적으로 장려되진 않았지만 뉴잉글랜드의 청교도 사이에서 매우 빈번하게 일어났다. 1770년대에는 뉴잉글랜드 여성의 절반이 임신한 상태에서 결혼했

으며, 특히 시골 지역에서는 신부의 94%가 임신을 한 몸으로 결혼
했다. 18세기가 끝날 무렵에서야 성행위에 대한 태도가 억압적인
방향으로 바뀌기 시작했지만, 그것도 공식적인 태도가 그랬다는
것일 뿐이다.[33] 영국과 프랑스에도 널리 퍼져 있었던 관행이다.[34]

번섹

인터넷을 통해 채팅으로 만난 남녀가 즉흥적으로 약속을 잡아 따
로 즐기는 섹스를 말한다. '번개 섹스'를 줄인 말이다.

범성욕설 凡性慾說

지그문트 프로이트가 비판받는 이유 중의 하나는 모든 것을 성욕
으로 설명하려 한다는 것이다. 또 하나의 주요 비판은 여성성과 여
성의 성욕 그리고 여성의 성적 발달을 남근을 중심으로, 남근에 입
각해 설명하려고 하는 남근주의였다.[35] 그러나 프로이트는 이 비판
에 대해 억울하게 생각했다. 그는 자신이 '성 본능'이라는 말을 완
곡 어법으로 대체하지 않아 시련을 겪었다며 이렇게 항변했다.
"'교양 있는' 사람들은 대부분 이 명칭에 모욕감을 느끼고, 정신분
석학을 '범성욕주의'라고 비난하여 앙갚음을 했다. '섹스'를 인간
성에 굴욕과 창피를 주는 것으로 생각하는 사람은 좀더 점잖은 '에
로스'나 '에로틱'이라는 낱말을 사용해도 좋다. 나도 처음부터 그

렇게 할 수는 있었다. 그랬다면 수많은 반대를 모면할 수도 있었을 것이다. 하지만 나는 그러고 싶지 않았다. 소심함 때문에 양보하고 싶지는 않았기 때문이다. 그런 식으로 물러서다 보면 결국은 어떻게 될지 아무도 모른다. 처음에는 말에서 양보하지만, 나중에는 내용에서도 조금씩 양보하게 된다. 성을 부끄러워하는 것에 무슨 가치가 있는지 나는 이해할 수 없다."[36]

베이비 원 모어 타임Baby One More Time 논쟁

미국의 인기 여가수 브리트니 스피어스의 1998년 곡 'Baby One More Time'의 후렴구 중 "Baby, hit me one more time"에 대해 일부 평론가들이 폭력을 부추긴다고 비판하면서 벌어진 논쟁이다. 그러나 스피어스는 "그건 그냥 내게 신호를 달라는 말일 뿐이에요. 사람들이 실제로 그걸 육체적으로 때려달라는 말로 생각했다는 게 재미있네요"라고 항변했다.[37] 그러나 그녀가 워낙 섹스의 화신이라 그 말을 믿지 않는 사람도 많았다. 수전 린Susan Linn에 따르면, "브리트니는 뮤직비디오에서 허리선이 낮은 꼭 끼는 바지에 손바닥만 한 셔츠를 입고 혼자 나와 성적인 황홀경에 빠져 몸부림치는 장면을 연출한다. 그리고 카메라의 움직임이 그 효과를 더욱 강화시킨다. 카메라는 브리트니가 빙빙 돌리고 있는 사타구니와 흩날리는 금발머리, 갈망과 욕망이 담긴 얼굴을 시청자에게 클로즈업으로 보여준다. 이 비디오가 브리트니를 팔기 위한 광고라고 생각해보면, 그녀가 부위별로 팔리는 살아 있는 고깃덩어리 같다는 생각이 어렵지 않게 떠오른다. 저 엉덩이를 사세요! 사타구니를 사세요! 저 육감적인 입술을 보세요! 브리트니와 자신을 동일시하는 어린 소녀들에게 카메라는 바로 이런 것들이 중요하다고 강조한다."[38]

변강쇠 신드롬

한국형 에로 배우의 전형은 이대근이다. 무지막지한 힘을 바탕으로 한 이대근 류(類)는 다른 문화권에서 볼 때 괴이하다. 서양에선 색마의 전형으로 동 쥐앙Don Juan 같은 유형이 많다. 한국인들은 왜 변강쇠 형(型)을 선호할까? 한 학회의 보고에 따르면, 한국 사람의 90% 이상은 삶에서 섹스가 중요하다고 생각한다. 그런데도 성 만족도는 10% 정도라는 데이터가 있다. 한마디로 의욕은 넘치는 데 이를 달성하지 못해 열등감이 많다는 뜻이다. 열등감이 강한 사람이 할 수 있는 태도에는 두 가지가 있다. 솔직히 인정하거나 오히려 강한 척 가장하는 것이다. 후자의 경우 무식한 척하고 '당당한 이대근'을 이상형으로 추구하는 남자가 많다. 이게 바로 변강쇠 신드롬의 원인이다. 사실 성에 대한 억압을 많이 받은 세대일수록, 성에 대한 이중적 태도가 강할수록, 성 관련 자율 신경이 더 예민하다. 이게 바로 조루증을 자주 일으키는 원인이 된다. 성적 부끄러움이나 열등감, 최초의 성교가 불완전했던 경우, 평소 예민하고 불안정한 사람이 한두 번의 실패를 큰 낭패로 여겨 그후 강박적 두려움에 끌려다니는 경우도 많다. 이럴 때 발기력 저하가 뒤따른다. 이런 부정적이고 왜곡된 인식과 감정은 어느새 센 남성을 동경하게 되고 센 남성을 향해 직진하려 한다. 그건 강하고, 오래 하고, 자주 해도 그치지 않는 남성상일 것이다.[39]

변태 성욕

정상적인 성교라고 거의 모든 문화에서 인정하는 정상위, 후배위, 기마승위를 제외한 행위 혹은 물건에서 성적인 흥분을 얻는 것을 뜻한다. 하지만 문화별로 기준이 다르다. 예를 들어 성 문화가 문란한 일본에서는 페티시즘 등을 변태 성욕이라고 하지 않고 정상적인 기호로 간주하는 경향이 있으나 아랍 문화 등 성적으로 문란하지 않은 지역에서는 변태 성욕으로 간주한다. 사디즘, 마조히즘, 사도마조히즘, 페티시즘, 관음증, 노출증, 과다 성욕, 소아 애호증, 동물 애호증, 시체 애호증, 마찰 도착증, 배설 도착증, 저산소 애호증, 신체 절단 애호증, 신체 부분 도착증 등이 있다.(참고 '과다 성욕', '관음증', '노출증', '동물 애호증', '마조히즘', '마찰 도착증', '배설 도착증', '사도마조히즘', '사디즘', '소아 애호증', '시체 애호증', '신체 부분 도착증', '신체 절단 애호증', '저산소 애호증', '페티시즘')

별들의 고향

소설가 최인호가 『조선일보』에 1972년 9월 5일부터 연재한 소설 제목이다. 1973년에 단행본으로 출간된 『별들의 고향』은 1975년까지 40여만 부가 팔리는 대기록을 세웠다.[40] 1974년 한국 영화계의 최대 화제작도 단연 최인호 원작의 〈별들의 고향〉(감독 이장호)이었다. 이 영화는 105일간 46만 4,000여 명의 관객을 동원했는데[41], 이토록 많은 관객을 끌어들인 1등 공신은 주인공인 호스티스 우경아(안인숙 분)였다. 이 소설과 영화는 당시 수많은 호스티스들을 매료시켜 수많은 '경아' 들이 이 소설의 애독자가 되었고, 많은 호스티스가 앞다투어 자신의 가명을 경아로 바꾸었다.[42] 경아는 과연 어떤 여자였던가? "우경아. 대학을 중퇴한 26세가량의 호스티스. 소녀티가 가시지 않은 순진한 모습에 껌을 '짝짝' 소리 내 씹거나 항상 가슴에 인형을 품고 다니는 순진하면서도 좀 모자란 듯하고 천박함마저 풍기는 여자. 남자들의 발길에 차여 알코올 중독자로 전락, 끝내는 도시의 비정 속에 날개를 접은 겨울 나비 경아. 〈별들의 고향〉의 여주인공 우경아는 시궁창에 빠져 있으면서도 천사 같은 마음씨를 잃지 않는 따뜻한 여자였다. '제 입술은 작은 술잔이에요' 라며 몸을 맡기는 그녀는 만인의 연인이었다. 1970년대 초 살얼음판 같은 상황을 살아가는 외로운 도시인들의 동반자였고 마스코트였다."[43] 어느 지역에 가건 아직도 '별들의 고향' 이라는 간판을 내건 술집이 있는 것도 바로 이런 이유 때문이다. 『별들의 고향』은 1974년의 베스트셀러인 조선작의 『영자의 전성시대』, 1976년 조해일의 『겨울여자』 등과 더불어 이른바 '호스티스 문학' 의 전성시대를 만들어냈으며, 이 베스트셀러들도 영화화되어 큰 성공을 거둠으로써 '호

스티스 영화'의 전성시대도 열렸다.(참고 '호스티스 영화')

보비트 재판

1993년 6월 23일 밤 에콰도르에서 이민 온 로레나 보비트^{Lorena Bobbit}라
는 여인은 남편의 음경을 절단함으로써 미국을 넘어 전 세계적으
로 화제의 인물이 됐다. 이 사건은 술 취한 남편이 강제로 아내와
성관계를 가진 데 격분, 그 아내가 남편의 성기를 식칼로 잘라버린
데서 비롯했다. 사건 직후 이들 부부는 성폭행 혐의와 고의적인 중
상해죄로 서로를 고소, 법정 싸움이 시작됐다. 이 사건은 부부간에
성폭행죄(강간죄)가 성립될 수 있는지의 여부와 아내의 정당방위가
인정될 것인지를 놓고 비상한 관심을 끌었다. 1993년 연말에 끝난
제1라운드 재판에서 남편의 아내에 대한 성폭행 부분은 배심원의
무죄 평결을 받았다. 1994년 1월 제2라운드 재판이 시작됐다. 이 사
건에 대해 여성 단체는 로레나의 정당방위가 인정돼야 한다고 주
장했다. 단체들은 이 사건이 아내 측의 일방적인 유죄로 끝날 경우
모든 여성의 인권과 자기방어 권리는 보호받지 못하는 결과가 된
다고 강조했다. 이 사건이 갈수록 화제를 모은 이유는 사건 자체가
갖는 '흥미성'에다 미국 언론의 보도 경쟁, 부부간의 성폭행 성립
여부에 대한 공방, 아내의 행위를 정당방위라고 주장하는 여성 단
체의 지원 등이 복합적으로 작용했기 때문이다. 법정 주변은 위성
중계 차량 20대가 몰려드는 등 연일 북새통을 이루었다. 상인들은

약삭빠른 상혼을 발휘, 존의 사인이 든 셔츠를 20달러에 파는가 하면 범행에 쓰인 것과 똑같은 칼과 남성 성기 모양의 초콜릿도 날개 돋친 듯 팔려나갔다. 이 사건으로 유명해진 이들 부부는 각기 홍보 담당자까지 정해 TV나 잡지 등에 출연, 상당한 돈을 벌어들였다.[44] 1994년 1월 21일 로레나 보비트가 무죄 평결을 받았다. 이날 여자 7명, 남자 5명으로 구성된 배심원단은 7시간의 토론 끝에 그녀가 잠자는 남편의 성기를 자른 행위를 '일시적인 정신 이상' 상태에서 저지른 행위로 인정해 무죄를 평결했다. 로레나는 이 평결로 정신 감정을 위해 최고 45일간의 보호 관찰을 받게 됐다. 남편에 의한 강간을 문제로 인식한 건 스웨덴에서는 1965년, 영국에서는 1991년이 었는데, 미국에서는 비로소 보비트 사건을 통해서 이러한 인식이 이루어진 셈이었다. 여성 단체들은 크게 고무되었고 로레나의 출생지인 에콰도르에선 수백 명의 주민들이 거리로 몰려나와 허공에 축포를 쏴대는 등 축제 분위기를 연출했다. 그러나 미 남성 단체들은 "비극이다. 앞으로 남성들은 과거보다 훨씬 더 여성의 폭력 앞에 노출되게 됐다"는 내용의 성명을 냈다.[45](참고 '부부 강간')

보쌈

김동진에 따르면, "고려 시대에는 백제 시대 풍속과 같이 세력 있는 집에서는 계집아이 사주를 보아서 과부가 될 듯하면 장성하기를 기다려 신방을 꾸며놓고 소년을 유인하여 하룻밤 자게 한 후에 그 소년을 죽여서 신체를 무슨 물건같이 보자기에 싸서 내다가 파묻고 계집아이를 다시 시집보내는 풍습이 있었다. '소년의 신체를 보에 쌌다'고 하여 그 일을 '보쌈'이라 한다."[46] 이 풍습은 조선 시대에도 남아 있었지만, 조선 시대의 보쌈은 주로 과부를 보자기로 싸서 데려가는 식이었다. 남자를 보쌈할 때에도 죽이지 않고 돌려보내기도 했다. 이런 '남자 보쌈'과는 달리, '여자 보쌈'은 대부분의 경우 미리 짜고 하는 일이었다. 과부가 된 딸의 재혼을 문중의 수치로 여겼기에 남자가 과부의 친정에 와서 과부를 납치하게 한 것이다. 이렇게 납치 흉내를 내면 과부의 집안에서는 딸이 납치당했을 뿐 재혼시킨 것이 아니라고 내세움으로써 체면을 유지할 수 있었다. "보쌈 가서 아들 낳고 딸 낳고"라는 속담은 어쩔 수 없어 마음에 내키지 않은 일을 하거나, 남에게 끌려갔지만 결과적으로는 잘됐다는 뜻으로 쓰이는 말이다. 오늘날에도 상대방의 꾐에 빠지거나 반강제적인 강요에 따라 남녀가 교접했을 때 남녀 간 어느 편이 주동적이고 피동적이고 간에 피동적인 편을 '보쌈당한 셈'이라고 표현한다.[47] (참고 '과부재가금지법', '절에 간 색시')

보지

걸어다닐 때 감추어진다는 의미의 '보장지步藏之'가 그 어원이라는 설이 있으나 말 그대로 설일 뿐이다. 최남선은 '보지'라는 말이 알타이어에도 있지만 우리의 고유어인 것으로 보았으며, '씹'은 범어

'습파^{濕婆}'에서 온 것으로 파악했다. 습파교의 습파란 말이 조선 불교에 남녀 생식 작용을 뜻하는 은어로 정착하여 쓰이다가 다시 생식의 주체인 여성 생식기의 명칭으로 변한 것이 '씹'이라는 것이다. 나아가 '씹'은 고려 시대부터 사용된 것으로 보았다.[48]

보지 데고 투가리 깨고 매 맞고

한 번 실수로 여러 가지 일이 어긋났을 때를 비유하는 말이다. 국문학자 김준영에 따르면, 이런 이야기다. "한 집에 사는 두 동서가 새알심을 넣어 팥죽을 쑤어놓았다. 큰 동서가 마을 우물에 나간 사이에 작은 동서가 몰래 한 그릇 먹으려고 투가리(뚝배기의 방언)에 팥죽을 퍼 가지고 뒤뜰에 가 막 먹으려고 하는데, 큰 동서가 부엌으로 들어오는 기척이 들렸다. 작은 동서는 팥죽 투가리를 마땅히 감출 곳이 없자 땅에 놓고 그 위에 쭈그리고 앉아 치마를 내려 감추려다가 뜨거운 팥죽 투가리에 그것이 닿아버렸다. 너무 뜨거워 무의식적으로 뛰어 일어나는 바람에 투가리가 나동그라져 깨어지고, 마침내 시어머니가 알게 되어 쥐어박혔다."[49]

보지 바위

욕이 여성에게 더 가혹한 식으로 만들어지는 욕의 성차별이 사물의 작명에까지 미치는 영향을 보여준 대표적 사례다. 김열규는

192

『욕: 그 카타르시스의 미학』에서 "'찢어진 년', '패인 년'이란 악담에는 가부장제하 여성의 역사가 실려 있다"며 다음과 같이 말했다. "산도 그 골짝 몰골이 찢어진 형상이면 유식하게는 '여근곡女根谷'이라 하고, 우직하게는 '보지골'이라고 했다. 섬이 그런 모양이면 '보지섬'이라고 했는데, 경남 통영만에는 지금은 '보디섬' 또는 '바디섬'이란 이름으로 남아 있다고 한다. 그러다 보니 바위에 세로금이 나 있으면 당연히 '암바위' 또는 '보지 바위'다. 물론 흔히 부암符岩이라 일컬어진 바위도 암바위거니와 이는 찢어진 것이 아니라 움푹 패어 있다."[50]

보지 숭배 vulva cult

보지를 숭배하는 사상과 관습으로, 도올 김용옥은 그 대표적 사례로 풍수지리를 든다. "소위 풍수지리가 말하는 '명당'이란 무엇인가? 그것은 한마디로 '보지 구멍'이다. 즉 인간이 태어난 그 구멍으로 다시 돌아가 안기고 싶은 농경 문화의 순환론적 존재론이 깔려 있다. 바로 묘를 쓰는 자리가 자궁으로 연결되는 보지 구멍이며, 그래서 풍수지리학에서는 그것을 혈(穴, 구멍)이라고 표현한다. 즉 대지의 자궁으로 들어가는 옥문(玉門, jade gate)인 것이다.…… 아마도 우리나라의 풍수지리사상(중국이나 일본에서는 우리나라만큼 발전하지 못했다.)은 인류 문명사에 있어서 그 유례를 보기 힘든 가장 정교하고 노골적이면서도 차원 높은 보지 숭배일 것이다."[51]

보지 연주

여성의 질에서 나는 소리를 음악으로 승화시킨 것을 말한다. 옐토 드렌스는 보지 연주에 대해 이렇게 설명했다. "태국의 섹스 쇼 공연자들이 즐겨 하는 묘기 중에는 질로 담배를 피우는 것이 있다. 질에서 나는 소리를 예술로 승화시킨 질 페토마네(Petomane, 노래하듯 방귀 뀌는 것을 공연했던 조제프 푸홀의 무대명)는 극히 소수의 사람들이나 할 수 있는 일이다. 오스트레일리아의 엘리자베스 브루통은 음악에 맞춰 질로 소리를 내는 스트립쇼를 하고 있다. 그녀의 '보지 연주'는 정말 독특한 기술인 것이 분명하다."[52]

보지의 힘 cunt power

1960년대에 유럽에서 등장한 용어로, 여성 운동의 일환으로 전개된 '보지 다시 보기 운동'의 주요 개념이다. '보지의 힘 복권'을 열성적으로 주장했던 호주 출신의 페미니스트 작가 제르맨 그리어 Germaine Greer는 자신이 일하던 전위적 네덜란드 잡지 『서크』에 쓴 「보지는 아름답다」라는 글에서 다음과 같이 선언했다. "빨고 물고 보아라. 자기 성기를 빨 수 있을 정도로 몸이 나긋하지 않다면, 손가락을 부드럽게 밀어 넣었다가 뺀 뒤 냄새 맡고, 빨아보라. 자, 최고로 값비싼 일급 요리들이 보지 같은 냄새를 풍긴다는 사실은 얼마나 신기한가. 혹은 그게 그리 신기할 일인가? 거울 위에 쭈그려 앉거나 등을 기대고 누워 다리를 벌려서 햇살이 비쳐들게 하고, 거울로 보라. 그것을

194

배워라. 그것의 표현을 연구하라. 그것을 부드럽고, 따뜻하고, 깨끗하게 간수하라.…… 당신의 보지를 사진으로 찍어 이름과 함께 보내시라! 현상을 할 수 없다면 그냥 필름 위에 이름만 표기해서 보내면 우리가 알아서 처리하겠다. 결과물은 잡지에 발표될 것이다. 사진을 보낼 방법이 전혀 없다면 그냥 우리를 찾아오라. 우리가 당신의 그것에 키스를 해드리겠다." 그러나 『서크』에 자신의 보지 확대 사진을 실은 사람은 제르맨 그리어 한 사람뿐이었다. 자신의 보지를 만천하에 공개할 지원자가 그녀 말고는 없었다는 뜻이다.[53]

보지 커밍아웃

이른바 '메두사의 신화'를 깨는 의미에서 '보지'라는 단어를 당당하게 드러내고 보지에 대해 이야기하자는 것이다. 미국의 극작가 이브 엔슬러Eve Ensler의 〈버자이너 모놀로그vagina monologue〉(보지의 독백)를 대표적인 시도로 볼 수 있다. 〈버자이너 모놀로그〉는 200여 명이 넘는 여성들을 직접 인터뷰해서 여성의 다양한 보지 경험을 연극화한 것으로, 한국에서도 2001년 공연돼 큰 화제를 모았다. 엔슬러는 다음과 같은 '보지 선언'을 했다. "더 많은 여성들이 그것에 대해 말하게 될 때, 보지는 우리 삶의 한 부분으로 통합되고 존중받으며 신성해지게 된다. 왜냐하면 보지는 가시적이고 엄연한 현실이며, 또한 힘 있고 지혜로우며, 보지를 말할 수 있는 여성들과 연결되어 있기 때문이다." 연극평론가 지혜는 "부디 〈보지의 독백〉 공연이 보지에서 흘러나오는 웃음과 눈물의 부흥회가 되길, 잃어버렸던 보지의 힘을 되찾아주고 북돋아주는 2001년 한국의 보지 선언이 되길 바란다"며 다음과 같이 말했다. "그것은 완벽하게 잊혀 몸에 없는 부분이 되든가 아니면 자지가 드나드는 길목이거나 자지로 채워져야 할 결핍의 구멍으로만 의식된다. 그렇기 때문에 입을 갖게 된 보지가 '어디에서 누구에게 어떻게 말을 걸고 있는가' 라는 질문이 중요해질 수밖에 없다. 우리에게 필요한 건, 금기의 이름을 소리쳐 부르는 것뿐만 아니라 선정주의나 남성의 관음적 시선을 넘어서 그 이름에 어떤 의미를 담을까라는 고민과 성찰이다."[54]

(참고 '메두사의 웃음')

보지 탄력성

보지가 자지를 세게 조일 수 있는 힘을 말하는 것으로, 이는 인류 역사 이래로 남녀를 막론하고 성행위를 하는 모든 이들의 영원한 이상이었다. 그래서 보지의 탄력성을 높일 수 있는 운동법, 음식, 약 등이 수없이 쏟아져 나왔으며 이는 지금도 여전히 성장 산업이다. 유루디스 캄비셸리의 소설 『F/32』(1993)는 주인공 엘라의 보지가 갖고 있는 뛰어난 탄력성에 대한 남자들의 찬사를 소개하는 것으로 시작하고 있다. "난 당신 보지를 사랑해! 진정한 보지! 맛도 대단해! 빛이 나! 냄새는 또 얼마나 좋고! 단단하게 죄면서도 과일처럼 부드럽고, 너무나 역동적이야! 맥박이 느껴져! 오징어 촉수에 끌려드는 것 같아. 똑똑한 질이야! 절대 풀어지지 않아! 너무나 아름다워! 당신 보지는 자랑스러워할 만해!"[55]

보터가즘 votergasm

투표자[voter]와 오르가슴[Orgasm]의 합성어로 2004년 미국 대선을 앞두고 당시 코미디 작가 겸 감독 지망생 미셸 콜린스[Michelle Collins]가 인터넷에 만든 사이트 이름이다. 콜린스는 사이트의 슬로건을 "No Vote, No Sex"로 내걸었다. 투표하지 않은 애인과는 섹스를 거부하자는 뜻이다. 캠페인은 뉴욕 등 대도시를 중심으로 젊은 유권자들 사이에서 커다란 반향을 일으켰다. 같은 문구가 새겨진 티셔츠, 머그잔, 냉장고 자석은 인기 상품이 됐다. 이들은 투표 안 한 사람과 1주일간 섹스를 거부하면 '시민', 투표한 사람과 섹스하면 '애국자'로 구분했다. 2010년 6·2 지방선거를 앞두고 한국 젊은이들 사이에서도 이를 벤치마킹한 "No Vote, No Kiss" 캠페인이 벌어졌다.[56]

부녀상사금지 婦女上寺禁止

조선 시대에 있었던 여자들의 사찰 출입 금지령을 말한다. 이러한 규제 조치는 불교를 억제하고 여성을 규제하는 유교적 명분도 있었지만, 사실상 중과 부녀자 사이에 간통이 빈번하게 발생했기 때문이기도 했다.[57]

부부 강간 ㄴmarital rape

부부 사이에 일어나는 강간으로, 나라마다 다르나 점점 인정하는 추세다. 1980년대 이후 미국, 영국, 이탈리아 등 여러 나라가 부부 강간죄를 도입했다. 우리나라에선 1970년 대법원이 "실질적인 부부 관계가 유지되고 있는 경우에는 설령 남편이 폭력으로 강제로 처를 간음했다 하더라도 강간죄는 성립하지 않는다"고 판결한 바 있지만, 2004년 8월 서울중앙지법은 성관계를 원치 않는 아내를 강제 추행한 김 모(45) 씨에게 처음으로 유죄를 선고했다. 부부간에도 의사에 따라 성관계 여부를 결정할 수 있는 '성적 자기 결정권'이 있다는 판단이다. 재판부는 "성적 자기 결정권 원칙은 부부 강간 사건에도 적용될 수 있다"며 "1970년 대법원 판례는 현 시점에서 재검토할 여지가 있다"고 밝혔다. 여성계는 일제히 환영했고 "이 기회에 부부 강간죄를 법제화해야 한다"고 나섰다.[58] (참고 '보비트 재판')

부부요 夫婦謠

나이에 따라 달라지는 부부 관계를 묘사한 전통 민요다. "열 살 줄은 서로 뭣 모르고 살고/스무 줄은 서로 좋아서 살고/서른 줄은 눈코 뜰 새 없이 살고/마흔 줄은 서로 못 버려서 살고/쉰 줄은 서로 가엾어 살고/예순 줄은 서로 고마워서 살고/일흔 줄은 등 긁어줄 사람 없어 산다."[59]

부치|butch

레즈비언 관계에서 남성 역할을 하는 여성을 말한다. 여성 역할을 하는 사람은 '펨'이라고 부른다. 이런 구분에 반대하는 레즈비언도 있다. 레즈비언 사이의 성 구분은 이성애 중심의 사고에서 나온 편견이라는 것이다. 한 레즈비언은 "'주로'라는 것이 없는 것 같다. 상대방에 따라서 다르고 달라진다. 처음부터 한 패턴이 있는 것이 아니라 사람마다 좋아하는 방법을 쓸 수 있고. 이성애나 동성애나 사랑하는 사람과 지속적으로 섹스를 할 때 할 수 있는 모든 방법을 쓰는 것 같다"고 말했다.[60] (참고 '펨')

부킹 경계 대상

성인 나이트클럽 등 부킹이 이뤄지는 업소를 찾는 여성들이 모두 '순수한' 손님은 아니다. 전문가들(웨이터들)은 나이트클럽을 찾는 선수급 여성을 4개 부류로 나눠 남자들이 경계해야 할 대상으로 꼽고 있다. ①꾼: 30대 후반~40대 초반으로 주 2~3회 업소를 찾는다. 이들은 자기 테이블의 술값을 남자들에게 '엎고'('대신 계산하도록 한다'는 뜻의 업계 용어), "2차 가자"며 유혹, 노래방이나 포장마차에 가서 즐긴 후 남자의 귀에 대고 "내일 아들이 유치원 소풍을 가는데 김밥을 싸줘야 한다"는 한마디를 남긴 채 연기처럼 사라진다. ②죽순이: 20대 초반처럼 보이는 20대 후반~30대 초반 여성으로 동일 업소에 주 5~6회 '출근'한다. 이들은 '공짜로 많이 노는 것'이 목적이므로 마음에 드는 남자를 만나도 다시 테이블을 옮긴다. ③간 첩: 20대 초반으로 비밀리에 업소가 고용했다. 극소수지만 손님을 가장해 부킹 횟수를 늘리는 역할을 맡고 있다. ④원정대: 인근 단란주점 직원들로 남자 손님을 잡기 위해 위장 침투한다. 연령대나 차림은 ③과 흡사하나, 신체 접촉과 블루스에 적극적이다. 특정 단란주점 이름을 대면서 "싸고 끝내준다고 소문났다. 2차 가자"며 유혹, 자신이 속한 업소로 데려가 손님을 가장해 매상을 올린다.[61]

부킹 성사율

성인 나이트클럽에서 웨이터를 통하지 않고 직접 여성 테이블로 향하는 남성들의 부킹 성공률은 얼마나 될까? 10% 미만이다. 스테이지에서 빠른 음악에 맞춰 춤을 추다 눈이 맞아 연결되는 경우도 거의 없다. 음악이 느린 블루스로 전환되는 순간 스테이지에서 점찍어 놨던 여성에게 "한 곡 추실까요?" 하고 손을 뻗어도 성사율은 10%를 밑돈다. 여성들은 우발적 인연을 즐기기보다는 부킹이라는 명예롭고 검증된 절차와 교양을 우선시하기 때문이다. 테이블 60개 규모 업소의 경우 춤만 추러 오거나, 남자와 짝을 맞춰 오거나, 지나치게 연로한 여성을 제외하면 사실상 10~15개 테이블에 앉은 30~40명의 여성을 두고 40~50개 테이블의 남성(120~150명)이 치열하게 경쟁하는 형국이다. 따라서 부킹 시 남자는 상대가 거슬려도 거부권을 행사하기 어렵다. 일부 몰지각한 남성들의 '꿈'과 달리 부킹이 성사된다 한들 그것으로 '하룻밤'이 보장되는 것은 아니다. 한 웨이터의 표현을 옮기면 '첫날 만나 마침표를 찍는' 경우는 부킹이 성사되는 모든 케이스의 5%가 되지 않는다. 여성들은 이곳의 인연을 시작으로 2~3회 더 만나 남자의 신분을 확인하고 성격과 행동의 신뢰성을 가늠하는 작업에 들어간다고 한다.[62]

'부탁해요' 논쟁

2006년 가수 왁스가 부른 노래인 '부탁해요'로 인해 벌어진 논쟁이다. 이 노래의 가사를 소개하자면 이렇다. "그 사람을 부탁해요/나보다 더 사랑해줘요/……/눈치 없이 데이트할 때 친구들과 나올 거예요/사랑보다 남자들 우정이 소중하다고 믿는 바보니까요/……/밤에 전화할 때 먼저 말없이 끊더라도/화내지 말고 그냥 넘어가줘요/……/사랑한단 말도 너무 자주 표현하지 말아요/금방 싫증 낼 수 있으니/혹시 이런 내가 웃기지 않나요?/그 사람을 사랑할 땐 이해할 수 없었던 일들이/헤어져 보니 이젠 알 것 같아요/그 사람 외롭게 하지 말아요" 노래며 가창력은 아주 좋은데, 이 노래의 가사에 대해 짜증 내고 화까지 내는 사람들이 적지 않았다. 『그래도 언니는 간다』의 저자 김현진은 이 노래에 대해 "그럼 도로 당신이 그 남자 만나!"라고 일갈한 바 있다. 아닌 게 아니라 그렇다. 그렇게 아쉬우면 다시 만나면 될 걸 뭐 부탁하고 말고 할 게 있는가. 김현진은 이 노래가 어떤 남자와 헤어진 여인이 그 남자의 새 애인에게

201

말하는 듯한 방식을 취하고 있지만, 실제로 이 노랫말의 화자는 다름 아닌 그 남자의 어머니일 것이라고 주장했다. 그렇게 이해하지 않고선 도저히 용납하기 어려운 '반여성적 노래' 라는 것이다.[63]

북창동식 룸살롱

일반 룸살롱에 미아리 텍사스를 적절하게 섞어놓은 듯한 파격적인 서비스로 북창동 일대의 룸살롱이 호황을 맞자 그 이후로 널리 퍼진 룸살롱의 형태를 말한다. 가격이 저렴해 빠른 속도로 룸살롱계를 평정했다. 북창동식 룸살롱 서비스의 가장 큰 특징은 아가씨들의 인사법이다. 아가씨들은 룸에 입장하면 손님들 앞에서 옷을 벗어던지고 '계곡주' 라고 하는 술을 만든다. 자신의 유방 사이에 있는 '계곡' 과 유두를 타고 술을 흘려보내기 시작하면 여자의 성기 부위에서 다시 모이고 그것을 컵으로 받게 된다. 그리고 손님에게 '첫 잔' 으로 올리는 것이다. 다만 손님에게 잔을 건네는 차원이 아니라 나체가 된 여자가 자리에 앉아 있는 손님에게 다가가 자기가 입고 있던 팬티를 손님의 얼굴에 씌우면서 섹시하고 요염한 포즈를 취하며 술자리가 시작된다. 중요한 것은 이때 이미 룸 안의 남녀가 거의 팬티만 남겨둔 채 옷을 다 벗은 상태라는 것. 이때부터 질펀한 놀이가 한 시간가량 진행된다. 이제 남은 것은 '전투' 라고 하는 최종 단계다. 이 전투의 시작을 알리는 것은 웨이터가 종이컵에 담아 가지고 들어오는 가그린. 각각의 종이컵에 담긴 가그린은 여성의 입을 보호하는 청결제일 뿐만 아니라 남성의 성기를 자극하는 자극제이기도 하다. 맨솔과 비슷한 '화~' 하는 느낌이 기분을 한층 돋우기 때문이다. 손님들은 넓은 좌석에서 일정한 거리를 두고 각각 눕게 되고 조명은 거의 꺼진다. 이때부터 본격적으로 여성은 오럴 서비스를 통해 남성이 사정을 할 수 있도록 유도한다. 대략 길게는 5분 정도 걸리지만 이미 상당한 자극을 받은 상태라서 더 빨리 끝나는 경우도 있다. 업소마다 경쟁이 치열하여 방 안에서 단체로 '떼씹(그룹 섹스)'을 하거나 여의치 않을 경우 옆의 빈방에서 과거(1980년대) 청계천 일대에서 유행했던 '즉석 불고기' 집을 모방해 바로 성관계를 갖는 업소도 있다. 현대판 '소돔과 고모라'가 현재 진행형이다.[64] (참고 '미아리 텍사스', '소돔과 고모라론')

분지 사건

『현대문학』 1965년 3월호에 실린 남정현의 소설 「분지糞地」의 반공법 위반 사건으로 일명 '똥땅 사건'이라 불렸다. 「분지」는 홍길동의 10대손인 홍만수가 어머니의 영전에 하소연하는 형식을 취한 1인칭 독백체의 풍자 소설이다. 미군의 현지처가 된 분이가 밤마다 남편으로부터 학대를 당하자 오빠 만수가 이를 해결하기 위해 나서는 것이 이야기의 줄거리다. 분이의 남편 스피드 상사는 본국의 본처와 비교하면서 분이의 육체적인 결함을 들어 온갖 욕설을 퍼부어대며 분이를 학대했다. 대체 미국 여인들의 육체는 얼마나 황홀하기에 저런가 하고 고심하던 중 스피드의 본처 비취가 한국으로 오자 만수는 그걸 확인하고 싶어졌다. 만수는 한국을 안내해주겠다는 구실로 비취를 향미산으로 데려가 정중하게 분이의 처지를 설명하면서 그녀에게 육체를 보여줄 것을 요청했고, 비취는 다짜고짜 만수의 뺨을 후려갈겼다. 절호의 기회를 놓치지 않으려고 만수는 그녀의 배 위를 덮치고 앉아 속옷을 찢어 황홀한 육체를 확인할 수 있었다.[65] 이 소설은 아무 문제 없이 그냥 넘어갔는데, 약 2개월 후 북한의 『통일전선』 5월 8일자에 이 소설이 전재되면서 문제가 생겼다. 남정현은 중앙정보부에 끌려가 고문을 받다가 7월 7일에 공식 구속됐는데, 남정현의 창작 작업이 반미 감정을 조장하는 등 반국가단체를 이롭게 한다는 게 그 이유였다. 이때 가장 큰 쟁점이 됐던 것이 비취의 겁탈 여부였다. 당시 검찰은 공소장에서 홍만수가 비취를 겁탈한 것으로 간주했다. 이에 대해 문학평론가 임헌영은 이렇게 말했다. "홍만수가 비취를 어떻게 다뤘느냐는 문제는 이 소설에서 가장 중요한 대목인데, 그는 '정말 그네의 하반신을 한번 관찰함으로써 저의 의문을 풀고 싶었을 뿐, 그 외의 아무런 흉계도 흑막도 없었다'고 소설에 묘사되어 있다. 더 자세히 살펴보면 홍만수가 그녀에게 '옷을 좀 잠깐 벗어주셔야 하겠습니다'며 그 이유를 '밤마다 곤욕을 당하는 분이의 딱한 형편을 밝히고', '단 하나인 누이동생의 건강을 보살피자면 부득불 나는 여사가 지닌 국부의 비밀스러운 구조를 확인함으로써 그 됨됨이를 분이에게 알려주어, 분이가 자신의 육체적 결함이 어디에 있는가를 자각게 하여 그 시정을 촉구하는 방향으로 나가야 하지 않겠느냐는 오빠로서의 입장을 확실히 했다."[66] 검찰은 법정 최고형인 7년 징역에 7년 자격정지를 구형했으나, 1967년 6월 28일 1심 언도는 징역 6개월, 자격정치 6개월로 낮추고 선고를 유예했다. 『현대문학』은 33년 후인 1998년 10월호에 다시 「분지」를 실었다.[67]

불륜 공화국

정확한 통계는 없지만, 한국의 불륜이 세계 상위권에 속한다고 해서 붙여진 이름이다. 우리나라가 불륜 공화국이 된 가장 큰 이유로는 한국에서의 결혼이 정신 간의 결합이 아니라 물질 간의 결합이며, 개인 간의 결합이 아니라 가족 간의 결합이라는 점이 지적된다. 그래서 느는 게 불륜이라는 것이다. 한국정신문화연구원 윤택림은 "인기 있는 TV 드라마에서는 마치 외도가 지루한 결혼 생활의 청량제인 것처럼 앞집, 윗집, 아랫집 남녀가 모두 혼외 관계를 가지고 있다"며 다음과 같이 말했다. "한국의 결혼 생활은 남편과 아내 역할의 기능적 결합으로 한 집안을 유지, 계층 상승시키는 것이 목적이다. 그래서 부부 사이에서 남녀 간의 인간적인 교감과 공감이 쉽지 않다. 따라서 결혼은 유지하되, 남편이나 아내에게서 얻지 못하는 것을 외도에서 찾는 결혼 문화가 생긴 것이다. 이제 외도는 거의 결혼 생활 유지에 필수적인 것이 될지도 모른다. 비교문화적으로나 역사적으로나 일부일처제는 남녀의 성적·정서적 욕구에 만족스럽지 않다고 한다. 그렇다고 외도와 결혼의 공존이 한국인의 문화적 선택인가. 외도가 결혼에 필수적인 것이 되기 전에, 결혼이 한국인에게 무엇을 의미하는가 묻고 싶다. 남들이 다 하니까, 단순히 남편과 아내가 필요해서 하는 결혼이 진정 우리가 원하는 결혼인지 다시 한번 묻고 싶다."[68]

불륜 불가피론

불륜은 유전적이라고 보는 시각이다. 게르티 젱어[Gerti Senger] 등 오스트리아의 심리학자들은 『불륜의 심리학』(2009)에서 "사랑은 우리를 행복하게 해주려고 존재하는 것이 아니라 쉽게 짝을 이루게 하려는, 유전적으로 뿌리박힌 정서적 기폭제"라고 주장했다. 결혼 4년차부터 이혼율이 급격하게 올라가는 것도 부부의 강한 결속이 차세대 양육이 어느 정도 마무리되는 4년간만 유효하기 때문이라는 것이다.[69] 동물학자이자 심리학자인 데이비드 버래쉬[David Barash]도 『일부일처제의 신화』(2002)에서 외도를 부추기는 것은 도덕의 쇠퇴와 같은 사회적 환경이 아닌 '생물학 자체의 명령'이라고 주장했다.[70]

불인견지처 不忍見之處

'차마 눈 뜨고 볼 수 없는 곳'이라는 뜻으로, 『조선왕조실록朝鮮王朝實錄』에 표현된 여자의 성기다.[71]

브라버너 ^{bra-burner}

'브래지어를 불태우는 사람'이란 뜻으로 페미니스트를 지칭하는, 영어 사전에 공식 등재된 단어다. 1968년 9월 7일 미스 아메리카 대회가 열리고 있는 뉴저지 주의 애틀랜틱시티에는 200여 명의 여성이 모여들었다. 이들은 미스 아메리카 대회를 남성의 눈요기를 위한 굴욕적인 대회이자 인종 차별적인 백인 여성들의 경연 대회로 간주했으며, 당선자들이 군인들을 위문하기 위해 베트남을 여행하기로 돼 있는 것도 문제 삼았다. 주동자 중의 한 명인 캐럴 허니쉬 ^{Carol Honisch}는 미인 대회는 여성의 가치를 선천적으로 타고난 생물학적 요인으로 결정짓는 것으로, 여성도 부단히 노력함으로써 인간의 가치를 개발할 수 있다는 의지를 말살시킨다고 주장했다.[72] 200여 명의 여성들은 '자유의 쓰레기통^{Freedom Trash Can}'이라 이름 붙인 거대한 쓰레기통에 행주치마, 거들, 가슴을 올려주는 기능성 브래지어, 가짜 속눈썹 등 여타의 '여성 억압 도구'를 내던지면서 양에게 '진정한 미스 아메리카'라고 적힌 왕관을 씌우는 이벤트를 벌였다.[73] 이들은 "대회 참가자들은 온순하고 어리석은 양과도 같다"는 메시지를 전하기 위해서 양을 끌고 와 시위를 벌이면서 "여성은 가축이 아니라 사람이다"라고 주장했다.[74] 이들은 "미스 아메리카가 몸을 팝니다"는 선정적인 구호와 함께 '자기 고기를 팔아서 돈을 벌 때 그녀는 더 이상 예쁘지 않다네'라는 노래를 불렀다.[75] 이는 '페미니즘 제2의 물결'의 시작을 알리는 상징적인 사건이었지만, 언론은 "시위를 위해 브래지어를 태웠다"고 날조한 기사를 내보내, 이런 별명이 붙게 됐다. 끊임없는 논란 속에서도 미스 아메리카 대회는 계속돼 1970년에는 최초로 흑인 여성이 주 대표로 선발된 데 이어 1984년에는 최초로 흑인 미스 아메리카가 탄생했고, 1994년엔 청각 장애인이 미스 아메리카로 선발됐다.

브래지어

가슴을 감싸는 여성용 속옷이다. 역사적으로 여성의 가슴은 패션 산업의 목표가 되기도 하고 완전히 무시되기도 했는데 과거에는 가슴을 가릴 것인가, 아니면 노출할 것인가, 이것이 가장 큰 관건이 었다. 기원전 2500년 크레타 섬의 미노아 여자들은 가슴을 추켜올 려 옷 밖으로 드러내는 브래지어를 했지만 고대 그리스와 로마의 여자들은 가슴에 밴드를 감아 가슴 사이즈를 조금이라도 작게 보이려 했었다고 전한다. 이 패션은 몇 세기 후에 성당의 신부들에 의해 다시 거론되는데 실제로 그리스에서 4,500년 전에 탄생한 브래지어는 남자들이 여성의 몸을 자신들이 좋아하는 형으로 만들 목적으로 만든 옷이다. 19세기에 가슴을 풍만하게 보이기 위해 고안된 유방 패드는 고래의 수염을 코르셋 속에 넣었던 것이다. 그러나 그 코르셋은 몸을 조이는 불편함보다도 외견상의 문제가 더 컸다. 값비싼 이브닝드레스에 고래수염을 넣은 코르셋이 비치는 까닭에 여자들은 손수건이나 리본 레이스를 이용한 짧은 브래지어를 만들기 시작했다. 오늘날과 같은 형태의 브래지어는 메어리 야코브스가 자신이 디자인한 브래지어의 특허권을 워너 브라더즈 코르셋 회사에 1,500달러를 받고 팔면서 대중화됐다. 메어리의 브래지어 디자인은 이후에도 발전을 거듭하여 1920년 신축성 있는 천으로 고안되었으며 1930년에는 끈 없는 브래지어가 탄생했다. 그러나 여성들의 가슴 사이즈는 모두 각각이었기에 이후 사이즈별 브래지어가 탄생했다. 이 아이디어를 낸 사람은 러시아계 유대인 아이더 로젠탈이다.[76]

비너스의 둔덕

여성의 배 아래로 완만한 언덕처럼 솟아있는 곳으로, 음모가 자라는 곳이다. 음모는 겨드랑이 털과 마찬가지로 성년이 되었을 때 최고로 많아지다가 폐경기 이후에는 점차로 줄어든다.[77]

비아그라 Viagra

미국의 성 의학자 어윈 골드스타인 Erwin Goldstein이 발명한 발기부전 치료제다. 비아그라는 1998년 3월 27일 출시된 후 10년 동안 18억 정이 팔렸다. 미국에서만 2,500만 명, 세계 120개국에서 3,500만 명의 남성이 이 약을 복용했다. 한국에서는 1999년 10월 이후 매년 4~5%씩 성장해 2008년 시장 규모는 1,000억 원에 달했다. '비아그라'라는 이름은 '활력 Vigor을 나이아가라 Niagara 폭포처럼 넘치게 해준다'는 뜻에서 나왔다. 나이아가라가 미국인들의 신혼 여행지 1순위라는 점에 착안한 작명이라는 설도 있다.[78] 덕분에 '일나그라', '서그라', '살리그라' 등 비슷한 이름의 상표들이 특허청에 무더기로 출원되기도 했다. '시알리스', '레비트라', '야일라', 토종 제품인 '자이데나' 등 유사 약품도 출시됐다. 문화인류학자 채수홍은 "비아그라는 피임약과 함께 인류의 성 문화에 단기간에 가장 큰 영향을 미친 약품"이라고 평가했다. 그는 "비아그라는 남성의 취약함과 부끄러움을 공적인 무대의 전면에 등장시킴으로써 남성성과 남성의 성 문화에 대해 새로운 인식을 만들어냈다"고 주장했다.[79] 비아그라는 전문 의약품이므로 의사 처방전 없이는 구입할 수 없다. 이 때문에 '어둠의 경로'로 구입하려는 사람들이 늘어나면서 국내 밀수 시장의 판도까지 바꿔놓았다. 관세청에 따르면 2005년 연간 90억 원에 그쳤던 발기부전 치료제 밀수는 2008년 349억 원, 2009년 8월 464억 원어치로 급증했다. 관세청 관계자는 "과거에는 액수 기준으로 밀수 품목 상위 10위권에도 들지 못했지만 2008년부터 급증해 2009년 8월 3위를 기록할 정도로 늘었다"며 "인터넷이나 휴대전화 문자 메시지 등을 통한 불법 판매가 늘면서 증가한 것으로 보인다"고 말했다. 참고로 낱알이 아닌 병 단위로 포장된 비아그라는 모두 가짜이거나 밀수품이다.[80]

비아그라 괴담

비아그라가 처음 나왔을 때 벌어진 갖가지 해프닝을 말한다. 1998년 8월 말 기혼 여성 5명과 미혼 여성 1명이 모여 가진 '비아그라 괴담 토론회'에서 나온 이야기를 일부 소개하면 이렇다. "비아그라 수입하기 전에도 비밀리에 들여와서 아는 사람은 다 먹는대. 여섯 시간 동안 안 죽어가지고 있지. 출근을 해야 하는데 못하고, 그다음 날 그걸 묶어서 허리띠에다가 연결해 가지고…… 붙여야 될 거 아니야. 허리띠에다가 고추를 붙여야 하는데 파스를 붙이면 뗄 때 아플 거 아니야. 근데 왜 그렇게 비아그라를 좋아하지? 나는 이해를 못하겠어. 남자들한테 '퍼포먼스 앵자이어티[performance anxiety]'가 있다고 하잖아요. 심리적으로. 내가 이 여자를 죽여야 한다. 그래서 여자들은 또 괜히 소리 지르고 좋아하는 척하잖아. 그게 남자들한테 강박관념으로 존재하는 거야. '아파 죽겠어, 이 짐승' 이 소리 들어보는 게 소원이라잖아. '니가 인간이야, 짐승!' 이 말에 환장한다는 거지. 편하려고 그냥 소리 질러주는 거야. 빨리 끝내려고. 그럼 남자들은 그게 정말로 그러는 줄 알고 또 고추에다 생명 걸고. 남자들 고추에 목숨 걸고 그러는 거 불쌍해."[81]

비아그라 철학

슬로베니아의 철학자이며 정신분석학자인 슬라보이 지제크[Slavoj Zizek]는 비아그라의 인기를 두고 "초자아가 화공학적 형식을 취하게 됐

다"고 말했다. 발기부전 남성들의 발기 기능을 회복시켜주는 비아
그라가 남자들의 (아마 애초에는 초자아적 명령 때문에 생겼을) 심리적인
문제들을 우회하여 그들이 원할 때 언제든지 발기가 될 수 있게 해
준다는 것이다. 그리하여 이 약물이 의미하는 바는 "너는 섹스를
즐겨야 한다. 너에게는 이제 더 이상 섹스를 하지 않을 변명거리가
없다. 만약 그래도 섹스를 하지 않는다면 그것은 너의 결함이다!"
라는 게 지제크의 주장이다.[82]

비역

'계간' 참조.

빠구리

성교를 속되게 이르는 말이다. 하지만 전라도에서는 해야 할 일을
하지 않고 노는 것으로도 사용된다. 서울의 '땡땡이'와 비슷하다.

빠순이

남성 스타를 따르는 '오빠부대' 소녀들을 비하하여 부르는 말이
다. 원래는 1960~1970년대 도시에 돈 벌러 온 젊은 여성들 중 유흥
업(속칭 '바')에 종사하는 여성들을 부르는 말이었다가 나중에는 매

춘 여성까지 의미하는 은어가 됐다.[83] 아직도 이런 의미로도 쓰이고 있으므로 '빠순이'라는 말은 조심해서 써야 한다.

빨간 마후라

1997년 7월 한국 사회를 충격으로 몰아넣었던 청소년 음란 비디오다. 원래 제목은 〈비디오를 찍다〉이나 화면에 등장하는 여학생이 목에 머플러를 착용하고 있어 '빨간 마후라'로 통용됐다. 이 사건이 충격적이었던 것은 캠코더로 음란 비디오를 찍어 시중에 유통시킨 범인이 15~17세에 이르는 10대 청소년들이라는 점이었다. 기획, 제작, 연출, 출연에 이어 유통까지 이 모든 일이 청소년들의 머릿속에서 나왔다니 경악할 노릇이었다. 한 가지 더 씁쓸한 일은 이 비디오를 어떻게든 구해보려던 열혈 시청자들이 끊이지 않았다는 것이다. 같은 해 9월 말 천리안에는 '빨간 마후라에 이은 기성세대의 이중성'이라는 토론방이 개설됐는데, 여기서 네티즌들은 "어른들은 현 사태를 우려한다면서도 PC 통신에 빨간 마후라를 구한다는 글을 계속 올리고 있다. 개탄을 금치 못했다"면서 "사악한 어른들은 반성하라"고 촉구했다.[84]

빵꾸비

티켓 다방에서 여종업원이 결근할 때 내는 벌금으로 보통 하루

25~30만 원이다. 받을 월급에서 제하거나, 빚이 많아서 받을 월급이 없는 경우에는 빚으로 올린다. 많은 다방에서는 결근한 날의 전날과 다음 날 일당을 받지 못하는 것으로(월급에서 사흘에 해당하는 수당을 제하는 것으로) 결근비를 대체하기도 한다.[85](참고 '티켓 다방')

빼도 박도 못하다

남녀가 섹스를 할 때 남자의 성기를 여자의 질 속으로 넣지도 빼지도 못할 난처하고 어려운 상태를 이르는 말이다. 간통을 하려는 남자가 막 여자의 질에 삽입을 하려고 하는데, 여자의 남편이 들이닥쳤을 때를 가정해보면 이해가 쉽겠다. 이 말은 이러지도 저러지도 못하는 진퇴양난에 부딪혔을 때 쓰이기도 하지만, 그 근원이 워낙 속된 표현이라 쓰지 않는 게 좋다.[86] TV에서 연예인들이 이 표현을 쓰는 걸 여러 번 봤는데, 그들이 이 책을 꼭 읽으면 좋겠다. 아니면 이 표현의 근원을 잘 알고서도, 또는 실제로 그런 경험이 있기 때문에 사실감을 살리기 위해 이 표현을 쓰는 것인가?

빤찌

술집에서 '물 관리'를 하는 사람을 속되게 이르는 말이다. 어원은 분명치 않으나 일본식 발음인 '빤찌'라고 그대로 불러야 그 뜻이 통한다. 주로 나이가 아주 어리거나 그 반대로 나이가 많은 칙칙한 사람들을 쫓아내는 일을 했다.[87] 일부러 사람을 따돌림 시킬 때 '뺀찌 시킨다' 는 표현을 쓰는데 이 역시 여기서 나온 것이다.

뻐꾸기 콤플렉스

의처증을 말한다. 아내를 간통당한 사내를 영어로 '뻐꾸기cuckold' 라고 하는 데서 비롯한 말이다. 왜 하필 뻐꾸기인가? 미모의 여신 헤라는 뻐꾸기를 수호신으로 삼고 사는데, 헤라의 미모에 반한 제우스가 뻐꾸기 탈을 쓰고 접근해 간통을 한 것에 연유한다. 영국의 문호 윌리엄 셰익스피어의 『오셀로Othello』에서 오셀로는 "이 세상에 뻐꾸기가 아니라고 큰소리칠 사나이가 있단 말인가?' 라고 외쳤다.[88]

삐끼

술집 앞에서 호객 행위를 하는 사람을 속되게 이르는 말이다. 삐끼의 영업 방식은 시대별로 다른데, 1990년대 말 서울 강남과 신촌의 풍경을 보자면 하나같이 무전기를 손에 들고 뒷주머니에 핸드폰을 꽂은 것이 특징이었다. 이들이 즐겨 외치는 구호 중의 하나는 "10대 영계로 확실히 모십니다" 였다.[89]

Interesting
Sex Dictionary

사도마조히즘 sadomasochism, SD

정상적인 성 행동보다는 특유의 방법으로 성욕을 만족시키는 사람들 중에는 사디즘(가학성 변태 성욕)이나 마조히즘(피학성 변태 성욕)에 사로잡힌 경우가 적지 않다. 이 두 가지 이상 성욕은 일반적으로 동시에 나타나는 행동 양식이므로 이를 가리켜 '사도마조히즘(가학-피학적 변태 성욕)'이라 한다. 사디즘과 마조히즘은 성 과학의 아버지 리하르트 폰 크라프트에빙Richard von Krafft-Ebing이 처음 사용한 용어다. 그는 프랑스의 사드Sade 후작과 오스트리아의 레오폴트 폰 자허-마조흐의 소설에 묘사된 변태 성욕을 각각 '사디즘'과 '마조히즘'이라고 정의했다. 사디즘은 타인에게 고통을 주거나 학대하여 성적 쾌감을 얻는 반면에, 마조히즘은 타인으로부터 육체적 학대를 받는 데서 성적 쾌감을 맛본다.[1] (참고 '변태 성욕', '사디즘', '마조히즘')

사도마조히즘 옹호론

사도마조히즘이 일반적으로 여겨지는 것처럼 최악의 성행위는 아니라는 주장이다. 현민은 이에 대해 이렇게 설명했다. "사도마조히즘은 에로틱한 기운을 조절하기 위한 복잡한 전략적 게임일 수 있다. 통념과 달리 사도마조히즘은 매순간 양쪽의 합의에 의해 진행되며 주인은 진짜 주인이 아니다. 왜냐하면 학대가 끝날 시점을 조절하는 것은 '노예'이기 때문이다. 남성과 여성이 한 사람씩 있다는 사실만으로 이성애에 더 높은 지위를 부여할 수 있을까."[2]

사디즘 sadism

다른 사람에게 고통을 줌으로써 성적 충동을 만족시키는 이상異常성 심리로 가학성 변태 성욕을 말한다. 이 용어는 19세기 말에 리하르트 폰 크라프트에빙이 18세기 프랑스의 귀족 사드 후작의 이름을 따서 만든 말로, 사드는 이런 자신의 행위를 기록으로 남겼다.

(참고 '변태 성욕', '마조히즘', '사도마도히즘')

사랑 배격론

러브 스토리가 남녀 불평등의 원천이라는 주장이다. 조애너 로스 Joana Russ는 1974년에 쓴 글에서 여성 작가들에게 러브 스토리야말로 남녀 권력관계의 원천이므로 러브 스토리를 다루지 말고 다른 장

르를 모색할 것을 권했다.[3]

사랑의 삼각형 이론

사랑의 세 가지 요소로 친밀감(좋아함), 구속(명분뿐인 애정), 정열(얼빠진 사랑)을 들고, 이 세 가지를 꼭짓점으로 해서 사랑을 이상적 사랑(친밀감+정열+구속), 동반적 사랑(친밀감+구속), 공허한 사랑(정열+구속), 낭만적 사랑(친밀감+정열) 등으로 분류한 이론이다.[4]

사이버 섹스

궁극적으론 멀리 있는 상대에게 실제같이 생생한 감촉을 전달할 수 있는 원격성 장치의 구현을 통한 섹스를 의미하나, 현 단계는 그저 폰 섹스 수준이다. 줄리언 디벨Julian Dibbell은 "그러나 아주 조심스럽게 MUDMulti User Dungeon에 참여하는 초보자라도 온라인 경험은 훨씬 더 심오한 것이라는 것을 알 수 있다. 익명성의 영향과 아주 깊숙이 자리 잡은 판타지를 표현한다는 점에 있어 실제 섹스보다도 더한 반응이 일어날 수 있다. 실제 두 연인 사이의 성교에서처럼 격정이 일어나게 된다"고 했다. D. 사간은 "사이버 섹스는 실제 섹스에 이르는 수단도 아니고 실제 섹스를 대체하는 것도 아니다. 그것 자체가 목적이 된다" 며 다음과 같이 말했다. "현실 사회에서 남의 눈치를 살펴야 하는 것과는 달리 무한대의 공간에서 자유로운 영혼이 자신의 마음이 이끄는 대로 함께 하는 것이다. 물론 대부분의 사이버 섹스는 현실에서와 같이 아주 예측 가능한 형식으로 진행된다. 그러나 컴퓨터는 몸과 마음을 분리시킴으로써 다양한 가능성을 만들어낸다. 다양한 형태의 자기 자신을 만들어낼 수 있다는 것 자체로 매우 흥분되는 경험이다. 텍스트가 주요 매개체인 한 (곧 이 점은 변화하겠지만) 사이버 섹스는 연애 서사의 역사상 아주 중요한 분기점이 될 것이다. 사이버 섹스는 빅토리아식 연애편지와 로맨스 문학과 두 사람 간에 일어나는 실시간 반응이 기묘하게 혼합된 것이다."[5]

사이버 트랜스젠더

사이버 세계에서 성을 바꿔 활동하는 사람을 말한다. 여성이 남성 행세를 하는 경우도 있지만, 주로 여성 행세를 하는 남성을 가리킨다. 사이버 전문가 김연수는 "트랜스젠더로 활동하는 대부분의 사람들은 타인의 개인 정보(특히 주민등록번호, 이메일 등)를 도용한다. 철저하게 자신을 숨기고 1회성 만남을 추구하거나 익명의 탈을 쓰고 욕설과 비방, 사기 행각 등에 가담하게 된다"며 그 식별법에 대해 다음과 같이 말했다. "온라인 게임에서 애교의 농도가 지나치거나 도움을 받고 유유히 사라지는 캐릭터들은 여성의 ID를 사용하고 있을지라도 남성이 아닌가 의심해볼 만하다. 이들은 '호호~', '아이잉~', '한번마안~' 등의 애교성 멘트를 아이템을 달라고 조르거나 게임상 특별한 도움이 필요할 때, 채팅 상대를 거짓으로 농

락하려 할 때 남발한다. 속는 이는 끝까지 상대방을 여성으로 착각
하며 아낌없이 퍼주게 된다. 또한 '오빠~', '공주예요', '(우아한) 백
조예요' 등의 여성 친화적인 말로 접근하는데 진짜 남자들은 별 의
심 없이 속게 된다. 여성 캐릭터를 사용하는 사람이 실제로는 남자
인 경우 저는 좋아라고 숨넘어가게 웃으며 장난치겠지만 이쪽의
남정네는 진지하기 그지없다."[6]

사이버 포주

컴퓨터 통신망을 이용해 윤락을 알선하는 사람을 말한다. 1990년
대 후반에 사이버 포주가 구속된 바 있는데, 인터넷에 '고소득 아
르바이트 보장' 이란 비공개 대화방을 개설해 채팅에 참여한 20대
여성들에게 속칭 '번섹(번개 섹스)' 으로 돈을 벌 수 있다고 유혹한
뒤 윤락을 희망한 이들을 또 다른 비밀 대화방을 통해 모집한 남자
고객들에게 소개하는 방식으로 윤락 행위를 알선했다. 일종의 브
로커인 셈이다. 윤락 여성 중에는 여대생, 대졸 여사원, 학원생 등
이 상당수 포함돼 있었으며 이들은 자신의 사진을 스캐너로 입력
해 이메일로 포주에게 정보를 보낸 것으로 밝혀졌다.[7]

사이보그 선언문

사이보그의 긍정성에 최초로 주목한 페미니스트이자 과학사가인

도나 해러웨이^{Donna Haraway}가 1985년에 발표한 것으로, 사이보그 지지 선언문이다. 해러웨이는 '남성/여성' 등의 근대 이원론적 사고를 비판하고, 이원론은 인간과 인공물 간의 경계가 무너질 때 해체될 수 있다면서 그 가능성인 사이보그를 지지했다. 사이보그는 Cybernetic과 Organism의 합성어로 기계와 생물 유기체의 합성물을 뜻한다. 해러웨이는 사이보그가 육체적 성차에 묶여 있는 통념적인 인간 존재를 넘어설 수 있게 하는 측면에 주목하면서 성차 없는 이상적 사회에 대한 희망을 사이보그에 대한 연상과 결합시켰다. 예컨대 건강한 자궁을 시뮬레이션할 수 있는 인큐베이터는 여성을 출산의 부담에서 해방시킬 것이며, 또한 건강한 사이버 섹스는 가부장적 구속이나 남성 주도의 전통적 성 역할을 철폐할 수 있게 하는 해방적 계기로 작용할 수 있다는 것이다.[8]

사정 _{ejaculation}

정액의 방출을 뜻한다. 데즈먼드 모리스에 따르면, "1회 사정에 산출되는 정액의 평균량은 $3.5mm^3$(찻숟갈로 1개가량)이지만, 오랫동안 성에 굶주린 건강하고 젊은 남성들은 최고 그 4배까지 만들어낼 수 있다. 1회의 오르가슴에 사정 경련이 대체로 3~4회, 0.8초라는 일정한 간격을 두고 일어나며, 놀랄 만큼 멀리 정액을 사출한다. 기네스북에 거론된 수치는 아니지만, 대담한 조사 연구가들이 3ft에 달하는 사정거리를 측정한 일이 있었다. 일반적으로 7~8in 정도 나간다."[9]

사카시

'펠라티오' 참조.

사후 피임약 논란

2010년 8월 13일 미국 식품의약국^{FDA}이 강력한 사후 피임약 '엘라'
의 시판을 승인하면서 벌어진 논란이다. 이를 반대하는 측에선 수
정란의 자궁 착상을 방해하는 작용 원리가 낙태약 'RU-486'과 비
슷하다는 점을 문제 삼았다. 2006년 8월 이후 약국 판매가 허용된
사후 피임약 '플랜 B' 역시 우여곡절이 많았다. 미국의사협회^{AMA}와
제약사들이 시판 허용 요청을 했지만 부시 행정부가 임명한 보수
적 FDA 행정가들은 계속 불허했다. 2005년 폰 에셴바흐 FDA 청장
지명자 인준 청문회에서 힐러리 클린턴 당시 상원 의원이 "FDA의
행정 절차를 정치에 종속시키지 않겠다고 약속하라"고 종용했고,
결국 이듬해 시판이 공식 허용됐다. 플랜 B에 대해서조차 여전히
처방전 발급을 거부하는 의사들과 판매를 거부하는 약사들이 많은
상황이다. 약사 단체 '생명을 위한 약사들'의 캐런 브라우어는 "나
는 플랜 B의 조제를 거절해온 약사들이 엘라의 조제도 거절할 것으
로 믿는다"고 말했다. 『뉴욕타임스』는 "미국에서는 매일 임신을 원
치 않는 여성 100만 명이 보호받지 못하는 상태로 성관계를 하며,
매년 2만 5,000명이 성폭행 등으로 임신하고, 미국 내 임신 여성의
절반은 원치 않는 상태에서 아이를 갖는다"고 보도했다.¹⁰

3·3·35 운동

전국의 모든 군에 보건소가 설치된 1965년부터 본격화된 가족계획 운동으로, "3명의 아이를 3살 터울로 35세 이전에 낳자"라거나 "3살 터울 셋만 낳고 35세 단산하자"는 구호를 내걸었다.[11] 1970년대의 가족계획 슬로건은 1960년대의 '3'에서 '2'로 줄었다. "아들 딸 구별 말고 둘만 낳아 잘 기르자", "하루 앞선 가족계획 10년 앞선 생활 안전" 등과 같은 구호들이 외쳐졌다. 1980년대의 슬로건은 1960년대의 '3', 1970년대의 '2'에서 '1'로 줄었다. "둘도 많다. 하나만 낳아 잘 기르자"였다.[12] 그러나 2006년 5월 8일 '1.08 쇼크'가 찾아왔다. 통계청이 발표한 합계 출산율이 1.08로 세계 최저를 기록한 것이다. 언론은 '재앙의 도래'를 선언하고 나섰다. 『중앙일보』는 '국가적 재앙'으로 규정하면서 "서두르지 않으면 나라가 저출산 때문에 망하게 생겼다"고 했고, 『조선일보』는 '비상 상황'을 선포하면서 "이렇게 가다간 경제는 주저앉고 복지는 부도날 수밖에 없다"고 했다. 이후로 일선 시군구청이 출산장려금을 지급하는 등 본격적인 '아이 많이 낳기 운동'이 도처에서 벌어지고 있다.

삼종지도 三從之道

한국의 유교적 가부장제의 핵심 이데올로기로, 여성은 집에서는 아버지를 좇고, 시집가서는 남편을 좇고, 남편이 죽으면 아들을 좇아야 한다는 주장이다.

삼천 궁녀 허구론

의자왕이 삼천 궁녀와 함께 낙화암에서 뛰어내렸다는 전설이 허구라는 주장이다. 정치학자 신복룡은 2001년 자신의 저서에서 백제가 패망할 당시 수도인 부여에는 총 1만 가구, 4만 5,000명 정도의 인구가 살았으며 2,500명의 군대가 있었는데, 그 규모로 3,000명의 궁녀를 유지했다는 것은 도무지 말이 안 된다며 다음과 같이 주장했다. "요컨대 의자왕과 낙화암에 관한 역사는 허구다. 그에 관한 어떤 일차 사료도 발견되지 않는 것으로 보아 그것은 고구려나 백제가 아닌 신라 중심사로 삼국 시대를 기록하려 했던 친일 사학자들이 백제를 비하하기 위해 꾸며낸 얘기에 지나지 않는다."[13] 당시 신복룡은 이 글로 인해 "너, 전라도 놈이냐?"는 말도 안 되는 공격을 받아야 했지만, 때 아닌 지역감정도 학계의 삼천 궁녀 허구론을 잠재우지는 못했다. 신복룡의 주장처럼 많은 사료가 궁녀의 수를 수백 명 이내로 기록하고 있고, 당시의 인구 또한 그 주장을 뒷받침하고 있었다. 대부분의 역사가들은 '삼천갑자 동방삭'의 예처럼 중국에서 '삼천'이라는 숫자가 '다수'를 뜻하는 관용적 표현으로 쓰인다는 점을 감안하여, '삼천 궁녀'라는 말은 의자왕이 많은 수의 궁녀를 거느렸다는 비유적 표현으로 해석해야 한다고 보고 있다. 또한 의자왕과 함께 낙화암에서 뛰어내렸다는 여인들 역시 궁녀가 아니라 왕과 함께 피난을 간 왕실의 일가친척 여인들이었을 것으로 보고 있다. 그 난리 통에 궁녀 삼천 명을 다 데리고 피난을 갈 왕이 어디에 있단 말인가.

상반신 노출 논란

공공장소에서 남성의 상반신 노출은 허용되는 반면 여성의 상반신 노출은 법적으로 금지하거나 적어도 사회적으로 사실상 금지하는 관습을 둘러싼 논쟁이다. 2010년 8월 27일 캐나다 온타리오 주 세인트 조지 광장에선 구엘프 대학 대학생인 안드레아 크린클로와 린제이 웹이 상의를 벗는 이벤트를 벌여 화제를 모았다. 크린클로와 웹은 "캐나다 여성들이 법적 권리는 확보했으나 그를 맘껏 행사할 수 있는 '사회적 자유'는 누리지 못하고 있다"며 이번 행사로 "사람들이 여성의 가슴에 대해 민감한 반응을 보이지 않도록 하는 데 도움이 되길 바란다"고 말했다. 공공장소에서의 상반신 노출 자유를 위한 법적 권리를 주장하는 단체인 고토플리스 오르그(GoTopless.org)는 8월 26일을 여성 평등의 날로 지정하고 이날 다양한 행사를 벌이고 있다.[14]

상피 相避

고려 시대에 친족이나 관계가 가까운 사람들이 같은 부서에서 벼슬살이를 하거나 송사를 맡거나 과거시험을 감독하는 일을 하지 않는 등 정실이 개입될 요인을 없애고 공정성을 기하기 위해 마련한 제도적인 장치다. 그런데 세월이 흐르면서 이 말은 금기 중의 금기인 가까운 친척 사이에 성관계를 갖는 것을 일컫는 말로도 쓰였다. 동사형으로 '상피 붙었다'고 하면 근친상간을 했다는 뜻이 된다.[15]

생물학적 정조대

여성의 질 속에 들어간 한 남성의 정자가 다른 남성의 정자를 막아내기 위해 투쟁하는 메커니즘을 말한다. 데즈먼드 모리스는 "이것이 어떻게 가능한가를 알기 위해서는 막 성관계를 가진 여성의 몸 안을 들여다볼 필요가 있다. 과거에는 남성의 정자가 여성의 질 속으로 사정되었을 때 하나의 정자가 난자와 수정을 할 때까지 모든 정자들이 마치 경주를 하듯이 일제히 난자를 향해서 맹렬하게 헤엄쳐가는 것으로 알았다. 그러나 실제로는 그렇지 않다는 사실이 밝혀졌다"며 다음과 같이 말했다. "사정 이후에 진행되는 일은 그보다 훨씬 오묘하다. 인간의 남성은 하나가 아닌 두 가지 종류의 정자를 가지고 있다. 그 두 가지는 '돌격형'과 '방어형'이라고 부를 수 있을 것이다. 돌격형은 전통적 개념의 정자로 난자를 찾을 때까지 계속 헤엄쳐간다. 방어형은 뒤에 남아서 방어막을 형성한다. 서로의 꼬리를 꼬아서 후방 태세를 갖추는 것이다. 이들은 마치 공항의 통관 요원들처럼 새 정자가 들어오면 여권을 조사한다. 그 정자가 같은 남성의 것이면 통과시킨다. 반면 다른 남성에게서 나온 정자일 경우 통과를 저지하고 공격해서 죽여버린다. 이 새로운 발견은 남성이 여성의 간통으로부터 기가 막힐 정도로 뛰어난 방법으로 보호받고 있다는 것을 보여준다. 남성이 여성과 관계를 맺고 난 며칠 후에도 정자는 여성의 몸속에 계속 남아 있으면서 다른 남성에 의해서 임신이 되는 것을 저지한다. 원시 시대로 말하자면, 이것은 남성이 성관계를 가진 후 며칠간 사냥을 떠나도 여성이 유혹을 당하든 강간을 당하든 다른 남성에 의해서 임신이 될 염려는 하지 않아도 된다는 뜻이 된다."[16]

서낭당 각시 줍기

조혼으로 어린 남편을 데리고 살던 여자가 남편을 때렸다든가 하는 등의 이유로 쫓겨나고 친정에서도 받아주지 않으면 이른 새벽 서낭당 고개에서 서성거렸는데, 이때 맨 처음 만난 사내가 좋건 싫건 이 여자를 데리고 살아야 했던 옛날 관습을 말한다. 사내가 행여 총각이면 새로 시집가고, 기혼자면 첩으로 들어가 살았는데, 일종의 이혼자 구제 관습이라고 볼 수 있겠다.[17] 이 습속은 첩을 줍는다 하여 '습첩拾妾' 이라 부르기도 했다.[18]

서종삼과 이봉익

1950년대에 유행한 매매춘 은어다. 가장 유명한 집창촌인 서울 종로 3가에 간다는 말 대신에 "서종삼이네 간다"는 말을, 또 종삼 옆 봉익동에 간다는 말 대신에 "이봉익을 만나러 간다"고 할 정도로 종삼에서 봉익동에 이르기까지 사창이 번성한 것이다.[19] 이런 유행어는 신문 기사에까지 그대로 등장했다. 다음은 『한국일보』(1955년 12월 10일)의 기사다. "서울 밤거리의 요화妖花 '서종삼' 이의 집에서는 얼마 전부터 탕객들에게 봉투 한 장씩을 내주고 있다. 이 봉투

겉장에는 '인정이 많으신 사회 인사여. 고아들을 위하여 10환 한 장만 넣어주십시오'라고 쓰여 있는 것. 따라서 이곳을 찾는 탕객들은 그 봉투 속에 10환이나 100환이나 넣게 마련인데 이 돈은 모 고아원으로 고스란히 기증된다고. 윤락의 항간에서나마 불쌍한 고아들을 염려하는 갸륵한 마음씨가 싹터 나오는 것은 그래도 꺼지지 않는 한줄기 희망의 빛이라고 할까."[20]

선교사 체위 ^{missionary position}

성 체위 중 남성 상위의 형태를 말한다. 이는 전형적으로 다른 체위의 성교를 즐기던 폴리네시아인이 서양의 선교사들로부터 배운 것을 기념하기 위해 명명된 것이다.[21] 중세 유럽의 성직자는 정액을 한 방울도 낭비하지 않기 위해 이 체위로만 섹스할 것을 명령하기도 했다. 얼굴을 마주 보고 섹스하는 존재는 인간뿐이라고 여겨져 왔지만, 1928년 콩고 공화국에서 발견된 보노보(영장류의 일종)도 이 체위로 섹스를 한다는 것이 밝혀졌다.[22] '선교사 체위'라는 이름이 붙게 된 데엔 여러 설이 있다. 주경철에 따르면, "흔히 하는 설명은 유럽의 기독교 선교사들이 해외에 나가서 전도 사업을 벌일 때 현지 주민들이 낯선 자세로 사랑을 나누는 것을 보고 충격을 받아 반드시 정상 체위로만 할 것을 강요했기 때문에 이런 이름이 생겼다는 것이다.······ 인류학자 말리노프스키의 『북서 멜라네시아 미개인들의 성생활』(1929)이라는 책에 나오는 내용은 남자가 위로 올라

가서 서로 얼굴을 마주 보는 성행위 방식은 트로브리안드 제도에는 원래 없고 근자에 들어온 선교사들이 하는 새로운 방식, 즉 선교사 방식인데, 현지 주민들은 보름밤에 벌이는 향연에서 이를 놀리며 즐거워했다는 것이다. 그렇다면 선교사들이 정상 체위를 강요했기 때문이 아니라 차라리 현지 주민들에게 들켰기 때문에 이런 용어가 만들어졌다고 보아야 할 것이다."[23]

선데이서울

1968년 9월 22일 창간된 주간지로 '성의 상품화'와 관련해 타 주간지(『주간한국』, 『주간중앙』, 『주간조선』, 『주간경향』 등)를 압도하며 선풍적인 인기를 끌었다. 신문이 편집인의 손을 떠나 중앙정보부의 손으로 넘어가는 대신 자유를 얻었던 게 오락성 주간지들이었는데 『선데이서울』은 대중의 구미에 맞는 '넘치는 멋'과 '풍부한 화제' 그리고 '감미로운 내용'을 담은 대중 잡지라는 기치를 내걸고 세미누드 화보와 함께 「눈초리에 몸이 아파요」(스트립 쇼걸 인터뷰), 「퇴근 뒤의 애정 관리」 등 당시로선 파격으로 낯뜨거운 내용을 과감히 다뤄 창간호 6만 부를 발매 2시간 만에 팔아치우는 대성공을 거두었다.[24] 필자가 중학생 시절부터 가장 좋아했던 코너는 단연 「Q&A」란이었다. 이 코너는 성에 대해 궁금한 걸 질문하면 전문가가 답변을 해주는 식이었는데 필자는 이 코너를 통해 상당한 성 지식을 쌓을 수가 있었고 친구들에게 성 박사라는 명예로운 칭호(?)도 들을 수 있었다. 그 내용은 지금 생각하면 황당하기도 하고 코미디 같은 내용도 많았다. 몇 가지를 소개한다.

1. Q: 저는 17세의 여고생입니다. 그만 하굣길에 몹쓸 아저씨에 끌려가 겁탈을 당하고 말았습니다. 그런데 한 달이 지난 후 있어야 할 것이 없군요. 혹시 임신인가요? 만약에 임신이라면 전 죽고 말 거예요. 선생님 도와주세요. (K동에 사는 S 고민녀로부터)

A: S양 먼저 위로의 말씀을 드려야겠군요. 그러나 육체적 순결보단 정신적 순결이 중요한 것입니다. 먼저 가까운 산부인과를 찾아 검사를 받길 바라며, 목숨보다 더 소중한 건 없다는 것을 인식하시고 꿋꿋하게 이겨내시기 바랍니다.

2. Q: 저는 19세의 가정부입니다. 어느 날 제가 일하는 집에서 큰 오빠에게 당하고 며칠 후 작은 오빠에게 당했는데 그만 임신이 되고 말았습니다. 그렇다면 배 속의 아이는 누구의 아이인가요? 그리고 음부에서 심한 악취를 내며 하얀 액이 나오는데 이건 무언가요. 하루하루의 삶이 죽음과 같아요. 도와주세요, 선생님!

A: 참으로 딱하고 난감하군요. 일단 산부인과에 가서서 정밀 진단을 받으시고, 음부에서 나오는 건 일종의 냉증이나, 대하증 같군요. 트리코모나스라는 균이 옮기는 성병의 일종인 것 같습니다. 저로서도 딱히 뭐라고 위로를 해야 할지……

성감대 erotogenic zone, erogeneous zone

성적인 흥분 자리가 될 수 있는 피부나 점막의 모든 부위를 말한다. 이미 1896년 성감대 이론의 윤곽을 그린 프로이트는 나중엔 이렇게 말했다. "사실, 전신이 성감대다."[25]

성감대 찾아내기

자신의 성감대를 모르는 사람들이 의외로 많은데, 성감대를 알아내기 위해 애쓰는 것을 말한다. 기혼 여성들의 토론회에서 나온 이야기를 들어보자. "머리에서 발끝까지 애무를 몇 번 받아봤는데, 그러면서 내가 정말 오르가슴을 느끼는 데가 어디인지가 파악이 되더라고. 근데, 앞뒤 빼곡하게 그렇게 서너 번 하지 않으면 내 성감대가 어딘지 파악도 제대로 안 되는 거 있잖아. 근데 난 처음에 귀가 삐리리 해가지고, 귀가 성감대인 줄 알았는데 귀 말고도 정말 많은 거야. 그리고 있잖아, 그런 것도 있어. 어떤 성감대냐에 따라서 어느 곳이 성감대가 되기도 하고 안 되기도 하고. 맞어 맞어."[26]

성감 헬스

섹스 없이 주로 입이나 손만을 사용해 남성을 쾌락의 세계로 이끄는 서비스를 제공하는 업소를 말한다. 성을 사고파는 매매춘이 아니라 성감대를 자극하는 것으로 건강을 도모한다는 의미에서 일종

의 '헬스'라 주장하고 있다. 일본에서 접할 수 있는 서비스로, 가격
은 7,000~1만 5,000엔이며, 남성 1명이 여성 2~3명과 함께 플레이를
벌이는 경우엔 가격이 배 이상이 된다.[27]

성 고문

미용실에 침입해 여주인과 손님들을 인질로 삼고 금품을 요구했던
강도가 오히려 여주인에게 성폭행을 당했다며 경찰에 고소하는 황
당한 사건이 발생했다. 2009년 4월 『모스크바타임즈』는 러시아 메
쇼브스크의 한 미용실에서 발생한 '권총 강도의 굴욕' 사건을 보도
해 전 세계 네티즌들의 웃음을 샀다. 사건 당일, 강도는 동네의 한
미용실에 들어가 권총으로 위협하고 미용사와 손님들에게 돈을 요
구했다. 일촉즉발의 위기 상황에서 미용실 주인 올가(23)는 태연히
강도에게 다가가 평소 익혔던 호신술로 강도를 가볍게 제압한 후
종업원들의 도움을 받아 손발을 묶고 가게의 지하실에 감금했다.
올가는 곧 경찰이 올 거라는 말로 종업원과 손님들을 안심시킨 후
영업이 끝나자 강도에게 강제로 다량의 비아그라를 먹이고 꼬박
이틀 동안 자신의 성 노리개로 삼았다는 것. 이틀 동안 성 고문을
당한 강도는 올가의 선처에 의해 풀려났고 강도는 풀려난 즉시 그
녀를 경찰에 신고함으로써 이 황당한 사건의 전모가 알려지게 됐
다. 이름이 '빅토르'라고 알려진 이 강도는 경찰 조서에서 "그녀의
욕정은 끝이 없는 것 같았다. 이틀 동안 그녀는 끊임없이 나를 탐했

고 나는 마치 쥐어짠 레몬처럼 녹초가 됐다"고 진술했다. 그러나 올가는 강도의 주장에 대해 어이없다는 반응을 보였다. 그녀는 인터뷰에서 "우리는 겨우 두어 번 관계를 가졌을 뿐이다. 나는 그에게 이틀 동안 안락한 잠자리와 먹을 것을 준 것은 물론 풀어줄 때 새 청바지와 현금 1,000루블(약 29달러)을 강도의 손에 쥐어 줬다"며 맞고소할 것임을 밝혔다. 경찰은 "사건이 어떻게 진행될지 잘 모르겠다. 둘 다 형무소로 갈 것 같다"며 "아마도 올가는 강도와 한 방에 갇히기를 바라지 않겠느냐"며 묘한 웃음을 지었다.[28]

성기 공포증

백인 남성이 흑인 남성에 갖고 있는 '성기 공포증'은 흑인을 차별하고 멀리해야 할 주요 이유 중의 하나가 됐다. 흑인 남성 노예들은 '걸어 다니는 음경'이라는 이미지가 있는데, 이런 이미지의 확산에 기여한 것은 미국의 젊은 장교 윌리엄 펠트만^{William Feltman}이 남긴 1781년 6월 22일자 일기다. 그는 버지니아 주의 거대한 저택에서 열린 파티에 대해 기록했는데, 그의 관심을 끈 것은 시중을 드는 노예 소년들이 옷을 입지 않고 있다는 사실이었다. "나는 14~15세의 소년들이 완전히 벌거벗은 채로 시중을 드는데 여성들이 이에 개의치 않는 데에 놀랐다. 그리고 이 빌어먹을 녀석들의 물건이 얼마나 대단한지, 그 물건을 보는 사람들은 모두 놀라움을 금치 못할 것이라고 확신한다." 당시 이런 장면을 목격한 유럽 여행객들의 편지도 비슷한 놀라움을 전하고 있다. 그들의 놀라움은 한결같이 백인 여성들이 노예 소년들의 나체에 개의치 않는다는 것과 노예들의 물건이 크다는 것에 집중됐다. 여기에 의학적 관찰까지 더해졌다. 1799년 영국의 의사 찰스 화이트^{Charles White}는 "흑인 남성의 성기가 유럽인의 그것보다 크다는 것은 런던의 모든 해부학계에 잘 알려진 사실이다"라고 주장했고, 1885년 리처드 버턴^{Richard Burton}은 이런 주장까지 폈다. "타락한 여자는 물건의 크기 때문에 흑인을 선호한다. 나는 소말리랜드에서 한 남자의 것을 재봤는데, 발기하지 않은 상태에서 거의 6in(15.24cm)나 됐다. 이것이 흑인종과 아프리카 짐승들(예를 들어 말과 같은)의 본질이다." 사학자 제시 버나드^{Jessie Bernard}는 "백인 남성들이 흑인들을 집단 수용소 같은 게토로 몰아넣는 이유도 다분히 이들이 흑인 남성들의 성욕을 두려워했기 때문"이라고 주장했다. 실제로 1690~1698년 사이 위스트모얼랜드라는 도시에서 태어난 13명의 사생아 중 4명이 흑인과의 사이에서 태어난 물라토였다. 또 1702~1712년 사이 랭커스터 카운티에서 태어난 사생아 32명 중 9명이 물라토였다. 뿌리 깊은 성기 공포증은 시간이 갈수록 깊어진 모양이다. 1902년 『애틀랜타 의학 저널』은 「흑인 생식기의 특이한 점」이라는 논설을 게재해 독자들에게 흑인 생식기의 '악명 높은 비대'와 '흑인의 특징인 지나친 성적 리비도'에 대해서 경고했다. 1908년 최초의 흑인 헤비급 권투 챔피언인 잭 존슨^{Jack Johnson}은 성기가 엄청나게 크면서 백인 여성들을 밝혀 전국적인 항의 사태가 일어나기도 했다.[29] 흑인을 노예로 부려먹기까지 했던 백인들이 정작 중요한 데서 흑인을 이기지 못했으니, 그 공격이 맹렬하지 않을 수 없었다. 어쩌겠는가, 태생이 그런 것을.

성기 신앙

성기를 신앙의 대상으로 삼는 걸 말한다. 주로 남근 숭배가 많은데, 한국에서는 목제 남근, 숫탑, 자지 바위, 좆 바위, 소좆 바위, 총각 바위 등을 들 수 있다.[30] 이런 남근석 앞에는 여자 성기를 상징하는 짚신짝을 바침으로써 음양의 조화로 만사형통을 빌었다. 옛날 이야기만은 아니다. 1990년대에 평창의 백룡동굴에서 현지 경찰서장 일행이 남근석의 주력 덕을 보고자 남근석을 절단해 간 것이 논란을 빚은 적도 있다.[31]

성기 훼손

주로 여성에 의한 남성의 성기 절단을 말하지만, 여성의 경우에도 자기 증오에 의한 성기 훼손이 이루어지곤 한다. 옐토 드렌스에 따르면, "부인과 병원에는 제 손으로 질을 벤 여성, 날카로운 물체나 유리 조각 같은 것을 질 안에 넣은 여성들이 간혹 찾아온다. 반복 양태를 보이는 경우도 적지 않다. 하지만 자기 훼손을 하는 여성들이 대개 정신병적인 것은 아니다. 성기 훼손은 자기 학대의 한 형태, 가령 면도칼로 손목을 긋는다거나 얼굴에 상처를 입히는 행동과 비슷한 것이다."[32]

성 노동자론

성매매도 정당한 노동으로 봐야 한다는 주장이다. '노동자의 힘' 여성 분과를 비롯한 일부 여성계는 성매매 여성에 대한 정부의 시혜적 지원 방식에 문제를 제기하고, 성매매를 적극적 의미의 '노동'으로 인정하자고 주장한다. 합법 노조를 결성해 업주의 횡포에 대항하고, 정당하게 세금을 내 복지 혜택을 받을 수 있게 하자는 것이다. 이렇게 되면 성매매를 그만두고 다른 직업을 찾고 싶을 때 일반 실직자와 마찬가지로 실업 수당을 받고 직업 훈련도 받을 수 있다. 네덜란드를 비롯해 독일과 호주 등에서는 이미 성 노동이 합법이다. 이들 국가에서 성 노동자들은 법의 보호를 받으며 다른 직장인과 같은 권리를 누린다. 그러나 아직까지 성 노동자론은 큰 지지를 얻지 못하고 있다. 실라 제프리Sheila Jeffrey는 "성매매를 합법화한 독일의 경우 인구 1,000명당 3.8명의 성매매 여성이 있고, 남성 구매자를 처벌하는 스웨덴의 경우에는 인구 1,000명당 0.3명의 성매매 여성이 있다"라고 말했다.[33] (참고 '민주성노동자연대', '섹스 워커')

성매매 유비쿼터스

2004년 9월 성매매 특별법 시행 이후 나타난 현상으로, 성매매 종사자들이 대거 음지로 숨어들면서 예전보다 더 은밀하게 언제 어디서든 성매매를 할 수 있게 된 현상을 뜻한다.[34] 『동아일보』(2005년 3월 22일)는 이에 대해 "가입비 3만 원이면 인터넷에서 쉽게 만날 수 있고, 남성 휴게실, 피부숍 등 유사 업소가 급속히 확산됐으며, '집창촌+룸살롱'과 신종 섹스방까지 나타나는 등 변태 영업을 키웠다"고 평가했다.[35]

성매매 유형

이인식 과학문화연구소장은 성매매를 하는 남자를 구매 동기에 따라 세 부류로 나눈다. 첫째, 오로지 성적 욕구를 충족하기 위해 여자를 찾는 부류다. 이들은 매춘부와 다양한 성관계를 할 수 있으므로 아내나 애인으로부터 맛볼 수 없는 쾌락을 즐길 것으로 기대한다. 둘째, 매춘부로부터 정신적 위안을 얻으려는 부류다. 아내나 애인과 원만한 관계를 유지하지 못해 항상 심리적으로 불안을 느끼는 사내들이다. 개중에는 매춘부와 신뢰하는 사이가 되었으며 로맨틱한 사랑을 느꼈다고 털어놓는 남자들도 있다. 셋째, 매춘부를 인격체로 취급하지 않고 일종의 소모품으로 여기는 부류다. 두번째 부류와 정반대의 남자들이다. 이들은 사회적으로나 신체적으로 약자인 여자들과 섹스를 하면서 정복감을 맛보려고 한다.[36]

성매매 은어

경찰의 단속을 피하기 위해 만들어진 각종 성매매 관련 은어로 주로 인터넷 채팅 사이트에서 즐겨 사용되는 용어다. 경찰이 파악하고 있는 성매매 은어로는 'ㅈㄱ(조건만남)', '키알(키스해주고 돈 받는 것)', 'ㅁㄷㅇ(물다이-맨몸으로 몸을 씻겨주는 것)', '올캠(화상 채팅으로 돈을 받는 것)' 등이 있다. 인터넷 사이트에서 성행하는 성매매 알선이 그들만의 은어 사용으로 갈수록 은밀해지고 있어 경찰이 연일 진땀을 빼고 있다. 일선 경찰서들은 은어 리스트를 만들어 단속 경찰관에게 돌리기도 하지만, 하루가 다르게 신종 은어가 등장해 뒤따라가기 힘든 실정이라고 한다.[37]

성매매 특별법 근본주의

성매매 특별법 지지자들이 그 법의 실효성에 의문을 제기하는 사람들에게 보인 완고하거나 폭력적인 생각과 자세를 말한다. 인권운동가 원미혜는 『월간 말』(2004년 12월호) 인터뷰에서 성매매 합법화와 공창제에 반대하면서도, 그런 주장들을 근본적으로 잘못된 것이라고 규정하고 배제하는 것도 바람직하지 않다고 주장했다. 이 방안들을 여러 가지 대안 중 하나라고 보는 열린 자세가 필요하며, 성매매 근절주의를 넘어선 대안을 제시했을 때 "너는 성매매를 용인하는 것이냐"고 딱지를 붙이는 태도를 버려야 한다는 것이다. 한국빈곤문제연구소 류정순은 『월간 말』(2005년 1월호) 인터뷰에서

"한국의 여성 단체들이 너무 과잉 세력화되어 있다고 본다"며 다음과 같이 말했다. "한계 계층 여성들이 추운 겨울날 길거리로 내몰렸다. 빈곤 영향 평가라든지, 법 시행 이전에 최소한 수행되어야 할 조치들은 전혀 없었다. 중산층 이상 여성들의 복지를 위해 한계 계층 여성들의 복지를 희생한 것이다.…… 성매매와 같은 사안은 외국에서도 항상 논란의 대상이고 정답이 있을 수 없다. 그렇다면 사회적 합의와 준비 과정이 무엇보다 중요하다. 상류층한테 세금 걷는 걸 성매매 처벌법 밀어붙이듯 화끈하게 추진했으면 국민들한테 박수받을 것이다."

성 불감증

여성 불감증의 주요 원인은 선천적으로 지스팟G-Spot이 없거나 지스팟을 잘 찾지 못하는 경우다. 심리적인 요인을 제외하고 성 불감증 여성 환자의 90%가 질 내 음경 삽입 후 오르가슴을 느끼지 못하는데, 이는 지스팟이 발달하지 못했거나 음핵 포피가 지나치게 두꺼워 성감을 느끼지 못하는 것이다. 잦은 성관계, 임신과 출산 그리고 나이가 들어감에 따라 여성의 질은 탄력을 잃고 늘어지는 외형적 변화를 겪는다. 실제 우리나라 여성들의 30% 이상이 불감증을 겪고 있다. 외관상의 문제뿐만 아니라 여성 스스로가 자신감을 잃게 되며 성적으로도 만족감이 떨어지게 되는 것이다. 남편도 성감이 크게 저하되고 결국 부부간 오르가슴을 느끼지 못해 심한 경우 성관계를 기피하는 섹스리스 부부로 살게 된다. 이혼율의 증가도 성생활의 만족도와 무관치 않을 것으로 보인다.[38](참고 '지스팟')

성 억압설

근대 부르주아 도덕이 성을 억압하고 억눌렀다는 전제하에 성이야말로 인간의 진실을 드러내고 성 해방이야말로 인간에게 행복을 제공할 수 있다는 정신분석학적 주장이다. 프랑스 철학자 미셸 푸코Michel Foucault는 1976년에 출간한 『성의 역사 1: 앎의 의지history of sexuality 1-will to know』를 통해 성 억압설을 부정하면서 정반대로 성은 근대 사회의 고안물이라고 주장했다. 근대 사회는 19세기에 처음으로 우리 각자가 우리의 성적 욕망과 본능에 의해서 규정되고 알려지도록 하는 사유 방식을 고안했다는 것이다. 푸코는 "우리는 다른 사람의 성 고백을 들어주는 것으로 돈을 버는 직업이 있는 유일한 문명 안에 살고 있다"고 꼬집었다.[39] 도정일의 비판은 더욱 격렬하다. "미국의 일부 정신과 사람들이 프로이트의 억압 이론을 가져다가 '억압된 성적 기억' 이란 이상한 상품을 만들어 아이들의 정서 장애를 치료한다고 나섰다가 말썽을 일으킨 적이 있었죠. 그 사람들이 '얘야, 잘 기억해봐라. 어릴 때 아빠나 엄마한테서 뭐 당한 일 없니?' 라고 묻는 거예요. 자라면서 부모에게 이런저런 불만을 갖지 않은 아이들이 어디 있겠어요? 의사들의 질문에 아이들이 성적으로 억압당했다는 '기억' 을 마구 날조해냈죠. 그래서 부모들이 고발당하는 사태까지도 벌어졌어요. 프로이트를 빙자한 돌팔이 의사들 때문에 이런 일이 생긴 겁니다."[40]

성에 의한 피의 대체

인류는 오랫동안 권력의 기제, 발현, 관례에서 중요한 요소로서 기능해 온 '피의 사회' 에서 성적 욕망에 의해 움직이는 '성의 사회' 로 이동했다는 것으로, 미셸 푸코가 1976년 『성의 역사』에서 편 주장이다. "우리의 사회를 '피의 상징학' 에서 '성적 욕망의 분석학' 으로 옮겨가게 한 것은 바로 고전주의 시대에 구상되어 19세기에 실행된 새로운 권력 절차들이다. 주지하다시피 법, 죽음, 위반, 상징체계, 군주권 쪽에 속하는 어떤 것이 있다면 그것인 피인 반면에, 성적 욕망은 규준, 앎, 삶, 의미, 규율 그리고 조절 쪽에 속한다."[41]

성욕 · 식욕 유사론

김홍탁의 주장을 참고하자. "형태상 입으로 먹고 핥는 행위는 섹스 행위와 매우 유사하다. 속성으로도 늘 충족되길 갈망하는 욕망이라는 점에서 합쳐진다. 두 욕망은 중독된 욕망이다. 일상적인 용어에도 알게 모르게 그 유사성은 담겨 있다. 비속한 말로 여성성을 빼앗는 것을 '먹는다' 라고 표현한다. 영어의 '빨아먹다suck' 와 '그 짓을 하다fuck' 의 형태적 유사성도 우연만은 아니다."[42]

성의 변증법 The Dialectic of Sex

슐라미스 파이어스톤Shulamith Firestone이 1970년에 출간한 책의 제목이다. 파이어스톤은 성별 이분법이 성, 계급, 인종 지배의 기초라는 생각을 소개하면서, 인공 출산이라는 테크놀로지로 최소한 '출산' 이라는 한 가지 방식의 억압은 사라질 것이라 주장했다.[43]

성의 볼셰비즘 the Bolshevism of Sex

러시아는 볼셰비키 혁명 성공 직후 낙태 합법화를 비롯하여 일련의 급진적인 성 개혁 정책들을 선보였으며, 비슷한 실험들이 헝가리에서도 즉시 시행됐다. 그러자 뉴욕 그리니치 빌리지에 있는 보헤미안들이 '자유연애' 를 옹호하고 나섰고, 비판자들은 '성의 볼셰비즘' 이라고 비난했다. 하지만 성 문제만큼은 그런 이념 공세로 억압할 수 있는 건 아니었다.[44]

성의 정치학 Sexual Politics

케이트 밀레트Kate Millett가 1970년에 출간한 책의 제목이다. 그녀는 이 책에서 처음으로 남녀 관계를 '불평등한 권력관계' 로 규정하고 양성 간의 불평등이 계급과 인종의 불평등보다 더 근본적인 불평등이라고 주장함으로써 1970년대 여성 해방 운동에서 급진주의 여성 해방론이 등장하는 물꼬를 텄다. 밀레트는 나아가 여성 해방론에서 주장하는 "개인적인 것이 정치적인 것이다"라는 슬로건의 의미를 확실히 했다. 조영미의 해설에 따르면, "밀레트는 여성 억압의 원인을 분석하면서 그 토대를 남녀의 성 역할 사회화 과정과 남녀 간 성관계의 영역에서 제시했다. 이러한 영역은 이제까지 순수하게 개인적 관심의 영역 내지는 자연적 영역으로만 간주되어 왔다. 하지만 밀레트는 바로 이 개인적 영역에서 남성이 여성을 체계적으로 지배하게 되므로 정치적 영역이 된다고 강조했다. 밀레트는 정치적 영역에 개인적 영역을 포함시킴으로써 기존의 편협한 정치 이론을 더욱 풍부하게 해줄 수 있는 가능성을 제공했다."[45]

성인용품점

1970~1980년대에는 주로 다방에서 정장 차림의 남자들이 007 가방에 남성 성인용품을 가득 채워와 영업했다. 1990년대엔 고속도로변이나 인적이 드문 곳에서 비밀리에 영업하던 성인용품점이 2000년대 들어 대폭 증가해 주택가까지 점령하고 있다. 콘돔, 구하기 힘든 야한 속옷, 페로몬 향수, 사람과 흡사하게 만든 실리콘 인형, 남녀의 신체를 본뜬 기구, 젤, 일명 '칙칙이'라 불리는 남성용 국소마취제, 기타 자위 기구 등 다양한 성인용품이 판매되고 있다. 고객층도 많이 확대됐다. 예전에는 독신 남성이 주 고객이었지만, 요즘엔 젊은 여성부터 신혼부부, 중년 커플 등으로 고객층이 확대되고 있다. 구경하는 것도 좋고 필요에 따라 구입할 수도 있지만, 성인용품점

에서는 허가받지 않은 불법 수입품이나 가짜 비아그라 등 건강에 치명적인 영향을 주는 물건도 팔고 있으므로 주의를 요한다.[46]

성적 금기어

성적 이미지를 떠올리게 한다는 이유로 한때 사용이 금지됐던 단어를 말한다. 19세기 중반 미국에선 금기어가 수백 개나 양산되면서 머리, 손, 발목을 제외한 인간의 신체와 관련된 해부학적 특징이나 옷 품목마저도 금기어였다. 심지어 발가락[toe]조차 수치스러운 표현에 속해 정중한 모임에서는 절대 내뱉지 않았다.(그냥 발[foot]이라고 불렀다.) 한 독일인은 여러 사람들이 모인 곳에서 '코르셋'이라는 말을 무심코 했다가 쫓겨나기도 했다. 가슴이 성장하는 어린 소녀는 의사에게 '위[stomach]에 통증이 있다'고 설명해야 했는데, 이때의 '위'는 허리와 머리 사이에 있는 모든 것을 의미했다. 오늘날에도 미국에선 'fuck'과 같은 단어는 여전히 금기어다. 이런 금기어는 fuck처럼 네 글자로 된 것이 많아 'four-letter word'라고 하며 실제로 대중 매체에선 그렇게 부르기도 한다.[47] 전 사회적 발정기도 아니고 도대체 어떻게 이런 많은 금기어들이 한꺼번에 쏟아졌을까? 사회의 이중성 때문에 진실은 언제나 저 너머로.(참고 '바우들러')

성적 신호 sexual signals

성관계를 원하는 남녀가 상대방에게 보내는 무언의 신호를 말한다. 남자들은 여자들이 유방을 만지거나, 남자에게 엉덩이를 바싹 붙여 앉을 때, 관능적인 눈으로 남자를 바라보거나 팔을 남자의 목에 두를 때, 손가락으로 머리칼을 쓸어내리거나 입술을 핥고 스트로나 손가락을 빨 때, 가슴이 보이도록 앞으로 기대거나 몸매 곡선을 강조하려고 몸을 굽히거나 할 때, 상대가 유혹 전술을 펼치는 것으로 이해했다.[48] 온 가족이 한방을 쓰면서도 자녀를 낳을 수 있었던 시절, 부부간에 오가던 신호와는 다른 개념 되시겠다.(참고 '유혹 책략')

성적 자유주의 sexual liberalism

포르노를 대하는 자세에서 여성의 권리보다는 성적으로 자유로운 행위와 표현의 자유를 우선하는 정치적 성향을 말한다.[49]

성 정치 Sex-Pol

오스트리아의 프로이트·마르크스주의자인 빌헬름 라이히 Wilhelm Reich 가 마르크스주의와 프로이트주의를 결합시켜 전개한 사회 운동이다. 이 운동은 대중의 성 문제를 돕고, 일반적인 애정 생활의 성적 욕구를 더 큰 혁명 운동의 틀 속에서 정치 문제로 연관시키는 것을 목표로 삼았다.[50] 라이히는 성 억압이 사람을 착취와 억압에 쉽게 먹혀 들어가게 만든다는 점에 주목했다. 미국에서 1960년대에 신좌파 학생 운동가들은 그의 『파시즘의 대중 심리Die Massenpsychologie des Faschismus』(1933)를 읽고서 '사회적 억압과 심리적 억압의 상호 관계'를 발견하려고 애썼고,[51] 히피들은 그의 『성 혁명』(1966)에서 '자유의 진보는 리비도의 해방'이라는 주장의 전거를 찾으려 했다. 윤수종의 해설에 따르면, "성 혁명은 좁은 의미의 성 자유를 넘어서서 집단 속에서 개인을 해방하는 문제와 연결된다. 복종하지 않고 자신 스스로 다른 사람과의 관계를 구성해 갈 수 있는 건강한 인간을, 건강한 자율적 주체를 만들어내고자 하는 것이다. 동시에 그러한 개인을 포괄하는 집단을 만들어내는 문제와 연결된다. 이렇게 건강하게 자란 사회 구성원들이 만족스러운 욕구의 충족으로서 노동을 해나가면서 자치적으로 결집해 나가는 사회를 노동 민주주의로 제시한다."[52] 이런 원리에 따라 이른바 '1968 혁명' 때엔 다음과 같은 표어 또는 낙서들이 난무했다. "나는 사랑을 하고 싶습니다. 그리고 나는 혁명을 하고 싶습니다.", "부르주아는 사랑을 약화시키는 데에서만 기쁨을 발견합니다.", "쉬지 말고 즐기십시오."[53]

성조숙증

사춘기가 되면 유방이 발달하고 음모나 자라기 시작하며 고환 크기도 증가하는 2차 성징이 일어나는데, 이 사춘기 징후가 여아는 8세 이전, 남아는 9세 이전에 나타나는 것을 말한다. 성조숙증이 생기면 성장판이 빨리 닫혀 키가 제대로 크는 데 장애가 생기며, 여아의 경우 성인이 되었을 때 유방암이나 조기 폐경이 나타날 확률이 높다. 성조숙증은 지방과 콜레스테롤이 많은 음식에 의한 영양 과잉과 유전, 환경 호르몬, 정신적인 스트레스가 원인으로 알려졌으며 특히 아동 비만이 주요 원인 중 하나로 지적되고 있다.[54] 우리나라에서는 여자아이들의 성조숙증이 문제가 되고 있다. 2005~2009년 성조숙증으로 병원에서 진료를 받은 아동 7,383명 중 97%(7,175명)가 여자아이이며, 증가 추세도 여자아이들이 남자아이들에 비해 훨씬 높은 것으로 나타났다. 남자아이들의 경우 진료 횟수가 2005년 22건에서 2009년 80건으로 4배 증가한 반면, 여자아이들은 진료 횟수가 2005년 349건에서 2009년 3,318건으로 10배 가까이 증가했다.[55]

성 중독증 sexual addict

성적 모험을 통해 자신의 존재를 확인하려는 정신병적 증상이다. 사회적으로는 성공했으나 개인적으로는 심한 고독감을 느끼는 상태에서 성적 모험을 통해 자존감을 확인하려고 애쓰는 증세를 말한다. 성적 모험이란 성 중독이나 무분별한 성적 체험을 포함하는 개념인데, 미국에서는 빌 클린턴의 사례에 견주어 이 같은 증세를 '클린턴 신드롬'이라 부르기도 한다. 미국의 정신분석학자 제롬 레빈Jerome D. Levin에 따르면, 미국 남성 가운데 5~8%가 성 중독증에 시달리고 있으며 사회적으로 성공한 사람들의 경우에는 그 비율이

20%에 이를 정도라고 한다. 결국 클린턴 신드롬은 일종의 '석세스 success 신드롬'이라고도 할 수 있다. 한편 현대에는 인터넷이나 영상 매체를 통한 성적 모험이 날로 늘어나고 있다. 한국의 경우 인터넷 이용자의 상당수가 음란 사이트와 음란 채팅 등을 통해 성적 욕구를 해결하려고 하는 '사이버 성 중독증'에 걸려 있으며, 일부는 중독 정도가 우려할 만한 수준인 것으로 알려졌다.[56]

성추행 性醜行

폭행이나 협박을 수단으로 하여 이성에게 성교 이외의 성적인 행위를 하는 일을 말한다. 상대의 은밀한 부위를 강제로 만지거나 옷을 마구 벗기거나 하는 따위의 행동으로 '성희롱'보다는 무겁고 '성폭행'보다는 약하다고 할 수 있다.

성폭력 보도 가이드라인

한국여성민우회 성폭력상담소(이하 민우회)가 2006년 10월 31일 "2006 성폭력사건보도 모니터링 심포지엄"에서 자료집 「나는, 성폭력을 이렇게 읽는다」를 통해 발표한 일종의 보도 준칙이다. 성폭력 관련 보도 시 언론사가 주의하고 지켜야 할 사항을 13개 조항으로 정리한 것이다. 민우회는 2006년 1월부터 7월까지 6개 일간지(경향, 동아, 서울, 조선, 중앙, 한겨레)의 성폭력 관련 기사를 모니터한 결과

80여 건의 문제적 보도 태도가 드러났다고 밝히고, "조사 결과 우리나라 신문들은 성폭력 사건 보도에서 공공성보다 선정성이 도드라진 것으로 나타났다"고 발표했다. 특히 피해자에게 명백한 폭력인 사건을 남녀 간의 갈등으로 치부하는 등 폭력과 성애를 구분하지 않은 점, '옷 위로 살살 자극을 주다가', '처녀막이 파열됐다', '최 의원에게 가슴을 잡힌 여기자' 등 불필요하고 선정적인 묘사, '대전 발바리' 등 흥미 위주의 속칭 남발, 피해자에게 잘못을 전가하는 통념의 반복과 진실 왜곡 등을 문제로 지적했다.[57](참고 '발바리')

성폭행

폭행이나 협박 등 불법적인 수단으로 부녀자와 성관계를 맺는 것을 말한다. 이에 대해 성폭행이 성관계의 성사 여부에 초점이 맞춰져서는 안 된다는 지적이 오랫동안 제기되어 왔다. 구성애는 "판사들도 무의식적으로 처녀막 파손 여부를 중요하게 생각한다"며 "성폭행은 힘이 없어 당한 것이다. 폭행을 당했는데 성기에 당한 것이 성폭행이다"라며 올바른 성폭행의 개념을 중시했다.[58]

성폭행 피해자 이름 공표 논란

성폭행 피해자의 이름 공표를 놓고 1980년대 초 미국에서 벌어진 논란이다. 성폭력 사건의 언론 보도 시, 피해자의 이름을 밝히지 않는 것이 윤리적인 것으로 간주되고 있기는 하지만 미국에서는 각 주나 언론사마다 다르다.[59] 1981년 미국 노스캐롤라이나 주의 『더럼모닝헤럴드』는 18회에 달하는 연재 사설을 통해 성폭행 피해자의 이름을 밝히는 자사 정책을 옹호했는데, 이 신문은 사설에서 이렇게 주장했다. "다른 범죄에서는 피고의 인권이 최고 존중된다. 사건의 증인, 경찰, 그리고 전반적인 재판 체계가 가지는 동기와 성실성을 검증하는 데 의혹이 집중된다.…… 강간 사건의 경우에는 사정이 달라진다. 그들은 법률 체계에 무한 신뢰를 보인다. 그들은 용의자가 무죄일지도 모른다는 생각을 전혀 해본 적이 없는 것처럼, 희생자는 반드시 정직하며 실수나 악의는 있을 수 없는 것처럼 행동한다."[60] 성폭행 피해자의 이름을 밝혀도 된다고 주장하는 언론인은 소수에 지나지 않는다. 유진 굿윈에 따르면, "전통적인 관행에 의문을 제기하는 또 다른 사람은 『뉴스데이』의 그린이다. 그는 '오늘날 사회에서는 강간 사건의 피해자가 되는 것이 과거와 같이 수치스런 일은 아니다'라고 말한다. 이름을 밝히지 않는 것이 '여성을 보호한다는 의미에서 시대에 맞지 않는 행위'라는 것이다. 그는 신문사의 방침 때문에 공중이 누가 강간당했는지도 모른 채 어떤 남자가 재판을 받는 경우를 상상해보자고 제안했다. 공중이 피해자의 이름(신원)을 알고 있다면, 사건 당일 현장 부근에 있었던 사람이 경찰에 사실을 알려줄 수도 있다는 것이다. 뉴욕 주 로체스터의 신문들은 강간 피해자를 알리지 않는 관행을 따르고 있으나 낸시 모나간이 『데모크랏 앤드 크로니클』의 수도권 부장으로 있을 때 여기에 의문을 제기하는 의견이 제시됐다. 강간만이 심리적으로 피해를 입는 범죄는 아니라는 게 그 이유다. 모나간은 신문이 강간 피해자는 보호하면서 70세 된 노파가 강도를 당했을 때 신문에 나면 다시 침입할지도 모른다는 애원에는 왜 귀를 막는지 모르겠다고 지적했다."[61] 한국에선 피해자의 이름을 밝혀야 한다고 주장하는 언론은 없지만, 사실상 피해자의 신원을 알 수 있게 하는 보도를 아직도 많이 행하고 있다.

성행위 습관화

그 어떤 흥분과 감흥도 없이 성행위를 습관적으로 하는 것으로, 이는 결혼의 최대 함정이다. 조르주 바타유 Georges Bataille에 따르면, "결혼은 성행위를 습관화하고, 습관적 성행위에는 위반의 느낌이 약화되고, 위반의 부재는 관능의 부재를 야기한다. 만일 혼외정사가 에로티즘을 증폭시킬 가능성이 있다면, 거기에는 육체적인 이유보다 정신적인 이유가 더 클 것이다. 다시 말해 혼외정사에 흥분, 기대, 죄의식이 소용돌이치는 강렬한 위반의 느낌이 없다면, 그것은 격렬한 에로티즘을 불러일으키기 힘들 것이다."[62] 남녀를 불문하고 불륜을 저지르는 것도 바로 이런 이유 때문일 것이다.

성희롱 sexual harassment

성적인 괴롭힘을 말한다. 장필화에 따르면, "1970년대 중반부터 '성적 강제' 를 반대한 미국의 여성 운동 단체와 여성학자가 중심이 되어 채택 · 발전시켜온 개념으로, 현대 여성 운동의 과정에서 의도적이고 집단적으로 만들어진 조어다. '섹슈얼 허래스먼트' 라는 개념의 역사적 · 정치적 함의를 고려할 때, 우리 사회에서 이에 해당하는 개념으로 사용되고 있는 '성희롱' 은 적절한 용어라고 보기 어렵다는 비판이 제기되고 있다. 성희롱은 말 그대로 '성적으로 실없이 놀리는 것' 을 의미하므로, 섹슈얼 허래스먼트라는 용어에서 가장 핵심적인 '권력' 의 개념을 담아내지 못하기 때문이다. 여성가족재단은 " '성희롱' 이라는 단어가 말할 수 없었던 것을 말할 수 있게 해준 힘이 된 것은 큰 성과"라고 긍정하면서도 " '직장 내 성희롱' 이 이렇듯 과잉 대표성을 띠면서 오히려 직장 내 권력 문제 논의를 묻어버리는 도구로 활용되는 측면도 있다"고 지적했다. 남성 상사가 여성 부하를 '부당하게 다룬' (권력관계) 문제도 '성희롱 말썽' 으로 폄하해 당자사들만 해고하고 넘어가는 경우가 많다는 것이다. 그러나 이미 널리 사용되고 있는 '성희롱' 이라는 개념에 권력의 의미를 포함시킴으로써 정치성을 부여해야 할 것인지, 아니면 전혀 다른 용어로 대치해야 할지는 좀더 고려해봐야 할 문제라는 게 지배적인 의견이다. 한편, 성희롱은 형법상 명예훼손죄나 모욕죄에 해당되면 입건할 수 있다. 이메일이나 채팅 내용, 녹취록 등 증거를 확보해두는 게 매우 중요하며, 휴대폰 메시지 등 불특정 다수가 볼 수 없는 경우의 성희롱은 2회 이상 연속성이 있어야 형사 처벌할 수 있다. 일대일 방식의 통신 수단을 통한 1회성 성희롱도 국가인권위원회법, 여성발전기본법, 남녀고용평등법 등 관련법에 따라 가해자는 사내 징계를 받는다. 또 해당 회사나 관공서가 가해자에 대한 징계를 하지 않을 경우 노동부나 국가인권위에 진정서를 제출해 조사를 의뢰하면 구제를 받을 수 있다.[63] 물론, 법이 그렇다는 이야기고 사실상 성희롱 피해자가 제대로 구제받는다는 건 생각보다 쉽지 않다. 입증 과정도 어려울 뿐 아니라 성희롱 인정 여부를 놓고 여전히 논란이 많기 때문이다. 이 때문에 성희롱 판결은 정권이 어떻게 바뀌느냐에 따라 달라진다는 말도 있다.

성희롱 처벌 완화론

성희롱 처벌이 기업 활동에 걸림돌이 된다며 직장 내 성희롱 처벌을 완화해야 한다는 재계의 주장이다. 이에 대해 『한겨레』(2008년 4월 7일)는 다음과 같이 비판했다. "성희롱 근절은 양성평등과 인권의 견지에서 기업을 떠나 우리 사회가 지향해야 할 중요한 목표다. 직장 내 성희롱은 법적 구제 절차가 마련된 지 꽤 오랜 세월이 흘렀지만 피해 사실을 밝힌 성희롱 피해자가 직장을 떠나게 되는 상황은 여전하다. 피해자가 부당 해고뿐만 아니라 소속 기관과 동료, 상사 등으로부터 철저한 고립과 소외를 각오하지 않으면 쉽게 문제를 제기할 수 없기 때문이다. 처벌 완화를 요구할 게 아니라 이런 현실을 바로잡을 생각을 해야 한다.…… 공정 경쟁을 강화하고 사회적 책임을 다하는 것이 기업의 경쟁력과 생존력을 높인다. 재계가 '비즈니스 프렌들리' 에 편승해 자기 몫 챙기기와 눈앞의 이익에 급급하다간 역풍을 만날 수 있다."[64]

세상의 근원

화가 구스타브 쿠르베Gustave Courbet의 1866년 작품이다. 벌거벗은 여성이 드러누운 채 양 다리를 벌리고 노출시킨 성기에 초점을 맞춰 그린 그림으로 수많은 화제를 불러 일으켰다. 여성의 얼굴과 가슴 없이 그림의 한복판을 차지한 '북슬북슬한 음모' 가 인상적이다. 생식의 관점에서 '세상의 근원' 이라는 제목을 붙였겠지만, '욕망의 근원' 으로 생각할 사람도 많을 것이다. 이와 관련, 김홍탁은 "그곳으로부터 인간 탄생이라는 실존의 철학이 시작된다"며 이렇게 말했다. "동시에 그곳은 섹스 산업의 이데올로기가 펼쳐지는 곳이기도 하다. 쿠르베의 그림을 그대로 옮겨놓은 것 같은 사진 앞에서 넋을 잃고 여성의 음부를 들여다보는 남자라는 종자가 마르지 않는 한 섹스 산업은 마르지 않을 것이다."[65] (참고 '백보지 신드롬')

섹슈얼리티 sexuality

'섹스' 가 보통 생물학적 성의 구별이나 직접적인 성행위를 뜻하는 반면 섹슈얼리티는 19세기 이후에 만들어진 용어로 '성적인 것 전체'를 가리킨다. 즉 성적 욕망이나 심리, 이데올로기, 제도나 관습에 의해 규정되는 사회적인 요소들까지 포함한다. 섹슈얼리티는 번역에 어려움이 있다. 함재봉은 "성에 대한 미셸 푸코의 유명한 저서『성의 역사』도 'History of Sex'가 아닌 'History of Sexuality'이다. 따라서 그 차이를 나타내기 위해 섹슈얼리티를 '성성性性'으로 표기하기도 한다. 그러나 '성성'이라는 단어의 어색함이 보여주듯이 '성' 또는 '성성'의 담론은 동양적인 사상과 전통의 맥락에서는 번역조차도 어려운 생소한 개념이다"라고 했다. 그러나 '성성'이라는 조어는 널리 쓰이진 않고 있으며, 그냥 섹슈얼리티로 부르는 경우가 많다. 이규현은 푸코의『성의 역사』를 번역하면서, 섹슈얼리티는 성적 행동, 성적 현상, 성욕 또는 성 본능을 의미할 수 있지만, 성욕이 가장 적합하다고 주장했다. "이 책의 제목도 사실은 '성적 욕망의 역사'가 옳을 것이나, 이때만큼은 성 현상, 성 행동, 성욕을 모두 통틀어서 대표하는 의미로 '성의 역사'라 하는 것이 기존 언어 관행에도 맞고 제목으로서의 무게와 포괄성 및 매끄러운 수용 가능성(물론 결탁 가능성까지 포함해서)을 지니게 되어 더 나을 것이다." 한편, 일본의 한 연구자는 섹슈얼리티를 "섹스라고 하는 '보편적인 것'이 시대와 사회를 통하여 변화하는 다양한 존재 양태"로 정의했다. 김경일은 "이 정의는 섹슈얼리티 개념을 이해하기 위해서는 시대나 사회와 같은 문화적 맥락을 우선적으로 고려해야 한다는 의미로 받아들일 수 있다"며 다음과 같이 말했다.

"성에 대한 일종의 사회구성주의적 접근이라고 할 수 있는 이러한 입장은 '섹스는 두 다리 사이에, 섹슈얼리티는 두 귀의 사이에 있다'라는 가장 간명한 정의에서도 찾아볼 수 있다. 두 다리 사이에는 성기가 있고, 두 귀 사이에는 대뇌가 있다는 이 말은 다시 말하면, 섹슈얼리티는 생리적 현상이라기보다는 심리 사회적 현상이고 문화에 의해 학습된다는 것이다."[66]

섹슈얼 이벤트 sexual event

성감을 높이기 위해 성행위에 도입하는 각종 이벤트를 말한다. 60여 년 전 '킨제이 보고서'를 출간했던 미국 인디애나 주립 대학은 2010년 10월 미국인들의 성생활을 조사한 방대한 보고서인 『성적인 건강과 행동에 대한 전국 조사』를 발표했다. 조사를 이끈 데비 허브닉Debby Herbenick은 "여러 가지 이벤트가 새로 발견됐을 정도로 미국인은 성적으로 더 대담해졌다"며 "이는 성인물에 대한 접근성이 쉬워졌기 때문"이라고 말했다. 인터넷을 통해 유통되는 포르노그래피는 물론, 성에 대한 온갖 확인되지 않은 지식이 모험적인 성활동을 부추겼다는 것이다. 조사에 따르면 성인 커플은 최대 40여 가지 섹슈얼 이벤트를 실행하고 있는 것으로 나타났다.[67]

섹스 강국

2001년 영국의 유명 콘돔 제조사 듀렉스가 조사한 결과에 따르면, 미국 남자들이 세계에서 가장 활발하게 섹스를 하는 것으로 밝혀졌다. 이들이 1년에 124회 하는 데 반해, 일본인들은 36회, 독일인들은 104회에 불과했다. 파트너를 바꾸는 횟수도 미국인이 1등이다. 평균 14명으로 13명인 프랑스를 앞질렀다. 이는 미국인 특유의 쾌락주의와 금욕주의의 조화를 말해주는 통계다. 둘은 늘 충돌하지만, 둘 모두 지속되는 것으로 보아 조화로 보는 게 옳다. 한스 디터 겔페르트Hans-Dieter Gelfert는 "쾌락주의와 금욕주의의 충돌은 미국 사람들의 일상 가운데 쉽게 관찰할 수 있으며, 미국 사람들만이 전형적으로 가진 특징을 설명할 때 유용하다"며 다음과 같이 말했다. "미국인들은 욕조 안에서 목욕하는 것보다 샤워하는 것을 더 선호하는데, 굳이 실용적인 측면 때문에 그런 것만은 아니다. 욕조 안에서 목욕한다는 것─할리우드 영화에서 자주 볼 수 있듯이─은 미국 사람들에게 감각적이고 외설스러운 의미가 담겨 있는 반면에, 샤워는 몸을 씻는 방법들 가운데 도덕적으로 깨끗한 방법인 것이다. 거리에서 사람들은 널찍하고 편안한 리무진을 타고 사치스러운 쾌락을 맛볼 수 있지만, 이와 동시에 까다롭고 엄격한 교통 법규를 따라야 한다. 미국인들은 굳이 법적으로 규정되어 있기 때문에 쾌락을 어느 정도 포기하는 것이 아니라 이웃의 행복을 침해할 여지가 있으면 스스로 자신의 쾌락에 한계를 정한다. 독일 사람들은 남에게 피해가 되든 말든 자신에게 부여된 권리를 한껏 누리는 반면에,

미국인들은 법으로 정한 것은 아니지만 공동생활을 위해 필요한 규칙은 기꺼이 따른다. 이 역시 금욕의 한 형태라 볼 수 있다."[68]

섹스 로봇 Sex Robot

인간의 성행위를 대신 수행할 목적으로 만들어진 로봇이다. 세계 최초의 섹스 로봇은 2010년 1월 환락의 도시 라스베이거스에서 열린 "AVN 성인용품 엑스포"에서 첫선을 보였다. 그녀의 이름은 록시Roxxxy. 170cm, 54kg에 가슴 크기는 꽉 찬 C컵이다. 합성 피부와 인공 관절을 가지고 있지만, 혼자 걸어 다니진 못 한다. 록시를 만든 더글러스 하인스Douglas Hines는 "록시는 청소는 못 한다. 요리도 할 수 없다. 하지만 그것 외에는 거의 모든 다른 일을 할 수 있다. 당신이 기대하는 대로일 것"이라고 장담했다. 온라인으로 자신의 취향과 관심사를 적어 록시를 만드는 회사에 주문서를 넣으면, 록시에게 입력된다. 인종, 머리카락의 색깔, 가슴 사이즈도 주문이 가능하다. 하인스는 "록시는 당신이 무엇을 좋아하는지 정확하게 알고 있을 것이다. 당신이 포르셰를 좋아하면 록시도 포르셰를 좋아하고, 당신이 축구광이면 록시도 축구광일 것이다"라고 말했다. 록시는 현재 유럽·미국에서 7,000~9,000달러에 판매되고 있다. 하인스의 회사에서는 남자 로봇도 개발 중인데, 이름은 록키Rocky다.[69] 록키가 록시처럼 여성에게도 신세계를 안겨다 줄지는 두고 볼 일이다.

섹스리스 sexless

섹스리스는 일본에선 이미 1990년대에 심각한 문제로 대두됐다. 2001년 『아사히신문』의 조사에 따르면 일본 부부의 약 30%가량이 1년에 고작 몇 번 정도의 성관계를 갖는 섹스리스 생활을 하고 있는 것으로 나타났다. 2004년 5월 『아사히신문』이 발행하는 시사주간지 『아에라』는 급증하는 섹스리스 문제를 우려해 「젊은이여, 섹스를 싫어하지 말자」라는 제목의 기사를 게재하기도 했다. 이 잡지에서 전문가들은 자신감 상실(남성)과 청결에 대한 과도한 집착(여성)이 젊은층의 '섹스리스화'를 부추겼다고 진단했다. 『뉴스위크』는 2003년 미국에서 1년에 10회 미만의 성관계를 갖는 '섹스리스 커플'이 15~20%로 추산된다며, 이들을 딘스^{DINS: dual income, no sex}족이라고 표현하기도 했다. 우리나라도 섹스를 전혀 하지 않는 섹스리스 남성이 1997년 1.1%에서 2003년 5.8%로 크게 증가했다는 보고가 있다. 특히 30대의 섹스 감소가 두드러졌다. 30~34세 남성의 경우 섹스를 전혀 하지 않는 비율이 1997년 0.6%에서 2003년 6.4%로 급증했다. 주 1회 이상 성관계를 갖는 남성은 1997년 81.3%에서 2003년 66.2%로 줄었고, 주 2회는 35.6%에서 25.0%로 떨어졌다. 역시 30대의 횟수 감소가 두드러져 31~35세의 경우 주 1회 이상이 86.8%에서 65%로 20% 이상 줄었다. 섹스리스 이유는 직장 일과 육아에 밀려 욕구도 여유도 없다, 재미없는 운동 같다, 바쁜데 쉬고 싶다, 다른 즐길 거리도 많다 등등 다양했는데 육체적 · 정신적 스트레스가 가장 큰 이유로 지목됐다. 이화여대 교수 함인희는 "횟수를 초월하라"며 "부부 관계를 연구해보면 성관계 빈도와 만족도는 크게 상관이 없다. 개인차가 심하다. 신혼부부라도 한 달에 한 번밖에 안 하는 사람이 상당수다. 그런 사람들이 꼭 불만스러운 것은 아니다. 잘못된 성 관련 상식에서 자유로워지는 것이 부부 관계의 수준을 높이는 방법"이라고 조언했다. 인터넷에 섹스가 넘쳐나는 것도 한 이유로 지목됐다. 이인식은 "섹스에 관한 내용이 넘쳐나면서 섹스 무력증이 생긴 것 같다. 섹스가 너무 일상화돼서 신비감과 긴장감이 없어진 것이다. 섹스 테크닉에 대한 얘기는 많은데 본질에 대해서는 잘 모른다. 섹스에 대한 잘못된 판타지를 심어준 사회의 잘못이다"라고 분석했다. 그는 한국 부부의 진짜 문제는 '섹스리스'가 아니라 '러브리스(사랑이 없는 것)'라며 "섹스를 형이하학적 문제로만 여기는데, 부부간의 섹스는 뇌로 하는 것"이며 "부부 사이에 섹스가 없게 된 이유를 우선적으로 찾아야 한다"고 말했다.[70]

섹스 마케팅

넓은 의미로는 섹스를 마케팅의 주요 소구점으로 삼는 마케팅을 말하지만, 좁은 의미로는 실제 섹스를 마케팅의 도구로 삼는 것을 말한다. 2003년 여름 불경기와 휴가철 등으로 룸살롱을 찾는 손님들이 급감하자 일부 룸살롱은 '접대 아가씨와의 동반 여행'을 선물로 내걸었다. 역삼동의 한 룸살롱은 "한 달에 3번 찍을(방문할) 경우 우리 업소 퀸카와 에버랜드 캐러비언베이에 함께 갈 수 있고, 6번

찍으면 하루 데이트, 8번 찍으면 1박 2일 콘도 동반 이용권, 10번을 찍으면 2박 3일 제주도 동반 여행권을 주겠다"는 내용의 이벤트를 열기도 했다. 한 룸살롱 관계자는 "젊은 아가씨들과의 동반 여행은 다름 아닌 윤락 여행을 의미하는 것"이라며 갈수록 심해지는 섹스 마케팅이 힘에 부칠 지경에 이르렀다고 성토했다.[71]

섹스 매몰 기법

잠재의식 광고에서 자주 사용되는 수법 중의 하나다. 윌슨 브라이언 키[Wilson Bryan Key]는 1973년에 출간한 『잠재의식의 유혹[Subliminal Seduction]』이라는 책에서 광고나 제품에 매재물을 넣는 매몰 기법을 고발했다. 매재물은 사람이나 사물의 윤곽이 배경에 섞여 있어 지각하기 어렵게 된 모호한 그림 형태를 말한다. 광고의 얼음 조각 속에 성적 이미지를 숨긴다거나 섹스와 같이 심리적 충동을 일으킬 수 있는 단어들을 제품이나 광고에 집어넣는 것이다. 키는 수천 가지의 잡지 표지와 광고, 뉴스 사진 등을 검토한 끝에 거기에 삽입되는 단어의 종류를 8가지 발견했는데 가장 많은 게 'sex'라는 단어였다고 한다. 하다못해 아이들이 먹는 크래커에도 양면에 'sex'라는 단어가 모자이크되어 있다는 것이었다.[72] 성적 이미지에는 누구라 할 것 없이 마음이 동하는 본능을 포착한 결과라 할 수 있겠다.

섹스 매카시즘

섹스 스캔들을 무기 삼아 상대방에게 치명적인 상처를 입히는 행위를 말한다. 1990년대 후반 미 정계를 발칵 뒤집어 놓았던 래리 플린트의 맹활약이 섹스 매카시즘의 대표적인 사례다. 포르노 잡지 『허슬러』의 발행인인 래리 플린트는 1998년 9월 '스타 보고서(클린턴의 성 보고서)'를 접한 후 "우리가 포르노물을 좀더 넓은 성인층으로 확산하기 위해서는 명시적인 포르노물 확산에 신기원을 연 당신의 도움이 필요하다"며 스타 검사에게 일자리를 주겠다고 빈정거려 클린턴의 성추문을 부추기는 자들에게 노골적인 불만을 터뜨렸다. 1998년 10월 4일 플린트는 현직 의원이나 고위 공무원들과 간통한 적이 있거나 이러한 사실을 입증할 수 있는 사람에게는 최고 100만 달러를 주겠다는 8만 5,000달러짜리 전면 광고를 『워싱턴 포스트』에 게재했다. 이 광고가 나간 후 수천 건의 섹스 스캔들 제보가 쇄도했다. 플린트는 FBI와 CIA의 전직 요원들을 고용해, 수천 건의 제보 중 근거 있는 48건의 제보를 추적했고 특히 12건은 폰섹스 녹음테이프까지 확보했다. 그리고 곧 정치인들의 성적 부정을 파헤친 보고서를 책으로 출간할 것이라고 밝혔다. 클린턴 편이라고 자처한 플린트는 "워싱턴 정가의 이중인격적인 모습을 밝혀내겠다"며 "클린턴을 심판하려는 사람들은 자신도 똑같이 당하게 될 것"이라고 엄포를 놓았다. 플린트의 섹스 스캔들 폭로에 의해 첫 제물이 된 사람은 1998년 12월 19일 하원 본회의에서 클린턴 탄핵 표결 직전 전격적으로 정계 은퇴를 선언한 공화당의 밥 리빙스턴이었다. 리빙스턴은 차기 하원 의장 내정자로서 미 정계에서도 손가락 안에 드는 거물이었다. 플린트는 리빙스턴의 혼외정사 사실에 대한 제보를 접한 후 FBI와 CIA의 전 요원들을 동원해 조사를 지시했고, 이 사실을 은밀히 언론에 흘렸다. 이로 인해 섹스 스캔들을 빌미로 성적 청교도주의를 부르짖으며 클린턴을 대통령의 자리에서 끌어내려 했던 밥 리빙스턴은 결국 정계에서 은퇴할 수밖에 없었다. 이때 '섹스 매카시즘'이라는 말이 미국 정계에 나돌기 시작했다.[73] 플린트의 조사에 의한 것은 아니지만 이미 공화당에서는 리빙스턴 외에도 클린턴 탄핵을 주도했던 헨리 하이드 법사위원장, 클린턴 선거자금 조사를 주도했던 댄 버튼 정부개혁위원장 등 3명의 의원이 망신을 당했다.[74] 이와 관련, 신재민은 1998년 12월 다음과 같이 말했다. "워싱턴 정가에 '섹스 매카시즘'의 바람이 거세게 불고 있다. 1950년대 조 매카시 상원 의원의 주도로 비롯된 극단적인 반공주의 정책과 마찬가지로 과거 불륜을 저질렀던 정치인들이 하나씩 여론의 재판대 위에 서고 있다. 40여 년 전 매카시 상원 의원 역할은 플린트. 그의 입에서 언제 또 누구의 이름이 폭로될지 모르는 분위기다. 특히 밥 리빙스턴 하원 의장 내정자의 중도 하차는 공화 · 민주당을 가리지 않고 정치인들을 놀라게 했다. 그동안 클린턴에 대한 공화당의 탄핵 추진을 '섹스 매카시즘'이라고 비난해 왔던 민주당조차도 우려를 표시하고, 미국 내 지성들도 개탄하고 있다." "대통령의 부인인 힐러리의 누드 사진을 게재하는 것"이 자신의 가장 큰 소망이라고 했던 플린트가 그런 우려나 개탄에 위축

될 리는 만무했다. 1999년 1월 초 플린트는 기자 회견을 통해 클린턴의 섹스 스캔들과 관련된 탄핵 재판에서 클린턴을 심하게 공격하면 가만히 있지 않겠다고 말해 공화당 의원들을 다시 한번 긴장시켰다. 그는 "나는 인간쓰레기다. 사회의 폐기물이다. 하지만 고결한 척하는 상하원 의원들의 성 추문을 파헤쳐 가증스러운 위선을 벗기고야 말겠다"며 이렇게 말했다. "공화당 의원 두어 명의 불륜을 입증할 수 있는 자료는 확보했으나 탄핵 재판이 끝나기 전에 이를 공개할 확률은 20%에 불과하다. 그러나 만약 탄핵 재판에서 대통령에게 불리한 사실이 나온다면 나도 내가 입수한 자료를 공개하겠다. 공화당이 당파적으로 행동하면 할수록 불륜 사실을 공개하려는 나의 욕구도 덩달아 커진다."[75] 이에 대해 플린트의 딸 토냐 플린트-베가는 1999년 1월 7일 워싱턴에서 기자 회견을 갖고 "아버지는 정상이 아니다.…… 정신적으로 심각한 문제가 있는 아버지가 정치인들에게 이용당하고 있다"고 말해 화제를 낳았다. 그러나 그렇다고 해서 기 죽을 아빠가 아니었다. 플린트는 1999년 1월 하원 법사위 봅 바 의원의 성추문을 폭로해 파문을 일으켰다. 미 하원에서 낙태 반대 운동의 선봉이자, 종교적 보수주의자로 알려졌으며 클린턴 공격에서도 선봉장 역을 맡았던 봅 바 의원이 두 번째 부인과의 이혼이 마무리되지 않은 상태에서 현재의 부인과 동거했으며, 낙태를 강요하기도 했다는 사실이 플린트에 의해 폭로된 것이다. 이렇듯 정치인들이 잔뜩 긴장하고 겁을 먹으면서 미 정가에서는 '함정에 빠뜨리다', '혼외정사 사실을 밝혀내다'라는 뜻의

'플린트 되다Be Flynt' 라는 신조어까지 생겨났다.[76]

섹스 박물관

섹스 문화와 성 풍속도를 알 수 있도록 섹스 용품이나 예술 작품, 각종 자료를 모아 전시한 박물관이다. 세계 최대의 성 박물관은 우리나라의 제주도에 있는 '건강과 성 박물관' 이다. 지하 1층 지상 3층의 2만 5,000m² 규모의 이 박물관은 3개의 성교육 전시관과 2개의 세계성문화 전시관, 섹스 판타지관, 북카페 등으로 구성돼 있다. 1,200여 점에 달하는 성과 관련한 각종 자료와 유물이 전시되고 있으며 남녀의 벗은 몸과 성애 장면을 묘사한 다양한 석조 조형물이 드넓은 야외 정원에 자리를 잡고 있다. 전시실에 들어서면 미국의 섹스 심벌 메릴린 먼로와 메이저리그 전설의 타자 조 디마지오의 사랑 등 세기의 스타 커플 간 사랑이 양쪽 벽면으로 펼쳐져 관람객들을 환영한다. 전통 혼례 뒤 치러지는 첫날밤 의식도 훔쳐볼 수 있다. 신방처럼 꾸며놓은 방의 구멍 난 창호지 건너편에선 신혼부부의 실감나는 영상이 펼쳐진다. 이 외에도 남녀 성감대 위치 찾기, 남녀 성 심리 테스트, 각종 피임 방법, 12가지 섹스 체위 인형, 리얼돌을 이용해 구현된 관음증·노출증 패러디 등의 다양한 볼거리가 관람객의 눈길을 사로잡는다. 건강과 성 박물관은 '미성년자를 포함한 가족은 관람 불가' 라는 독특한 규칙에도 (심지어 단체 패키지 관광객도 유치하지 않았다) 2008년 16만 명, 2009년 25만 명의 관람객이

다녀갔으며, 2010년에는 40여만 명의 관람객들이 찾을 것으로 예상하고 있다.[77] 관계자에 따르면 섹스 박물관은 의외로 남자보다 여자가 더 좋아한다고 한다. 모자로 얼굴을 가리고 부끄러워하는 남자들과 달리 여자들은 여기 저기 몰려다니며 작은 물건 하나하나 놓치지 않고 감상하고 디테일한 설명도 꼼꼼히 챙겨본다고. 남자는 성적 의지가 충만해 섹스 용품을 본다고 여겨지는 반면 여성은 지적 호기심이 발동한 결과라고 생각해주는 배려 문화 덕분이다.

섹스 · 배설 유사론

섹스와 배설 사이에 유사함이 깊다는 주장이다. 김열규는 『욕: 그 카타르시스의 미학』에서 사람들은 똥 누는 것과 성행위 사이에 여러 겹의 유사 항목이 있는 것으로 생각해 왔다며, 4가지를 들었다. 첫째, 똥 누기나 성행위나 남 안 보는 데서 한다. 둘째, 똥 누기나 성행위나 밑을 홀랑 까는 건 마찬가지다. 셋째, 똥 누기나 성행위나 쏟아내는 건 다를 바 없다. 넷째, 똥 누기나 성행위나 끝나고 밑 닦는 것은 동일하다. 김열규는 사람들은 이런 등식을 양자 사이에 설정하고는 똥을 구박하듯 성도 성행위도 윽박질러 왔다고 말했다.[78]

섹스 선도론

요하네스 구텐베르그Johannes Gutenberg의 활판 인쇄술에서부터 인터넷에 이르기까지 인류 역사상 새로운 매체가 출현할 때마다 그 매체의 성장에 결정적인 역할을 한 것은 늘 섹스였다는 점에서 섹스가 매체 발전을 선도한다고 보는 이론이다. 활판 인쇄술이 발명되자마자 춘화를 대량으로 찍어냈고, 오늘날의 인터넷 장사도 섹스에 크게 의존하고 있다는 점이 근거가 된다. 2010년 7월 출범해 6년 만에 사용자 5억 명을 돌파한 미국의 세계 최대 소셜 네트워크 서비스[SNS] 페이스북[facebook]은 어떤가. 2010년 5월 페이스북에 공시된 1만 2,000건의 글을 분석한 결과, 절반이 섹스와 관련된 글로 나타났다.[79] 섹스는 참으로 위대하다고 해야 할까?

섹스 앤 더 시티 Sex and the City

2008년 한국에서도 폭발적인 인기를 얻은 미국 드라마다. 이 드라마로 인해 한국의 출판 시장까지 달라졌다. "〈섹스 앤 더 시티〉가 큰 인기를 얻은 뒤 서점의 뉴욕 여행 안내서가 완전히 달라졌다. 패션모델, 화가, 사진가 등이 현지에서 '살아본' 뉴욕 여행 책자를 앞다투어 내고 이 중엔 베스트셀러도 나왔다. 〈섹스 앤 더 시티〉에 매혹된 한국 여성들이 드라마에 나온 미술관과 카페를 찾아 뉴욕 여행을 하기 때문이다. 미국 드라마 한 편이 한국의 출판 지형까지 바꾼 셈이다."[80] 홍정은 · 윤태진은 우리나라의 섹스 앤 더 시티 신드롬에 대한 언론 보도가 '여성 때리기'에 일조하고 있다고 지적했다. 이들은 "드라마 텍스트 내에서 교차하고 있는 복잡다단한 요소와 섬세한 결을 무시하고, 발칙한 성적 묘사와 지나치리만큼 화려한 패션으로만 텍스트를 기술하고 있다"면서 그 결과 "수용자들이 주관과 상관없이 유행을 좇고 현실 상황을 계산할 줄 모르는 무지한 여성들로 재현되고 있다"고 평가했다. "그러나 여성 시청자들은 주관적·능동적 자세로 이 드라마가 보여준 '페미니스트 유토피아'를 한국적인 상황에 맞게 교섭·전유·수용하여 일상적인 실천을 행했다"는 게 이들이 내린 결론이다.[81]

섹스 워커 sex worker

'성 노동자'를 뜻하는데, 매춘부를 '노동'의 관점에서 보는 시각이다. 이와 관련, 일본의 저명한 사회학자 우에노 치즈코野千鶴子는 다음과 같이 말한 바 있다. "매춘을 비합법화하면 매춘이 사라지는 것이 아니라 지하로 스며든다. 이 사실은 매우 안타깝지만, 이미 과거의 역사 속에서 실제로 증명되고 있다. 이 때문에 단기적인 전략과 장기적인 전략을 양면으로 펼칠 수밖에 없다. 단기적으로는 최대한 노동 계약을 투명화해 섹스 워커의 인권을 지키는 방향으로 가고, 장기적으로는 이러한 여성들이 매춘을 하지 않아도 되는 사회 구조를 만드는 것이다."[82] (참고 '민주성노동자연대', '성매매 특별법 근본주의')

섹스 저연령화

섹스를 경험하는 연령대가 낮아지고 있다는 것으로, 이에 대한 일본의 대처가 눈길을 끈다. 2004년 11월 15일 일본 도쿄 도는 전문가로 구성된 '청소년 성 행동을 생각하는 위원회'를 열어 "성인 사회는 18세 미만 청소년에게 '안이한 성행위는 그만둘 것을' 권유해야 하며, 특히 중학생 때까지는 성행위를 삼가야 한다"는 의견서를 작성했다. 이를 도 의회에 제출해 청소년 건전 육성 조례안으로 명문화하겠다는 것이었다. 그럴 만한 사연이 있었다. 도쿄 도에 따르면 2002년 기준으로 중학 3년생은 남자 12.3%, 여자 9.1%, 고교 3년생은 남자 37.3%, 여자 45.6%가 성관계를 경험했다. 도쿄 도는 "성행위의 저연령화 추세가 심화되면서 어린 학생들이 성병에 걸리고 성적 피해를 입은 경우가 늘고 있다"면서 "그동안 어른들은 아이들의 성 문제 개입을 피해왔지만 이제는 명확한 의견을 내야 할 시기가 됐다"고 배경을 설명했다.[83]

섹스 정년

우리나라 남성의 법적 섹스 정년은 69세다. 2009년 8월 서울고등법원은 교통사고로 발기부전 장애가 생긴 윤 모(47) 씨가 가해 차량과 자동차종합보험계약을 체결한 보험사를 상대로 낸 손해 배상 청구소송에서 "피고는 치료비와 위자료 등 손해액 4,800만 원을 지급하라"며 원고 일부 승소 판결을 하면서 성관계를 지속할 수 있는 나이를 69세까지로 판단했다. 재판부는 60세까지는 주 2회, 69세까지는 주 1회의 성관계를 갖는 것으로 가정해 성관계 시 보형물 삽입과 비아그라 복용 등 발기부전 치료비를 계산했다고 설명했다.[84]

섹스 주도론

남녀의 성관계에서 누가 먼저 유혹하고 섹스를 주도했느냐에 따라 그 사회적 의미가 달라지는 걸 말한다. 여자가 유혹의 주체이자 섹스의 주도권을 행사했다면, 페미니즘의 관점에서 비교적 높게 평가된다. 대표적 인물이 마돈나다. 전남편인 영화배우 숀 펜, 고참 영화배우 워렌 비티, 농구 선수 데니스 로드맨, 그리고 그 밖의 여러 스타들과의 관계도 모두 마돈나가 주체가 되어 이루어진 것이었다. 데니스 로드맨이 마돈나와 육체관계를 맺은 사실을 떠벌린 것을 미안하게 생각한다고 말하자, 천하의 마돈나도 기분이 몹시 상한 듯 이렇게 대꾸했다. "키스 한 번 하고 나서 그 사실을 떠들고 다니는 남자를 좋아할 수 있겠어요? 사과하고 싶다면 미국에서 중국까지 한번 기어가 보라고 하세요."[85] 그런데 마이클 잭슨만큼은 마돈나의 뜻대로 되지 않았던 모양이다. 마돈나는 자신의 자서전에서 마이클 잭슨에 대해 "나는 완전히 벌거벗은 채 그를 안았으나 그는 발기하지 않았다"며 마이클 잭슨이 '임포'라고 주장했다. 이에 마이클 잭슨은 "그것은 강간 미수였다. 마돈나는 나를 발기 불능 취급하고 있지만 나는 단지 하고 싶지 않았을 뿐이었다"고 반격

271

을 가했다.[86] 마돈나는 졸지에 강간 미수범이 된 셈이다.

섹스 체위

남녀가 성관계를 맺을 때 취하는 몸의 일정한 자세를 말한다. 수백 가지 변화무쌍한 체위는 아래의 6가지 체위를 기본으로 한다. 흔히 우리가 접할 수 있는 체위는 3가지 정도라 보면 되겠다.

1. 정상위: 가장 기본이라 할 수 있는 남성 상위의 정상위는 진정으로 사랑하는 사람과 눈빛과 모든 오감을 교환할 수 있는 체위다.

2. 후배위: 가장 야성적인 체위다. 육체적인 쾌감이 빨리 오고 여성들이 오르가슴에 가장 빨리 도달할 수 있다고 한다. 많은 동물의 섹스가 바로 이 스타일이다.

3. 여성 상위: 일명 '기승위騎乘位'라고도 한다. 남자가 여자의 질 안을 깊숙이 자극할 수 있는 체위로 여성이 쉽게 오르가슴에 도달한다. 남성 입장에서 볼 때 가장 편안한 체위라 하겠다. 섹스에 적극적인 여성들이 즐겨하는 체위지만 수치심을 느끼는 여성도 많다.

4. 좌위: 마주 앉은 좌위는 삽입 과정이 힘들고 피스톤 운동이 어려워 쉽게 할 수 있는 체위는 아니다. 하지만 남자의 가슴과 여자의

가슴이 완벽하게 겹쳐질 수 있고, 서로의 거친 숨결을 제대로 느낄 수 있으며, 키스를 하다가 상대의 귓불을 자극하기에도, 달콤한 밀어를 속삭이기에도 그만인 체위다. 그러니 여자 입장에선 '그에게 사랑받는 기분을 만끽할 수 있는 체위'라고 해도 과언이 아니다. 게다가 아래를 내려다보면 남자와 여자의 은밀한 삽입이 보이니 매우 야한 체위이기도 하다.

5. 측위: 익숙하지 않으면 잘할 수 없는 체위다. 남성과 여성이 마주 보고 하며 고난도의 테크닉을 요한다. 1960~1970년대 단칸방 시절 우리의 어르신들이 애들 눈치 봐가며 어렵게 즐겼던 체위다.

6. 입위: 상대 여성을 번쩍 안아서 즐기는 체위이나 남성의 체력이 받쳐주지 않으면 하기 힘들다. 만족도는 힘들인 거에 비해 매우 낮은 편이다.

섹스팅 Sexting

섹스Sex와 텍스팅texting의 합성어로, 청소년이 휴대전화로 성적인 내용의 문자 · 음성 메시지를 보내거나 야한 동영상이나 사진을 제작 · 유통하는 행위를 말한다. 우리나라에서는 청소년 10명 중 2명이 휴대전화로 음란물을 직접 제작하거나 타인에게 전송한 경험이 있는 것으로 나타났다. 2010년 3월 한국형사정책연구원이 발표한 바에 따르면, 전국 중·고등학생 1,612명 중 323명(20%)이 섹스팅을 해봤다고 응답했다. 섹스팅 경험이 있는 학생 중에는 자신이나 친구의 특정 신체 부위 노출 사진이나 속옷 사진을 찍어봤다는 답이 21.9%로 가장 많았고, 야한 문자 메시지나 이메일을 보낸 경험이 있다는 답은 5.2%였다. 자신 또는 친구의 자위나 성행위 장면을 동영상으로 촬영해봤다는 학생(2.8%)도 있었다. 심각한 것은 자신의 노출 사진이나 동영상이 학생들 사이에 유포된 뒤 친구와의 관계가 소원해지거나 '왕따'를 당했다는 학생도 있는 등 섹스팅이 2차 피해로 이어지고 있다는 점이다. 섹스팅을 즐기는 이유는 '재미나 단순한 호기심 때문'(35%)이라고 답했으나, '친구들 사이에서 주목을 받을 수 있어서'라는 응답도 17.6%나 됐다. 또 '나를 보여주거나 표현하는 방법이니까'(11%), '인터넷에서 유명해지니까'(7.1%), '이성 친구를 사귈 수 있어서'(4.8%)라고 답한 학생도 있었다. 섹스팅을 어떻게 생각하느냐는 질문에는 '역겨워 보인다'(60%)거나 '도덕적으로 문제가 있다'(41%)는 등의 부정적인 반응이 많았으나, '별문제 없다'(24.1%), '용감하다'(13.3%) 등의 대답도 있었다. 보고서는 섹스팅을 경험한 청소년 비율이 미국보다는 낮지만, 여전히 심각한 수준이라고 지적했다. 미국의 한 시민 단체가 2008년 진행한 인터넷 설문 조사에서는 미국 청소년의 59%가 섹스팅을 경험했다는 결과가 나왔다. 보고서는 "미국에서는 이미 피해 청소년이 따돌림과 괴롭힘 등을 참지 못하고 자살을 하는 사례가 나오는 등 사회 문제가 됐다"며 "섹스팅은 일종의 '아동 포르노'라는 사회적인

문제의식과 함께 강력한 규제가 필요하다"고 제언했다.[87]

섹스 판타지 | Sexual Fantasies

성적 상상을 말한다. 여러 조사 결과, 남성이 여성보다 대략 2배 정도의 성적 상상을 하는 것으로 밝혀졌다. 조사에서 나타난 두 남자의 성적 상상을 소개한다. "6명 이상의 벌거벗은 여자들이 나를 핥고 키스하고 애무한다." "나는 20명에서 24명 정도의 벌거벗은 여자들로 꽉찬 작은 시의 시장이 된다. 나는 산책하기를 좋아한다. 그리고 그날 내 눈에 든 가장 예쁜 여자를 선택해서 성관계를 갖는다. 모든 여자들이 내가 원하면 나와 성관계를 갖는다."[88]

섹스 판타지 마케팅

"싱가포르 아가씨, 당신이 너무나 아름다워서 나는 여기서 당신과 영원히 밤을 지새우고 싶어요." 싱가포르 국제항공사의 TV 광고에 등장하는 메시지다. 미국의 사회학자 앨리 러셀 혹실드^{Alie Russell Hochschild}는 비단 싱가포르 항공뿐만 아니라 대부분의 항공사들이 스튜어디스를 섹스 판타지 마케팅의 대상으로 삼고 있다고 주장했다. 혹실드는 스튜어디스의 말을 빌려 항공사가 '기내에 성적인 무엇이 감돌게 하기 위해' 스튜어디스들에게 그런 주문을 하면서 "성적으로 살짝 흥분시키는 것이 승객들의 비행에 관한 공포를 떨치는 데 도움이 된다"는 이유를 들고 있다고 폭로했다.[89] 그렇다면 여성 승객은 공포를 느끼지 않는단 말인가?

섹스포 SEX Expo

섹스 박람회를 말한다. 우리나라에서는 2006년 8월 31일 처음이자 마지막 섹스포가 개최됐다. 서울무역전시컨벤션센터에서 열린 "2006 서울 섹스포"는 ㈜섹스포가 개최하고 호주 시드니 섹스포가 후원한 행사로 성인용품 및 관련 액세서리 전시뿐 아니라 『펜트하우스』, 『허슬러』 등 외국 성인 잡지 모델 11명이 참여하는 스트립 쇼, 란제리 패션쇼, 누드 사진 찍기 등 다채로운 행사가 펼쳐질 예정이었다. 섹스포는 "바르고 유익한 정보를 제공함으로써 아름답고 건전한 성 문화를 창출할 것"이라는 명분을 내세웠지만, 여성 단체들은 "여성 상품화를 합리화해 돈을 벌려는 행사"라고 비난하면서 서울시에 압력을 행사했다.[90] 네티즌도 "이제 성도 드러내놓고 즐길 수 있어야 한다"는 주장과 "남성들 눈요깃거리 행사"라는 의견으로 갈려서 논쟁을 벌였다.[91] 결국 주최 측은 여성계의 압력에 굴복해 행사를 대폭 축소했다. 주최 측은 "'성 상품화'란 비판 논리 하나로 이렇게까지 공격당할 줄 몰랐다. 뚜껑도 열기 전에 폭격을 맞은 격이다. 알맹이 행사를 다 취소하면서 성인 축제가 결국 유치원 수준 축제가 돼버렸다"고 푸념했다.[92]

소돔과 고모라론

한국 사회의 성적 방탕을 구약 성경에 나오는 도시인 소돔, 고모라 의 타락상에 비유하는 주장이다. 소돔과 고모라는 주민들의 문란한 성생활과 퇴폐적인 삶에 분노한 하나님이 보다 못해 유황과 불로 멸망시킨 고대의 도시다. 이후 방탕하고 타락한 성 문화에 자주 빗 대어 거론되어 왔다. 1980년대 후반 소돔과 고모라를 들어 우리 사 회의 성적 타락을 비판한 한 고등학교 교장의 비탄에 섞인 목소리 를 들어보자. "(남성들에게) 섹스는 어디서든 가능하지요. 레스토랑, 찻집, 골프 클럽 …… 어디서든. 때론 우리 남자들조차 이렇게 이야 기합니다. '정말 희한한 사회야!' 영동 카페 거리에 가면, 1층에는 이발소(면도나 이발, 마사지뿐만 아니라 수음과 오럴 섹스, 풀 섹스를 제공하 는)가, 2층에는 섹스를 제공하는 마사지 업소가, 3층에는 교회가 입 주해 있는 건물을 찾아볼 수 있을 겁니다. 그것은 마치 지옥과 지 상, 그리고 천국이 3층으로 나뉘어 있는 모습이죠. 『구약』에 나오 는 도시, 소돔과 고모라 같다고나 할까? 심지어는 성직자들도 사우 나에 가고 마사지 업소에 가고. 나는 차라리 매춘을 공식으로 합법 화하는 편이 낫다고 생각해요. 이발만 하는 이발소, 마사지만 받을 수 있는 마사지 업소, 섹스를 위한 섹스 업소가 있는 게 낫지 않겠 어요? 그게 더 상식적이지 않아요?"[93](참고 '돈 텔 마마', '성매매 유비쿼터스')

소아 애호증 pedophilia

소아 기호증이라고도 한다. 사춘기 이전의 어린이들과의 성적 접촉을 더 선호하거나 이에 대한 상상을 통해서만 성적 흥분이 일어나는 정신 질환이다. 환자의 대부분은 남성이지만 드물게는 여성도 보고된 경우가 있다. 희생자의 70%는 8~11세의 소녀다. 환자의 대부분은 동네 사람, 가족의 친구, 자주 만나는 친척으로 아이에 대해 잘 알고 있는 경우가 많다. 대부분의 환자는 결혼한 남자로 결혼 생활이나 성생활에 문제가 있는 경우가 많다. 주로 50세 이상, 30~40세 미만, 사춘기 등에 해당하는 연령층의 환자가 많으며, 환자의 약 80%가 어린 시절에 성추행을 당한 경험이 있는 것으로 알려졌다. 실제 행동 방식은 어린이의 성기를 만지거나 어린이로 하여금 자신의 성기를 만지게 하는 경우가 가장 많다. 그러나 많은 경우 폭력을 사용하며, 실제로 성교를 하기도 한다.(참고 '변태 성욕')

소프랜드 SoapLand

일본의 터키탕을 말한다. 일본이 1980년대 중반 터키 정부의 공식 항의를 받고 퇴폐 목욕탕에 '터키탕' 이란 명칭 사용을 금지함으로써 붙여진 이름이다.[94] 한국에서도 이런 항의를 수용, 터키탕의 공식 이름을 '증기탕' 으로 바꾸었다. 소프랜드의 일본식 발음은 '소프란드' 다. 김도연에 따르면, "소프란드에서 여성과 섹스를 해도 매춘 방지법에 저촉되지 않는다고 한다. 손님이 지불한 것은 어디까지나 입욕료이고 섹스는 그녀와 갑자기 사랑이 생겨 서로의 합의 아래 이루어진 돌발 사건(?)으로 변명하고 있다. 그러나 결국 봉사료는 나중에 내긴 해도 화대임에 틀림없는 것이다."[95] (참고 '터키탕')

속 좁은 여자가 질 좋은 여자

여성의 질이 좁기를 바라는 남자들의 욕망이 만들어낸 개그성 격언이다. 이런 남자들 사이에선 좁을 뿐만 아니라 수축력이 뛰어난 질을 가리켜 '명기名器'라고 하는데, 3만여 명에 이르는 여성의 질을 진료한 의사 이성구에 따르면, '명기다운 명기'를 가진 여성은 3만여 명 중 10명 남짓에 불과하다고 한다.[96]

쇼케이스 성매매

백화점에 진열된 상품처럼 대형 유리벽(쇼케이스) 안에 여성 접대부를 세워놓고 손님들에게 고르게 하는 식으로 영업하는 성매매를 말한다. 2009년 4월 서울경찰청은 이런 수법으로 불법 성매매를 알선한 유흥업소와 모텔 등 5곳을 적발했는데, 경찰 관계자는 "이 업소는 1층에서 손님이 1인당 37만 원을 계산하면 5층으로 안내해 쇼케이스에 대기 중인 여종업원을 고르게 한 뒤 룸으로 자리를 옮겨 술을 마시고 인근 모텔에서 성관계를 맺도록 했다"고 말했다. 이 업소의 쇼케이스용 통유리는 밖에서만 안을 볼 수 있도록 특수 제작돼 쇼케이스 안에서 차를 마시거나 보드 게임을 하는 여종업원들이 밖을 볼 수 없는 구조였던 것으로 밝혀졌다.[97]

수간 獸姦, sodomy

인간과 동물 사이에서 행해지는 성교를 말한다. 변태 성욕의 하나로 성적 대상의 이상 유형 중 하나다. 남성은 주로 양, 돼지, 개, 송아지 등의 암컷을 대상으로 하고, 여성은 개의 수컷을 대상으로 하는 경우가 많다. 성인 상습자 중에는 성격 이상자가 많다. 일부에서는 성병을 고치는 데 효험이 있다는 미신에 빠져 행하는 경우도 있다. 나라에 따라서는 수간을 규제하는 형법이 있어 때로는 수간자나 상대한 짐승이 법의학적 검사의 대상이 되는 수도 있다. 오늘날 세계 어느 곳에서도 수간은 용납되지 않고 있으며, 대부분의 나라에서는 동물 학대법 등에 의해 불법 행위로 간주되고 있다.(이란이나 파키스탄에서는 사형에 해당하는 범죄다.) 이러한 동물 성애가 정신적 탈선 또는 성적 경향의 하나로 이해될 수 있는지에 대해 심리학적으로 많은 논란이 있다. 미국의 정신장애의 진단 및 통계 편람DSM-IV에서는, 사람이 정상적인 기능을 하는 데 있어 괴로움이나 간섭을 받지 않는 한, 수간 행위나 동물 성애를 병리 현상으로 보고 있지 않다. 그러나 수간이 동물 학대이며 또한 비윤리적이라는 비판이 지배적이다. 에이즈는 수간으로 인해 생기게 된 질병이라고 한다.[98]

수양총서 壽養叢書

조선 시대의 건강 지침서로 섹스의 원칙에 대해서도 자세히 기술했다. 몇 가지 소개하면 다음과 같다. 배불리 먹고 방사하면 혈기가 대장으로 새어 들어가 치질에 걸린다. 만취하고 방사하면 정액이 쇠약해지고 음경이 위축되어 발기가 되지 않는다. 두려울 때 방사하면 음양이 허해져서 식은땀이 생긴다. 크게 기쁘거나 슬플 때는 남녀가 결합해선 안 된다. 소변을 참으며 방사를 하면 임질을 얻게 되며, 혹은 배가 뒤틀려 죽는다. 촛불을 밝혀놓고 방사를 하는 것은 종신토록 금해야 하며, 또 한낮도 피해야 한다. 음경이 위축되었는데 억지로 보양제를 먹고 양기를 돕게 되면 신수가 고갈되고 오장이 건조되어 당뇨병이 오며, 얼굴이 검어지고 귀가 먹는다.[99]

수음 手淫

손이나 다른 물건으로 자기의 성기를 자극하여 성적 쾌감을 얻는 행위를 말한다. 자위행위의 다른 말이다.(참고 '오나니', '자위행위')

수청 守廳

옛날 높은 벼슬아치 밑에 있으면서 뒷바라지를 하는 것을 뜻했지만, 수청의 여러 업무 중 관기가 지방 수령의 시중을 드는 것만 부각돼 '수청을 든다'는 것은 곧 지방 수령과 동침하는 것을 가리키는 말로 좁혀졌다.[100] 오늘날에도 룸살롱 등에서 반 우스갯소리로 널리 쓰이고 있다.

숙청문 肅淸門

조선 시대 한양의 북문으로 항상 닫아놓고 있었는데, 그 이유가 흥미롭다. 열어 놓으면 한양의 양갓집 부인 간에 음풍(淫風)이 일어 걷잡을 수 없다는 이유에서였다. 이는 그만큼 부인들의 음풍이 대단했다는 반증이다. 실제로 중종 때 한양엔 백운계, 청운계라는 윤락 조직들이 있었다. 청운계는 부귀한 부녀자, 백운계는 빈천한 부녀자들의 조직으로 이들은 곗날에 건장한 사내를 물색해 어두운 벽장 안에서 섹스를 즐겼다고 한다. 이런 목적을 위해 지나가던 총각을 납치해 부인들과 섹스를 하게 만드는 '총각 약탈'이 은밀히 관습화돼 있기도 했다.[101]

순결 서약서

1990년대 중반 기독교계에서 시작된 '순결 서약 운동'의 일환으로 1997년 10월 청소년순결운동본부가 창설되면서 다각도로 실시되었다. 이에 앞서 가수 박진영은 1996년 고정 게스트로 출연중인 MBC 라디오 〈김현철의 FM 디스크쇼〉에 출연해 당시 기독교계에서 불고 있던 '순결 서약 운동'을 비판했다가 설화(舌禍)를 겪었다.

"당시 어떤 남자 고등학교 학생들이 단체로 순결 서약서를 하는 사진이 신문에 실렸어요. 그 사진을 보고 화가 나서 이 중에 한 명이라도 혼전 순결을 지키면 성을 갈겠다고 하고, 교장 선생님이 한국 남성들의 성 문화를 잘 알 텐데 왜 이런 현실성 없는 것을 학생들에게 시키느냐고 말했죠. 그리고 차라리 '사랑하지 않는 사람과 섹스하지 않겠다'는 서약 운동을 시키는 것이 효과적이라고 말했어요. 그랬더니 그 운동을 주장하던 쪽에서 항의가 들어와 다음 주부터 출연을 못하게 됐죠. 비공식 출연 정지 같은 것이죠."[102]

순결 증명서 사건

간통 혐의로 피소된 여성이 자신이 간통하지 않았다는 결백 자료로 순결을 증명하는 의사 진단서를 제출한 일을 말한다. 1999년 4월 한 20대 여성이 유부남과 3차례에 걸쳐 성관계를 맺은 혐의로 유부남의 부인에 의해 간통 혐의로 피소됐다. 그러나 여성은 산부인과를 찾아가 '처녀막이 온전한 상태로 있다'는 내용의 진단서를 발급받아 증거로 제출했으며, 경찰은 이를 근거로 검찰에 '혐의 사실이 인정되지 않는다'며 불기소 의견을 냈다."[103] 같은 달 일어난 또 다른 사건은 온라인에서 뜨거운 논쟁을 불러일으켰다. 40대 유부남의 아내에 의해 간통 혐의로 고소된 이들은 직장 상사와 부하 직원으로 만나 사귀어온 사이로 "한방에서 함께 잠을 잔 것과 서로 껴안은 것은 사실이나 '마지막 선'은 넘지 않았다"고 주장했는데, 과

연 간통의 경계가 어디냐를 따지는 논쟁이었다. 이에 대해 천리안이 네티즌을 대상으로 실시한 찬반 투표에 따르면 '육체적 관계가 없다면 간통이 아니다' 라는 의견이 53.7%(716명)로 반대 46.3%(618명)를 다소 앞섰다. 경찰의 불기소 의견에 대해 찬성론자들은 "육체적 관계가 없는데 왜 간통죄가 성립되느냐" 며 당연히 무죄를 주장한 반면, 반대론자들은 "정신적 사랑만으로도 간통은 성립된다", "아내의 입장에서 남편의 그런 행위를 어떻게 받아들일 수 있겠느냐" 며 찬성론을 강하게 비난했다.[104] 이런 문제와 관련, 소설가 이기호는 2007년 "내가 도무지 이해가 안 되는 것은 간통죄의 성립 조건이다. 간통죄로 처벌받게 하기 위해선 반드시 '성기 삽입' 이 입증되어야 한단다. 그 외엔, 그러니까 함께 여관을 들어가는 사진이나, 함께 여행을 떠난 물증 등은 증거로서 별다른 가치를 얻지 못한다" 며 다음과 같이 말했다. " '우린 그냥 손만 꽉 붙잡고 잠만 잤어요' 라고 주장하면 죄는 사라지고 가정은 더 튼튼하게 지켜지는 것이다. '삽입' 의 증거를 도대체 어떻게 밝혀내는지도 의문이지만, 우리의 성 가치관이 항상 '삽입' (이 단어는 지극히 남성 중심적인 단어다) 에만 집중되고 있는 듯해 마음 한편이 씁쓸하다. 실제론 그냥 손만 꽉 붙잡고 잠만 잔 연인들이 '삽입' 한 연인보다 훨씬 더 위험하고 훨씬 더 가정에 위협적인 법. 간통죄의 존폐보다 더 급한 것은 우리 사회의 천박한 '삽입' 문화라는 생각이다."[105]

술잔 바꿔치기

룸살롱 호스티스가 익혀둬야 할 필수 업무 기술 중 하나다. 부하 임직원들을 룸살롱으로 데려간 사장이 폭탄주를 돌리면서 술판을 질펀하게 벌리면서도 자신은 끝내 취하지 않는 비결이 바로 여기에 있다. 강남 1급 룸살롱 대마담 한연주의 증언에 따르자면, 이런 이야기다. "알고 보면 박 사장 역시 기분 좋게 술을 마시는 것 같지만 속으론 긴장하고 있다. 부하 직원들에게 책잡힐 짓을 하지나 않을까 조심하는 것이다. 내 눈엔 다 보인다. 그는 끝날 때까지 완전히 취하지 않는다. 그리고 자기가 데려온 사람들이 만취할 때까지 잔을 돌린다. 자신만 남고 다른 사람들이 몸을 가누지 못할 정도로 취했을 때가 비로소 그가 마음을 놓는 때이다. 나는 그때까지 그의 옆에 앉아서 그에게는 술잔이 덜 가면서 다른 사람들에게 잔이 많이 가도록 조절한다. 물론 아가씨들에게도 룸에 들어오기 전에 사전교육을 철저히 한다. 모든 진행은 사장에게 물어보고 할 것이며 가능한 사장에게 가는 잔을 막으라고. 그건 얼마든지 가능하다. 약간의 요령만 있으면 박 사장이 술을 마실 차례가 되었을 때 춤을 추자고 끌고 나갈 수도 있고 색깔이 비슷한 음료수로 잔을 바꿔치기할 수도 있는 것이다."[106]

숫처녀 논쟁

월간 『야담과 실화』(1959년 1월호)가 「서울의 숫처녀는 불과 60%도 못 된다」는 제목으로 기사를 써 크게 물의를 빚은 사건을 말한다.[107] 당시 사회적으로 활발하게 일어난 정조 논쟁을 이용하려는 선정주의의 발로였겠지만, 이는 역으로 당시 사회가 처녀성에 대한 강한 집착을 갖고 있었다는 것을 말해주는 것이다.

슈가베이브 Sugarbabe

내연녀를 말한다. 2010년 회고록 『슈가베이브』를 발간한 홀리 힐 Holly Hill 은 "여자는 스트레스나 두통 등 심리적으로 예민해져 있을 때 잠자리를 거부하지만 남자는 대부분 '전천후' 섹스광이어서 남녀는 생물학적으로도 차이가 크다"고 말했다. 힐은 따라서 아내가 남편의 성적 욕구를 100% 충족시켜주지 못할 바에야 차라리 외도를 눈감아주며 타협해야 한다고 자신의 체험담을 들려줬다. 대학에서 심리학을 전공한 힐은 인터넷에 주급 1,000달러를 주면 요리와 말상대, 그리고 섹스까지 제공하겠다는, 이른바 '슈가베이브' 광고를 내자 무려 1만 명이 넘는 남자들이 접촉해왔다고 한다. 힐은 내연녀 생활을 몇 년 해보니 남자들의 심리를 꿰뚫게 됐다며 남자의 불륜을 인정해야 가정의 평화가 유지될 수 있다고 말했다. 이어 남편이 밤늦게 귀가하는 것에 바가지를 긁지 말고 그 시간에 강아지를 데리고 산책을 나가는 것이 현명하다고 조언했다.[108]

슈나미티즘 ^{shunammitism}

'동녀동침' 참조.

스너프 ^{snuff}

사전적으로 '냄새를 맡다, 낌새채다, 위험을 알아차리다' 란 의미를 갖는 스너프는 속어로 (외설·살인 등을 실제 촬영한) 불법 영화(비디오)를 뜻하기도 한다. 스너프는 강간, 폭행, 살인 등 범죄현장의 실제 동영상을 말하지만, 대다수 스너프 동영상은 기획과 연출에 의해 만들어진 것으로 한때 대유행한 숙박업소 몰카(몰래카메라)와 유사한 점이 있다.

스리섬 ^{threesome}

사전적으로는 골프에서 한 사람이 두 사람과 겨루는 경기를 말하지만 이 바닥에서는 세 명이 함께하는 성행위를 말한다. 지난 2009년 세계적인 청바지 브랜드 캘빈 클라인이 스리섬을 주제로 선보인 광고에는 핫팬츠 차림의 한 여자가 청바지를 입은 두 남자 모델과 진한 애무를 나누는 장면이 그려져 있었다. 노골적인 섹스 연기로 20~30대 남성들의 잠자던 본능을 일깨운 이 광고는 미국 엔터테인먼트 전문 매체 스파이크닷컴(www.spike.com)이 선정한 '2009년 가장 섹시했던 TV 광고 베스트 10'으로 선정되는가 하면, 소구력을 좇아 움직이는 광고의 요즘 트렌드를 보여주는 훌륭한 사례로 평가받기도 했다. 그러나 세 남녀의 모습을 담은 사진이 빌보드(야외 광고)로 제작돼 미국 뉴욕 소호 지역의 건물 옥상에 설치되었을 때, 이 광고는 청소년을 자녀로 둔 부모들로부터 도덕적 타락을 부추기는 광고라는 비난에 직면했다. 아이들의 성적 타락을 우려한 지역 주민들의 빌보드 철거 요구가 빗발쳤던 것이다. 그러나 빌보드는 계획된 기간 내내 꿋꿋하게 게시되었으며, 이 광고에 대한 젊은 이의 반응은 부모의 마음과 달리 뜨겁고 호의적이었다고 전한다.[109]

스리섬은 처음에 시작하기가 매우 어렵지만 일단 발을 들여놓으면 무서운 마약과 같은 존재라는 게 경험자들의 생각이다. 이 때문에 석기 시대에나 존재했던 스리섬이 무서운 속도로 번지고 있다.

스와핑 swapping

두 쌍 이상의 부부가 배우자와 함께 같은 장소에서 혼음을 하거나, 부부끼리 서로 상대를 바꾸어 성행위를 하는 것을 일컫는 속어다. 경제 용어로는 서로 다른 금리 또는 통화로 표시된 부채를 상호 교환하는 거래를 '스와프 거래', 2개국의 중앙은행이 상호 일정액의 자국 통화를 일정 기간 예치하기로 하는 협정을 '스와프 협정' 이라고 한다. 스와핑은 고대 그리스를 비롯한 각국에서 종교적인 관점에서 행해졌다고 하는데, 정신과 의사들은 이들을 일종의 성 도착증 환자나 섹스 중독자로 보기도 한다. 그러나 아직까지 정확한 의학적 정의는 내려져 있지 않다. 일종의 도덕 불감증, 원초적 본능의 과잉 등으로 인식하는 학자들도 있지만 스와핑 자체를 정신적 질병으로 보는 견해는 많지 않다. 우리나라에서는 2000년 이후 배우자를 바꾸어 성행위를 하는 사람들이 있다는 사실이 인터넷을 통해 유포되면서 알려졌다. 영국이나 미국 등에서는 TV 방송국에서 아내 또는 남편 교환 프로그램을 방송해 많은 시청률을 기록하고 있다. 그러나 이들 프로그램은 일정 기간 남편이나 아내를 바꾸어 생활하는 것일 뿐, 부부 사이의 성적 접촉은 금지하고 있다.[110](참고 '스윙잉')

스와핑 강요 사건

아내와 간통한 동료의 부인에게 스와핑을 강요한 사건이다. 『한국일보』(2001년 7월 14일)에 따르면, "한 직장인이 자신의 부인과 간통한 직장 동료에게 앙갚음하기 위해 부부 교환을 강요, 실제로 잠자리를 같이한 어처구니없는 일이 벌어졌다. 도시철도공사 소속 기관사였던 A씨는 1998년 1월 동료 B씨의 아내와 눈이 맞아 은밀한 관계를 맺어오다 1년 만에 들통이 났다. B씨는 A씨 부부를 만나 '고소하지는 않겠다. 대신 네(A씨)가 내 마누라를 1년간 갖고 놀았으니 나도 그렇게 할 것'이라고 요구했고, A씨의 아내가 고민 끝에 '희생'을 결정하고 잠자리를 같이했다. 그러나 A씨와 B씨의 아내 간의 밀월은 이후에도 계속됐고, 남편의 구속을 막기 위해 희생했던 A씨의 아내는 B씨의 아내와 싸우다 쌍방 고소돼 벌금형까지 받았다. 급기야 도시철도공사는 2000년 5월 A씨와 B씨를 징계 해임 했으나 두 사람은 중앙노동위원회에 이의를 제기, '해임은 너무 가혹하다'는 판정을 받아냈다. 하지만 도시철도공사는 이에 불복해 서울행정법원에 소송을 냈고, 재판부는 7월 13일 '두 사람 모두 직장인으로서의 성실과 품위 유지 의무를 위반해 직장 분위기를 해쳤으므로 해임 사유가 충분하다'고 판결했다."[111]

스웨덴 성매매 방지법

"성 구매자는 엄격하게 처벌하되, 성 판매자인 매춘 여성은 희생자일 뿐이므로 무죄다." 스웨덴이 1999년부터 시행해 온 획기적인 성매매 방지 관련법이 성매매 감소에 효과가 큰 것으로 나타나자, 네덜란드, 영국, 노르웨이 등이 같은 법의 도입을 검토하고 있다. 스웨덴 인신매매 방지위원회는 "성매매 속성상 정확한 통계는 없지만, 법 시행 전인 1998년 2,500여 건이던 성매매가 2003년에는 1,500건으로 법 시행 4년 만에 40%가량 감소한 것으로 파악되고 있다"고 밝혔다. 위원회는 "이 법이 엄격하게 시행되면서 스웨덴의 성매매 산업은 수지를 맞추지 못해 속속 폐업, 성매매 시장이 급속히 위축됐다"며 "공급보다는 수요를 억제하는 발상으로 효과를 거두었다"고 말했다. 이를 보도한 MSNBC는 "성매매 방지법 시행으로 성매매가 지하로 숨어들어 성매매 여성들만 더욱 위험하게 만들 뿐, 실제로 성매매는 줄어들지 않고 있다는 반론도 있다"고 전하면서 "하지만 성매매를 합법화한 덴마크나 독일식 모델보다는 스웨덴식 모델이 점점 더 유럽 국가들의 공감을 얻고 있다"고 말했다.[112]

스윙잉 swinging

서구 사회에서 1950년대부터 등장한 것으로 배우자를 바꾸어 성관계를 갖는 걸 말한다. 스와핑은 원래는 일정 기간 배우자를 바꾸어 사는 것을 의미했다. 엄밀하게 말하자면 지금 사회적으로 문제가 되는 건 스와핑이 아니라 스윙잉이지만, 일반적으로 스와핑을 스윙잉의 의미로 쓰고 있다. 스윙잉은 마치 원숭이들이 이 나뭇가지에서 저 나뭇가지로 옮겨다니듯, 이 침대에서 저 침대로 돌아다니는 별난 사람들을 야유하는 뜻으로 쓰이기 시작했다.[113] (참고 '스와핑')

스크리밍 오르가슴 Screaming Orgasm

직역하자면, '너무 좋아 비명을 질러대는 오르가슴'이 되겠지만, 이는 한국의 이른바 '러브 칵테일 업소'에서 잘나갔던 칵테일의 이름이다. 『한국일보』(1995년 10월 23일)에 따르면, "이런 곳에서 '키스 오브 파이어' 칵테일 정도는 퇴물 축에 들어간다. '스크리밍 오르가슴', '섹스 온 더 비치', '원스 모어' 등 직접적이고 노골적인 성애 표현이 칵테일 이름으로 거침없이 쓰이고 있다. 피임 기구를 무료로 나눠주는 카페도 생겼다. 모 카페에서는 남녀 커플 손님에게 콘돔과 생리대를 선물한다. 남성에게 3개들이 콘돔을 여성에게는 사탕 모양으로 포장한 생리대를 주는 것이다. 내용물을 풀어보고 기겁하는 경우도 많지만 오히려 여성들이 '하나만 더 달라'며 서너 개씩 챙겨가는 대담함을 보이기도 한다."[114]

스톡홀름 신드롬

1973년 스웨덴의 스톡홀름에서 발생한 은행 인질 강도 사건에서 인질들은 인질이 되기까지의 폭력적인 상황을 잊어버리고 강자의 논리에 동화되어 인질범의 편을 들거나 심지어 사랑하는 행태를 보였는데, 심리학자들은 이를 가리켜 '스톡홀름 신드롬'이라 불렀다. '인질'의 경계가 늘 명확한 건 아니다. 여러 분야에서 활용되고 있는 '스톡홀름 신드롬'이라는 개념의 용법 타당성을 놓고 논란이 자주 빚어지는 것도 바로 이런 이유 때문이다. 2004년 당시 여성부 장관이었던 지은희는 『신동아』(2004년 11월호)에서 스톡홀름 현상을 언급하면서 성매매 여성을 '포주의 인질'로 보는 시각을 드러냈다. 이는 성매매 여성들로부터 강한 항의를 받았다.[115]

스톤월 항쟁

1967년 미국 뉴욕의 대표적인 동성애자 밀집 지역 중의 하나인 그리니치 빌리지에 있는 게이바 '스톤월 인The Stonewall Inn'에서 경찰의 과잉 단속에 항의하여 일어난 저항 운동을 말한다. 성적 소수자 최초의 항쟁이며, 권리 찾기의 시발점이자 인권 향상의 출발점으로 성적 소수자들에게는 중요한 사건이었다. 그들은 동성애자를 차별하고 멸시하는 사회와 동성애자들의 등을 치는 게이바의 횡포에 대한 분노를 한꺼번에 터뜨린 것이다. 스톤월 항쟁은 조직이나 탁월한 지도자의 주도하에 일어난 항쟁이 아니라 동성애자 한 명 한 명이 주체가 되어 일어났다는 점을 높이 사고 싶다. 동성애자라는 공통된 분모 아래 공통된 분노와 공통된 의식이 혼합되어 어떠한 주도 세력 없이도 이 항쟁을 이끌어냈다는 점은 우리나라의 동성애자 개인이나 단체들에게도 지속적인 관심사가 될 것이며, 동성애자 인권 단체나 몇몇 운동가들에 의해 주도되고 있는 우리나라의 동성애자 인권 운동에도 새로운 하나의 모델로 자리 잡을 것이다.

스트레스 호르몬 stress hormone

일상적으로 일어나는 가정 폭력의 문제를 신체적인 요인으로 설명하려는 사람들이 내세운 주요 근거다. 때리는 남자의 경우도 호르몬의 영향을 받아 때리는 것이며 여자 또한 '스트레스 호르몬'이 생성됨으로써 매를 맞을 때 아편을 맞을 때와 같은 절정감을 느끼기 때문에 폭력을 자초한다는 것이다. 이에 대해 여성학자 장필화는 "이는 폭력의 피해자가 폭력을 자초한다는 사회적 편견을 신체 결정론으로 설명한 극단적인 예"라고 비판했다.[116]

스피드 데이트 ^{speed date}

늘어가는 독신자 문제를 해결하기 위해 등장한 새로운 맞선 방식으로, 일부 국가에서 유행하고 있다. 미국의 경우, 참가자는 일정 비용을 지불한 다음 하루 저녁에 여러 명의 이성을 만나볼 수 있다. 미팅 커플은 주어진 3분의 시간 동안 대화를 해보고 첫 만남 이상을 원하는지 탐색해보는데, 하루 저녁에 보통 30명의 이성을 만날 수 있다.[117] 한국에선 '번개 맞선'이라고 한다. 미혼인 샐러리맨들이 평일 점심시간을 활용해 선을 보는 방식이다. 이러한 점심 맞선은 1시간 남짓한 시간에 이뤄지기에 모든 게 속전속결로 진행된다. 맘에 들지 않더라도 예의상 상대와 오래 마주 앉아 있을 필요가 없는 점이 점심 맞선의 매력이다. 비용이 적게 든다는 점도 젊은 층이 선호하는 이유라고. 세계적으로 80여개 지사를 둔 미국의 남녀 교제 주선 업체인 'It's Just Lunch' 사이트는 매달 약 5만 건의 점심 데이트를 주선할 만큼 호황을 누리고 있다.[118]

시간 ^{屍姦}

'시체 애호증' 참조.

시선 애착증 ^{scopophilia}

보려는 욕망과 보여주려는 욕망을 말한다. 언론학자 주창윤은

"scopophilia는 절시중으로 번역되지만 절시중이라는 용어는 도착적 성행위와 관련되어 있다. 누드를 보는 행위 자체는 도착적 성행위라기보다는 시선을 주고받는 성적 욕망에 가깝기 때문에 절시중보다는 시선 애착증이라는 용어가 더 적합하다"고 정의했다. 2002년 12월 해킹을 당했음에도 10억 원대의 매출을 기록한 성현아의 인터넷 누드 서비스를 신호탄으로 인터넷과 모바일 서비스를 중심으로 거세게 불어닥친 연예인들의 누드 열풍이 좋은 예다. 권민중, 김지현, 하리수, 김완선, 베이비복스, 이지현, 이혜영, 고소영, 황혜영, 이본, 비키, 곽진영, 루루, 이사비, 이상아, 이장숙, 추자현, 장미인애 등 일일이 이름을 거명하기 어려울 만큼 많은 연예인이 누드상품 서비스에 참여했다. 누드 열풍엔 남자 연예인과 운동선수, 레이싱 걸과 치어리더 등도 참여했고, 급기야 일반 대중에까지 확산되고 있다.[119]

시체 애호증 Necrophillia

이미 사망했거나 죽어가고 있는 사람을 바라보거나 성교를 하거나 자위행위를 하는 것으로 성적 쾌감을 얻는 경우다. 강간 살인의 몇 %에서 이러한 성도착 행위가 벌어졌는지는 정확히 알 수 없다. 이 환자들은 묘지의 시체를 파내거나, 신원 불명 시체 공시장 직원, 장의사 등의 일을 하는 경우도 있다.(참고 '변태 성욕')

시험관 아기

불임중 해결의 한 방법으로, 여자의 난자를 떼어내 시험관에 넣어 발육, 출산시키는 방법을 말한다. 1978년 7월 25일 영국에서 존과 레슬리 부부 사이에 세계 최초로 시험관 아기 루이스 브라운이 태어났으며, 우리나라에서는 1988년 11월 4일 동결 수정란 이식에 의한 시험관 아기가 동양 최초로 탄생했다.[120]

식스티나인[69]

남녀가 서로 거꾸로 포개져 구강성교를 나누는 모양을 말한다. 일제 강점기 시절 시인 이상은 1930년대 후반 세 번째 차린 다방의 이름을 '69 다방'으로 하고 69의 도안을 그린 간판을 걸어두었다. 종로경찰서는 69의 의미를 모르고 허가를 내주었지만, 다방이 개업하기 2, 3일 전에 이상을 호출했다. 뒤늦게 69의 뜻을 알게 된 경찰은 이상을 보고 "경찰을 우롱하는 나쁜 놈"이라며 갖은 욕설을 다하고 허가를 취소했다. 이상은 경찰을 골려준 것을 재미있게 생각했지만, 다시는 종로경찰서 관내에서 다방 영업 허가를 얻을 수가 없었다.[121] 마광수는 이 에피소드와 이상의 다양한 여성 편력에 근거해 "그는 인간 실존의 원초적 근거를 섹스로 파악하고, 섹스의 본질에 대한 탐구와 실험, 그리고 회의懷疑에 많은 정력을 쏟았다"고 평가했다.[122]

신데렐라족

2000년대 중반 명품으로 치장하고 주말 하룻밤 파티를 즐긴 20~30대 여성들에게 붙여진 별명이다. 『국민일보』(2005년 9월 10일)는 "주5일 근무제 확대 실시 후 유행처럼 번지고 있는 서구형 주말 파티 문화가 젊은 여성들에게 새로운 만남과 자기표현의 수단으로 자리 잡으면서 생긴 현상이다.…… 한 벌에 100만 원을 호가하는 명품 옷을 드레스 코드에 맞춰 대여해주는 전문 업체까지 생겨났다. 형편상 매번 명품을 사 입기 힘든 신데렐라족을 겨냥한 것이다"고 보도했다.[123] 이런 식으로 한국에서 인기를 끈 명품 대여업이 미국에서도 뜨기 시작했다.[124]

신新 롤리타 현상

걸 그룹 팬의 거의 절반이 30~40대의 남성인 현상을 가리켜 나온 말이다. 음악평론가 김작가는 "1980년대부터 내려오던 전통적인 여동생 코드에 일본식 롤리타 코드가 접목된 것"이라며 "아저씨들이 딸 같은 여성을 욕망의 대상으로 보기 시작했다"고 분석했다. 인터넷을 통해 유포된 롤리타 현상이 성인 남성들의 은밀한 욕망으로 남아 있다가 원더걸스와 소녀시대를 통해 광장으로 터져나왔다는 분석이다.[125]

신 모계사회

남성 중심의 가정생활이 점차 여성 중심의 가정생활로 변하고 있는 현상을 설명하기 위해 제시된 개념이다. 과거에 비해 가장의 권위가 축소되고 여성의 역할이 확대되자 이를 원시공동체 시대의 모계사회에 빗대 표현한 것이다. 전문가들은 신 모계사회의 5가지 특징으로 ①처가 중심 가정공동체, ②여성의 사회 진출 확대, ③남아 선호 사상 약화, ④평등한 부부 관계 확산, ⑤싱글 맘 가정 증가 등을 꼽고 있다.[126] 부계사회의 역사보다 모계사회의 역사가 훨씬 더 길다는 점을 감안하면 그리 놀랄 일도 아니다.

신체 구조 운명론

남녀 차별은 신체 구조에 따른 것이므로 운명으로 받아들여야 한다는 주장이다. 그러나 1673년 열렬한 데카르트주의자인 프랑스와 뿔랭은 남녀의 신체가 해부학적으로 동등하다는 점에 근거해 "지성에는 성별이 없다"고 주장했다.[127] 나중에 여성 해방론자들은 "신체 구조는 운명이 아니다"를 슬로건을 내세웠다. 문화인류학자 마빈 해리스Marvin Harris는 이 구호를 "조금 수정해야 하겠다는 생각을 하게 됐다"며 이렇게 말했다. "인간의 신체 구조는 어떤 조건 속에서는 '운명적이다.' 전쟁이 인구 조절 수단으로 우수한 역할을 하게 되었을 때, 그리고 전쟁술이 주로 손으로 사용하는 원시적 무기에 의존하고 있을 때에는, 남성 쇼비니즘적 생활 유형이 어쩔 수 없이 우세한 생활 유형이었다. 이런 조건 중 하나도 현대 세계에 타당한 것이 못되고 있는 이상, 남성 쇼비니즘적 생활 양식이 퇴조할 것이라는 여성 해방론자들의 예견은 정확한 것이다."[128]

신체 부분 도착증^{partialism}

사람 그 자체보다 신체의 일부분, 예를 들면 발과 같은 인간 몸의 일정 부위에서 성적인 쾌감을 구하고 집착하는 경우다. 인격체와의 교류보다 일부분의 무생명성에 집착하는 경향은 성 도착증의 공통적 특징이라 할 수 있다.(참고 '변태 성욕')

신체 절단 애호증^{apotemnophilia}

절단된 신체에 대해 성적인 매력을 느끼고 집착을 하는 경우다. 이들은 성적 흥분을 얻기 위해 외과 의사를 속이고 설득하여 자신의 신체 일부를 절단하도록 만든다. 이런 환자들은 신체의 일부가 절단된 이성을 성 상대자로 찾는다.(참고 '변태 성욕')

16mm 에로물

에로 비디오가 처음 등장한 건 1980년대 중반이었다. 1985년을 계기로 우후죽순처럼 생기기 시작한 교외의 러브호텔('떡텔'이라고 불렸다.)과 대중화의 길을 걷기 시작한 룸살롱 등 섹스 산업이 번창하고, 여기에 비디오 테크놀로지와 영상 미디어의 진보가 가세하면서 에로 비디오는 전성기를 누리게 됐다. 16mm 에로물의 선두주자는 단연 〈젖소부인〉 시리즈의 진도희였다. 미스코리아 가슴 사이즈 평균치인 34in보다 3in 더 큰 37in의 가슴과 '거친 숨소리와 요염한 자태'는 그녀의 트레이드마크가 됐다. 1995년 10월 '한씨네'가 불과 5,000여 만 원을 투입, 1만 5,000여 장을 팔아 제작비 몇 곱절의 수입을 올린 〈젖소부인 바람났네〉는 특별히 야할 것도 없었다. 그런데도 히트한 이유는 제목이 주는 호기심 때문이라는 것이 에로 영화계의 공통된 분석이다. 그래서 이후 유사 제목을 가진 비디오가 대거 등장했다. 〈물소부인 바람났네〉, 〈물소부인 물먹었네〉, 〈김밥부인 옆구리 터졌네〉, 〈연필부인 흑심 품었네〉, 〈만두부인 속 터졌네〉, 〈삐삐부인 진동왔네〉, 〈꽈배기부인 몸 풀렸네〉, 〈꽈배기부인 몸 틀며 울다〉, 〈자라부인 뒤집어졌네〉, 〈라면부인 몸 불었네〉, 〈계란부인 날로 먹네〉, 〈소라부인 속 나왔네〉, 〈젖소남편 바람피우네〉, 〈어쭈구리〉, 〈애들은 재웠수〉, 〈구멍가게〉, 〈홧김에〉, 〈세워 찔러 총〉 등이 잇따라 출시되면서 에로 비디오는 황금기를 맞았다. 2000년대 들어서는 주로 히트했던 영화 제목이나 드라마 제목을 패러디한 게 봇물을 이뤘다. 〈브라자 휘날리며〉, 〈털밑 썸씽〉, 〈미안하다 사정한다〉, 〈용의 국물〉 등등. 백지숙에 따르면 "이 기발한 비디오 제목들은 그것을 나열하는 것만으로도 충분히 즐거움을 주는 화젯거리가 되었으며, 여기에 힘입어 이들 제목이

방송 소재로 등장하거나 출연 배우가 쇼 프로에 초내되는 등 이른
바 공식 문화에 편입될 수 있는 여지도 생겨났다." 1995년 이전의
고전 에로 비디오의 출연자는 5~8명이었고 등장인물의 사회적 역
할도 한정됐었다. 젊건 늙건 성 기능에 장애를 가지고 있는 사장님,
전력이 항상 의심스러운 사모님을 기본 축으로 때에 따라 방종한
딸, 사회의식이 있다가 말아버린 아들, 항상 힘이 넘쳐나는 운전기
사 양반이나 정원사 아저씨, 색에 목숨을 건 가정부가 여러 변형된
형태로 부가되며, 마나님의 옛 직장 동료, 옛날 남자(고시생이었다가
성공했으면 더욱 좋고), 사장님의 여직원(직원은 항상 하나다) 등등이 기
본 갈등을 제공하는 인물로 설정됐다. 비디오 대여점에 한 번이라
도 가본 사람이라면 차고 넘치는 한국 에로물들의 화려한 전시를
확인했을 것이다. 위선을 떨지는 말자. 정말 나도 당신도 안 본다면
35mm 개봉용도 아니고 손쉬운 베타 캠으로 제작된 그 많은 비디오
용 세미 포르노들이 그리 당당하게 고개를 들고 있겠느냐는 말이
다. 그러므로 여배우 진도희는 자신 있게 이렇게 말할 근거를 가지
고 있다. "다들 밤에는 빌려다 보면서 난리들이다."[129]

쌍벌제 논쟁

1945년 8월 25일 임영신과 이은해를 중심으로 결성된 여자국민당
이 간통죄에 관한 쌍벌제를 주장하며 벌어진 논쟁이다. 지금은 남
녀 모두를 처벌하는 쌍벌죄가 당연시되지만, 이때만 해도 일제 강

점기부터 적용돼온 형법에 따라 여자만 처벌하는 단벌죄였다. "부부夫婦의 부婦가 간통한 때에는 2년 이하의 징역에 처한다"는 것이다. 남성은 유부녀가 아닌 여성과 간통 관계를 갖거나 처녀나 독신녀를 축첩해도 형법상 범죄로 취급되지 않았다.[130] 거의 10년이 지난 1953년 10월 3일 공포된 형법 제241조는 간통죄와 관련해 다음과 같이 남녀 쌍벌 제도를 채택했다. ①배우자가 있는 자가 간통하였을 때에는 2년 이하의 징역에 처한다. 그와 상간相姦한 자도 같다. ②전항의 죄는 배우자의 고소가 있어야 논한다. 단 배우자가 간통을 종용 또는 유서宥恕하였을 때에는 고소할 수 없다.[131]

씨받이 면회

한국전쟁 기간 중 존재했던 군인 면회로, 한국인의 '씨'에 대한 강한 집념을 보여주는 것이다. 백선엽은 논산에서의 씨받이 면회에 대해 이렇게 술회했다. "비전 시에 아들을 입대시킨 부모의 심정도 안타까운 법인데 하물며 전시에 아들을 군에 보낸 부모의 심정은 이에 비할 바가 아니다. 때문에 훈련소마다 면회온 가족들이 줄을 이었다. 이 중에는 특히 만약의 사태에 대비해 손을 끊기게 하지 않겠다는 일념으로 며느리를 대동하고 씨받이 면회를 간청하는 사례도 적지 않았다. 물론 공식적으로 씨받이 면회를 허용할 수 없었으나 요령껏 성사를 하는 경우도 있음을 보고를 통해 알고 있었다. 나는 이를 탓하기에 앞서 우리 민족의 위대함을 역설적으로 느끼게

됐다. 외침 속에서도 반만년의 혈통을 유지해온 근원의 한 단면을 이를 통해 깨달을 수 있었다." [132]

씨시 sissy

생김새나 외모를 여자처럼 꾸민 남자를 비하하는 표현으로, 남성 동성애자를 가리키는 속어이기도 하다. 이 밖에도 여러 속어들이 있는데, 여자처럼 화장하고 코르셋을 입은 남자의 모습을 풍자한 드래그 퀸 drag queen, 동성애 관계에서 여성의 역할을 맡는다는 의미의 패그 fag, 패겟 faggot, 페어리 fairy, 피시 fish 등이 있다. [133]

씨팔 (씹할)

해방 이후 미군이 우리나라에 진주하면서 쓰이기 시작했다. 미군들이 쓰는 욕 'your mother fucking'을 우리식으로 바꾸면서 '네미 씹할' 등으로 쓰다가 '씨팔' 혹은 '씹할'로 단순하게 바뀌었다. 따라서 해방 이전의 소설에 자주 등장하는 '씨팔'이란 단어는 잘못된 용법이며, [134] 써서도 안 되는 말이겠다.

Interesting
Sex Dictionary

아동 포르노 논쟁

아동 포르노 규제는 너무도 당연한 일이지만, 2009년 독일에선 이 문제에 대해 치열한 논쟁이 벌어졌다. 2009년 6월 독일 의회에 상정된 '아동 포르노 접근 금지법안'이 인터넷 검열이 가능해질 것이라는 우려로 인해 부결된 것이다. 이때 무엇이 아동 포르노인가에 대한 기준도 문제가 됐다. 이미 독일에서는 1977년 〈유년의 사랑〉 (감독 피에르 주세페 무르지아)이라는 제목의 영화가 개봉하며 논란이 일었던 적이 있었다. 이 영화는 12세 소녀 둘과 14세 소년 한 명의 성적인 만남에 관해 담고 있었는데, 영화사는 논란이 일자 영화를 재편집해 상영하는 우여곡절을 겪어야 했다. 그런데 새로 나타난 심각한 문제는 아동 포르노가 개인 차원, 즉 마을에서의 범죄나 가정에서의 아동 학대를 통해 만들어지고 있다는 충격적인 현실이었다. 그리고 이렇게 만들어진 아동 포르노가 각종 다운로드 사이트나 P2P를 통해 인터넷에 떠돌아다니는 것이었다. 검열에 대한 공포 때문에 아동 포르노는 성장 산업으로 계속 맹위를 떨치고 있다.[1]

아부 그라이브 수용소 사건

2004년 3월 이라크의 아부 그라이브 수용소에서 벌어진 포로 학대 사건으로, 미군 여성들이 가학적인 성적 유린과 학대를 저질러 큰 충격을 주었다. 이들이 가족·친구들에게 전송한 디지털 사진 파일에는 여성용 팬티로 얼굴이 가려진 알몸의 이라크 남성 포로, 발가벗겨진 남성 포로의 목에 개 끈을 묶어 끌고 가고 있는 미군 여성, 알몸의 남성 포로들로 인간 피라미드를 쌓아놓고 그 위에 올라가 웃고 있는 미군 여성, 또 죽은 이라크 남성의 시체에 얼굴을 맞대고 웃으며 승리의 브이를 만든 미군 여성 등 충격적인 장면들이 담겨 있었다. 실제 고문에 가담한 군인은 린디 잉글랜드를 포함한 3명의 백인 여성들이었고, 아부 그라이브 감옥을 통제한 미군 800 헌병여단의 사령관도 여성이었으며, 모든 포로 관리의 최고 책임자인 육군 소장도 여성이었다. 이에 대해 박혜영은 "여성들이 여권 신장이라는 사다리를 오르기 위해 남성적 기술군사주의를 내면화할 경우 어떤 폭력적인 모습을 보일 수 있는지를 경고하는 사건이었다"고 평가했다.[2]

아우성 논쟁

'아름다운 우리 아이들의 성을 위하여'의 줄임말로 구성애식 성교
육의 핵심 키워드다. 문화평론가 김지룡은 "아우성은 '아름다운
우리들의 성'이 아니라 '아무것도 아닌 우리들의 성'으로 바뀌어
야 한다. 그럼으로써 우리는 성에 대한 모든 강박으로부터 자유로
울 수 있다"며 다음과 같이 주장했다. "'아우성'을 보면 '산뜻한 인
간의 성은 성행위만 있는 것이 아니라 그 안에 생명과 사랑과 쾌락
의 세 요소가 있어야 한다'고 한다. 또한 '그 세 요소는 따로 떨어
져 존재하는 것이 아니라 함께 조화를 이루어야 아름다운 성, 온전
한 성'이라고 말한다. 그중 한 가지라도 빠지면 많은 문제가 발생
한다는 것이다. 성행위에 생명이 들어가야 한다는 것은 결국 '성과
사랑과 결혼'이 일치해야 한다는 주장이다. 미혼모는 무책임한 일
이고 그런 가정은 결손 가정이라고 간주하는 사람들이므로 분명히
그럴 것이다. 언뜻 보면 성과 사랑과 결혼이 일치해야 한다는 것은
아름다운 얘기처럼 들린다. 하지만 결국에는 가부장제 이데올로기
에서 한 치도 벗어나지 않았다. 구성애의 주장은 남성 중심 사회의
가치관을 반복하고 있을 뿐이다.…… 성이 아름다운 것이라는 관
념을 버리자. 이는 여성에게 순결을 강조하기 위해 만들어낸 사기
술에 지나지 않는다. 그렇지 않고서야 남자들의 대부분이 그 아름
답다는 것을 사창가에서 함부로 버리고 다니겠는가. 성행위는 사
람이 하는 수많은 행위 중의 하나일 뿐이다. 밥을 먹고, 숨을 쉬고,
TV를 보고, 소설을 읽으면서 두뇌 회전을 시키는 다른 행위들과 그

다지 다를 것이 없다."[3] 김지룡은 이렇게 덧붙였다. "내가 구성애의 '아우성'을 싫어하는 가장 큰 이유는 다름 아닌 '협박 교육'이기 때문이다. 담배를 피우면 정자의 99%가 졸고 앉아 있다는 말을 들었을 때는 정말로 내 딸의 건강이 염려됐다. 하지만 생후 23개월째인 내 딸은 표준보다 키도 크고 건강하다. 이러한 협박이 교육 현장에서만 벌어지는 것은 아니다. 사회의 모든 곳에서 일반적으로 벌어지고 있는 일이다. 바로 '권위'라고 불리는 협박들이다."[4]

아프로디테 Aphrodite

그리스 신화에 나오는 육체적인 사랑의 여신으로, 고유명사만 바뀌었을 뿐 내용이 비슷한 로마 신화에서는 베누스Venus, 즉 비너스다. 아프로디테는 단 하루도 육체적인 사랑이 없이는 살 수 없었던 음란한 여신이었다. 아프로디테는 터키 남쪽의 섬인 사이프러스에 상륙했는데, 이 때문에 오늘날에도 '사이프리언Cyprian'이라고 하면 '음탕한 여자', '웃음 파는 여자'의 의미로 쓰인다.[5]

안드로지니 androgyny

양성성을 뜻한다. 그리스어인 남성andro에 여성gyn을 덧붙여 만든 말로 성 역할이 명확하게 규정되지 않는 세계, 즉 '온갖 여성 가운데 남성적 요소'와 '온갖 남성 가운데 여성적 요소'를 통합하여 자유

로이 표현되는 상태를 의미한다.[6]

안드로지니 신화

그리스 신화에서 본래 인간은 남녀가 하나로 합쳐진 안드로지니의
형태로 존재하고 있었는데, 이들의 힘이 점차 강력해져서 신에게
대항하자 이를 못마땅하게 여긴 제우스가 이들의 몸을 반으로 갈
라놓음으로써 남성과 여성이 생겼다. 반쪽으로 갈라진 남성과 여
성은 나머지 반쪽을 그리워하여 다시 한몸이 되기 위해 서로를 꼭
껴안고 놓지 않아 많은 커플들이 굶어 죽었다. 이를 불쌍히 여긴 제
우스가 그들의 몸 앞에 생식기를 달아주어 남성과 여성이 서로 껴
안게 되면 자식을 낳음으로써 자손이 계속 번창하게 됐다.[7]

안마 시술소

원래는 시각 장애인의 호구지책으로 순수한 안마를 위해 시작되었
으나 이미 변형된 지 오래다. 그러므로 안마만 받기 위해서 들어가
면 큰 낭패를 볼 수 있다. 안마 시술소는 안마는 기본이고 의무적으
로 성매매를 해야만 이용할 수 있는 영업 장소를 말한다. 서울 강남
테헤란로와 남부터미널 인근은 서울 사는 남성이라면 한 번쯤은
가봤거나 들어봤을 안마 시술소가 밀집한 곳이다. 물론 강북에도
장안동이라는 걸출한 상권이 형성돼 있지만, 재기발랄한 서비스로

는 이곳을 따르기 힘들다. 안마 시술소는 '성매매의 완결판' 이라 불릴 만큼 진화 속도가 대단하다. 일반적인 일대일 서비스만 제공하는 업소들은 대부분 간판을 내렸다. 얼마 전까지 '충격' 으로 표현되던 '스리섬(2+1)' 은 예사고, 이제는 '포섬(3+1)' 도 일반화되는 추세다. 스리섬, 포섬의 경우 접대 여성 외에 '오렌지' 라 불리는 제 3의 여성이 성매매 서비스 도중 등장하는데, 장안동 쪽에서는 이 여성들을 '조커' 라고 부른다. 통상 '오렌지' 들은 얼굴을 공개하지 않는다. 오렌지 문화의 진원지인 서초동 인근 안마 시술소에서 시작된 가면 착용이 일반화됐다고 한다. 그렇다면 이 가면 여성들의 정체는 뭘까? 바로 안마 시술소의 수습사원들이다. 보통 2개월에서 길게는 3개월가량 오렌지 생활을 해야 '메인' 으로 영업이 가능하며, 이들 여성은 오렌지 생활 동안 가면에 의지해 남성 접대 요령과 패턴을 익힌다. 통상 30명 정도의 '메인' 이 있는 업소에 오렌지가 5~6명이라니, 아마 노동 강도는 '메인' 보다 몇 배는 더 심할 것이다. 최근에는 '이메쿠라 서비스' 라 불리는 테마방도 유행이다. 특별 서비스를 원하는 손님을 위해 지하철, 비행기, 회사, 도서관, 갤러리 등의 이미지 룸을 만들어 서비스하는 것을 말한다. 심지어 홈쇼핑과 유사한 TV 화면을 통해 여성을 고르게 하는 업소도 등장했다고 하니, 인간의 무한한 상상력에 새삼 감탄하게 된다. 테마방에서 가장 인기를 끄는 곳은 단연 '지하철' 이라고 한다. 그렇다면 이 같은 안마 시술소들의 매출 규모는 어느 정도일까? 남부터미널 인근의 업소 지배인은 이렇게 귀띔했다. "우리 업소는 '메인' 만 50명

이 넘는다. 하루에 보통 4~5명 받으니 하루 평균 200명 이상의 손님
이 오는 셈이다." 대충 따져봐도 이 업소의 하루 평균 매상은 최소
3,400만 원 이상, 한 달이면 10억 원이 넘는 거액이다. 대한민국의
안마 문화, 정말 대단하지 않은가?[8](참고 '스리섬')

안전 내의

인도네시아에 등장해 잘 팔려나간 현대판 정조대로, 가죽 벨트에
알루미늄제 자물쇠와 숫자형 열쇠가 장치된 강간 예방용이었다.
수하르토 하야 데모에 수반된 폭동 때 화교 여인들이 집단 강간을
당한 데 대한 대비책으로 나온 것이다.[9]

알몸 공격 사건

1970년대에 여성 노동자들의 노조 활동을 탄압하기 위해 동원된 깡
패들이 자주 썼던 수법으로, 깡패들이 여성 노동자들 앞에 알몸으
로 나타나 성적으로 공격하겠다는 제스처를 취하곤 했다.[10] 1978년
2월 인천의 동일방직 여성 노동자들도 이 일을 겪어야 했다. 동일
방직의 여성 노동자 석정남의 증언에 따르면, "'에잇, 개쌍년들, 나
가!', '쫓아내버려!', '죽여라, 죽여, 죽여!' 분위기는 삽시간에 험악
해졌다.…… 사내들은 우리를 바짝 움켜쥐고 밖으로 질질 끌어냈
다. '어머, 세상에 이런 사람들이 다 있어.' 우리와 같이 끌려나온

사람이 외치자 그중 한 녀석이 '그래 이년들아. 우린 이런 사람이다' 하면서 아랫도리를 홀떡 벗어 보이면서 드세게 설쳐대는 데에는 완전히 기가 질려버렸다. 그때 방안에서 끌려나오지 않으려고 발버둥치던 순이 언니가 외마디 소리를 질러 뛰어가 보니 입술을 물어뜯겨 피가 흐르고 있었다."[11]

알몸 저항 사건

1970년대에 여성 노동자들이 노조 탄압에 저항하던 와중에 나온 사건이다. 1977년 7월 25일 인천의 동일방직에서 '세계노동운동 역사상 유례가 없는 놀랍고도 극적인 저항 방식'이 벌어졌다.[12] "오후 6시 반 농성 노동자들을 강제 진압하기 위해 폭력 경찰이 투입됐다. 이 순간 놀라운 일이 벌어졌다. 20세 안팎의 여성 노동자들이 일제히 작업복을 벗어던졌다. '아무리 무지막지한 경찰이라도 알몸으로 버티는 우리들에게 손을 대지는 못할 것이다. 모두 옷을 벗자.' 누군가의 말에 따라 노조 사무실에서 농성하고 있던 70여 명이 순식간에 행동을 취했다. 그러나 경찰은 알몸으로 저항하는 이들 여성 노동자들을 덮쳐 곤봉과 주먹을 휘둘러대기 시작했다. 곳곳에서 찢어지는 듯한 비명이 빗발쳤고 피를 흘리며 쓰러지는 노동자들이 속출했다. 한마디로 당시의 현장은 생지옥 그 자체였다."[13] 경찰은 72명의 여성 노동자들을 체포해 연행하려고 했다. 200여 명의 다른 여성 노동자들이 벗은 몸으로 경찰차를 가로막았지만 경찰의 무자비한 폭력을 당해낼 수는 없었다. 여러 부상자가 나왔고 두 명은 충격을 받아 정신 질환에 걸렸다.[14]

알터 바위

한국에서 제일 흔한 바위 이름으로, '보지 바위' 라고도 한다. 바위에 알 모양의 둥근 홈이 패어 있어서 붙여진 이름이다. 한자어로는 차일암[遮日岩]이라고 한다. 한국에서 가장 큰 알터 바위는 제주도 삼성혈에 있다. 삼각산 도선사의 어귀에도 이른바 '부침 바위' 라는 알터 바위가 있는데, 여인들이 소원을 염송하면서 지극정성으로 작은 돌멩이를 이 바위에 문지르다가 어느 순간 돌멩이가 바위에 딱 달라붙으면 소원이 성취된다고 전해진다.[15](참고 '보지 바위')

알파 메일alpha male 신드롬

권력을 가진 남성의 과도한 성적 욕망을 말한다. 2008년 3월 엘리엇 스피처 뉴욕 주지사가 고급 성매매 조직의 고객이었다는 사실이 드러나자, 『뉴욕타임스』는 "상·하원 의원, 주지사, 시장, 대통령까지 정치인들이 지위 고하, 소속 정파를 가리지 않고 싸구려 연속극에 등장하고 있다" 며 정치인들의 섹스 스캔들 뒤에 숨겨진 심리적 특성을 파헤쳤다. 하버드 대학 케네디 스쿨의 톰 피들러Tom Fiedler는 "생물학자들은 자연 선택 이론으로 이 같은 현상을 설명할 수 있을 것"이라며 "일단 권력을 얻은 남성은 '알파 메일'이 된다"고 말했다. 알파 메일이란 집단에서 최고 우두머리 수컷을 뜻하는 말로, 강한 이미지의 남성을 이른다. 정치적 권력 획득이 성적 권력 획득에 대한 욕망으로 이어진다는 주장이다.[16]

앞치마

일부 종족의 여성들 가운데는 소음순이 엄청나게 자라나 질의 입구를 베일처럼 덮고 있는데, 이걸 가리켜 영국인들이 부른 말이다. 19세기의 영국 의학자들은 식민지 여성의 몸을 관찰하고 기록하면서 생식기를 기형으로 묘사하곤 했는데, 기록에 따르면 이런 식이었다. "어떤 나라, 특히 구대륙의 동쪽 나라(중동 지방)의 여성들은 소음순이 지나치게 성장하여 질의 입구를 덮고 있기 때문에 그것을 제거할 필요가 있다."(남아프리카의) 이런 여성들은 생식기의 외형이라는 측면에서 백인 여성의 것과 매우 다르다.…… 상대적으로 대음순이 작고 질이 더 깊은 반면 그 입구가 훨씬 더 뒤쪽으로 나 있어서 거의 동물과 같은 구조를 하고 있다."[17] 오만한 유럽·백인중심주의 사고 방식이라 할 수 있겠다.

애널 섹스

'항문 성교' 참조.

애닐링구스

'펠라티오' 참조.

애마 부인

1982년 2월 6일 우리나라의 첫 심야 영화로 개봉되어 돌풍을 일으킨 전설의 영화 제목이다. 〈애마 부인〉(감독 정인엽)은 프랑스 영화 〈에마뉘엘〉(1974년, 감독 쥐스트 쟈킨)이 세계적인 흥행 돌풍을 일으키자 일부러 이를 연상시키는 제목을 썼다는 말을 듣기도 했는데, 처음에는 '말을 사랑하는 부인'이라는 뜻에서 '애마愛馬'로 신청했으나 어감이 나쁘다는 이유로 엉뚱하게도 '애마愛麻 부인'으로 이름을 바꿨다. 제목이 어찌됐던 〈애마 부인〉은 〈에마뉘엘〉 못지않은 흥행 돌풍을 몰고 왔다. 개봉 첫날 밀려드는 인파 때문에 극장 유리창이 깨졌다. 인천, 수원에서 올라온 관객도 많았는데 표가 없어 돌아가야 했고 일본 NHK에서 정인엽 감독과 배우 안소영을 인터뷰했을 정도였다. 〈애마 부인〉은 서울극장에서 6월 11일까지 넉 달 가까이 장기 상영되어 31만 명이라는 기록적인 관객을 동원했고 한국영화 흥행 1위, 외화 포함 6위라는 기염을 토했다. 〈애마 부인〉은 이전까지의 이른바 '호스티스 영화'와는 질적으로 달랐다. 1970년대의 호스티스 영화는 주로 희생 같은 명분을 내세워 어쩔 수 없이 몸을 파는 수동적인 여성들을 다룬 데 반해 〈애마 부인〉은 당시로서는 도발적일 만큼 솔직하게 성적 욕망에 충실한 능동적인 여성을 그리고 있었다. 36년 만의 통행금지 해제로 밤을 허락받은 수많은 남성들이 성적 욕망의 배설구를 찾아 헤매고 있을 때, 심야에 찾아온 〈애마 부인〉은 충분한 자극제가 됐다. "내가 굴욕감을 무릅쓰고 잠자리를 요구할 때마다, 당신은 냉정하게 거절했어요. 저도 사람이에요. 당신과 똑같이 하겠어요." 여주인공 안소영의 대사에 관객이 열광했다. 이에 대해 남동철은 다음과 같이 말했다. "가부장적 도덕률로부터 관능을 해방시킨 선언은 그렇게 시작된다. 젖은 입술, 게슴츠레 풀린 눈동자, 살포시 드러난 속살에 남자들은 넋을 잃었다. 그녀의 복수는 부드럽고 짜릿하고 황홀했다. 아랫도리가 뜨거워지는 바람에 불그레 얼굴이 달아오른 사내들은 고개를 숙인 채 극장 문을 나섰다. 여자들도 애마가 유혹하는 시선을 느꼈다. 극장의 어둠 속에서 안소영의 몸을 빌려 성애의 숲을 가로질렀다. 정체를 알 수 없는 해방감이 온몸을 휘감았다." [18] 이 영화로 여배우 안소영은 풍만한 유방으로 충무로를 질식시켜 거유(巨乳) 시대를 개척한 여배우로 한국 영화사에 길이 각인됐다. 안소영 이후 선우일란(〈산딸기〉 1, 2), 진도희(〈젖소부인 바람났네〉 시리즈) 등 이른바 미모와 몸매를 갖춘 여배우 시대가 도래하기 시작했다.(참고 '호스티스 영화')

애액 愛液

여성의 질에서 분비되는 체액으로 정액과 마찬가지로 오르가슴을 느낄 때만 나온다. 강한 산성을 띠고 있으며, 촉감이 약간 미끄럽고, 비릿한 냄새가 난다. 질을 미끄럽게 만들어 음경을 삽입할때 고

통을 줄이는 역할을 한다. (참고 '쿠퍼액')

애인 신드롬

1996년 최고의 TV 드라마 〈애인〉 방영 이후 한국 사회에 불어닥친
연애 신드롬을 말한다. 이 작품은 유부남과 유부녀의 사랑을 불륜
이 아닌 '사랑'의 눈으로 새롭게 해석해 멜로드라마의 새 역사를
썼다는 평가를 받았다. 이혼과 가족 형태의 변화가 본격적으로 시
작된 시점에 나온 드라마였다.[19] 한국방송비평회는 〈애인〉의 사회
문화적 의미를 해석한 『애인: TV드라마, 문화 그리고 사회』라는 책
까지 냈다. 이 드라마가 방영된 후 〈애인〉의 삽입곡인 캐리&론의
'IOU'는 하루에도 몇 번씩 방송에서 소개되었고, 길거리에서 쉽게
들을 수 있었다. 황신혜의 10만 원이 넘는 머리핀과 커리어우먼 패
션이 인기를 끌었고, 49만 8,000원짜리 구찌 핸드백도 수입 단일 상
품 최단 시간 매진이라는 신기록을 세웠다. 유동근이 드라마에서
입었던 잉크블루 셔츠도 백화점에서 불티나게 팔렸다. 드라마에
등장했던 카페, 호텔, 식당 등도 큰 재미를 보았다.[20] '남성의 전화'
같은 상담 기관이나 신경정신과 병원에서는 30~40대 직장인들의
상담이 늘어났다. 흥행에 실패했던 〈엄마에게 애인이 생겼어요〉라
는 영화도 비디오 대여점에서 인기를 누렸다. 덕분에 논란도 많았
다. '불륜 감시 산업이 호황을 누리게 됐다'는 등, '조사를 해 봤더
니 여성의 54.8%가 외도 욕구가 있더라'는 등의 기사들도 양산됐

다.[21] 여성계는 "남편의 외도는 당연시하면서 왜 아내의 외도를 문제 삼는가"라고 맹공격했다. 〈매디슨 카운티의 다리〉는 감동적이라고 하면서 〈애인〉은 불륜이라고 몰아붙이는 사회의 이중적 잣대도 도마에 올랐다. 1996년 9~10월 하이텔에선 이 드라마를 놓고 '저질 불륜 드라마', '있을 수 있는 아름다운 사랑이야기'라는 찬반양론이 맞서기도 했다. 『중앙일보』(1996년 10월 6일)는 이 드라마에 대한 국민적인 관심에 대해 "이 드라마는 불륜과 외도를 너무나 현실에 가깝게 묘사(리얼리티의 확보)함으로써 많은 시청자들의 관심권 내에 들어 있는 것"이라고 평하면서 "주부들 사이에 '너 애인 있니?'란 말이 농담으로 오가며 남편 단속이 한창이다. 또한 대다수의 건전한 남편들에겐 한 번쯤 환상적인 로맨스를 꿈꾸게 만드는 촉매 역할을 한다는 뒷이야기도 들린다"고 전했다. 언론은 대체적으로 이 드라마에 대해 비난의 편에 섰는데, 가장 극렬한 비판 중의 하나는 『세계일보』(1996년 10월 18일) 사설「TV 드라마와 가정 파괴」였다. "지금 시중에는 차마 눈뜨고는 볼 수 없는 부끄럽고 민망한 TV 드라마 한 편이 온통 국민들을 분노시키고 있다. MBC가 방영하고 있는 유부남, 유부녀의 사랑 놀음을 가증스럽게 미학으로 포장한 〈애인〉이라는 미니 시리즈다.…… 이 사회를 지탱하는 마지막 기둥인 가정을 지키기 위해서라도 드라마 〈애인〉은 당장이라도 중단하기 바란다. 그리고 국민에게 사죄해야 한다." 『조선일보』(1996년 10월 23일) 사설「드라마 망국론」도 만만치 않았다. "〈애인〉의 경우, 마지막에 각자 가정으로 돌아가는 설정이지만, 그 과정에서 이미

윤리는 파괴될 수 있다는 독소를 드라마 중독증 환자들에게 퍼뜨렸음을 부인해서는 안 된다. 이런 역기능이 누적되면 암보다도 더한 폐해를 줄 수 있다고 본다"고 했다. 극우 잡지인 『한국논단』(1996년 12월호)에 소개된 한국정신병리학회 회장 백상창의 말은 이 드라마에 대한 비판이 격노의 수준에까지 이르렀음을 보여준다. "MBC에서 하는 〈애인〉이라든가 이런 TV 프로그램을 하루 종일 관찰해본 사람이라면 알 수 있겠지만, 그것을 보는 남한 사람이 미치거나 타락하거나 살맛을 잃지 않는다면 그 사람은 이상한 사람이다. 이렇게 볼 정도로 대한민국의 방송 매체가 남한 사람들을 급격하게 죽음의 본능으로 이끌고 있다."[22]

애흔愛痕 수술

한때 기지촌에서 유행한 문신 제거 수술이다. 미군들은 양공주들에게 사랑의 증표로 문신을 요구하곤 했는데 젖가슴이나 사타구니 등에 문신으로 애흔을 남기는 경우가 많았다. 문제는 양공주 생활을 청산할 때다. 그 애흔을 지우기 위한 수술을 하지 않을 수 없었다. 그래서 선배 양공주들이 후배들에게 주는 충고 중엔 "문신으로 애흔을 만들지 말라"는 것이 있었다고 한다.[23]

야간 통행금지 베이비

36년 4개월간(1945년 9월 7일~1982년 1월 5일) 지속된 야간 통행금지로 인해 태어난 아기를 말한다. 야간 통행금지는 남자가 여자를 자신의 여자로 만드는 기회로 널리 활용됐다. 밤 12시만 되면 모든 통행이 금지됐기 때문에, 어쩌다가 그 시간을 넘긴 청춘 남녀는 별 수 없이 여관을 찾아야만 했다. 이럴 때 남자는 보통 "오빠 믿지? 손만 잡고 잘게"라는 말을 했지만, 피 끓는 청춘들 사이에서 그게 어디 가능한 일인가. 여자는 무방비 상태에서 임신을 하는 경우가 많았던바, 그렇게 해서 태어난 아기들의 수가 적지 않았다.

야동

불법으로 거래되는 야한 동영상의 준말이다. 예전엔 비디오숍이나 청계천 등의 길거리 영업상들을 통해 비밀리에 거래됐지만 요즘엔 인터넷이 주요 거래 창구다. '김본좌'가 언더에서 대중화를 모색했으며, 수많은 남성들이 야동을 모으기 위해 컴퓨터 공간을 비우고 있다. 탤런트 이순재가 '야동 순재'라는 애칭으로 한동안 인기를 끌었을 만큼 야동에 대한 국민적 애착은 상당히 강하다.(참고 '김본좌', '포르노')

야채 자위법

여성이 각종 야채를 이용해 자위를 하는 방법을 말한다. 자위는 '스스로를 더럽힌다'는 의미의 '셀프 폴루션self-pollution'이란 표현으로 돌려 말할 정도로 부정적으로 여겨져 왔다. 자위에 대한 이런 반감에 편승해 'f&v'라는 미국의 건강보조식품업체는 브라와 팬티만을 걸친 여성이 신음을 내뿜으며 오이로 자위하는 모습을 보여준 뒤 "야채와 과일을 올바른 용도로 사용하자"는 카피를 내세우기도 했다. 그러나 여성 해방 운동가 베티 도슨Bettry Dodson은 여성의 자위행위를 옹호하면서 야채를 이용한 자위법을 가르치고 나섰다. 그녀는 "'첫 성경험은 언제였죠?'라는 질문을 받으면, 처음 파트너와 섹스를 한 때를 대답할 것이 아니라 맨 처음 자위를 했던 때를 말해야 한다"고 주장했다. 자위는 자신과 나누는 당당한 섹스라는 것이다.[24]

야타족

한국에서 1990년대 전반에 등장한 걸 헌팅족으로, 좋은 자동차를 몰고 여자에게 "야 타!"라고 해서 붙은 이름이다. 고길섶은 야타족을 '진짜 야타족'과 '가짜 야타족'으로 나누었다. "전자는 졸부나 상류층 집안의 자녀들로 돈암동, 신촌, 화양리, 수유리로 진출하며 소나타 II, 그랜저, 스쿠퍼 등의 고급 승용차를 몰고 다니는 족속들을 말하며, 후자는 날치기(차 훔치기), 아리랑치기(술 취한 사람 털기), 뽈치기(여자를 폭행하면서 핸드백 강탈하기) 등의 폭력 행위로 자금을 확

보하며 프라이드나 티코를 타고 다니는 일당들을 말한다. 프라이
드나 티코 야타족들은 물론 잘 팔리지 않는다. '싼값'에 끼어들지
않겠다는 콧대 높은 10대 여자들이 그들을 선택하지 않는 것이다.
그녀들을 채가는 것은 진짜 야타족들이다."[25]

야합野合

부부 관계 외의 남녀 간 섹스를 말한다. 사마천司馬遷의 『사기史記』에
"숙량흘은 안씨 처녀와 야합하여 공자를 낳았다"고 나오는데, 여
기서 처음 등장했다. 직역하자면 눈이 맞아 들판에서 일을 저질렀
다는 뜻이겠다.[26] 오늘날엔 부정한 타협을 가리켜 쓰이기도 한다.

양공주

한국전쟁 전후 미군을 대상으로 성 노동에 종사한 한국인 여성을
가리킨다. 김현숙은 「민족의 상징, '양공주'」라는 글에서 이렇게
말했다. "이 용어가 사회적으로 형성되어온 과정을 문제 삼을 필요
가 있다. 왜냐하면 한국인 남성을 상대하는 성 노동자에게는 이 말
을 쓰지 않기 때문이다. '양공주'는 특정 여성들을 비하하는 용어
로 '양키 창녀', '양키 마누라', '유엔 레이디' 그리고 (또는) '서양
공주'라는 뜻이다. 이 용어는 외국인 남성을 상대로 군대 매춘에
종사하는 한국인 여성을 매춘이라는 위계에서도 최하위로 전락시

키고 있음을 나타낸다."[27] (참고 '동맹 속의 섹스')

양귀비 수술

여성의 지스팟 부위의 진피층에 인공적으로 혹을 만들어 성관계 시 자극을 높여 성적인 만족감을 더욱 이끌어내는 수술이다. 여성 오르가슴의 빈도와 지속 시간을 연장하며, 멀티 오르가슴으로 관계 시에 큰 만족감을 준다고 전한다. 원래부터 성감이 약한 사람이거나, 과거의 좋지 못한 경험이나 심리적인 영향 때문에 불감증이 있는 사람에게 좋다. (참고 '지스팟')

양변기의 음란성

한국에서 양변기의 도입 초기에 양변기를 음란하다고 본 시각을 말한다. 1962년 12월 1일 준공된 마포 아파트의 수세식 화장실에 대해 노인들의 불만이 컸다. 노인들은 양변기가 못마땅한 이유로 "시아버지와 며느리가 볼기짝을 맞닿을 수 없다"는 이론을 내세웠다.[28]

어우동 사건

성종 때에 어우동이란 여자가 일으킨 조선 최대의 섹스 스캔들이다. 어우동은 태종의 둘째 아들 효녕대군의 손자며느리로 양반일 뿐만 아니라 왕실의 종친녀였다. 그녀는 효녕대군의 손자인 태강수와의 결혼 생활을 제대로 못하고 쫓겨나 친정에 와 있다가 양반에서부터 평민, 노비에 이르기까지 화려한 남성 편력을 시작했다. 이 사실이 널리 알려지면서 그녀는 처형을 당했다.[29] 그녀는 죽기 전 옥중에서 "고관대작이나 도덕군자는 허수아비의 옷과 같은 것이다"라는 명언을 남겼다.[30] 그녀의 이름은 오늘날 에로물의 대명사로 남아 있지만, 남녀평등과 만민 평등의 관점에서 보자면 그녀는 시대를 앞서 간 '선각자'라고 볼 수 있겠다.

얼짱 팔찌

영국 등 해외에서 일명 '섹스 팔찌Sex Bracelet'라고 불리며 사회적 논란을 일으킨 바 있다. 각 팔찌의 색깔별로 다른 성적인 의미가 담겨 있고, 그 팔찌를 끊으면 팔찌의 착용자가 그 색깔이 의미하는 행동을 허락한다는 식의 놀이가 청소년들 사이에서 퍼진 것이다. 지역이나 나라별로 색에 담긴 의미는 다르지만 대개 흰색 팔찌는 키스, 노란색 팔찌는 포옹, 검은색 팔찌는 성관계를 의미한다는 식이다. 얼짱 팔찌가 인기를 끌면서 우리나라에서도 초등학교 앞 문방구나 길거리 노점상에서 이런 팔찌를 팔고 있다. 가격은 대개 1,000원 안팎. 2009년부터는 청소년들 사이에서 특히 인기를 끌면서 수요가 늘고 있다. 우리나라에서는 성적 의미보다는 연예인을 따라 하거나 싸고 이뻐서 착용하는 학생들이 대부분이다.[31]

에노비드 ^{Enovid}

최초의 산아 제한 경구 피임약으로, 1950년대에 미국의 생물학자 그레고리 핀커스^{Gregory Pincus}가 개발했다. 푸에르토리코인들을 대상으로 실험하는 등 윤리 문제는 있었지만, 1950년부터 시작된 여러 실험 끝에 1960년 미국 식품약품청이 시판을 허가했다.[32]

에레나

1950년대에 미군들을 상대하던 이른바 양공주의 대표적인 미국식 이름이다. 에레나는 1959년 노래의 주인공으로까지 등장했다. 〈에레나가 된 순희〉(손로원 작사, 한복남 작곡, 안다성 노래)가 그것이다. "그날 밤 극장 앞에/그 역전 카바레에서/보았다는 그 소문이 들리는 순희/석유불 등잔 밑에 밤을 새우면서/실패 감던 순희가/다홍치마 순희가/이름조차 에레나로 달라진 순희 순희/오늘 밤도 파티에서 춤을 추더라."[33]

에로단

1930년대에 카페 여종업원들이 고객과 카페 밖으로 2차를 나가는 것이 조직적으로 이뤄진 걸 가리켜 붙은 이름이다. 단속이 강화된 이후로도 카페 여종업원의 2차 성매매 활동과 관련된 에로단의 적발을 알리는 신문 기사가 계속 보도됐다.[34]

에로물

1970년대에서 1980년대 초반에 이르는 동안 우리의 통칭 에로물들은 그래도 〈반노〉(1982년, 감독 이영실)와 같은 법적 제재와 맞선 영화도 있고, 〈앵무새 몸으로 울었다〉(1981년, 감독 정진우)나 〈땡볕〉(1984년, 감독 하명중)처럼 조금이라도 원초적인 에로티시즘에 관한 고민을 시도한 작품들이 있었다. 그러나 어느새 우리 관객의 에로 취향은 그야말로 말초적 수준에서 고착되어버렸다. 비디오 시장이 안정된 이후 생겨난 트렌디 에로 영화의 양산 과정을 그 원죄적 동인으로 본다. 한국의 에로물은 〈어우동〉(1985년, 감독 이장호), 〈뽕〉(1985년, 감독 이두용), 〈무엇에 쓰는 물건이고〉(1993년, 감독 양병간) 류의 고전 에로물에서 다시 〈복카치오 91〉(1991년, 감독 김정진), 〈캉캉69〉(1992년, 감독 석도원) 류의 코믹 에로로, 이어 〈야시장〉, 〈정사수표〉 시리즈 같은 인신매매, 호스티스 류로, 그리고 〈원초적 본능〉(1995년, 감독 폴 버호벤)에서 영감을 얻은 스릴러 에로물이 주류를 이루는 일정한 계보와 흐름을 가지고 있다. 이렇게 나열하면 꽤 다양한 물건들이 있어 보이지만 실은 그렇지 않다. 대부분 에로티시즘에 대한 탐구라기보다는 여필종부, 인과응보, 살신성인 등을 주제로 한 고약한 도덕주의와 윤리주의의 산물이다. 이것은 제도적으로는 1980년대 후반 포르노물 단속과 함께 완화된 심의 기준이 제시되자, 어물쩍 윤리적 결말만 가지면 좀더 생각 없이 벗겨도 된다는 정책적 방향을 수렴한 결과이기도 하다.[35]

에로티카 erotica

포르노와는 구분되는 성애로, 폭력을 쓰지 않고 파트너에게 모두 즐거움을 주고 서로의 욕망에 의한 동의하에 이루어지는 행동을 묘사하는 것을 말한다.[36]

에마뉘엘 부인

1960년대에 프랑스 여류 작가 에마뉘엘 아루상 Emmanuelle Arsan 이 저술한 작품이다. 『에마뉘엘 부인 Emmanuelle』이 프랑스에서 처음 출판된 것은 1963년이다. 초판본의 표지에는 타이틀만 있을 뿐, 저자의 이름은 인쇄되지 않았다. 그러나 그 내용이 지식인들 사이에 알려지면서 인정을 받았고, 문단에서도 큰 화제가 됐다. 그러다 1968년에 다시 중판되면서 에마뉘엘 아루상이라는 저자가 밝혀졌고, 이 책이 자전적 소설이라는 게 알려지면서 더욱 큰 반향을 불러일으켰다. 에마뉘엘은 20대 후반의 유부녀인데 남편의 동의하에 동성연애, 그룹 섹스, 자위행위 등을 실행해본다. 에마뉘엘의 남편은 자신의 친구를 아내의 섹스 파트너로 제공할 만큼 정상인으로서는 이해할 수 없는 행동을 하는 인물이었다. 그리고 남편은 아내의 여자 친구들과도 태연하게 성관계를 맺었다. 그러면서도 부부간의 애정에 절대로 금이 가지 않는다는 것이 이 소설이 갖는 특징이다. 평론가들은 그동안 금기시해온 성(동성애, 그룹 섹스, 자위행위, 불륜)을 다룬 성애 소설 이상의 훌륭한 작품이라고 호평했다. 〈마타하리〉(1985년, 감독 커티스 해링턴) 〈채털리 부인의 사랑〉(1981년, 감독 쥬스트 쟈킨) 등으로 유명한 실비아 크리스텔 주연으로 영화화되어, 책보다도 더한 센세이션을 일으켰다. 그러나 우리나라에서 상영된 〈에마뉘엘 부인〉은 너무 많은 가위질로 인해 원작의 깊은 의미를 살리지 못한 채 그저 말초 신경만 자극하는 한갓 천한 에로물로 전락해버렸다.

SM 클럽

사디즘saddism과 마조히즘masochism의 약자인 SM은 일본에서 유행하는 클럽으로 일종의 변태 성욕이지만 일본에서는 삽입 성교(매춘)가 불법인 관계로 섹스 없는 변태 행위가 자연스럽게 행해지고 있다. SM에서는 사디즘의 여성이 '여왕', 마조히즘의 남성은 '노예'가 되는데 이를 보통 '펨덤 놀이'라 지칭한다. 보통 6단계의 다양한 서비스로 삽입 성교에 이르지 못하는 아쉬움을 달랜다. 첫 번째 단계는 '도그 플레이dog play'다. 말 그대로 강아지 역할 놀이인데 손님이 강아지, 여성이 주인 역할을 맡는다. 이를 위해 개 목걸이와 개 줄이 준비되어 있다. 손님은 강아지가 되어 목에 줄을 메고 여성이 시키는 대로 해야 한다. 두 번째 단계는 '휘핑whipping'이다. 휘핑이란 말 그대로 채찍질을 의미한다. 외국 영화를 통해 소개된 것처럼 SM의 가장 대표적인 행위가 바로 휘핑이다. 여기서 여성은 여왕이 되고 손님은 노예가 된다. 룸에는 손님을 묶을 수 있는 도구와 여왕의 채찍이 준비되어 있다. 세 번째는 '호스 플레이horse play'로 일부 클럽에서는 호스 플레이 가운데 하나인 '재갈 물리기' 서비스가 제공된다. 방식은 말의 입에 재갈을 물리는 것과 유사한데 휘핑보다 더 많은 인기를 끌고 있다. 네 번째는 페티쉬 서비스 영역 가운데 하나인 '풋피딩footfeeding'이다. 단어 그대로 발로 음식을 먹여주는 것이다. 여성이 의자에 앉아 발을 유산균 제품에 담갔다 빼면 손님이 입으로 핥아 먹는 방식이다. 다섯 번째는 '본디지Bondage'로 신체를 끈으로 묶는 것이다. SM의 대표적인 놀이 가운데 하나다. 실제 의미에서 본디지는 섹스 이전 단계로, 본디지가 이뤄진 상태에서 섹스가 이뤄지는 게 정상적이다. 하지만 클럽에서는 성관계까지는 제공하지 않아 여성이 남성 손님을 묶는 데까지만 서비스가 제공된다. 마지막은 '스텀프&킥킹stomp & Kicking'이다. SM 마니아가 아니라면 가장 이해하기 힘든 서비스가 바로 스텀프&킥킹이다. 남성이 눕고 여성이 하이힐을 신은 상황에서 남성의 가랑이를 짓밟고 성기를 발로 찬다. 상상을 초월하는 고통을 동반한 서비스라 할 수 있다. 최근 SM 성향의 사람들이 늘면서 상처가 남지 않는 특수 섬유로 제조된 밧줄, 몸에 떨어뜨리기 위해 만든 화상을 입지 않는 특수 양초 등 다양한 SM 도구들이 판매되고 있다. 한때 논란을 불러일으킨 'BDSM(Bondage(노예), Domination(지배자), Sadism(가학증), Masochism(피학증))' 카페도 눈에 띄게 급증했다. 이 카페의 회원들은 지배 성향의 '도미넌트Dominant'와 피학 성향의 '서브미션Submission'으로 역할을 구분하며 피지배자는 지배자의 명령에 절대 복종해야 한다. 지배 성향의 남성은 '메일돔MaleDom', 여성은 '펨돔FemDom'이라고 지칭한다.

반대는 '메일서브MaleSub', '펨서브FemSub' 다. "'멜섭' 할 분 구해요. 진심으로 즐길 분만 연락주세요. 주로 발바닥과 엉덩이를 때릴 겁니다. 원하는 부위가 있으면 해드립니다. 회초리와 장소, 시간은 내가 정합니다. 장난은 사절." 펨돔 성향의 한 여성이 올린 글이다.[37]

SQ Sexual Quotient

2004년 12월 브라질 상파울루 의대 정신의학연구소에서 성 기능 장애 클리닉을 운영하는 카미타 압도Carmita Abdo가 화이자의 임상의학자들과 함께 개발한 지수다. 지능 지수인 IQ, 감성 지수인 EQ처럼, 성 지수 SQ는 성생활의 질을 평가할 수 있는 지표로 전희, 발기 정도, 오르가슴, 성생활 만족도 등에 대한 10개 문항의 자기 평가 질문 양식으로 구성돼 있다.[38]

에오니즘 eonism

이성의 옷을 입는 것으로 성적 흥분을 느끼는 이성 복장 착용증인 트랜스베스티즘transvestism의 또 다른 이름이다. 18세기경 이성복장 착용자로 유명했던 프랑스 귀족 에온 드 보몽Éon de Beaumont의 이름을 따서 붙인 이름이다. 이성 복장 착용자들은 '보몽 단체Beaumont Society'를 결성하기도 했다.[39]

에지 ^{edge}

'edge'는 각, 모서리라는 뜻인데, 패션계나 스타일리스트 사이에서 '포인트를 주다' 혹은 '개성', '독특함', '새로움'이라는 다소 광범위한 함의로 사용되던 단어였다. 또 일본말 변태^{Hentai}에서 유래된 것으로, 단어의 첫 번째 알파벳을 따서 H로 부르는데, H의 일본식 발음이 '엣찌'라는 설도 있다. '느낌', '때깔'이라는 뜻의 '간지'라는 말을 밀어낸 이 단어는 2009년 SBS 드라마 〈스타일〉에서 여주인공 김혜수가 반복 사용하면서 트렌드가 됐다.[40] 그래서 이젠 날이 서게 똑 부러지고, 깔끔하고, 멋지고 등의 의미로 대중화됐다.[41] 미국의 '노는 여자아이들'의 은어에서 비롯했다는 설도 있다. 2000년대 중반 미국의 중3 여학생들 중 성관계를 경험한 아이들의 비율은 약 3분의 1에 이르러 섹스를 안 하면 바보가 되는 분위기가 팽배해 있었는데, 이런 아이들 사이에 '대담한', '도발적인', '유행을 선도하는'이란 뜻으로 'edge'라는 개념이 유행했고, 마케팅 전문가들이 어린 아이들에게 이 단어를 사용함으로써 사실상 성과 관련된 행동이나 가치관을 의미하게 됐다는 것이다.[42]

에티켓 벨

2005년 8월 22일 경기도 용인경찰서가 여성 유치장 내 화장실에 설치한 것이다. 이 벨은 용변 소리로 수치심을 느끼는 여성들을 위해 새소리나 시냇물 흐르는 소리가 나도록 고안된 제품으로 벨을 누르면 22초 동안 소리가 나 화장실에서 나는 다른 소리를 막아준다. 유치장 화장실은 만일의 사태에 대비해 출입문도 없고 남자 화장실과 얇은 벽으로 나뉘어 있어 남녀 유치인끼리는 물론 순찰 경찰관도 민망한 경우가 자주 발생했다고 한다.[43]

엘렉트라 콤플렉스 electra complex

딸이 아버지에게 애정을 품고 어머니를 경쟁자로 인식하여 반감을 갖는 경향을 가리키는 정신분석학 용어다. 오이디푸스 콤플렉스와 대비되는 개념이다. 프로이트가 이론을 세우고 카를 융Carl Gustav Jung이 이름을 붙였다. 프로이트에 따르면, 3~5세의 남근기에 여자아이들은 자신에게는 남동생이나 아버지가 갖고 있는 성기가 없다는 사실을 알고 남성을 부러워하는 한편 자신에게 남성 성기를 주지 않은 어머니를 원망한다고 한다. 프로이트는 이와 같은 음경 선망penis envy을 여자아이로 하여금 엘렉트라 콤플렉스를 갖게 하는 적극적인 원인으로 보았다. 이러한 욕구는 어머니의 여성적 가치를 자기와 동일시하고 초자아가 형성되면서 사라진다. 오이디푸스 콤플렉스와 대비되지만 그만큼 중요시되지는 않는데, 이는 최악의 상황이라도 어머니가 딸을 거세할 수는 없으므로 남자아이들만큼 거세 콤플렉스를 느끼지 않는다고 보기 때문이다. 이런 관점에서 프로이트는 여성의 초자아가 남성보다 약하다고 믿었다. 명칭은 그리스 신화에서 아가멤논의 딸 엘렉트라가 보여준 아버지에 대한 집념과 어머니에 대한 증오에서 유래했다. 미케네 왕 아가멤논은 10년 동안의 트로이 전쟁을 마치고 귀국한 날 밤에 아내인 클리타임네스트라와 그녀의 정부 아이기스토스에게 살해당했다. 엘렉트라는 동생인 오레스테스와 힘을 합쳐 어머니와 아이기스토스를 죽이고 복수했다.[44]

여대생 접대부 논쟁

1990년대 말 IMF 환란과 그에 따른 경기 불황으로 인해 유흥가에서 접대부로 아르바이트를 하는 여대생이 크게 늘자 PC 통신 등을 통해 뜨겁게 벌어진 논쟁을 말한다. "모든 것은 제자리에 있을 때 아름답다. 학생은 학생다워야 한다는 말이다. 생계(학비)를 위해 술집 아르바이트를 한다는 변명은 말이 안 된다"는 따위의 주장들이 많았지만, 다른 의견도 많았다. "여대생은 뭐 특별한가? 그럼 단란주점이나 룸살롱은 고졸 여성만 일하라는 이야기인가?", "'여대생이 술집 나간다'가 아니고 '술집 아가씨가 공부를 한다'고 생각하면 간단하다."[45]

여성용 성 상품

2000년대 중반 이후 여성이 성 상품 시장의 주요 구매자로 등장했다. 성인용품점에서 물건을 고르고, 남성의 나체 사진이 등장하는 외국 잡지를 보는 여성이 늘고 있으며, 여성 전용 인터넷 사이트에는 외국 여행 추천 장소로 '몸짱' 남성이 스트립쇼를 하는 클럽이 소개될 정도다. 대학가 성인용품점은 분홍색으로 벽을 칠하고 아기자기한 용품들을 전면에 배치했다. 사탕 모양으로 포장된 컬러 콘돔은 물론이고, 미국 드라마에 나온 토끼 모양 바이브레이터도 살 수 있다. 서울 홍대 앞 '성 카페'에서는 여성 고객이 남녀의 성기 모양으로 제작된 알록달록한 쿠션을 갖고 노는 모습을 볼 수 있다. 카페 곳곳에 설치된 모니터에는 성행위 장면이 노골적으로 묘사된 영상이 나온다. 이에 대해 박근영은 이렇게 말했다. "여성은 판매자, 남성은 구매자로 흔히 알려진 성 시장의 구조가 변한 것은 여성 경제력이 향상된 데 따른 현상이다. 구체적으로 〈섹스 앤 더 시티〉와 같이 서양 여성의 개방된 성 문화를 보고 자란 세대가 직장을 잡고 구매력을 갖게 된 것이다. 여성에게 성은 더 이상 금기시되는 영역이 아니다."[46]

여성의 생리학적 정신박약성 Über den physiologischen Schwachsinn des Weibes

독일의 저명한 정신의학자 파울 율리우스 뫼비우스 Paul Julius Möbius가 1901년에 출간한 책의 제목으로, 그는 이 책에서 여성은 뇌가 남성보다 작기 때문에 변덕이 심하고 신경질적이며, 동물적이라고 주장했다. 그는 이탈리아의 범죄학자이자 정신의학자인 체사레 롬브로소 Cesare Lombroso와 함께 여성의 생식 능력은 지적 능력에 정확히 반비

례한다고 주장함으로써 후일 페미니스트들의 원흉이 됐다.[47]

여성의 향기

프랑스의 오귀스트 갸로방이 1886년 출간한 책의 제목으로, 그는 이 책에서 냄새의 상호작용이 성애의 본질을 이룬다고 주장했다. 그는 동물의 성생활에서 특징적인 냄새 맡는 동작이 인간의 성생활에서도 중요한 요소라고 말했다. 이 주장은 사랑이 정신이라고 주장하는 당시의 로맨틱한 생각에 정면 도전한 것이었다.[48] (참고 '냄새 섹스')

여성지 성 혁명

1990년대 들어 '이념의 시대'가 사라지면서 성 담론은 점점 공공 영역으로 진출했는데, 이때 성 혁명이라고 해도 좋을 정도로 여성의 성 의식 변화에 가장 큰 기여를 한 건 여성지들이었다. 1992년 부부간의 만족스러운 섹스를 사시로 내걸다시피 하면서 여성지 가운데 가장 공격적인 면모를 보인 『여원』은 "빗소리 요란히 유리창 두드리는 8월의 밤, 대부분의 아내들은 잠들지 못하고 혼자서 깨어 있다"는 구호를 내걸었다. 이 구호가 사실인지의 여부는 알 수 없는 일이나, 『여원』을 비롯한 대부분의 여성지들이 남녀를 불문하고 정력에 집착하지 않을 수 없게끔 일종의 공포감을 안겨주는 과잉 서비스를 제공했다. 1992년에 나온 여성지들의 주요 섹스 관련 기사들을 제목을 통해 살펴보자. 「부부간 성 만족도 테스트」(『여성중앙』 4월호), 「오르가슴 · 불감증 아내 대연구-느끼지 못하는 성 무엇이 문제인가」(『퀸』 4월호), 「아내도 적극적으로 섹스를 즐길 권리가 있다」(『여원』 5월호), 「고감도 굿 섹스-부부가 함께 절정에 이르는 성감 개발법」(『퀸』 5월호), 「굿 섹스 라이프 제안 36-당신은 섹스에 대해 무엇을 알고 있는가. 자신의 섹스 감도를 측정해 볼 수 있는 최첨단 섹스 보고서」(『레이디경향』 6월호), 「 '속궁합이 나빠요!' -산부인과 창구에 비친 아내들의 '섹스트러블' 올 케이스 스터디」(『여원』 6월호), 「여성지 최초 혼외정사 체험수기 공모 당선작 쇼킹 공개!」(『여원』 6월호), 「성 불만 신혼 이혼이 늘고 있다」(『영레이디』 6월호), 「첫날밤 처녀티 내는 Like A Virgin 신랑이 팬티 벗길 때 엉덩이 들면 처녀 아니다?」(『신부』 8월호), 「부부 엑스터시 오르가슴 정통 연구」(『여성중앙』 8월호), 「요즘 주부 탈선 세태 150장 밀봉 특집! 오후 3시, 부인은 지금 어디에 계십니까?」(『여성중앙』 8월호), 「아내 몰래 내가 사랑한 여자들」(『여원』 8월호), 「나는 정상? 비정상? 아직도 알 수 없는 여자의 성」(『여원』 8월호), 「기혼 남성 63.6% '나도 혼외정사했다' 남편들의 '묻지마 사랑' 고백」(『주부생활』 8월호), 「성 의식 조사 보고서-주부 78% 애인 원하고, 19% 남편 혼외정사 눈감아주겠다」(『퀸』 8월호).

여성 할례 ^{female circumcision}

'음핵 할례' 와 '질 봉합' 등 여성의 성에 대한 남성의 통제를 강화시키기 위한 잔인한 방법이다. 서구 페미니스트들은 여성 할례에 대한 반대와 비난의 목소리를 높여 왔지만, 여성 할례가 성행하는 이슬람과 아프리카의 여성들은 오히려 서구 페미니스트들을 비판하기도 했다. 이에 대해 영국 사회학자 캐롤라인 라마자노글루[Caroline Ramazanoglu]는 "여성들이 연합할 수 있는 근거처럼 보이는 여성의 몸과 성에 대한 가장 잔인한 물리적 폭력에 대한 지적에서조차도, 여성들은 문화적 정체성에 의해, 그리고 지배 문화와의 관계에서 갖는 다른 상황에 의해 분리될 수 있다"고 개탄했다.[49](참고 '음핵 할례', '질 봉합')

여우회 女友會

1890년대 말에 활약한 여권 운동 단체다. 1899년 4월 여우회는 덕수궁 앞에서 축첩 반대 현수막을 걸고 1주일 이상 상소 데모를 하기도 했다. 한국 최초의 축첩 반대 시위인 셈이다. 이 데모는 큰 화제가 되어 여우회라는 이름에서 비롯된 엉뚱한 유언비어까지 유포됐다. 그런 유언비어 중의 하나는 "덕수궁 앞에는 여우들이 둔갑해서 여편네로 변하여 날마다 수십 명이 진을 치고 있다"는 것이었다. 여우 구경을 하러 몰려든 사람들 때문에 덕수궁 앞은 인산인해로 대혼잡을 이루었다.[50] 축첩 기득권 세력이 워낙 막강한 탓에 이들의 데모는 아무런 성과를 거두지 못한 채 끝나고 말았다. 축첩 문제는 이후에도 한 세대 이상을 지속하게 된다.

여자의 섹스

남자는 쾌락을 얻기 위해 섹스를 하고, 여자는 사랑해서 섹스를 한다? 성에 관한 이런 통념은 사실일까? 미국의 진화심리학자 신디 메스턴[Cindy Meston]과 성 심리학 전문가 데이비드 버스는 2006년부터 2009년까지 전 세계 여성 1,006명을 대상으로 지금껏 차마 묻지 못했던 질문을 던졌다. "여자들은 왜 섹스를 합니까?" 그녀들이 섹스를 하는 이유는 무려 237가지나 나왔다. 가장 많이 나온 대답은 '그 사람에게 성적으로 끌려서', '몸의 즐거움을 느끼려고', '기분이 좋아지니까' 등이었다. 섹스를 '사랑하는 행위'로 꼽은 비율은 8%에 불과했다. 여자들이 직접 들려준 섹스 동기는 참으로 폭넓고 다양했다. '지루해서', '자신감을 높이기 위해', '바람피운 남편을 응징하려고', '정복의 쾌감을 맛보기 위해', '다른 사람에게 상처 주려고', '다이어트를 위해', '두통을 없애려고', '신께 다가가기 위해' 등등. 조사 대상은 인종적 배경과 종교, 경제적 상황 면에서 다양했고 연령대도 18세부터 86세까지 천차만별이었다. 두 사람은 이 같은 조사 결과를 바탕으로 여성의 성 심리를 다방면에서 분석한 후 "여자들의 섹스는 여자만큼이나 복잡하다"는 결론을 내렸다.[51]

여자 화장실 비밀 카메라

지금도 여자 화장실에 몰래카메라를 설치하는 변태들이 있지만, 이게 최초로 사회 문제화된 것은 1997년 백화점 여자 화장실 사건 때문이었다. 경찰 조사 결과 신촌 그레이스 백화점은 여자 화장실 천장에 3~4mm 크기의 구멍을 뚫어 특수 렌즈를 설치, 지하 1층 방재실에서 직원들이 모니터를 통해 화장실 내 전 모습을 들여다볼 수 있도록 한 것으로 드러났다. 백화점 측은 "4월 초 누군가가 화장실 변기에 30여 차례 고의로 비닐 쓰레기를 버려 비밀 카메라를 설치했다"고 변명했지만, 상상을 초월하는 엽기적인 발상이었다.[52] 여기서 힌트를 얻었는지 몰래카메라로 여자 화장실을 촬영하는 사람들이 생겨났고, 급기야 적발된 사람이 최초로 구속되는 사건이 1998년 3월에 벌어졌다. 형법상 건조물 · 방실 침입 및 업무방해 등 3가지 혐의였다.[53]

역 원조교제

중 · 고교생을 포함한 10~20대 젊은 남자들이 돈을 받고 성인 여성들과 성관계를 맺는 것을 말한다. 서울 강동경찰서는 2010년 9월 7일 역 원조교제 카페 14곳을 적발해 카페 운영자 14명을 성매매 알선 등 행위의 처벌에 관한 법률 위반 혐의로 불구속 입건했다. 성인 여자가 남자 청소년에게 돈을 주고 성을 사는 역 원조교제의 실태를 다룬 케이블 TV 프로그램을 흥미롭게 봤던 고등학생이 호기심에서 이 카페를 만든 것이다. 대부분 10~20대인 남자 회원들이 "17살, 176cm, 65kg, 경험 많아요. 유부녀도 좋습니다, 6~7만 원" 등 성매매를 암시하는 글을 올리면 여자 회원들이 이들에게 쪽지를 보내 모텔 등지에서 만나 성관계를 가진 것. 남자들은 지역, 신체 조건 등과 함께 자신을 직접 찍은 이른바 '직찍사'를 올리는 방식으로 호객 행위를 한 것으로 나타났다. 몸값은 적게는 6~7만 원에서 많게는 20만 원에 달했다. 적발된 카페에는 최근까지 544명의 남녀가 회원으로 가입했고 역 원조교제를 원한다는 내용의 게시글이 844건이나 올랐다. 경찰이 이들 카페가 개설된 포털 사이트를 압수수색해 회원들의 성별과 나이 등을 살펴본 결과 남자 회원은 거의 중·고교생과 대학생, 20대 직장인이었고 여자들은 이보다 나이가 많은 20대 후반에서 40대까지가 대부분이었다. 경찰은 이번에 적발한 '19남 꽃돌이', '외로운 누님 이모들 와요' 등 역 원조교제 카페 14곳의 사이트를 폐쇄해달라고 방송통신위원회에 요청했다.[54]

연비 戀臂

조선 시대에 사랑을 맹세할 때마다 팔뚝에 연인의 이름을 쪼아 입묵入墨시키는 습속이다. 오늘날의 문신으로 보면 되겠다. 어우동의 팔뚝엔 조정이 다 알 만한 명사의 이름이 6명이나 연비되어 있었다고 한다.[55] (참고 '어우동 사건')

연애 공산주의

1927년부터 사용되기 시작한 용어로 여러 사람과 벌이는 연애를

지칭했다. 연애 공산주의엔 자유연애를 주창한 러시아의 작가 알
렉산드라 콜론타이[Alexandra M. Kollontai]의 소설이 미친 영향이 컸다.[56]

연예계 성 상납

2009년 3월 7일 탤런트 장자연의 자살을 계기로 한국방송영화공연
예술인노동조합(한예조)이 연기자 183명을 대상으로 설문 조사한
결과 19.1%인 35명이 '나 또는 동료가 성 상납을 강요받았다'고 밝
혔다. 5명 중 1명꼴이었다. 한예조는 확보된 가해자 리스트까지 공
개하지는 않았지만, 가해자의 직업은 방송사 PD, 작가, 방송사 간
부, 연예기획사 관계자, 정치인, 기업인 등이었다.[57] 연예계 성 상납
은 아주 오래전부터 제기되어온 문제고, 누구도 그 존재를 의심하
지 않는다. 그러나 좀처럼 꼬리가 잡히지 않고 있어 '네놈이나 그
놈이나' 식의 비아냥을 사고 있다. 안 잡는 놈이나 못 잡는 놈이나
가해자와 다르지 않다는 의미다.

연예인 지망생 신체검사

악덕 사이비 연예 기획사들이 연예인 지망생을 대상으로 "신체검
사를 하겠다"며 저지르는 성추행을 말한다. 예컨대, 2007년 서울
강남구에 연예 기획사를 차린 조 모(40) 씨는 자신을 찾아온 연예인
지망생 정 모(19) 양 등을 자신의 숙소에서 함께 생활하도록 했다.

조 씨는 배우를 꿈꾸는 정 씨 등에게 연습실에서 몸매 검사가 필요하다며 옷을 벗긴 뒤 상습적으로 추행했다. 또 "감독이나 PD들이 술자리를 함께할 때 너를 만져보기 때문에 그전에 촉감이 어떤지 내가 만져봐야 한다"며 온몸을 만지기도 했다. 이것도 모자라 "잘 키워주겠다"며 숙소에서 성관계를 요구했고 이를 거절하면 전속계약을 맺지 않겠다고 협박해 이들을 수차례 성폭행했다. 조 씨는 업무상 위계에 의한 청소년 추행 혐의 등으로 징역 2년의 실형을 선고받았다.[58]

연재소설

일간지나 주간지 등에 싣는 소설을 말하며, 특징은 일주일에 3~4번 정도 진한 베드신이 이루어져야 한다는 것이다. 만약 이 룰을 어길 경우 독자들의 빗발치는 항의로 중도 하차할 수 있었다. 2002년 1월부터 7년 10개월 동안 『문화일보』에 연재되어 돌풍을 일으켰던 이원호의 소설 「강안남자」는 2966회로 마무리됐다. 연재 기간 내내 오히려 너무도 많은 정사신 때문에 청와대에서 『문화일보』 구독 중지 조치를 내릴 만큼 말도 많고 탈도 많았던 작품이었다.

영희와 철수

영희와 철수는 오랜 세월 남자와 여자의 대명사로 군림해온 국민 단어다. 바둑이와 함께 놀던 영희와 철수가 어쩌다 쾌락과 환락의 세계에 몸담게 되었는지는 알 수 없으나, 실제 사람의 크기와 똑같은 남녀 인형이 섹스대용품으로 출시됐을 때 사람들은 입 밖에 누설해도 좋고 뜻도 단박에 통할 은어로 영희와 철수를 선택했다. 업소에서 남자와 여자를 지칭하는 표현이 필요할 때도 망측함을 가릴 요량으로 이 단어가 사용되고 있다. 조롱과 사랑을 동시에 받고 있는 영희와 철수는 호스트바에서 이뤄지는 게임의 벌칙 이름이기도 하다. 말이 벌칙이지 서로 즐기자고 만든 유희다. 『주간조선』(2010년 제2118호) 기사를 빌려 그 내용을 살펴보자. "마주 보고 선다. 입술을 마주 댄다. 철수(남자)가 영희(여자)의 허리에 손을 댄다. 옷속으로 손을 넣는다!" "야, 침 흘려라. 누가 그렇게 하래? 입만 대라고 했지. 둘이 좋아 죽네. 벌칙이 벌칙이 아니구먼!" 게임에 진 사람이 파트너와 함께 앞으로 나가 이긴 사람들의 명령에 따르는 것으로, 이긴 사람은 각각 한 문장씩 특정 행위를 명령할 수 있다.[59]

오나니 Onanie

자기의 성기를 자신의 손으로 자극함과 동시에 어떤 성적 행위나 느낌을 떠올려 성교에 의하지 않고 독립적으로 성적 쾌감을 오르가스무스에까지 도달시키는 대상적 성행위를 말한다. 수음, 자위, 자독自瀆이라고도 한다. 구약의 「창세기」에 등장하는 인물 오난이 성교를 중절하고 수음을 하여 정액을 땅에 흘린 일에 유래한다. 성숙기의 남녀가 주로 경험하는 것으로서 반드시 유해하지는 않다. 다만 과도하게 되기 쉬우므로 삼가야 한다.(참고 '오르가스무스', '자위행위')

오네이다 Oneida

난교를 장려한 미국의 유토피아적 공동체로, 1848년 존 노이스[John H. Noyes]에 의해 뉴욕 주에 세워졌다. 오네이다 완전주의자들은 가족과 결혼에 대한 전통적 개념을 거부하면서, "모든 공동체 주민들은 모두 다른 주민들과 결혼한 것이며 영속적인 부부 관계는 없다"고 선언했다. 독신과 일부일처제를 비난했지만 그 대신 산아 제한을 주장했다. 산아 제한은 여성의 목적이며 남성의 의무였다. 특히 사정으로 끝나지 않는 긴 성교를 주장했으며, 남녀 모두 자신들의 성교 상대를 선택할 수 있는 권리를 갖게 하고 성교의 배타적 관계를 금지했다. 오네이다 공동체는 흔히 알려진 것처럼 무제한적인 '자유로운 사랑'의 실험장은 아니었다. 공동체는 성행위를 세심히 감시했으며, 여성들은 원하지 않는 임신으로부터 보호됐다. 아이들은 자신의 부모는 거의 보지 못한 채 젖을 떼자마자 기숙사로 보내져 공동으로 양육됐다.[60] 이 공동체는 성적으로 지극히 공평한 것 같았지만 한 가지 심각한 문제가 있었다. 바로 지도자에게 젊은 여자와 처음으로 잠자리를 같이할 수 있는 선택권이 주어진다는 것이었다. 또 젊은 남자들은 나이든 여자들과도 잠자리를 같이해야만 했다. 결과적으로 지도자가 대부분의 자손을 낳게 되었으며 결국

1870년대에 반란이 일어나 1870년대 말에 무너지고 말았다.[61]

오럴 섹스

'펠라티오' 참조.

오르가스무스 Orgasmus

성행위의 절정기에서 느끼는 쾌감, 즉 오르가슴에서 느끼는 쾌감을 말한다. 성감곡선의 정점에 해당된다. 엑스터시(황홀증) 또는 아크메(정점)라고 하는 이 극쾌감은 남성이 여성에 비해 급속도로 도달하고 소멸하며, 여성은 일반적으로 완만하다. 또한 남성은 이때에 정액이 사출되어 성행위의 목적이 달성된다. 사정에 따라 야기되는 독특한 쾌감이 바로 오르가스무스다.(참고 '오나니', '자위행위')

오르가슴 orgasm

성적 흥분의 최고 정점으로, 강렬한 쾌감을 느끼는 것이 특징이다.(아메리칸 헤리티지 사전) 성적 결합에서 성교에 의한 흥분의 정점이다.(옥스퍼드 영어사전) 여성의 생식관으로 정액을 자연스럽게 옮기는 것이다.(메리엄-웹스터 대학생용 사전)[62] 19세기 서양에서 여성의 '오르가슴'이 발견되었을 때, 여성은 성욕이 부재한 존재라는 전통적인 믿음이 깨지면서 남성은 위기감을 느끼게 됐다. 오르가슴을 통해 여성은 남성의 성적 능력을 객관적으로 비교, 평가하여 위계를 매길 수 있는 권력을 쥐게 되었기 때문이다. 오르가슴에 대해 잘 알고 있었을 의사들은 남성의 편을 들어 대중용 결혼 지침서에서 오르가슴에 대해 아예 언급하지 않거나 "창녀와 같이 계속 흥분하는 사람은 임신할 수 없다"는 협박을 가하기까지 했다.[63]

오르가슴 임신론

여성이 오르가슴을 느껴야만 임신을 할 수 있다는 설로, 18세기 중반까지도 유럽에 널리 퍼져 있던 생각이다. 그러나 강간으로 인한 임신의 예는 쾌락이나 욕망이 없는 임신의 사례를 제한적이나마 제공함으로써 오르가슴 임신론을 깨는 데에 일조했다.[64]

오르가슴 주식회사 Orgasm Inc.

미국의 리즈 카너 Liz Canner가 2009년 제작한 장편 다큐멘터리로, 제약 회사의 상술로 여성 성기능 장애가 과도하게 부풀려진 현실을 고발한 작품이다. 우리나라에선 2010년 4월 "2010 서울국제여성영화제"에서 처음 상영됐다. 영화는 제약 회사가 심혈을 기울여 개발해 판매하고 있는 여성 성기능 장애 치료제가 사실은 거의 효과가 없다는 충격적인 사실을 보고하고 있다. 여성의 70%가 성교 중 오르가슴에 도달하지 못한다는 연구 결과가 있음에도 대부분의 여성들이 제약 회사의 상술에 넘어가 자신에게 큰 문제가 있다고 여긴다는 것이다. 〈오르가슴 주식회사〉는 성기 미용 시술의 증가에도 초점을 맞췄다. 카너는 소음순 성형, 질 수축, 콜라겐 주사 등 '디자이너 성기'를 구현한다는 미용 미술에 얼마나 많은 여성들이 농락당했는지를 보여준다. 영화에서 미국 산부인과학회는 이런 시술의 위험성을 경고하면서 여성 성기의 생김새는 아주 다양하며 이런 차이는 대부분 정상이라고 지적했다. 하버드 메디컬 스쿨의 수전 베넷^{Susan Bennett} 역시 여성 성기의 불필요한 수술을 모두 '일종의 성기 훼손'이라고 규정하고 "허용해서는 안 된다"는 입장을 밝혔다. 카너는 최종적으로 여성 성기능 장애란 광범위한 용어는 사실상 제약회사들이 만들어낸 가공의 질병이라는 결론을 내렸다. "그들이 질환을 팔고 있다"는 것이다.[65]

오르가슴 환희

오르가슴을 느낄 때 맛보는 환희를 말한다. 그 의학적 원리는 이렇다. "여성은 성적 흥분을 시작하면 먼저 하복강을 비롯해 성기 부위 쪽으로 기혈이 집중된다. 그러다가 계속 감각이 고조되면 더 이상 참을 수 없을 것 같은 지점, 즉 마치 죽을 것 같고 낭떠러지에서 떨어지는 듯하고 하늘로 붕 떠오르는 듯한 황홀한 극점에 다다르게 되며 그때 폭발적인 환희를 느낀다. 그다음 순간 에너지는 극즉

반(極則反, 끝까지 이르면 돌이킨다)의 원리에 의해 기혈의 흐름이 성기 쪽에서 방향을 바꿔 온몸으로 다시 퍼져 나간다. 이 순간에는 어떤 것과도 비교할 수 없는 아늑한 평화와 이완이 밀려온다. 마치 주검처럼 축 늘어진다고 묘사할 만큼 온몸에 깊은 이완이 찾아오는 것이다. 이렇게 에너지가 크게 한번 용솟음치듯 순환하게 되면 여성의 몸 상태가 날아갈 듯이 가벼워진다. 그러나 여성이 이런 절정에 이르기 전에 남성이 일찍 사정하게 되면 문제가 발생한다. 폭발적 환희와 이완으로 가기 전에 성행위가 끝나면서 여성의 몸 안에서의 흐름은 갑작스럽게 끊기고, 기혈은 하복강에 그대로 멈춰 울체한 채로 머물러 있게 된다. 그러면 대체적으로 여성은 아랫배가 묵직하고, 몸이 찌뿌듯하고, 가끔 머리도 무겁고 피곤하다고 느낀다. 이런 성생활이 1년, 2년, 10년 반복되면 여성은 섹스가 고역으로 느껴지고 자연히 남편과의 잠자리를 기피하게 된다. 여성이 스스로 이런 이유를 잘 모르면 자신의 성 에너지가 약하다고 생각하고, 이런 배경을 알지 못하는 남편도 자신이 아내에 비해 정력이 너무 강해서 아내가 못 따라온다고 착각하게 된다. 그러나 숨어 있는 원인은 오히려 그 반대일 수 있다. 무아지경의 환희에 찬 오르가슴을 느껴본 여성이라면 섹스를 기피할 이유가 없기 때문이다. 그러니 혹시 이 경우에 해당하는지 살펴볼 일이다. 원인을 정확히 알아야 정확한 해결책이 나온다."[66]

'오빠, 나 기억해?' 신드롬

'오빠, 나 기억해?' 라는 스팸 문자로 사기를 치는 상술이 광범위하게 일어난 현상을 말한다. 보통 '저한테 전번 주신 오빠 맞나요?', '예전에 통화한 ○○인데요', '오빠, 나 기억하지?', '제 사진 보고 기억나면 전화주세요' 등등의 메시지가 날아온다. 모르는 번호지만 혹시나 하는 마음으로 확인 버튼을 누른 사람들이 요금 폭탄을 맞게 되는 사기 수법이다. 사진 한 장의 가격은 통상 2,990원. 무선인터넷 주소가 감춰진 문자 메시지로 3,000원 이하 콘텐츠는 주민등록번호 확인을 하지 않는다는 점을 악용한 사례다. 티끌 모아 태산이라고 이런 방식으로 챙긴 부당 이득이 수십억대에 이른다고 한다.[67] 오빠 찾는 모르는 번호는 일단 외면하는 게 상책이다.

'오빠, 오늘 밤 외로워' 신드롬

2000년대 중반 극성을 부린 휴대전화 스팸 메시지 가운데 섹스 마케팅의 결과 나타난 현상이다. 『조선일보』(2005년 11월 9일)에 따르면, "회사원 조 모(38) 씨는 최근 밤마다 걸려오는 불법 스팸 전화 때문에 신경이 날카롭다. 이른바 '060' 스팸 전화다. 잠이 겨우 들만 하면 벨소리가 울리고, 전화를 받으면 '오빠 오늘밤 외로워' 식의 여자 목소리가 들린다. 부인이 대신 전화를 받았다가 오해를 한 적도 한두 번이 아니다. 이동통신 소비자와 무차별로 휴대전화에 광고를 보내는 불법 스팸 전화 광고 사업자 사이의 '전쟁'이 장기전으로 치닫고 있다."[68]

오스 페니스 os penis

인간을 제외한 영장류의 작은 남근 뼈로, 수컷들이 빠르고 쉽게 발기할 수 있게 해준다. 데즈먼드 모리스는 "인간의 남성에게 이 남근 뼈는 퇴화되고 없다. 진화의 어느 시점에서인가 우리는 신속하게 성교를 할 수 있는 이 효율적인 뼈를 폐기시켰다"며 다음과 같이 말했다. "인간만이 가지고 있는 남근의 독특한 구조는 성교의 과정을 늦추기 위한 노력의 일환으로 보인다. 남성의 남근이 여자의 질에 삽입될 수 있을 정도로 발기하려면 남성은 크게 흥분해야 한다. 남성은 비정상적으로 스트레스를 받거나 건강하지 못하면, 약간의 성적 자극으로도 순식간에 발기하게 만들어주는 남근 뼈가 없을 때보다도 발기가 훨씬 힘들 것이다. 이런 진화적 '결함'은 남성이 성공적으로 교미를 할 수 있고 육체적으로 정력적이며 건강해서 앞으로 부모가 될 자격이 있다는 것을 확인시켜주는 효과가 있다. 이처럼 인간의 뼈 없는 남근은 짝짓기나 자식 부양 능력과 관련이 깊다. 완전한 발기에 이르면 남성의 남근은 다른 유인원의 것보다 더 길 뿐만 아니라 훨씬 굵다.(고릴라의 발기한 페니스는 겨우 5cm, 침팬지의 그것은 마치 얇은 못과 같다.) 이런 크기의 증대는 인간의 긴 성교 과정과 다른 영장류의 암컷들이 누리지 못하는 인간 여성의 완전하고도 격렬한 오르가슴을 자극시키기 위한 것과 관련이 있다.

(고릴라와 침팬지 모두 교미 시간이 겨우 15초밖에 안 된다.)"[69] (참고 '자지 사이즈')

O양 비디오

섹스에 굶주린 인터넷의 모습을 잘 보여준 게 1999년 큰 사회적 논란을 빚은 'O양 비디오' 사건이었다. 『한국일보』(1999년 3월 16일)는 "최근 포르노를 고리로 한 관음(觀淫) 신드롬이 무차별적으로 번지고 있다. 은밀하게 나돌던 음란물과 악성 육담이 순식간에 세상 밖으로 마구 분출되는 형국이다. 노란 황사처럼 전국을 뒤덮고 있는 포르노 열풍을 부추긴 것은 이른바 'O양 비디오'. '못 보면 팔불출'이라는 말이 나올 정도로 유명해진 이 비디오테이프를 구하려고 청계천을 헤매는 이들을 찾기는 어렵지 않다. 심지어 중 · 고등학생들도 인터넷 등을 통해 CD를 구입, 돌려보고 있다. O양 비디오가 시중에 범람하면서 괴소문이 꼬리를 무는가 하면 공공기관의 인터넷망이 마비되는 등 사회적 파문은 확대일로다"라고 보도했다.[70] 'O양 비디오' 사건의 전말은 이랬다. 1990년대 초, 두 청춘 남녀가 사랑을 하던 중 남자는 갑자기 그녀와의 섹스 행위를 비디오 기록으로 남겨 자신만의 추억으로 간직하고자 했다. 그러나 그 비디오는 유출되었고, 1990년대 말 유명세를 타고 있던 그 여자에게 협박 전화가 걸려왔다. O양이 돈을 거절하자 협박자는 문제의 비디오를 인터넷에 터뜨렸고, 사람들은 앞다투어 그 비디오를 구경했다. 문제의 비디오는 O양에게 치명타를 입혔지만 다른 결과를 낳기도 했다. 조흡은 이 비디오가 프로이트의 남근 중심의 사고를 부정했다고 평가했다. 두 사람의 30여 분에 걸친 지속적인 성행위는 온몸이 동원된 사랑으로 서로의 진정한 쾌락을 보살펴주는 상호주의를 보여주었다는 것이다. 그는 이를 '낭만적 사랑의 가능성을 보여준 획기적인 사건'으로 평가했다. 소동의 원인이 바로 여기에 있었다. 이 비디오를 본 남성들은 하나같이 충격을 느꼈다. 쾌락의 원천이 남근에서 비롯되는 것이 아니라는 사실을 보고 놀란 것이다. 포르노에서 펼쳐지는 여성의 가식적 오르가슴에만 익숙해 있던 그들이 진정한 황홀감을 경험하는 여성을 목격하는 순간 그들은 '예술'을 경험한 것이다. 남성들이 진정한 여성의 쾌락은 곧 자신의 쾌락으로 회귀된다는 사실을 비로소 깨달은 것이다. 여성들 또한 비디오 남성 주인공의 정성스러운 애무와 장시간의 삽입 성교에 대해 감탄을 금치 못했다. 아! 내 남편, 남친은 왜 저렇게 할 수 없단 말인가! 조흡은 "이 비디오는 페미니스트들의 포르노에 대한 전략적 가치를 제공했다고 볼 수도 있다"는 평가를 내리면서 '이 비디오의 주인공을 위한 한마디 변명'으로 O씨의 '모험 정신'을 긍정 평가했다. "본인의 의도와 관계없이 결과가 그렇게 된 셈이지만, 그에게 던져진 수많은 지배적 질시는 그가 선구자적 삶을 살았다는 데에 대한 질투며 시기며 억압일 뿐이다. 그러나 억압은 반드시 저항을 부른다. 그 저항은 또 동조자의 행렬로 가득 찰 것이다."[71]

오입[誤入]

여색을 밝혀 방탕하게 놀아나는 것을 말한다. 외입[外入]이라고도 한다. 원래는 본업이 아닌 취미 생활 전반을 가리키는 말로 쓰였다. 그런 이유로 오입에도 순번이 있었는데, 첫째가 매를 길러서 매사냥을 즐기는 것이요, 둘째가 말타기요, 셋째가 활쏘기요, 넷째가 기생 놀음이었다.[72]

오케이 마담

2000년 9월 ㈜토피아정보기술이 개설한 유흥업소 전문 검색 사이트(www.okmadam.co.kr)를 말한다. 전국의 룸살롱, 단란주점, 나이트클럽, 요정 등 유흥업소와 업소 종사자에 대한 정보를 제공하는 밤문화 전문 사이트였다. 전국 1만여 유흥업소에 관한 정보를 제공했으며, 회원으로 가입한 업소에 대해서는 홈페이지 제작과 고객 관리 프로그램까지 제공했다. "일반 술집도 아니고 접대부들이 나오는 퇴폐 업소에 대한 정보를 제공하는 것은 국민 정서에 엄청난 해악을 주는 일"이라고 비난하는 목소리도 있었지만, 회사 측은 '21세기 지식 정보화 사회를 맞아 인터넷 문화와 건전한 유흥 문화를 접목시켜 양성적인 술 문화를 구현하자는 뜻'이라고 주장했다.[73]

오토맨

티켓 다방에서 오토바이나 승용차로 시간제 티켓을 끊은 여성 종업원을 태워다주는 남자로 이들의 역할은 여성 종업원의 시간을 관리하는 것이다. 다방 여종업원의 알기 쉬운 설명을 들어보자. "빨리 나가야 하는 게 (오토맨들이 시간 됐다고) 밖에서 클랙슨을 울려요. 자기 다방 클랙슨 소리를 알아요. 보통사람들은 그냥 '빵' 이런 거잖아요. 근데 거기는 '빠라바라바라밤' 이런 것도 있고, '빠방빠방' 이런 것도 있고, 자기 다방 소린 줄 알죠. 나오라고 한 번 울려주는 거니까. 그럼 남자가 조바심을 내면서 온 정력과 힘과 정신을 쏟아부으며 사정을 시도하는 거예요(웃음). 7분 만에 끝내주는 거죠."[74](참고 '티켓 다방')

옥소리 간통 사건

배우 옥소리의 간통 사건을 말한다. 2008년 1월 30일 간통 혐의로 불구속 기소된 옥소리가 위헌 심판 제청 신청서를 제출하면서 논란이 일었다. 옥소리는 남편인 배우 박철이 제소한 간통과 이혼으로 법정 다툼을 벌이고 있는 것과 관련, 배우자가 있는 사람이 간통할 때 2년 이하의 징역에 처하도록 한 형법 조항이 위헌인지 아닌지의 여부를 헌법재판소에서 가려달라고 위헌 심판을 신청했다.[75] 옥소리는 남편에 의해 간통죄로 고소당했을 때 연 기자 회견에서 "결혼 십몇 년 동안 부부 관계를 한 횟수가 열 손가락 안에 꼽히며,

그의 시정을 요구했다. 아니면 이혼해줄 것을 요구했지만 둘 다 거부당했다. 그러던 중 마음 따뜻한 사람을 만나서 간통을 하기에 이르렀다"고 밝힌 바 있다. 이에 대해 언론인 김선주는 "대부분의 남자를 민망하게 만든 것이 바로 부부간의 잠자리 횟수를 밝힌 부분이다. 사석에서 남자들은 이 문제에 대해 결코 옥소리를 용서할 수 없다고 말한다"며 다음과 같이 말했다. "꼭 주먹을 들어서 패야만 폭력이 아니다. 부부 사이에서 침실에서의 냉대나 거부, 외면도 폭력이다. 인권 유린이다. 소리 내어 남에게 함부로 말할 수 없는 것이기에 그것은 안으로 곪는다. 옥소리는 그런 폭력과 공권력, 두 가지 폭력에 희생됐다. 옥소리가 간통을 한 것이 잘한 일이라거나 미화하려는 것이 아니다. 간통은 분명한 이혼 사유다. 잠자리 거부도 이혼 사유다. 서로 간통에 이르지 않도록 대화하고 노력하고, 그래도 해결이 안 되면 이혼을 했어야 하는데도 분명한 이혼 사유를 외면하고 상대를 고통 속에 살게 한 것에 대해서는 왜 처벌과 위자료가 없는지 이해할 수 없다. 옥소리는 오랜 세월 행복한 부부인 척 산 것이 가장 후회된다고 했다. 개인적으로 그가 끝까지 가서 무죄를 얻어내는 것을 보고 싶었다. 불행한 결혼 생활에 대한 위자료를 받는 것도 보고 싶었다. 그러나 '아내의 성'에 대한 불만을 겉으로 드러냈다는 것만으로도 우리나라의 어떤 여성 운동가도 해내지 못한 일을 한 것이라고 인정하지 않을 수 없다."[76]

온라인 정자 거래

온라인으로 정자 거래를 하는 것인데, 영국에선 불법이 많아 사회 문제화되고 있다. 2010년 9월에 열린 재판 사례를 보면 이런 내용이다. 니겔 우드포스와 리키 게이지는 2007년 영국 남부 버크셔 주 레딩에 '퍼스트4퍼틸러티'라는 온라인 회사를 차렸다. 이들은 홈페이지에 "여성들에게 모성애를 향한 인생 전환 기회를 제공합니다"라며 회원을 모집했다. 불임 가족이나 아이를 원하는 여성들에게 정자 제공자를 연결하는 브로커를 자임한 것이다. 이들은 여성 회원이 정자 제공자의 인종, 키, 머리색은 물론 취미까지 선택할 수 있게 했고, 여성들의 요구와 비슷한 제공자를 골라 비밀리에 연결해줬다. 이들은 회원 등록비로 80파운드(약 14만 원), 정자를 제공받을 경우 추가로 300파운드를 받았다. 제공자에게는 50파운드를 지불했다. 가입 회원은 총 792명으로 이들이 약 1년 동안 벌어들인 돈은 25만 파운드(4억 4,000여만 원)에 이른다고 검찰은 밝혔다. 이러한 불법 거래는 한 경찰이 지난해 제공자로 등록한 뒤 수여자와 연결되면서 드러났다. 검찰은 "이들이 1990년 제정된 '인간 배아 및 생태 연구 규제법'이 요구하는 생식 세포 수집과 연구에 필요한 자격을 갖추지 못한데다가 에이즈 등 질병 예방을 위해 수여자에게 제공자의 정보를 충분히 공개하지 않았다"며 기소했다.[77] (참고 '정자은행')

왕 게임

호스트바에서 자주 벌어지는 게임이다. 나무젓가락 뭉치 중 '임금' 또는 '왕자'라는 글씨가 쓰인 젓가락을 뽑은 사람이 임금이나 왕자 노릇을 하는 것이다. 참여자는 이들이 시키는 대로 해야 한다. 호스트들도 참여하지만 여자 손님만이 젓가락을 뽑을 수 있게끔 돼 있다. 왕이 되면 어떤 일을 시키는가? 호스트의 양 젖꼭지와 성기 부분에 마요네즈를 바르고 빨아먹게 시키는 여자도 있고 돈을 바닥에 뿌려놓고 호스트가 땀을 흘리게 해서 몸에 붙는 대로 가지라고 시키는 여자도 있다고 한다.[78]

왕의 자녀 생산

조선 시대에 가장 많은 자녀를 둔 왕 '베스트 10'은 ①태종 29명, ②성종 28명, ③선조 25명, ④정종 23명, ⑤세종 22명, ⑥중종 20명, ⑦영조 14명, ⑧태조 13명, ⑨고종 13명, ⑩철종 11명[79]이다.

외설 pornography

'음란' 참조.

욕정 유발론

욕정이 강간을 유발한다는 주장으로, 강간에 대한 온정주의적 시각이다. 2007년 11월 검찰은 한국여성민우회 성폭력상담소의 요청에 따라 성폭력 범죄 공소장에서 관례적으로 써왔던 '욕정을 못 이겨', '욕정을 일으켜' 문구 사용을 피하고 '~하는 순간 강간하기로 마음먹고' 등의 중립적 표현을 쓰기로 했다.[80]

우리는 신발이 아니다

한국의 기지촌 여성들이 1970년대에 화대 인상을 요구하면서 외친 구호다. 당시 박정희 정권이 기지촌에 적극 개입한 후 기지촌 여성들의 권익 옹호를 위한 활동은 국가 안보의 문제로 다뤄졌다. 이와 관련, 한국 최초의 '현장' 출신 기지촌 여성 운동가인 김연자의 활동에 대해 정희진은 다음과 같이 말했다. "1971년 송탄에서 미군들이 화대와 기지촌 물가가 비싸다며 신발과 쇼트타임 화대를 5달러로, 롱 타임 화대를 10달러로 인하할 것을 요구하는 유인물을 배포한 적이 있었다. 그녀는 미군들의 화대 떼먹기와 화대 인하 요구에 대항했다. 1,000명이 넘은 동료 매춘 여성들을 조직하여 '우리는 신발이 아니라 인간이다'를 외치며 미군 부대 앞에서 데모를 벌였다. 살벌했던 유신 시절, 기지촌 여성들의 작은 권익을 찾기 위한 노력조차 '북한과의 연계'로 몰려 그녀는 경찰서에 끌려갔다. 이때 당한 협박, 구타, 고문의 경험은 그녀에게 더욱 큰 좌절과 울분을 안겨주었다. 그녀는 오랜 기간 자치회 활동을 하면서 포주와 미군들의 잔인한 폭력, 살인 사건이 아무런 처벌 없이 지나가는 것을 직접 지켜봤다."[81]

우머니즘 womanism

백인 여성 중심인 서구 페미니즘에 대한 비판 혹은 그 대안으로 제시된 페미니즘 사상으로, 영화 〈컬러 퍼플〉(1985년, 감독 스티븐 스필버그)의 원작자이자 현대 흑인 문학의 거장 앨리스 워커Alice Walker가 주창했다. 우머니즘을 실천하는 이는 우머니스트womanist라 한다. 워커는 미국의 기존 페미니즘은 가난한 여성들, 특히 유색 인종 여성들을 배제하고 있으며, 의도하지 않았다 하더라도 결과는 마찬가지라고 했다. 워커는 백인 페미니스트들은 그들의 지식과 기회를 사용해 거의 백인 남자들과 같아지고 있는 것이 현실이라고 꼬집었다. 또 벨 훅스Bell Hooks로 더 잘 알려진 미국의 여성운동가 글로리아 왓킨스Gloria Watkins도 1981년에 논문집 『나는 여성이 아닌가: 흑인 여성과 페미니즘Ain't I a Woman: Black Women and Feminism』을 발표해 페미니즘 운동에 참여하는 백인들의 인종 편견을 혹평했다. 훅스는 미국 백인 여성의 경우보다는 미국 흑인 여성의 억압에 있어서 가족은 덜 중요하다고 했다. 가족은 백인 인종주의에 대한 연대와 저항의 기초, 즉 가족이 피난처이기 때문이라는 것이다. 백인 여성에 비해 흑인 여성의 경우 임금 노동과 가사 노동을 비교해보면 임금 노동이 덜 유리하다는 것도 또 다른 이유다. 그래서 훅스는 직장 일을 가정주부의 지루함, 고립, 무력감에 대한 해결책으로 옹호하는 심리학자 베티 프리단 등을 비판했다. 훅스는 피식민지국 여성들이 지배국에 의해, 또 같은 종족의 남성들에 의해 이중으로 식민화된다고 주장했다. 피식민지 남성들이 자신의 남성성을 회복하기 위해 식민 지배자의 입장을 취한다는 것이다. 우머니즘의 바로 이런 고발 때문에 영화감독 스파이크 리는 앨리스 워커가 흑인 남성의 문제를 백인 사회에 팔고 있다고 비판하는 영화까지 만들기도 했다.[82]

운우지락 雲雨之樂

운우는 본래 구름과 비를 관장하는 여신의 이름이었으나, 구름이 비로 변하여 대지를 적시는 것을 음양의 조화에 비유하여 이를 남녀 교합, 즉 섹스의 즐거움으로 표현한 것이다.[83]

원 나이트 스탠드 one night stand

나이트클럽이나 술집에서 당일 만나 하룻밤을 보내는 행위를 말한다.

원시인의 성생활 The Sexual Life of Savages

인류학자 브로니슬라브 말리놉스키Bronislaw Malinowski가 1930년에 출간한 책의 제목으로, 섹스 분야의 고전이다. 말리놉스키는 멜라네시아에 있는 트로브리안드 섬에서 살고 있던 원시인의 성생활을 오랫동안 추적했는데, 이들은 옛날에 성행했던 집단 섹스는 하지 않았지만, 마음에 드는 파트너를 얼마든지 골라서 그들의 자식이 보든 말든 성행위를 했다고 한다. 청소년들은 둘씩 짝을 지어 성행위에 대한 연습을 할 수 있었다.[84] 여자들의 혼전 성교에 대한 제재는 주로 짝을 구하는 데 너무 뻔뻔스럽거나 드러내놓고 하는 것을 금하는 정도였으며, 그 이유는 너무 많은 파트너를 사귀는 것이 나빠서가 아니라 에로틱한 매력이 떨어진다는 이유에서였다.[85]

원조교제 援助交際, statutory rape

경제적 능력이 없는 청소년(주로 여자)들이 돈을 받고 성행위를 하는 것으로 일본에서 건너온 용어다. 우리나라에서 청소년 성매매가 시작된 것은 2000년대 초반이다. 당시 인터넷에서 'ㅈㄱ'이란 신조어가 등장한 이후 '조건 만남'은 기존의 성매매 집창촌을 대체할 정도로 강한 파급력을 보였다. 수많은 남성들이 '영계와의 만남'이라는 환상을 좇아 10대들과 성관계를 가졌으며 경찰 단속에 걸려 전과자로 낙인찍혔다.[86] 한편, 원조교제의 원조 국가인 일본에서는 원조교제를 하는 여고생들이 죄의식을 느끼지 않고 있다는 조사 결과가 나와 일본 사회를 시름에 젖게 했다. 매춘이란 행위가 타인에게 아무런 지장도 주지 않는데 단지 자신의 몸을 파는 짓이 왜 지탄을 받아야 하는지 모르겠다는 반문이 일었던 것이다. 1996년 가와데 문예상 수상작 사토 아유코佐藤 亞有子의 『보디 렌탈Body Lental』은 바로 이러한 성 의식을 단면적으로 보여주는데, 제목에서도 알 수 있듯이 몸이란 그저 나를 담은 그릇에 지나지 않는다. 한마디로 몸을 잠시 빌려주는 것일 뿐이고 팔아도 몸이 줄겠느냐는 것이다. 오사카 경찰 당국에서는 "원조교제는 매춘입니다"란 포스터까지 만들어 캠페인을 벌였지만, 매스미디어가 여고생을 성 상품화시키는 등 원조교제 분위기를 부추기는 바람에 아무런 효과를 거두지 못한 채 중단되고 말았다.(한 케이블 채널은 여학생들이 비키니 차림이나 에로틱한 포즈를 취하게 만드는 프로그램만으로 구성되어 있다.)[87]

월경 공포증

원시 시대부터 존재했던 월경에 대한 공포증을 말한다. 조르주 바타이유Georges Bataille에 따르면, "원시 부족들이 월경의 피에서 보이는 공포감의 정도는 우리의 상상을 불허한다. 월경의 금기는 월경 중인 부인이나 처녀들에게 집단과의 최소한의 접촉조차 못하게 하며, 그 불행에 처한 여인들에게 먹을 것을 갖다주는 여자들마저도 지정하는데, 이를 어기는 경우 종종 사형조차 불사했다."[88] 오늘날 이런 월경 공포증은 사라졌지만 월경으로 인한 여성들의 사회적 불편과 고통은 건재하다. 차윤경에 따르면, "지금 이 순간, 전 세계 가임 여성의 4분의 1이 월경을 하고 있다. 모든 여성이 한 달에 한 번씩 약 일주일 동안 경험하는 것이 월경이다. 그러나 월경은 종종 이름 대신 '그날', '그것', '마술' 등으로 불리며 은밀하고 부끄러운 것으로 취급당하기도 한다. 어느 종교인은 '기저귀 차는 여자는 교회 강단에 (목사로) 설 수 없다' 고 말하기도 하고, 어린 소녀들은 생리대를 사러 간 가게에서 남들이 볼세라 조심스레 검은 비닐봉지에 담아 나오기도 한다."[89] (참고 '남자가 월경을 한다면')

월경 예찬론

원시 시대부터 월경 공포증이 있었지만, 월경을 예찬하는 문화도 있었다는 주장이다. 영어의 '축복blessing' 이라는 단어는 피 흘림을 뜻하는 '블리딩bleeding' 에서 왔는데, 이는 여성의 월경혈을 성스럽고 초자연적인 힘을 지닌 것으로 존중했던 고대인들의 문화 속에서 주조된 말이다. 여성의 월경혈은 여신 헤라가 장수와 불멸을 보장하기 위해 신들에게 준 '초자연적인 적포도주' 라 불리기도 했다. 안식일을 뜻하는 영어의 '사바스sabbath' 라는 말도 원래 여신이 월경을 하는 날이라는 뜻이었다.[90]

월삼성越三姓

동성혼 금지는 물론 모계 쪽의 성씨마저 3대에 걸쳐 건너뛰어 결혼하라고 요구했던 조선 시대의 가치관이자 관행이다. 예컨대 조부가 김해 김씨 여자와 결혼했다면, 아버지와 아들 및 손자는 김해 김씨와의 결혼을 피하고, 다른 성씨와 결혼해야만 했다.[91]

윗입보다 아랫입이 크다

여자가 이성에 빠져들 때 쓰는 말이다. 여余씨 집안에 시집간 여인이 과부가 되자 바람을 피웠다. 이를 보다 못한 아들 삼형제가 의논 끝에 어머니를 찾아뵙고 밤 나들이를 삼가 달라고 요청했다. 그러자 어머니는 아들에게 이렇게 말했다. "너희들 성씨가 무엇이냐." "여씨가 아닙니까." "呂 자의 윗입이 크더냐, 아랫입이 크더냐." 김준영의 해설에 따르면, "자식들이 생각해보니 '呂' 자를 쓸 때 입 '口' 자를 붙이되 위의 입 '口' 자보다는 아래의 입 '口' 자를 더 크게 쓰는 것이 보통이니 역시 먹고사는 윗입보다는 즐기는 아랫입이 더 중요하다는 말이었다. 자식들은 두말없이 방을 나왔다."[92]

유니섹스 unisex

케이트 밀레트Katherine Millett가 1968년 발간한 『성의 정치학Sexual Politics』에서 처음 사용한 말로, "개인이 각각 편향되지 않고, 타협하지 않는 무한한 전인격을 발전시킬 수 있도록 분리주의적 성격이나 기질, 행동을 없애는 것"을 뜻한다. 이 말은 곧 미디어에서 다뤄지면서, 양성을 위한 패션이나 헤어스타일 등의 캐치프레이즈로 사용됐다.[93] 민용태는 이에 대해 "모두가 여자고 모두가 남자인 사회가 되어가고 있다"면서 이렇게 개탄했다. "너도 나도 같으면 차라리 귀찮게 너에게로 갈 필요가 없다. 너도 나고 나도 나니 차라리 나와 머문다. 남자도 여자고 여자도 남자이면 차라리 남자는 남자와 머물고 여자는 여자와 머문다. 호모 섹스의 천국, 그렇다."[94]

유방 노출 풍습

조선 후기 초상화나 사진을 보면 간혹 자식을 낳은 부녀자들이 짧은 저고리 아래로 커다란 가슴을 거리낌 없이 노출하고 있는 모습을 볼 수 있다. 조선을 방문한 서양인들이 찍은 사진에도 이런 모습이 어김없이 등장한다. 적어도 겉으로는 성 윤리가 매우 엄격했던 조선 사회에서 왜 그랬을까? 여성들이 유방을 드러내기 시작한 것은 조선 중기부터였는데, 이는 남아 선호와 맞물려 여성이 남아를 생산했을 경우 유방을 내놓는 풍속으로 자리 잡은 것이다. 역사학자 정성희에 따르면, "가문의 전통을 잇는 남아를 낳아 여성으로서 할 일을 다한 떳떳한 부인임을 대외적으로 알리는 자랑스러움의 시위였던 것이다.…… 여성들에게 맡겨진 다산多産이라는 기능은 결국 유방 노출과 동시에 치마의 부풀림과 같이 하체도 강조하게 만들었다. 하체는 실제적으로 산아 능력과 결부되어 있기 때문이다. 우리는 여기서 조선 시대 여성복의 섹슈얼리티는 여성의 임신, 즉 출산 능력이라는 당대 여성의 최고 의무와 연결되어 있음을 발견할 수 있다."[95]

유방 숭배

큰 유방을 선호하다 못해 숭배하는 것으로, 일본이 대표적인 나라다. 일본 성형외과의 광고가 대부분 유방 성형에 집중돼 있는 것도 이를 대변한다. 문화심리학자 김정운은 "일본 남자들의 유방 숭배는 의사소통 부재에 대한 공포의 표현이다"라며 다음과 같이 주장했다. "철없는 한국 남자들이 김혜수의 엄청난 가슴에 감동하는 것도 마찬가지다. 감동과 감탄이 부재한 삶이 너무 피곤하기 때문이다. 그 크고 부드러운 가슴에 고개를 처박고, 그저 위로받고 싶고 소통하고 싶은 것이다. 큰 가슴만 보면 흘끔거리는 것은 누구한테도 이해받지 못하고 누구도 이해할 수 없는 고립된 자들의 슬픈 몸짓으로 해석해야 옳다." 김정운은 일본 아줌마들 사이에서 분 '욘사마(배용준) 열풍'도 유방의 관점에서 해석했다. "욘사마가 사랑했던 여자는 능력도 있으며 가슴까지 큰 여자가 아니었다. 시종일관 그저 '듄상아, 실땅님'을 외치는 고등학교 시절의 첫사랑을 욘사마는 끝까지 사랑했다. 만약 〈겨울연가〉에 김혜수가 주연으로 나왔다면 한류는 없었을 것이라고 나는 확신한다. 한류는 큰 가슴만 찾는 일본 남자들의 요구에 진절머리가 난 일본 여성들의 반란이기 때문이다."[96]

유방의 역사

미국의 여성학자 메릴린 옐롬^{Marilyn Yalome}이 쓴 책의 제목으로, 여성의 유방 크기는 여성의 사회적 역할에 따라 달라진다는 게 주요 내용이다. 예컨대, 모성이 강조되는 시대에는 여성의 유방이 풍만해지는 반면, 여성의 사회적 역할이 강조되고 노동 시장에서 여성의 비율이 높아지면 여성의 유방은 다시 작아진다.[97]

유혹 seduction

'분리하다'를 뜻하는 라틴어 'seducere'에서 파생한 단어로, 사람으로 하여금 정상적인 때에 취할 길과 다른 길을 걷게 만드는 힘이다. 『유혹 그 무의식적인 코드』(2005)의 저자인 필리프 튀르셰^{Philippe Turchet}는 "사랑의 첫 감정은 입술에서 시작된다. 따라서 시선은 본능적으로 입술을 향하고 입술에 고정된다. 은밀하게! 그리고 성적 욕구가 꿈틀거린다"고 주장했다.[98] 프랑스 철학자 장 보드리야르^{Jean Baudrillard}가 페미니즘을 비판하는 이유도 '유혹'과 관련돼 있다. 그는 여성이 남성 권력에 도전해서 이길 수는 없다며 "여성의 힘은 유혹의 힘"이라고 단언했다. 여성은 전투적인 자세를 버리고 남성을 유혹해야 한다는 것이다. 그는 '다른 모든 힘에 대등하거나 그보다 탁월한 이 유일한 힘을 부인하는 것은 있을 수 없는 무분별한 행위'라고 질타했다.[99]

유혹 책략

여성이 남성을 유혹하기 위해 쓰는 책략을 말한다. 인류학자 헬렌 피셔[Helen E. Fisher]가 소개한 유혹 책략을 소개하면 이렇다. "젊은 여성들은 자기들의 영역 안으로 관심을 끌어들이기 위한 미소 짓기, 응시하기, 몸 흔들기, 몸단장 하기, 동작을 과장하기, 왔다갔다 움직이기 등을 가지고 관심 끌기의 단계를 시작한다. 그뿐인가. 머리카락을 비틀어 꼬고, 머리를 갸우뚱 기울이고, 수줍은 체 하며 올려다보고, 키득키득 웃고, 눈썹을 치켜세우고, 혀를 소리 나게 차고, 윗입술을 빨고, 얼굴을 붉히고, '나, 여기 있어요'라는 신호를 보내기 위해 얼굴을 숨긴다. 또 일부 여성들은 구애를 할 때 특이한 걸음걸이로 걷는다. 이들은 등을 활 모양으로 구부리고, 가슴은 쑥 내민 채 엉덩이를 흔들며 얌전 빼며 걷는다. 이 하이힐로 인한 걸음걸이, 오므린 입술, 깜박거리는 눈, 춤추는 눈썹, 위로 향한 손바닥, 안쪽으로 향한 발가락, 흔들거리는 몸통, 요동하는 스커트, 그리고 빛나는 치아로 여성들은 자기들에게 접근해오도록 남성들에게 신호를 보낸다."[100] 우리가 이른바 '선수'라고 하는 남자들은 바로 이런 신호 포착에 민감한 사람들이다.(참고 '성적 신호')

윤간^{輪姦}

한 여자를 여러 남자가 돌아가며 강간하는 것을 말한다. 혼간^{混姦}이라고도 한다. 재미교포 파이터 조 선(36, Joseph Hyungmin Son)이 18년 전의 윤간 혐의로 최대 275년형을 구형받은 바 있다. 조 선은 1990년 크리스마스 이브에 저지른 윤간 혐의로 2008년 10월 7일 캘리포니아 주 헌팅턴비치에서 체포됐다. 조 선의 혐의는 그의 DNA 샘플로 인해 밝혀졌다. 조 선은 과거 한 차례 수감되어 캘리포니아 주 당국에 DNA 샘플을 제출한 적이 있고, 그 샘플이 1990년 윤간 사건 당시 발견된 DNA와 일치한다는 것이 판명된 것이다. 조 선은 그밖에 5차례의 강간, 2차례의 폭행, 납치 등의 혐의가 추가로 밝혀지면서 최대 275년형을 구형받았다. 조선은 UFC, 프라이드 등에서 활동했던 파이터로, 1994년 무규칙 룰로 열린 'UFC 4'에서 키스 헤크니의 무차별적인 급소 공격을 견뎌내며 '강철 낭심'이라는 별명을 얻은 바 있다.[101]

윤금이 사건

1992년 10월 미군 케네스 마클에게 끔찍하게 살해된 기지촌 여성으로, 발견 당시 질에 병이 찔러져 있었고 우산이 직장을 관통하고 있었으며, 입에는 성냥이 잔뜩 넣어져 있었고 온몸에 분말 세제가 뿌려진 채 피투성이 상태였다.[102] 이 사건은 한국에서 반미 운동의 한 계기로 활용됐다. 이와 관련, 정유진은 "생전에 그녀는 '양색시' 라는 돌팔매질을 당했다. 그러나 그녀는 미군 처벌과 클린턴 대통령의 사과를 요구하는 투쟁에서 '윤금이 누이, 순결한 민족의 딸' 로 둔갑한다" 며 이렇게 말한다. "살아서는 천하다고 멸시받던 여성이 '양키군' 에게 처참하게 살해된 후에는 '우리의 누이, 순결한 조선의 처녀' 가 된 것이다. 어떻게 이러한 이중성이 아무렇지도 않게 생겨날 수 있었을까? 그것은 인권을 수단화하는 문화에 우리가 너무나 익숙해져 있기 때문이다. '반미' 이데올로기를 강화하는 것이 가장 중요한 일이 되어버렸기 때문에 사람의 고통을 이야기할 필요를 느끼지 못하는 것이다. 생전에 피해자가 겪었던 폭력은 그리 중요한 것이 아니다. 때문에 제2, 제3의 윤금이가 현재 고통받으며 살고 있다는 것, 미군 범죄의 위험에 노출되어 있다는 것에는 생각이 미치지 못한다." [103]

윤심덕 사건

일제 강점기 시절 가수였던 윤심덕이 1926년 8월 4일 현해탄에서 애인인 유부남 김우진과 동반 자살을 한 사건이다. 그녀의 대표곡인 '사의 찬미' 는 동반 자살 직후인 8월 29일에 발매돼 엄청난 충격 효과를 얻을 수 있었다. 두 남녀의 현해탄 정사 사건은 10여 일간 잇따라 신문에 대서특필됐다. "김우진은 이미 아내가 있고 자녀까지 있는 상황이어서 윤심덕은 남몰래 눈물과 긴 한숨을 지은 적이 한두 번이 아니었다.…… 동갑내기인 그들은 자살하기 전 오사카에 함께 있었는데, 윤심덕은 그때 노래 '죽음死의 찬미'를 마음껏 불러 끝없는 슬픔을 느끼게 했다."[104] 당시 공부를 많이 한 신여성이 총각을 만난다는 건 기대하기 어려운 일이었다. 불륜으로 갈 수밖에 없는 구조적인 사정이 있었다는 뜻이다. 이와 관련, 이애숙은 "국내외에서 신식 교육을 받은 여성들이 늘어나면서 불행한 연애는 더욱 늘어만 갔다"며 다음과 같이 말했다. "당시 고학력 여성들은 미혼 남성을 배우자로 맞기 힘들었다. '고등보통학교 학생(남학생)의 5분의 3은 기혼자'인 상황에서 자신들과 교육 수준, 생활 정서가 비슷한 미혼 남성이 드물었기 때문이다. 그러다 보니 신교육을 받은 여성들은 대개 '첩이나 후처로 간다'는 세평까지 생겨났다.…… 1925년 여자고등보통학교 학생이 여성 인구 1만 명당 0.38명에 불과한 상황에서, 고등교육을 받은 여성은 드물게 혜택받은 존재였다. 그러나 결혼이라는 통과 의례 앞에서는 한없이 초라한 존재였다. 더욱이 그들이 배운 자유·평등사상과 근대적 지식은 인습으로 굴러가는 결혼 생활에 장애가 될 뿐이었다."[105]

음담패설 淫談悖說

음탕하고 덕의에 벗어나는 상스러운 이야기다. 남자들의 경우 중·고등학교 시절 음담패설을 통해 간접적인 성지식을 쌓는 일이 많다. 여자들은 40, 50대에 이르면 남자들보다 더 걸쭉하고 질펀한 음담패설을 구사하는데 젊은 시절 성에 대한 대화 자체를 터부시해야 했던 데 대한 뒤늦은 욕구 해소로 보는 견해가 많다. 우리의 대중문화, 특히 쌍팔년도 '쇼도 보고 영화도 보고' 시절엔 처음부터 끝까지 음담패설로 시작해 음담패설로 끝이 났다. 그 대표적인 사회자가 고^故 이주일 씨였다. 거기서 진일보한 극장식 식당이나, 고^故 김형곤 씨가 운영했던 〈코미디 클럽〉도 마찬가지였다. 고속도로 휴게소에서는 음담패설만을 모아 담은 테이프가 불티나게 팔리기도 했다.(오늘날의 뽀빠이 이상용을 있게 만든 수작이다.) 그 시절 유행했던 음담패설을 몇 가지 소개한다.

1. 이주일이 어느 날 미국의 한 사우나에 갔다. 탕에 들어가 피곤을 풀고 있는데 현지인이 너무 못생긴 이주일의 외모를 보고 "You are a monkey" 하고 외쳤다. 그러자 이주일이 발끈하여 일어서자 그의 물건을 보고 하는 말, "Oh! You are very nice!"

2. 남녀가 모텔 앞에서 실랑이를 하고 있다. "오빠, 모텔이 뭐 하는 곳이야? 나는 너무 무서워." 다음 날 방 안에서 여자가 하는 말 "오빠, 여기 너무 웃긴다. 어쩜 아침에 요구르트도 안 주냐?"

3. 박찬호의 영문 표기는 Park, 박세리의 영문 표기는 Pak. 박찬호는 불알이 달려서 'r' 자가 들어갔단다.

1970~1980년대 음담패설은 조선 시대 음담패설의 원전 『기이재

상담^{奇異齊常談}』수준을 벗어나지 못했으나, 1990년대와 2000년대를 지나면서 변화를 맞았다. 1990년대에는 문장의 자음접변이나 동음이의를 활용한 음담패설이 유행했으며, 조금은 썰렁한 내용의 허무 개그, 비디오 세대들만 알아들을 수 있는 영상 개그도 음란계에서 환영받았다. 다음은 2000년 이후 유행한 음담패설 몇 가지다.

1. 빌 게이츠가 신혼여행에서 돌아오자 부인에게 인터뷰가 쇄도했다. 첫날밤 빌 게이츠는 어땠나요? "음, 작지만 부드러웠어요."(마이크로 소프트)

2. 모텔에서 불이 났다. 가장 빨리 울려 퍼지는 외마디 비명. "빼!"

3. "명품에 손대지 맙시다" 다섯 글자로 줄이면: 보지, 왜 만져!
"밤에 빨래하지 맙시다" 다섯 글자로 줄이면: 자지, 왜 빨어!

4. 제1탄: 단칸방에서 부부가 아이들이 잠든 사이 한창 일을 벌이고 있었다. 남편 왈, "됐나?" 그러나 여자는 신음만 내고 있었다. 계속해서 "됐나, 됐나?"를 연발하자 옆에서 자던 아들 왈, "어무이, 고만 됐다 하이소. 그러다 아부지 잡겠심더!"
제2탄: 이들 부부는 일을 벌이기 전 아이들이 잠 들었나 확인하는 차원에서 촛불을 켜고 아이들의 눈가를 살피곤 했다. 어느 날 눈가를 살피던 중 촛농이 그만 아들의 눈 가장자리로 떨어지고 말았다. 아들 왈, "마 내사, 꼭 이런 날이 올 줄 알았심더!"

5. 올빼미: 올라 타!, 빼지 마!, 미치겠어!
   자연보호: 자지를, 연마하여, 보지를, 호강시키자!

음란 淫亂

음란이란 무엇인가? 음탕하고 난잡하다는 뜻이다. 음탕하다는 말은 음란하고 방탕하다는 뜻이며, 난잡하다는 말은 행동이 막되고 문란하다는 뜻이다. 노골적인 동어반복이 아닌가. 음란은 영어로 'obscenity'이고, 유사 개념으로는 '외설猥褻'이 있다. 표준국어대사전은 외설을 '사람의 성욕을 함부로 자극하여 난잡함'이라고 정의하고 있다. 용어상의 혼란은 미국에서도 심각한 것 같다. 미국의 언론법학자 돈 펨버Don Pember는 "obscene을 사전에서 찾으면 'indecent, lewd, or licentious'라고 나와 있는데, licentious를 그 똑같은 사전에서 찾으면 'lewd, or lascivious'라고 나와 있으며, lascivious는 'lewd or lustful', lustful은 'obscene or indecent'로 나와 있어, 처음에 출발했던 지점으로 다시 돌아가게 된다"고 푸념했다.[106] 이렇게 맥없이 돌고만 있으니 언제나 돌려 말할 수밖에 없는 이 단어의 어원은 라틴어에서 찾을 수 있다. 음란이란 단어는 라틴어의 ob-caenum에 어원을 두고 있으며 원래 '오물'이라는 뜻으로 사용됐다. 그다음에 나타난 어원은 '무대scene 밖의 것', 즉 무대에 올려질 수 없다는 것을 뜻한다.[107] 그래서 오늘날에도 상영 금지off-the-scene라는 의미로 사용되면서 점차 일반화됐다. 같은 의미의 외설pornography 역시 그 본뜻은 동일하다고 볼 수 있다. pornography라는 용어는 그리스어의 창녀pornoi와 문서graphos의 합성어로 원래는 '매춘부에 관해서 쓴 것'이라는 뜻이다.[108]

음란 전화obscene call

자기 또는 다른 사람의 성적 욕망을 유발하거나 만족시킬 목적으로 전화, 우편, 컴퓨터, 기타 통신 매체를 통해 성적 수치심이나 혐오감을 일으키는 말이나 음향, 글이나 도화, 영상 또는 물건을 상대방에게 도달하게 하는 행위를 말한다.

음핵 할례clitoridectomy

여성 클리토리스 전체와 소음순의 일부를 제거하는 것을 말한다. 여성이 성적 쾌락을 거의 느끼지 못하게 하고 결혼 전의 성관계나 결혼 후 부정의 가능성을 줄이기 위해 생겨난 것으로, 아직도 일부 지역에서 행해지고 있다.[109] (참고 '여성 할례', '질 봉합')

음희 音姫

1985년 일본인들이 화장실의 절수를 위해 고안해낸 여성용 변기다. 여성들이 화장실에 들어가면 자신의 신체에서 나는 소리가 들리지 않게 하기 위해 세 번 정도 물을 사용한다는 점에 착안해 물을 실제론 쓰지 않고서도 물이 흐르는 소리를 내게 하는 변기였다.[110]

이라마치오 イラマチオ

남성이 상대의 목 안까지 음경을 강제적으로 삽입하는 행위를 말한다. 이라마치오는 펠라티오와는 다르게 분류하지만 강제적 펠라티오라고도 생각할 수 있다. 이라마치오는 음경의 끄트머리가 목 안에 닿는 것으로, 경우에 따라서는 이라마치오를 당하는 사람이 질식에 의한 호흡 곤란 등으로 견디기 어려운 고통을 느끼는 경우가 있다. 그러나 마조히즘적 성벽이 있는 사람은 이와 같은 행위를 기쁘게 받아들이는 경우도 있다. 직접 질이나 항문으로 음경을 삽입하는 성행위에 비해 체액을 통한 성병 감염 위험은 낮다. 그러나 입안에 상처가 있는 경우나 음경에서 배출되는 체액이 입안 점막 피부로 흡수될 수 있는 가능성을 배제할 수 없기 때문에 콘돔 사용이 권장된다. (참고 '펠라티오')

이맥스 논쟁

1996년 한화에너지의 휘발유 브랜드인 '이맥스'의 광고를 둘러싼 논쟁이다. 이맥스는 영화 〈원초적 본능〉(1992년, 감독 폴 버호벤)의 주인공 샤론 스톤을 50만 달러(당시 약 4억 원)를 주고 계약해 1년간 광고 모델로 등장시켰다. "강한 걸로 넣어주세요"라고 말하는 줄거리로 구성한 이 광고에 대해 한화에너지는 "이 광고는 강한 출력을 원하는 게 자동차 소유자의 '원초적 본능'이라는 전제를 깔고 있다"며 "'원초적 본능'이라는 어구가 자연스레 연상되는 샤론 스톤이 이맥스를 넣어달라고 함으로써, '이맥스=강한 휘발유'라는 인식을 심자는 것"이라고 주장했다.[111] 주유소에서 흔히 쓰는 "얼마치 넣어주세요"라는 말과 샤론 스톤의 강한 이미지를 결합시킨 것뿐"이라는 주장이었다. 하지만 실제 섹스 어필 광고의 의도가 없었다고 말하기에는 다소 무리가 있었고[112] 성적 이미지를 연상하지 않는 남자도 찾기 힘들었다.

이메쿠라 イメクラ

이미지 클럽image club의 준말로 일본식 발음이다. 특정한 상황이나 역할을 설정해 성적 서비스를 제공하는 유흥업소다. 손님들을 위해 지하철, 비행기, 회사, 도서관, 갤러리 등의 이미지 룸을 만들거나 여종업원에게 테마에 맞는 복장을 입혀 서비스를 제공한다.

이반異般

한국에서 자생적으로 만들어진 은어로 동성애자를 뜻한다. 이성애
자를 일반적一般的이라고 보는 사회와 비교해 이반一般이라고 한 게 아
니냐는 설도 있지만, 그런 일반 사회를 비판하는 취지에서 한자를
다를 이異로 바꾸어서 이반이라고 했다는 설이 유력하다. 1990년대
중반부터 동성애자 커뮤니티에서 본격적으로 사용되기 시작했다.[113]

이별 폭력

사랑하던 남녀가 이별을 할 때 어느 한쪽이 상대편에게 폭력을 행
사하는 걸 말한다. 『조선일보』(2008년 8월 20일)는 "도를 넘는 '이별
앙갚음'이 만연하고 있다"면서 두 가지 사례를 소개했다. "얼마 전
대학생 이 씨는 인터넷에 접속했다가 눈앞이 깜깜해졌다. 이메일
과 미니홈피 비밀 번호가 모조리 바뀌어 있었다. 이 바람에 이 씨는
원서 낸 회사에서 보낸 합격 통지 메일을 못 열어봤다. 싸이월드 일
촌들에겐 한동안 왕따가 됐다. 누군가가 이 씨의 비밀 번호로 들어
가서 홈피에 욕설을 써놔 오해를 샀던 것이다. 그로부터 2주일 후,
이 씨는 헤어진 여자 친구한테 문자 메시지를 받았다. '비밀 번호
다시 돌려놨어. 혹시 딴 여자 생겼나 해서 확인했어.' 회사원 김 씨
는 2년 사귄 남자 친구에게 이별을 통보했다가 패닉 상태에 빠졌
다. 남자 친구가 강제로 차에 태워 폭행하고 근무 시간에 쉴 새 없
이 문자와 전화를 해대는 바람에 일상이 마비됐다. 김 씨는 '이 터

널이 언제 끝날지 모르겠다'며 울먹였다." 『조선일보』는 "연인과 헤어지고 감정을 추스르지 못해 상대에게 집착하는 건 어제오늘 일이 아니지만 분노를 억제하지 못하는 이들의 수가 확연히 많아진데다 인터넷, 휴대전화 등 통신 기술이 발달함에 따라 앙갚음의 종류가 다양해졌다"며 갈수록 더해가는 폭력성을 우려했다.[114]

이쁜이 수술

여성의 질 축소 수술을 말한다. 1990년대 초중반 이 수술이 대유행 했는데, 이를 보다 못한 어느 산부인과 의사는 하이텔 게시판에서 이렇게 개탄했다. "일부 바람기 있는 남편들은 바람피우는 구실로 여성의 질이 넓어서 재미가 없다고 하면서 외도를 공공연히 하는 경우도 있다. 이런 세태에 발맞추어 일부 약삭빠른 의사들은 정상인 여성의 질을 넓다고 이야기하고 은근히 수술을 부추긴다.……같은 산부인과 의사로서 기가 차서 말을 못할 정도다."[115]

이승희 신드롬

1997년 여름 한국을 다녀간 재미 동포 누드모델 이승희가 "유방을 조금 고쳤는데 부작용도 없고 좋은 것 같다"고 던진 말 한마디에 성형외과가 때아닌 호황을 맞은 가운데 일부 여성들 사이에서 유방 확대 수술이 대유행한 신드롬을 말한다. 성형외과 전문의 심형

보는 당시 20~30대 여성의 60%가 자신의 가슴에 콤플렉스를 가지고 있는 것으로 나타났다며, "도발적으로 솟아오른 이승희의 가슴이 평소 '절벽 가슴' 때문에 고민하던 많은 여성들을 자극한 것 같다"고 풀이했다.[116]

인어공주 신드롬

희생이 뒤따르는 여성의 비극적인 사랑을 말한다. 김정란은 인어공주의 비극에 대해 이렇게 말했다. "그녀는 남성에게 인정받기 위해 스스로 '말할' 권리를 포기한다. 여자는 말을 해서는 안 되는 것이다. 그렇게 배워왔기 때문이다. 그 뒤에서 근엄한 사도 바울의 목소리의 메아리를 듣는 것은 내가 여자이기 때문일까?……'여자들은 성전에서 말하지 말라.'…… 왕자의 인지를 받지 못하자, 즉 그의 짝이 되는 일에 실패하자 그녀는 물거품으로 스러진다. 남성의 짝이 되지 못하면(노예가 아니라면), 여성은 아무것도 아닌 것이다. 그리고 그 죽음은 미화된다."[117]

인조 유방

18세기 말 영국 여성의 필수품이 될 정도로 인기가 높았던 가짜 유방이다. 처음에는 밀랍으로 만들었지만 나중에는 피부색의 가죽으로 만들어서 그 표면에 혈관까지 그려넣고는 용수철 장치로 율동

380

성 있게 출렁거리도록 만들었다. 어찌나 인기가 높았던지 할머니들까지 이 인조 유방을 차곤 했다.[118]

인터걸

1990년대 중반 모스크바와 하바로프스크 등지에서 매매춘을 위해 날아온 10~30대의 젊은 러시아 여성들을 말한다. 1995년 한 해 동안 한국에 왔다 간 러시아 여성은 2만 3,000여 명이었는데, 이들 중 상당수의 한국 내 행적이 의심스럽다는 게 경찰 등 관계 당국의 분석이었다.[119] 1993년에 한국으로 건너온 마샤(29)라는 러시아 여성은 "하룻밤을 함께 보내는 데 60만 원, 한 시간에는 보통 25만 원을 받는데 그중 40% 정도는 소개비로 내야 한다"며 "주로 돈 많아 보이는 나이 든 사람들이 주된 고객"이라고 털어놓았다.[120]

인형방

사람과 유사한 크기의 고무 재질 인형을 상대로 성행위를 할 수 있게 마련된 방이다. 인형은 풍속을 저해하는 물품으로 국내 반입 금지 품목이지만, 이미 국내에서 질 좋은 성인 인형이 제작, 판매되고 있다. 현재 수도권과 부산 등지에 50여 개의 인형 체험방이 성업 중인 것으로 알려졌는데, 굳이 가겠다면 말리고 싶다. 인형방에서 위생 관리가 제대로 될 리가 없으며 만약 에이즈 환자가 쓴 인형을 다

른 사람이 쓴다면 에이즈가 확산될 우려도 있기 때문이다.[121]

일본 포르노

포르노의 절정, 포르노의 최고봉! 일본 포르노는 누구도 범접하지 못할 세계 최고의 권위를 자랑한다. 가장 야하고 가장 충격적이며 가장 다양한 무한 예술의 세계. 그만큼 소비도 비판도 많다. 가수 조영남은 "일본의 위대성을 포르노를 통해 봤다. 불원간 일본이 미국을 능가한다는 생각도 이놈의 포르노에서 비롯된다"면서 "미국은 포르노를 해도 그 한계가 있다. 하지만 일본은 갈 데까지 가지 않는가. 뭔가를 해야겠다고 마음먹었을 때 돌진해버리는 돌격성! 나는 그래서 일본이 무시무시하다"고 말한 바 있다.[122] 과연 일본 포르노는 어느 정도일까? '포르노 규탄 토론회'에서 나온 여성들의 이야기를 들어보자. "일본 포르노에서 안 좋았던 것이 여자를 홀딱 벗긴 채 눕혀놓고 회를 한 상 차린 거야. 여자 몸 위에. 그래서 그 회를 몸에 한 번 넣었다가 먹고. 으…… 놀다가 회 먹고 나서 여자까지 먹는 거야. 여자가 음식인 거지."[123]

임포

임포텐스impotence를 줄여 부른 말로 발기부전을 뜻한다. 발기부전은 성생활에 충분한 발기가 되지 않거나 유지되지 않은 상태를 의미

한다. 일반적으로 이러한 상태가 3개월 이상 지속되었을 경우 발기
부전으로 정의한다.

입술 · 음순 유사론

여성의 입술과 음순은 유사하다는 것으로, 데즈먼드 모리스의 주
장이다. 그는 "뒤집힌 입술의 모양과 색깔은 직립 자세를 취하고
있는 다리 속에 감춰진 음순을 닮은 것"이라며 다음과 같이 말했
다. "이런 모방을 강조라도 하려는 듯, 새롭게 진화한 이 독특한 입
술은 성적으로 흥분되면 충혈되어 더 커지고 붉어지는데, 이런 변
화는 다리 속에 숨겨진 음순에서도 동시에 벌어진다. 이런 효과를
더 증대시키기 위해서 고대 이집트에서 현대에 이르기까지 많은
여성들은 자신들의 입술을 더 빨갛게 칠해왔다.…… 타고난 입술
이 지나치게 평범해서 직업적인 이유로 특별한 입술 모양을 필요
로 하는 유명 여배우나 모델들 사이에서도 이른바 '도톰한 입술'이
나 '벌에 쏘인 입술'이라고 불리는 입술 모양을 만드는 성형 수술
이 비밀리에 애용되어왔다."[124] (참고 '털 없는 원숭이')

Interesting
Sex Dictionary

자궁 가족 ^{uterine family}

인류학자 마저리 울프^{Margery Wolf}가 중국 여성의 삶에 성취적이고 획득적인 성격이 두드러진다는 점을 강조하면서 사용한 개념이다. 여성학자 조한혜정은 "남편의 집에 편입된 가장 낮은 지위에 있던 젊은 여성은 점차 자신이 낳은 '핏줄'을 이 집안에 더해감으로써 자신의 세력권을 구축해간다. 자궁 가족에는 자신이 낳은 자녀들과 며느리가 포함되며 남편은 별로 중요한 자리를 차지하지 못한다"면서 다음과 같이 말했다. "이 가족은 먼 조상까지를 포함하여 연속성이 중시되는 남성들의 가문과는 별 관계가 없는 사적인 가족으로 어떤 뚜렷한 이데올로기나 형식적인 구조도 갖고 있지 않다. 가족 유대는 주로 감성과 충성심에 기초한 것이나, 주목할 점은 그것이 구성원에게 공식적 가족 못지않은 구속성을 갖는다는 점이다. 울프는 여성을 철저히 배제시킨 것으로 보이는 유교적 가부장제가 여성을 상당히 성공적으로 흡수할 수 있었던 근거는 바로 자궁 가족과 공식적 가족의 목표가 '다행스럽게도' 잘 맞아떨어졌기 때문이라는 표현을 쓰고 있다. 여성에게는 일정 기간 어려움을 이겨나가기만 하면 자신의 권력의 기반인 '자궁 가족'을 이룰 수 있으며 그를 통해 응분의 보상을 누릴 수 있는 가능성의 차원이 열려 있었다는 것이다."[1]

자궁 서비스 womb service

체외 수정 및 체외 임신 등을 가리키는 용어다. 인공 태반과 기타 혁신적인 방법을 통해 완벽하게 자궁과 같은 조건이 만들어지면, 여자들은 나이와 상관없이 출산을 할 수 있으며, 남자들도 난자 구매와 자궁 서비스를 통해 독신 아버지가 될 수 있다.[2]

자궁에 대한 뇌의 저항

귀스타브 플로베르 Gustave Flaubert 가 독신을 가리켜 한 말이다.[3] 최근 달라지고 있을 뿐 인류 역사 이래로 내내 독신은 모진 탄압을 받아왔다. 탄압의 주요 이유는 늘 인구·풍속 문제였다. 독신자가 많아지면 인구가 줄고 풍속이 타락한다는 것이다. 그래서 독신자에게 벌금을 내게 하는 제도는 기본이었고, 각종 모욕과 탄압이 가해졌다.

자궁 퇴행 子宮退行, uterine regression

헝가리의 정신분석학자 샨도르 페렌치Sándor Ferenczi가 성교를 출생 과정을 역전시키려는 시도로 해석한 개념이다. 성행위 시에 남성은 성기를 자신과 동일시하는바, 성행위는 남성이 자궁으로 돌아가고자 하는 행위 그 자체라는 주장이다. 프로이트파 학자인 게저 로하임Geza Roheim도 이 주장에 찬동하면서 자궁 퇴행 욕구를 문화의 일반 이론에 적용시켜 남성의 모든 문화적 행동은 자궁으로 돌아가려는 욕구를 교묘하게 위장한 것에 불과하다고 주장했다.[4] (참고 '자궁 회귀 본능')

자궁 회귀 본능

어려운 현실적 문제에 부딪힐 때마다 과거, 즉 자궁으로 돌아가고 픈 무의식적 충동을 말한다. 이에 대해 마광수는 이렇게 말했다. "노래 가사에도 '어린 시절의 고향으로 돌아가자'는 말이 제일 많이 나오는데, 어린 시절의 고향 가운데 가장 오래된 곳, 영원한 안식이 보장되었던 곳은 바로 어머니의 자궁이다. 자궁 속에서 우리들은 아무런 노력이 필요 없었다. 포근한 양수에 둘러싸여 어머니에 의해서 영양을 공급받으면 그만이었다. 현실의 실제 상황을 인식할 필요도 없었고, 자기 스스로 미래를 타개해나가겠다는 의지조차 필요 없었다. 그러므로 자궁으로 돌아가고 싶어 한다는 것은 마조히스트들의 종국적인 희망인 '모든 결정권을 포기한 상태에서 얻어지는 편안함'과 상통하는 것이다. 우리는 누구나 자궁 회귀 본능을 가지고 있기 때문에 모두 다 어느 정도 마조히스트적 성격을 지니고 있다고 할 수 있다."[5] (참고 '보지 숭배')

자기 관음증 autovoyerism

관음증의 일종으로 거울이나 영상 화면 등을 통해 자기 자신의 성 행위 모습을 보고 즐기는 걸 말한다.[6] (참고 '관음증')

자동차 · 여자 궁합론

자동차와 여자는 궁합이 따로 있다는 주장이다. 『디지털 조선일보』(1998년 3년 11일)에 따르면, "스포츠카는 팔등신의 화려한 미인을 언제나 환영하지만, 소형차가 글래머를 만나면 십중팔구는 안 어울린다. 또 고급 대형차는 고혹적인 분위기가 물씬 풍기는 여자와 궁합이 맞는다. 무턱대고 큰 키의 팔등신 도우미를 기용했다가는 낭패를 보기 일쑤. 신차와 모델이 얼마나 잘 어울리느냐가 자동차 발표회의 성패를 좌우하는 것이다.…… 자동차 신차 발표회를 담당하는 광고 회사의 한 관계자는 '차와 여자는 어울리는 궁합이 있다' 면서 '광고계에서는 자동차와 도우미의 궁합이 맞을 때 잘 팔린다는 속설이 있다' 고 말했다." 소형 승용차나 경차는 '동양적인 분위기를 자아내는 아담하고 귀여운 이미지가 적임' 이고, 2500cc 이상 고급 대형차에는 '체격이 큰 팔등신 미인이나 늘씬한 외국인 모델과 궁합을 맞추는' 것이 필요하다는 식이다. 이에 대해 문은미는 다음과 같이 비판했다. "이런 사고는 전형적으로 여성과 자동차를 동일시하고 여성을 물상화하는 방식이다. 이것은 여성의 외모와 신체가 이 직종에서 여성 노동을 구성하는 중요한 축이 된다는 사실을 말해준다."[7]

자매애 종말론

여성들 사이의 연대 의식이 사라졌다는 주장이다. 2006년 봄 앨리슨 울프^{Alison Wolf}가 쓴 「자매애의 종말」이란 잡지 기고문이 영국 여성계에 격렬한 논쟁을 불러일으켰다. 그녀는 "고학력·고소득 여성들이 교육, 자원봉사처럼 남을 돌보는 직업을 거부하면서 '여성적 이타주의'가 사라지고, 결국 페미니즘을 죽이고 있다"고 주장했다. 또 그녀는 "수천 년 동안 여성들은 계급에 관계없이 (가사, 육아, 성차별 같은) 경험을 공유하며 깊은 연대감을 느껴왔다"고 전제하고 "하지만 사회가 점점 더 교육받은 여성들을 결혼·육아로부터 떠나게 하고 있기 때문에 이제는 이런 '자매애'가 죽었다"고 말했다. 이에 대해 여성 단체 포셋 소사이어티의 대표 캐서린 레이크^{Katherine Rake}는 "이 시대 여성들이 완전히 동질적인 집단이라고 할 순 없지만, 그건 과거에도 마찬가지였다"며 "우리는 여전히 많은 경험을 공유하고 있으며, 자매애는 지금도 유효한 개념이다"라고 반박했다.[8]

자식 악마론

한국의 선구적 여성 해방론자인 나혜석은 1923년 1월 『동명』에 쓴 「모⁰된 감상기」에서 모성애란 모든 여성이 태어날 때부터 가지고 있는 것이 아니라, 사회적으로 구성되고 교육되는 관념이며 자식을 기르는 동안에 가지게 되는 것이라고 주장했다. 나혜석은 출산과 양육의 고통을 적으며 '자식이란 모체의 살점을 떼어가는 악마'라고 표현했다. 이에 흥분한 한 남성이 '임신이라는 것은 여성의 거룩한 천직'이라며 여성의 최대 의무를 자각하라고 반격하자, 나혜석은 자신의 글은 출산을 해본 경험이 없는 남성들을 위한 것이 아니라면서 '알지 못한 사실을 아는 체 하려는 것은 용서치 못할 일'이라고 재반박했다.⁹

자위 비판론

자위행위에 대한 비판적 입장으로 지그문트 프로이트가 선봉에 서 있었다. 프로이트는 자위행위는 '탐닉'을 통해 여러 가지로 도덕적 품성을 타락시킨다고 주장했다. "첫째, 자위행위는 온힘을 쏟지 않고도 손쉽게 목적을 달성하는 법을 사람들에게 가르친다. 다시 말해서 자위행위는 '성욕이 행동 양식을 규정한다'는 원칙에 따르고 있다. 둘째, 성적 만족에 따르는 환상 속에서는 현실에서 쉽게 찾아볼 수 없을 정도로 뛰어난 장점을 지닌 이상적인 인물이 성적 대상으로 나타난다. 어느 재치 있는 작가는 '성교는 자위행위의 불만족스러운 대용물에 불과하다' 는 말로 이 진실을 역설적으로 표현했다."[10]

자위 예찬론

자위행위에 대한 부정적인 시각은 에이즈 창궐 이후 긍정적인 시각으로 바뀌었으며, 일부 국가에선 심지어 예찬의 경지로까지 나아갔다. 인도의 에이즈 예방 공익 광고는 남성의 자위하는 모습을 보여주면서 다음과 같은 광고 카피들을 들고 나왔다. "가장 훌륭한 섹스 파트너는 오랜 기간 당신이 잘 알고 있는 사람입니다. 우리는 당신이 태어난 이후로 당신이 알아왔던 그 사람을 추천합니다." "콘돔 없이 이 세상에서 가장 안전한 섹스를 즐길 수 있습니다."[11]

자위행위 | masturbation

오르가슴을 얻기 위해 자신의 생식기를 성적으로 자극하는 행위다. 손이나 기구 혹은 다른 신체 접촉을 통해 자위를 행한다. 킨제이 보고서에 따르면 미국인 남성의 94%, 여성의 70%가 자위행위로 오르가슴에 도달한 적이 있다. 자위 방법으로는 흔히 손가락이나 베개 따위로 성기 부위를 누르거나 문지르거나, 항문에 손가락이나 물건을 삽입하거나, 전기 진동(바이브레이터)으로 음경이나 음문을 자극하는(질이나 항문에도 쓸 수 있다) 것이 있다. 자위를 할 때 도색 잡지나 포르노물을 보면서 하는 경우도 있다. 여성의 자위 방법으로는 집게손가락이나 가운뎃손가락으로 음문, 특히 음핵을 어루만지거나 문지르는 것이 있다. 때로는 하나 혹은 여러 손가락을 질에 삽입하여 지스팟이 있는 질벽을 반복적으로 만지기도 한다. 진동기나 딜도 같은 자위 도구로 질과 음핵을 자극할 수도 있다. 가슴이나 젖꼭지가 성적 자극에 민감한 경우 자위하며 다른 한쪽 손으로 이곳을 애무하는 여성도 많다. 항문 자극을 하는 여성도 있다. 윤활제가 자위, 특히 삽입을 할 때 쓰이기도 하는데 이는 일반적인 것은 아니며 많은 여성은 질 내 애액으로도 충분하다. 보통 자위 자세는 등에 대고 눕거나, 엎드리거나, 고개를 숙이거나, 앉거나, 웅크리거나, 무릎을 꿇거나 서서 하는 것이다. 샤워를 할 때 여성은 음핵이나 음문에 대고 물을 틀어 자극할 수도 있다. 엎드려 누울 경우 손으로 혹은 다리를 벌려 베개를 쓰거나 침대의 모서리나 모퉁이에 대고, 혹은 다른 사람의 다리나 접은 옷, 혹은 다리 사이의 허벅지를 음문과 음핵에 대서 자위할 수도 있다. 의자 등 가구를 세워서 음순이나 옷으로 음핵을 자극하기도 한다. 또 직접 접촉하지 않고 가령 손바닥이나 공으로 속옷이나 다른 옷을 입은 상태에서 압력을 가해 자위하는 사람도 있다. 여성은 힘을 주어 다리를 꼬거나, 다리 근육을 꾹 잡거나, 외음부를 눌러서 성적으로 자극을 줄 수 있다. 이런 행동은 누군가 자신을 주목하지 않으면 사람들이 있는 곳에서도 할 수 있다. 과거에 느낀 자극과 오르가슴에 대한 생각, 공상, 기억을 통해서 성적 쾌감을 얻을 수도 있다. 어떤 여성은 의지만으로도 자연스럽게 오르가슴에 이를 수도 있는데, 이 경우는 신체 자극을 하지 않았으므로 엄밀히 말해 자위로 볼 수 없다. 섹스 치료사는 여성 환자에게 특히 이들이 자위를 해본 적이 없을 경우, 자위로 오르가슴을 느끼도록 권하기도 한다.[12] (참고 '수음', '오나니')

자유부인 사건

1954년 1월 1일부터 『서울신문』에 작가 정비석이 연재한 소설 「자유부인」을 둘러싼 논란을 말한다. 대학 교수 부인의 불륜을 그린 이 작품에 대해 황산덕은 '중공군 50만 명에 해당하는 적'이라고 비난했다.[13] 단행본으로 나온 소설은 1954년 최고의 베스트셀러가 되었는데, 14만 부가 팔려 한국 출판 사상 최초로 판매량 10만 부선을 돌파한 책으로 기록됐다.[14] 1956년 최대의 화제 영화도 〈자유부인〉(감독 한형모)이었다. 〈자유부인〉은 6월 9일 수도극장에서 개봉되어 45일간 상영됐으며 15만여 명의 관객을 동원하는 대기록을 수립했다. 이후 '섹스를 밝히는 노는 아줌마'를 가리켜 '자유부인'이라 부르게 됐다. (참고 '허벅다리 부인')

자유연애

1920~1930년대에 불었던 남녀상열지사 풍속도다. 지금이야 자유연애는 기본적인 인권에 속하지만, 당시만 해도 쉽지 않았다. 자유

연애 바람은 상당 부분 조혼의 결과이기도 했다. 자신의 뜻과는 무관하게 어렸을 때 한 결혼에 만족할 수 없었던 이들은 연애 또는 불륜을 통해 보상을 받고자 했다.[15] 자유연애는 기혼 남성들이 처녀를 농락하는 수단으로도 이용되기도 했다. 『별건곤』(1930년 2월호)엔 익명의 한 사회 운동가가 그런 현실을 폭로하는 글을 실었다. 그녀는 신문·잡지의 간부와 기자, 웅변가, 외국에 갔다 온 사람, 인기 스포츠맨, 음악가, 문인 중에 약 70%는 남의 집 처녀 3~4명에서 10명까지 버려놓은 놈들이라고 폭로했다. 소위 명사라는 사람들이 철없고 단순한 어린 여성들을 흉한 수단으로 꼬여다가 질근질근 깨물어 단물을 빨아먹고는 가래침을 뱉듯이 길거리에다 턱 뱉어버리지만, 그들의 이런 행동은 일반 사회에서 공공연히 묵인된다는 것이다.[16] (참고 '연애 공산주의', '윤심덕 사건')

자지

'앉을 때 감추어진다'는 의미의 '좌장지坐藏之'에서 유래했다는 설이 있으나 확실치 않다. 최남선은 자지의 어원을 인도교印度敎의 대신大神인 자재천自在天의 '자재'에서 찾았으며, '좆'은 자지에서 파생된 것으로 보았다. 생식기 숭배교에서 유래하여 불교로 유입, 불교인들 사이에서 은어로 사용되다가 일반화된 것이 '자지'이며 신라 시대부터 사용된 것으로 보았다.[17]

자지 꿈

이래야 할지 저래야 할지 판단하기 어렵다는 뜻으로 쓰이는 "자지 꿈이 좋을지 불알 꿈이 좋을지 누가 아느냐"라는 속담에서 비롯한 말이다. 어떤 해몽가가 자지 꿈은 길몽, 불알 꿈은 흉몽으로 해석했는데, 그 근거를 이렇게 설명했다. "자지는 여자의 숲 속 궁벽한 곳을 찾아가 들락날락하며 재미를 보는데 불알은 부질없이 자지만 따라다니고, 자지는 문 안의 따뜻한 곳에 들어가 재미를 보는데도 불알은 문 안에 들어가지도 못하고 문 밖에서 자지를 따라 덜렁거리기만 하다가 마침내 물만 뒤집어쓰는 창피를 당하지 않는가." 그러나 불알 꿈을 길몽으로 본 해몽도 있다. "불알은 따뜻한 가죽 주머니 속에 알 둘이 들어 있으니 그 알이 반드시 새끼로 깨어날 것이 아닌가. 따라서 쌍둥이를 볼 태몽이니 부인과 즐기기나 하소."[18]

자지 사이즈

거의 대부분의 성 전문가들이 여성을 만족시킬 수 있는 남성의 능력 중 자지 사이즈는 그다지 중요하지 않다고 말하지만, 데즈먼드 모리스는 그런 말은 남성들의 자존심을 손상하지 않으려는 의도일 뿐 사실과는 거리가 멀다고 주장한다. "그 말이 사실이라면, 인간 남성의 남근이 다른 영장류(심지어 거대한 고릴라)의 남근보다 더 큰 이유를 설명하기 힘들 것이다. 물론 사랑하는 남자의 작은 남근이 사랑하지 않는 남자의 큰 남근보다 더 자극적이라는 말이 있기는 하지만, 단순한 사실만으로 이야기하자면 크고 긴 남근이 여성을 육체적으로 더 자극시킨다. 남녀가 느끼는 감정적 유대가 같을 때에는 더 큰 남근 쪽이 항상 우세하다. 여성에게도 남성의 남근과 같은 구조(음핵으로서 성기 입구 바로 위에 있는 조그만 살덩어리)가 있는데 성적으로 흥분하면 역시 발기한다. 여기에는 신경 말단이 수없이 나와 있어서 성교 시 남성의 골반이 이곳을 반복적으로 마사지해 주어 여성의 흥분을 크게 높여준다." [19] (참고 '오스 페니스')

잘 뚫리는 모텔

미성년자 출입이 자유로운 모텔로 가출 청소년들의 은어다. 『조선일보』(2010년 7월 20일)에 따르면, "가출 소녀 김양은 '집 나온 지 12일 됐다'며 '나흘 밤은 A오빠, 이틀 밤은 B오빠, 또 이틀 밤은 C오빠랑 모텔에서 잤다'고 말했다. 김양은 '이 주변 모텔은 참 잘 뚫린다'고 말했다. 김양은 '오빠들이랑 다니면 쫑(주민등록증) 검사 안 한다. 여태까지 모텔에서 뺀찌 먹은(출입금지 당한) 적은 한 번도 없다'고 했다. 가출 청소년들은 '모텔, 찜질방, PC방 등 뚫리는 곳이 많다'고 말한다. 무턱대고 집을 나와도 먹고 잘 데가 널려 있다는 것이다. 가출 청소년들은 어느 가게에서 담배ㆍ술이 '뚫리는지'에 대한 정보도 공유하고 있었다.……한국청소년정책연구원은 '인터넷의 발달로 가출이 예전보다 훨씬 쉬워졌다'며 '가출 카페 등 유해 사이트에 대한 철저한 관리가 시급하다'고 말했다." [20]

장바구니 아줌마

1960년대에 시장 간다며 장바구니를 들고선 카바레로 가 춤을 추던 가정주부들을 말한다. 『조선일보』(1961년 4월 29일)는 당시의 풍속에 대해 이렇게 보도했다. "반찬 사러 간다고 장바구니를 들고 또는 계 때문이라고 각기 저고리 밑 앞가슴에 500환짜리 한 장을 꽂아가지고 나온 가정부인들은 …… 남편이 직장에서 돌아왔을 터인데, 학교 간 아들이 돌아와서 엄마를 찾을 텐데, 재워놓고 나온 어린 것이 배고파 보챌 것인데, 하고 마음을 졸이면서도 생전 처음 보는 남자의 품에 안겨 '탱고'의 리듬에 미쳐 돌아가고 있는 것이다.…… 직장에서 피곤하게 일하고 있는 남편의 모습이나 출장으로 타향에 가 있는 남편의 얼굴이 주마등처럼 스치고 지나갈 때에는 무더운 여름에도 오싹 등골이 시리지만 왈츠의 원무곡에 미쳐 돌아갈 때는 '모르겠다. 될 대로 되라'는 패배심에 사로잡혀 버린다." "이것이 '댄스'가 지니고 있는 매혹인지 모르지만 춤추며 돌아가는 순간순간에 스치고 지나가는 가책의 환영幻影을 무서워하지 않게 될 때 이미 그 여자는 비극의 씨를 잉태하게 되는 것이다."[21]

장애인 섹스 도우미

섹스에 대해 가장 개방적이고 적극적인 나라 네덜란드에서 실시하고 있는 제도다. 네덜란드는 섹스를 인간이 누려야 할 소중한 권리로 간주하기 때문에 심지어 섹스를 박탈당할 위험에 처한 사람들에게는 복지 정책 차원에서 돕기도 한다. 네덜란드의 법원은 한 중중 장애인에게 '섹스 도우미 여성 노동자'를 방문할 수 있는 비용을 지방 당국이 지불하라는 판결을 내린 바 있으며, 중중 장애인의 성생활을 돕는 자원봉사자도 있다. 자원봉사자들의 섹스 봉사와 관련, 주경철은 이렇게 말했다. "잘못하면 평생 섹스의 즐거움을 누리지 못할 사람들을 위해 기꺼이 '몸 바쳐' 헌신하는 이 사람들의 행위는 아름다워 보이기도 하고 어쩌 이상해 보이기도 한다. 이건 생각하기 나름이다. 아주 성^{聖/性}스러운 일로 보이기도 하고 인류에 어긋나는 야만적인 일로 보이기도 하고. 여러분은 어떻게 생각하시는지."[22] 정말 여러분은 어떻게 생각하시는가. 당신의 아내나 애인이 천사처럼 마음이 고와 중중 장애인을 위한 섹스 자원봉사를 한다면?

장애인 킨제이 보고서

"아들만 결혼시켜주면 뭐든 합니다. 죽는 날까지 뼈가 으스러지도록 며느리를 업고 다닐게요." 최부암 상담소장(한국장애인문화협회)은 듣고 있을 수밖에 없었다. 언제부턴가 아들이 "결혼도 할 수 없는데, 여자랑 한 번만 자봤으면 좋겠다"고 말하기 시작했다는 얘기, 그래서 결국 아들의 자위를 어머니가 제 손으로 해주기 시작했다는 얘기……. 여인은 결국 오열했다. 대화가 30여 분 끊겼다. "그런데 아들이 점점 더 긴 거, 점점 더 자극적인 걸 요구합니다. 제가 어떻게 해야 합니까?" '장애인 킨제이 보고서' 는 2010년 10월 시사주간지 『한겨레21』(제829호)이 발표한 장애인의 성에 대한 인식과 실태에 관한 보고서다. 장애우권익문제연구소, 한국지적장애인복지협회, 한국뇌성마비복지회, 한국척수장애인협회가 설문 조사를 공동 기획했고, 두 달 넘는 기간 동안 224명의 지적장애·뇌성마비·척수손상 장애인 224명이 심층 조사에 참여했다. 작은 표본 집단의 평균치일 뿐이지만 숨겨지고 외면당했던 장애인의 성 문제를 진지하게 들춰냈다는 점에서 주목할 만한 보고서다. 『한겨레21』이 조사한 바에 따르면 우리나라 장애인의 성생활 '만족군' 은 10.3%에 그친 것으로 나타났다. '본인의 성생활(성관계 횟수 및 만족도 등)은 충분한가' 라는 질문에 대해 '매우 충분하다' 고 한 이는 단 5명(2.2%)에 불과했다. 배우자가 없어 성적 소외가 더 큰 뇌성마비·척수손상 미혼 그룹에게 성적 권리 침해 사례를 물었더니(응답 74명·복수 응답), 29.7%(22명)가 '주변에서 성욕은 인정하지만, 성적 능력은 없을 것으로 본다' 는 점을 가장 큰 어려움으로 꼽았다. 전체 응답자 중 가장 많은 82명(복수 응답)이 '장애인의 성적 권리에 대한 일반 사회의 인식 개선' 을 바랐다. '성 재활 의료 및 상담 서비스 지원 확충'(54명)이 두 번째였다. 24명(여성 3명)은 '성 서비스 이용 합법화' 도 요구했다. 『한겨레21』은 이런 결론을 내렸다. "조사 과정에서 선정적이라는 이유 등으로 설문을 거부한 장애인 또는 단체도 있었고, 설문안이 이들의 성욕을 되레 자극한다며 경계하는 시선과도 자주 부딪혔다. 고작 224명을 대상으로 한 설문 조사 작업만 두 달 넘게 걸린 이유며, 감히 '장애인 킨제이 보고서' 라 이른 까닭이다. 더 정밀하고 폭넓은 조사는 이제 국가의 이름으로 이뤄져야 한다." [23]

저산소 애호증 hypoxyphilia

자신의 목을 매달거나 비닐봉지를 사용하여 질식을 유도하거나 타인으로 하여금 목을 조르게 하는 등의 방법으로 성적인 쾌감을 얻는 것이다. 미국의 통계에 의하면 매년 500~1,000명이 이러한 행위 도중 사망한다고 한다. 그중 96%가 남성이다. 사춘기 소년부터 70세 노인까지 연령층은 다양하나 20대가 가장 많다. (참고 '변태 성욕')

전국커밍아웃의날 National Coming Out Day

1987년 10월 11일 미국 워싱턴에서 열린 동성애자 권리 행진을 기념해 제정된 날로 1988년 10월 11일 이후 매년 열리는 동성애자들의 축제다. '커밍아웃' 이라는 말의 기원이 '벽장으로부터 나오기 Coming Out of the Closet' 인바, 어두컴컴하고 답답한 '벽장' 에서 밝고 시원한 '광장' 으로 탈출해 해방감을 만끽하는 날이라고 보면 되겠다. [24] (참고 '커밍아웃')

전략적 비범죄화론

성매매는 금지하되 성매매 알선자와 성을 산 남성만을 처벌해야한다는 주장으로, 스웨덴의 여성폭력방지법으로 구현됐다. 스웨덴에서는 돈을 지불하는 어떠한 형태의 매매춘이든 금지되고 있으며, 이를 어기는 자에게는 벌금이나 최고 6개월형을 구형하지만, 이러한 처벌은 돈을 지불하고 성을 사는 남성과 성매매를 조장하고 알선하는 포주들에게만 해당된다. 이 같은 입장은 성매매 여성을 범죄자가 아닌 사회복지적 관심의 대상이자 피해자로 인식하는 것이며, 성매매의 과정에서 착취당하는 약자라는 것을 강조한 것이다. 매매춘 여성들의 인권 보호 활동을 하고 있는 한국의 여성 단체들도 이런 전략적 비범죄화론의 입법화를 요구하고 있다.[25]

전족 纏足

중국에서 여자아이가 네댓 살이 되면 발에 긴 천을 감아서 엄지발가락만 남기고 모두 동여매어 자라지 못하게 함으로써 작은 삼각형이 되도록 한 풍습이다. 당나라 말기에 시작돼 청나라의 강희제가 금지령을 내릴 때까지 전국적으로 유행했다. 전족은 여성의 움직임을 제약함으로써 여성이 집 밖으로 나가는 것을 방지하기 위해 생겼다는 설이 유력하나, 전족이 여성 음부의 독특한 발달을 촉진함으로써 남성을 즐겁게 만들어주기 위해 생겼다는 설도 있다.[26] 전족을 한 발로 걸으면 허리 부분이 단련되어서 섹스에 도움이 된다거나, 발이 좁고 작으면 질도 이른바 '명기'일 것이라는 속설이 있는데, 3만여 명에 이르는 여성의 질을 진료한 의사 이성구는 이렇게 단언했다. "필자는 하루에 수백 명의 옥문玉門을 들여다보는 셈이다. 이런 필자가 단언컨대, 발이 작다고 해서 여성의 질이 좁진 않다. 왜냐하면 여성에게 페니스에 해당하는 것은 클리토리스이지, 질이 아니다. 발이 작으면 클리토리스가 작을 순 있지만 질이 작은 건 아니란 얘기다."[27]

전초병

성인 나이트클럽에서 부킹 시 상대 남자들의 '품질' 상태를 미리 점검하는 역할을 맡는 여자를 말한다. 웨이터가 여성 한 명의 손목을 잡고 남자들이 자리 잡은 테이블로 안내하는 방식인데, 이 전초병의 탐색 결과 남자들이 믿을 만하고 취향에 맞을 경우 기다리고 있던 나머지 여성 일행을 테이블로 불러들임으로써 부킹이 이뤄진다. 남자가 마음에 들지 않을 경우 전초병은 따라준 맥주를 한 모금 마신 후 바로 자리를 뜬다. 부킹 성공 여부는 전초병이 테이블에 처음 앉는 순간부터 30초~1분에 판가름난다. 남자들은 이 짧은 순간에 자신의 장기와 상품성을 선전하기 위해 안간힘을 쓴다. 재미있는 이야기를 하든가, 과묵한 모습에 야릇한 미소를 지으며 분위기를 잡든가, (노래방 기계가 설치된 룸에 자리 잡은 남자들의 경우) 일행 중 가장 노래를 잘하는 남자가 자신의 대표곡을 부른다.[28]

전통적 여성다움의 매장 The Burial of Traditional Womanhood

미국의 급진적 여성들에 의해 주도된 최초의 의식 변혁 운동이다. 1968년 1월 워싱턴에서 열린 반전 데모 중에 등장했다. 당시 이들은 베트남전쟁 반대 운동을 하는 여성들을 향해 자신들의 억압과 싸우지 않는 한 다른 사회 문제를 해결하는 데 무력함을 확신시키고자 했다. "자매애는 강하다"라는 슬로건은 이때 생겨났다.[29]

전화방

전화로 이성 간의 대화를 알선한다는 명목의 서비스 업소로 2000년대 초반 일본에서 우리나라로 건너왔다. 남자만 출입할 수 있는 공간으로 전화기와 TV, 도색 잡지, 재떨이, 타이머, 안락의자 등이 갖춰져 있다. 전화방을 찾은 남자가 방에서 영상을 즐기며 기다리고 있으면 여성으로부터 전화가 걸려오는 시스템이다. 입장료는 1~2만 원선, 시간은 대개 1시간인데 이야기가 길어질 경우 초과 금액을 부담해야 한다. 화상 채팅을 알선하는 화상방도 전화방의 일종이다. 전화방을 찾는 주된 고객은 30~40대 직장인과 일부 대학생들이지만, 수신자 부담으로 전화를 하는 여성의 경우 대부분 고용된 '선수'가 많다. 건전한 대화만을 나눈다는 업소 측의 주장과는 달리 매매춘으로까지 이어지는 경우가 많아 한때 크게 사회 문제가 되기도 했다. 이무용은 2005년 10월에 발표한 「전화방의 문화 정치」라는 글에서 '전화방이 카타르시스와 쾌락을 제공해줌으로써 억눌린 성적 억압을 해결해줄 수 있을까? 라는 질문을 던지고 이에 대해 '회의적'이라는 결론을 내렸다. 그 이유는 이렇다. "우선 전화방을 둘러싼 공간이 성적인 기호들로 난무해 있어 오히려 성적 욕구를 더욱 부채질하고 있다. 농도 짙은 에로물로 가득 찬 방 안의 TV 영상, 널려 있는 선정적인 사진과 성인용 잡지, 성적인 욕구와 호기심을 부추기는 홍보 문구, 여기에 「남녀 필담 나누는 전화방」, 「낯선 여자와 전화 데이트」, 「음란 대화를 파는 전화방」 등의 언론 머리기사들이 전화방을 성적 공간으로 동일시하는 데 일조하고 있다.[30]

절에 간 색시

남에게 매여서 자유롭게 행동하지 못하는 것을 비유한 말이다. 김동진에 따르면 그 유래는 이렇다. "신라 시대에 계집의 사주를 보아 과부가 될 듯하면 장성한 후 시집가기 전에 절에 보내어 중 서방을 먼저 얻게 한 후에 다시 출가시키는 풍속이 있었다. 색시가 절에 가면 주장중(주지)이 어느 중에게 맡기든지 주장중의 지휘대로만 하고 제 마음대로는 하지 못하기에 시속에 '남에게 매어 지내는 것'을 '절에 간 색시처럼 중이 하라는 대로만 한다'고 한다."[31] (참고 '보쌈')

접이불루 接而不漏

섹스는 하되 사정은 하지 않는다는 뜻으로, 옛날부터 우리 조상들이 역설한 준칙이다.[32] 마광수는 기혼과 미혼을 막론하고 이를 사랑의 기술로 익혀두라며 다음과 같이 말했다. "'접이불루'란 꼭 정액을 사정하지 말고 참자는 말은 아니다. 젊은 남성들의 경우 정액은 몽정이나 자위행위로라도 어느 정도 배설되어야만 한다. '접이불루'의 참뜻은 '밥을 먹되 언제나 먹고 싶은 양의 7할가량만 먹으면 건강에 좋다'는 이론과 상통한다. 갈 데까지 가는 사랑은 결국 권태와 피곤한 의무감과 속박감에서 오는 짜증을 낳고, 그것은 자칫하면 '상처뿐인 영광'으로 끝나버리기 쉽다."[33]

젓가락 돈

옛날 기방의 팁을 가리키는 말이다. 기방 출입자들은 돈을 손에 대지 않고 접시에 돈을 쏟게 하여 기생이 젓가락으로 돈을 집어 치마폭으로 받게 했는데, 이는 돈을 멀리 하던 관습에서 비롯한 것이다. 이규태는 어릴 적에 평소 용돈을 잘 주시던 할아버지께 "돈 2전만 주시오"라고 했다가 혼이 났다는데, 그 이유가 흥미롭다. "만약 그때 '돈 한 푼만 주시오' 했던들 화는 내지 않았을 것이다. '돈 한 푼'은 막연한 돈의 보통 명사로서 어떤 타산이 따르지 않는 표현이다. 하지만 '돈 2전'은 이미 타산이 따른 표현이며, 할아버지를 화내게 한 것은 바로 이 타산적 금전 단위를 입에 담았다는 데 있었을 것이다."[34] 아름답게 볼 수도 있겠지만, 한국의 자본주의 발달이 늦은 이유도 바로 이런 타산 배제의 멘털리티 때문은 아닐까. 일부 룸살롱에선 남성 고객들이 돈을 뿌려놓고 호스티스로 하여금 젓가락이 아니라 몸으로 붙여서 들러붙는 돈만 갖게 하는 팁 방식을 쓰기도 하는데, 그건 무슨 뜻에서 하는 짓인지 모르겠다.

정관 수술 vasectomy

남성에게 시행되는 피임 수술이다. 정자의 이동 통로인 정관을 실로 묶거나 절단하여 정자의 사출을 막는 비뇨기과 수술이다. 정관은 고환마다 1개씩 있으므로 총 2개의 정관이 있다. 일단 정관이 잘리거나 막히게 되면 정자는 정자가 생성되는 고환으로부터 정액과 전립선액(정자가 생존할 수 있게 영양분을 공급하는 역할을 한다.)이 모이는 저장고에 더 이상 도달할 수 없다. 원래 저장고에는 정자와 전립선액이 섞이게 되어 사정 시 정자가 섞여 있는 정액이 사정관을 통해 음경 밖으로 분출하게 된다. 수술 후에도 남성은 발기와 성행위가 가능하고 정액도 사정할 수 있다. 다만 이 사정액에는 정자가 없기 때문에 여성을 임신시킬 수 없다. 가벼운 수술이긴 하지만 필자의 경험으로 볼 때 수술이 간단하게 끝난다는 말은 거짓이다. 수년 전 사랑하는 아내를 위해 정관 수술을 받았는데 그 고통이 이만저만이 아니었다. 약 30분을 신음하다 수술을 마치고 나왔는데, 간호사로부터 여자의 산고에 비하면 조족지혈이거늘 무슨 엄살이 그리도 심하냐고 핀잔을 들어야 했다. 그렇다고 정관 수술을 하지 말라는 건 아니다. 시대가 바뀌어 정관 수술을 정부 시책으로 장려하지는 않지만, 원치 않는 임신을 한다는 것 또한 고통이 아니겠는가?

정력제 강국

한국은 세계 최고의 불법 정력제 강국이다. 지금까지 국제적으로 발견된 발기부전 치료제 유사 물질 30건 중 우리나라에서 발견된 것이 17건이다. 건강 보조 식품에 첨가되는 발기부전 치료제 유사 물질은, 효능은 있지만 정확한 섭취량 등이 규명되지 않아 함부로 먹게 되면 심근경색 같은 부작용이 발생해 생명을 잃을 수도 있는 위험 물질이다.[35] 어쩌다가 우리나라가 불법 정력제 강국이 되었을까? 높은 기술력보다는 한국인의 성에 대한 태도에서 답을 찾는 게 그나마 가장 점잖은 답이 될 것 같다. 한 국제적인 조사에서 "당신의 삶에서 성관계가 얼마나 중요한가"라는 질문에 한국인의 87%가 "중요하다"라고 대답해, 조사 대상국 28개국 가운데 가장 높은 수치를 보였다.[36]

정자 精子, sperm

씨앗을 의미하는 그리스어의 '스페르마sperma'에서 유래한 것으로, 성행위 시에 나오는 남성의 생식 액체다.[37]

정자 논쟁

인간의 정자를 현미경으로 최초로 관찰한 사람은 안톤 반 레벤후크$^{Anton\ van\ Leeuwenhoek}$이다. 레벤후크는 1677년 관찰 결과를 왕립학회에 보고하면서 "나는 이것들 100만 마리라도 큰 모래 한 알에 미치지 못할 것이라고 판단한다"며 "그들은 뱀장어가 물속에서 헤엄치는 것처럼 꼬리를 뱀처럼 움직여 이동했다"고 말했다. 사람들은 "확대경으로 본 것이 아니라 환상으로 본 것"이라고 그를 비난했다. 이런 비난을 예상했던 그는 보고 시 "식자識者들에게 불쾌하거나 분노를 사게 한다면 폐기해도 좋다"며 깊은 사죄를 표명해야만 했다. 그의 발견은 훗날 프랑스의 세균학자 루이 파스퇴르$^{Louis\ Pasteur}$가 출현할 때까지 응용되지 않은 채 방치됐다.[38]

정자은행

남성의 정자를 모아 보관하면서 판매하는 은행으로, 덴마크의 정자은행이 세계에서 가장 유명하다. 덴마크는 전 세계 40개국으로 정자를 수출하고 있다. 세계 최대의 정자은행인 덴마크의 크리오스 사에는 매일 정자 제공에 40달러를 벌려고 오는 남자 대학생들이 수십 명씩 드나든다. '덴마크제' 정자가 특수를 누리는 것은 푸른 눈과 금발, 큰 키의 아이를 선호하는데다 정자 제공에 대한 사회적 제약이 적은 덴마크의 성 개방 풍조로 정자 제공자에 대한 익명성이 철저하게 보장되기 때문이다. 스웨덴, 스위스, 네덜란드, 노르

웨이 등에선 계속 정자 제공자를 공개하는 쪽으로 법이 개정됐다. 1987년에 설립된 크리오스 사는 자사가 공급한 정자로 태어난 아기가 전 세계에 1만 명쯤 되며, 주 고객은 해외의 동성애 여성이나 독신 여성이라고 밝혔다. 한 남자는 크리오스 사를 통해 여러 나라에 정자를 제공해, 자기도 모르는 자식을 101명이나 둔 예도 있다. 미국에서 가장 큰 정자은행인 '캘리포니아 크리오뱅크'는 2005년 거래량의 3분의 1인 정자 9,600병이 독신 여성에게 팔렸다고 밝혔다. 일반적으로 정자는 한 병당 200~400달러이며 운송료 100달러가 붙는다. 여성들은 사진과 프로필을 통해 정자 제공자의 정보를 입수하고 있으며, 피부색과 교육 수준, 직업, 가정환경, 비만·대머리 여부 등이 선택 기준이다.[39]

정조대 貞操帶, Chastity belt

속옷처럼 입을 수 있는 잠금 장치로, 착용자의 성교나 자위행위를 방지하기 위한 것이다. 강간이나 성적 유혹 행위를 막기 위한 목적도 있다. 남녀 모두를 위한 정조대가 있으며 그 재질과 모양이 다양하다. 서양에서 정조대에 관한 최초의 언급은 15세기 초엽에 출간된 콘라트 카이저Konrad Kyeser von Eichstatt의 『병기도Bellifortis』라는 책에서였다. 이 책은 당대의 군사 기술에 관해 적은 책인데, 이 안에 현존 최고最古의 정조대 묘사 그림이 실려 있다. 이 그림 옆에는 다음과 같은 내용의 라틴어가 적혀 있다. "이것은 피렌체의 여인들을 위한 강철

바지로, 앞이 잠겨 있다." 하지만 『병기도』 이외의 문헌에서는 정조대에 관한 증거를 찾을 수 없다. 예전부터 십자군 기간 동안 기사들이 자신의 아내를 성적으로 보호(혹은 억압)하기 위해 정조대를 채웠다는 이야기도 있는데, 실제 이러한 사실이 있었는지를 뒷받침할 만한 역사적 증거 또한 거의 없다. 대신 18세기 초부터 1930년대까지 아이들의 자위행위를 방지하기 위한 도구로 쓰였다는 사실은 확인되고 있다. 최근에는 BDSM('SM 클럽' 참조)의 도구로 사용되기도 한다. 1956년 핼 히긴바텀[Hal Higginbottom]이 디자인한 정조대는 이러한 성적 도구로서의 정조대의 선조격으로 여겨진다. 이후 다양한 것들이 개발되어 전통적인 벨트 모양이 아닌 관[pipe] 모양, 새장 모양의 정조대도 개발됐다. 가죽, 플라스틱으로 만든 것에서부터 스테인리스 스틸로 만든 것까지 다양하다.[40]

젖꼭지 사건

2004년 미국에서 일어난 이른바 '니플게이트[Nipplegate]' 사건을 말한다. 2004년 2월 1일 미국 프로풋볼[NFL] 슈퍼볼 하프 타임 공연 시 팝가수 재닛 잭슨이 노래를 부르는 동안 함께 무대에 오른 저스틴 팀버레이크가 잭슨의 상의를 잡아당겨 유두가 2초간 노출되는 사건이 벌어졌다. 항의가 빗발치자 슈퍼볼 중계 방송사인 CBS와 공연기획사인 MTV는 사과 방송을 했고, 당사자인 남녀 가수는 '리허설에서도 없었던 우발적 실수'라며 진화에 나섰다. 그러나 시청자 단체, 시민 단체 등은 "MTV는 경기 전 이미 '놀라운 장면'을 예고했었다. 포르노 같은 쇼를 의도적으로 안방에 전했다"며 비난을 멈추지 않았다. 결국 쇼의 제작과 중계를 전담한 MTV, CBS는 55만 달러 (약 5억 5,000만 원)의 벌금을 물어야 했다.[41] 이 노출 사건은 미리 치밀하게 준비된 이벤트였다는 증거가 나중에 나왔다. 이 사고 이후 CBS는 그래미 시상식을 중계하면서 실제 시간보다 방영을 5분 늦춰 돌발 화면을 걸러낼 수 있는 '방송 시간 지연제'를 실시했다.[42]

제비족

특별한 직업 없이 유흥가를 전전하며 돈 많은 여성에게 붙어사는 젊은 남자를 속되게 이르는 말이다. 제비족의 어원은 연미복燕尾服에서 왔다. 연미복은 swallow-tailed coat(제비꼬리 코트)를 직역한 말로, 줄여서 '테일 코트'라고 한다. 꼭 어원을 따지지 않더라도 카바레 무대를 날렵하게 누빈다는 의미에서 제비란 이미지가 연상되기도 한다. 미국에서는 'swallow-tailed coat'라는 표현이 제비족을 지칭하지는 않으며, 'lounge lizard'라는 속어로 표현하고 있다. 'lounge'는 호텔 등의 로비나 거실, 휴게실, 사교장, 어슬렁거리다, 빈둥대다의 뜻이 있으며 'lizard'는 도마뱀이라는 뜻이다. 즉, 라운지에서 어슬렁거리는 도마뱀인데 상황에 따라 음흉하게 변색을 하며 뺀질뺀질한 몸통을 이끌고 느릿느릿 배회하는 폼이 제비족이라는 이미지에 적합하다고 할 수 있겠다.[43] 우리나라에서는 1970대 중

411

동을 비롯한 해외 취업 붐이 일기 시작하면서 '제비족'이라는 신종 직업이 탄생했다. 이 제비족으로 인해 수많은 해외 근로자 가정이 파탄을 맞았으며, "마누라 고무신 거꾸로 신었다"는 말이 중동 공사 현장에 나돌았다. 카바레나 나이트클럽에는 놀러온 유부녀를 꼬이는 '앗사라비아(아빠 사우디아라비아에 가셨나요)'라는 말이 당시의 유행어가 될 정도였다. 당시 내무부는 '제비족 뿌리 뽑기' 단속을 대대적으로 벌였으며, 성남시 등 시도 당국도 해외 근로자 부인들을 대상으로 정신 교육에 나서기도 했다. 하지만 제비족과 바람난 부인이 해외에 있는 남편을 죽이려고 독약 바른 김을 보냈다는 비통한 실화가 전해질 만큼 그 피해는 길고 컸다.[44] 1979년 현숙의 데뷔곡 '타국에 계신 아빠에게'는 이러한 현실이 반영되어 만들어진 애잔한 노래다. 이 노래를 듣고 어찌 가정으로 돌아가지 않을 수 있겠는가.(한때 카바레 금지곡이었다는 소문이 있다.) 부르는 사람보다 듣는 사람이 더 간절했던 노래가 아닐 수 없다. "아빠가 떠나신 지 사계절이 갔는데/낯선 곳 타국에서 얼마나 땀 흘리세요/오늘도 보고파서 가족사진 옆에 놓고/철이 공부시키면서 당신만을 그립니다/염려마세요. 건강하세요/당신만을 사랑하니까."

제3의 성

주디스 버틀러Judith Butler가 "레즈비언은 남녀 관계를 초월하는 까닭에 남성도 여성도 아닌 제3의 성이다"고 주장한 데서 비롯한 말이다.[45]

젠더 ^{gender}

생물학적 성^{sex}이 아니라 사회적으로 정의된 성을 의미한다. "여성은 여성으로 태어나는 것이 아니라 만들어진다"는 보부아르의 유명한 말처럼 젠더는 태어나면서부터 부여받는 태생적인 속성이 아니라 성으로부터 분리된 사회 구축물이라는 개념이다.[46] 이 용어는 오랫동안 일부 지식인들의 선택적 단어로 활용되어 오다 1980년대 들어서야 페미니스트들이 '사회적 성'이라는 단어를 자신의 저서에 사용하면서 보다 일반화됐다. 한편 젠더는 국제 사회에서 '섹스'를 대체하는 성에 대한 새로운 영문 표기이기도 하다. 1995년 9월 북경 제4차 세계여성대회서는 보다 대등한 남녀 관계와 모든 사회적인 동등함을 실현한다는 의미에서 성에 대한 국제적 표기를 'sex'에서 'gender'로 바꾸기로 합의했다. 생물학적 성보다 훨씬 더 넓은 개념이라 하겠다.

젠더사이드 ^{gendercide}

성별에 따른 대량 살상을 인종 말살(제노사이드, genocide)에 빗댄 용어다. 1985년 미국 여성 작가 메리 앤 워런^{Mary Anne Warren}의 『젠더사이드^{Gendercide: The Implications of Sex Selection}』라는 저서에 처음 등장했다. 전쟁 시에 적국의 민간인 남성·소년들을 살해하는 남성 살해, 여성들을 집단 강간·살해하는 여성 학살, 성 감별을 해서 태아가 딸이면 중절해버리는 성별 선택 등이 모두 젠더사이드에 해당한다.[47]

조개 보지

포로 음경 현상을 낳게 하는 보지를 속되게 이르는 말. 조개처럼 꽉 물고 놔주지 않는다는 이미지에서 비롯한 표현이다. (참고 '포로 음경')

조개 줍기 논란

유시민의 조개 발언을 둘러싸고 벌어진 논란이다. 2002년 대선 당시 개혁당 집행위원이었던 유시민이 당내 성폭력 사건 해결을 요구하는 여성 당원들에게 "해일이 일고 있는데, 겨우 조개나 줍고 있느냐"며 사건을 묵살해 문제가 됐다. 유시민의 이 발언은 여성 단체와 여성 정치인들의 분노를 샀으며 특히 '조개'라는 단어가 주는 선정성 때문에 저열한 성 의식으로 더욱 비판받았다.[48] 정희진은 한 발 더 나아가 "여기서 '해일'은 여·야, 좌·우 갈등 등 남성 간의 정치, 즉, '진정한' 정치를 의미하며, '조개를 줍는 것'은 남성과 여성의 권력관계를 비아냥거린 표현"이라 지적하면서 우리 사회에 깊이 뿌리박힌 문제를 지적하고 나섰다. 그는 "한국 사회(남성)는 국가적 위기를 겪을 때마다 단 한 번도 여성을 제대로 보호한 적이 없다"며 "한국의 남성 지배 세력은 언제나 '포주'였다"고 주장했다. 이른바 '한국 남성 포주론'이다. 정희진은 한국 사회에서 여성 문제는 정치적 문제로 간주되지 않기 때문에, 여성 억압에 대한 입장은 진보의 범주에 포함되지 않는다고 개탄했다.[49]

조루 早漏, premature ejaculation

성교할 때 남자의 사정이 자신의 의지와 상관없이 (비정상적으로) 너무 이르게 이루어지는 것을 말한다. 정신장애의 진단 및 통계 편람의 기준에 따르면 약간의 성적 자극으로도 질 내 삽입 전, 삽입 당시, 삽입 직후 또는 개인이 원하기 전에 극치감과 사정이 반복적 혹은 지속적으로 일어나는 것을 말한다. 사정을 자기 의지대로 조절하기 힘든 상태로 배우자와의 성행위에서 만족을 얻지 못할 정도로 빠르게 극치감에 도달하게 되는 경우로 정의하고 있다. 원인은 명확지 않아서 대부분 심리적 측면에서 답을 찾고 있는 실정이다. 우리나라는 조루증 유병률이 2009년 조사 당시 29%로 세계적으로 가장 높다. 일부 언론에서는 일상생활에서 습관화되어 국민성처럼 굳어버린 '빨리빨리 문화'가 성 문제로까지 이어지고 있다는 진단을 내놓기도 했다.[50] 어쩌다 우리 남성들은 세계에서 가장 많이 성 문제로 고민하는 상황에 빠져버렸을까? 예방법도 식이요법도 따로 알려진 바 없어 최대한 느긋해져야 할 이 문제에, 괜한 조급함만 더 생기고 말았다.

조선미인보감 朝鮮美人寶鑑

조선 기생들의 통제를 위해 경성조선연구회가 1918년에 발간한 조선 기생 인명사전이다. 전국 680여 명의 기생 이름이 증명사진, 나이, 원적지, 현주소, 기예, 이력 등과 함께 기록되어 있다. 일제 강점기 공연예술 연구에 있어서 중요한 자료로 활용되고 있다.

조선해어화사 朝鮮解語花史

역사학자 이능화가 1927년에 출간한 책으로 조선 기생의 역사를 다루고 있다. 이 분야의 고전이라 할 수 있다.[51] (참고 '해어화')

조혼 早婚

어린 나이에 결혼하는 걸 말한다. 조혼의 기원은 고구려의 데릴사위제나 옥저의 민며느리제인데, 노동력 이용이 주 목적이었다. 여자보다 남자가 많았던 고구려에서는 10세 미만의 데릴사위가 처가 뒤편에 지어놓은 사위 집에 들어가 살면서 노동을 제공하고서야 겨우 아내를 얻을 수 있었다. 고려 시대의 조혼은 송나라와 원나라로부터 받은 혹심한 공녀 貢女 요구가 이유였다. 공녀로 요구하는 나이는 13세에서 16세였다. 이에 해당된 딸들은 시집을 갈 수 없게끔 나라에서 금혼령을 내렸기 때문에 그 나이가 되기 전에 결혼을 시키는 풍습이 자리 잡았다. 조선 시대의 조혼은 경제상의 어려움과 소유 관념이 주요 이유였다. 딸은 나면서부터 남의 것이라고 보는 관념에 근거해 하루라도 빨리 치워버리는 게 도움이 된다고 본 것이다. 이 밖에도 혼인이 가문 간의 통혼으로 집안의 권세나 문벌을 높이는 수단이 되었던 점, 빨리 자손을 보고자 하는 가부장의 욕심, 대

가족 제도 아래서 시부모나 시가의 가족과 알력 없이 동화할 수 있는 며느리란 어릴수록 좋다는 체험, 그리고 신부의 순결을 강조한 것 등도 조혼의 원인이었다.[52] 세종과 세조 때 나온 『경국대전』에 따르면, 허혼 연령은 남자 15세, 여자 14세였다. 1894년 7월 30일 갑오개혁의 산물로 나온 조혼금지령은 남자는 20세, 여자는 16세 이후에 결혼을 하라고 규정했지만, 이는 지켜지지 않았다.(참고 '강보혼')

조혼 망국론

개화기의 계몽 운동가들이 내세운 것으로 조혼의 폐단이 지속되면 "이천만 동포가 멸종되고 삼천리 강토가 타국의 영토가 될 것"이라는 주장이다. 조혼 망국론의 논리적 근거로 가장 많이 지적된 것이 색욕 중독으로 인한 폐해였다. 『독립신문』은 ①우리나라 사람의 체골을 약화시키고, ②경제적 자립 능력이 없을 때에도 결혼시키므로 남편들이 자립 의지를 갖기 어렵게 하며, ③가족 부양의 부담을 일찍부터 크게 하여 견실한 인물의 형성을 저해하고 가족 부양을 위하여 극한 상황에서 허덕이는 인간형을 낳으며, ④이런 상태에서는 나라를 보전하고 미래를 고려할 생각을 못 갖게 된다 등 4가지를 들었다.[53] 그럼에도 조혼은 축첩의 경우와 마찬가지로 이후 한 세대 이상 지속됐다. 1910년대 구사상·구관습 개혁에 앞장선 『학지광』은 조혼의 폐해가 사회적 부패로까지 이어진다고 통탄했다.[54] 이광수는 『매일신보』(1917년 11월)에 연재한 「혼인론」에서 다음과 같이 개탄했다. "조선의 부모는 전력을 다하여 그 자녀의 생식기가 속히 발육하기를 힘씁니다. 생각하면 우스운 일이외다. 또 가련한 일이외다. 만일 조혼이 여전히 성행하면 조선인의 체질은 대(代)마다 점점 퇴화할 것이외다. 얼굴이 누렇고, 가슴이 움쑥 들어가고, 허리가 구부러지고, 힙을 헤벌린 꼴은 영원히 없어지지 아니하다가, 마침내 멸망에 이를 것이외다. '아아, 생식기 중심의 조선이여' 하는 개탄을 금치 못합니다."⁵⁵

조혼반대구락부

일제 강점기에 여학생들이 만든 조혼 반대 운동 단체다. 당시까지도 조혼은 여전히 큰 사회적 문제였다. 1912년 조혼금지법이 나와 허혼 연령은 남자 만 17세, 여자 만 15세로 높아졌지만 의미 있는 변화는 아니었다. 여성의 평균 초혼 연령은 1925년 16.7세, 1930년 17.0세, 1940년 17.5세였으며, 도시 여성은 평균보다 2세 정도 높아 1925년 18.6세였다. 조혼 풍습은 1920년대에 성행한 아내의 남편·시부모 살해의 가장 큰 이유가 되기도 했다. 1925년부터 1929년까지 아내에 의한 남편 살해는 69건에 간부(간통한 남자) 등을 합해 90명이 연루됐다. 1929년의 살인범 중 여성이 106명이었고 그중 남편 살해범이 63%였다. 같은 시기 다른 나라의 여성이 살인죄를 저지른 경우는 남성의 10% 이내에 지나지 않았는데, 조선의 경우에는 88%를 차지했다. 가장 큰 원인은 조혼이었다. 남편 살해 여성의 81.3%가

16세 이전에 결혼한 것으로 나타났다.[56]

존스쿨

성매매를 한 초범 남성을 대상으로 재범 방지 교육을 시행하는 제
도다. 1995년 미국이 처음 도입했으며, 우리나라는 2005년 8월부터
전국 13개 보호 관찰소에서 시행하고 있다. 법무부 자료에 따르면
2005년부터 2010년 8월까지 존스쿨 수강 처분을 받은 인원은 총 9
만 9,958명. 성매매 특별법이 시행된 지 6년이 지났음에도 이수자
가 매년 증가하는 것으로 나타났다. 존스쿨 교육 이수 처분을 받은
인원은 2005년 2,297명에서 2006년 1만 1,775명, 2007년 1만 6,379
명, 2008년 1만 9,811명, 2009년 3만 7,477명으로 크게 늘었다. 직업
별로는 사무직이 30.5%로 가장 많았고 사회 지도층에 속하는 변호
사와 의사 등 전문직은 29.5%로 2위를 차지했다. 성매매 경로는 안
마 시술소(46.4%), 채팅(17.7%), 집창촌(9.7%), 전화방(8.4%), 이발소
(8.1%) 순으로 나타났으며 미혼자는 49.2%, 기혼자는 45.8%로 혼인
여부와 상관없이 성매매가 이루어지는 것으로 나타났다.[57]

종교적 매음賣淫

고대 서양의 종교계에서 이루어진 매음을 말한다. 기독교 이전의
종교 세계는 매음을 반대하지 않았으며, 매음에 일정한 양식을 부

여했다. 고대의 종교적 매음은 일정한 장소에서 신성과의 접촉을 유지했으며 매음부들은 사제들의 그것과 다르지 않은 신성을 부여받았다.[58]

좆

남자의 자지로, '자지'에서 파생된 것이라는 설이 있지만 '마르다'는 의미의 '조燥'에서 비롯했다는 설도 있다. 김동진에 따르면, 퇴계 이황이 이항복의 질문에 이렇게 답했다는 것이다. "여자는 음기라 젖을 습濕자 음으로 '습'이라 하는 것인데 우리말에는 되게 하는 말이 많으므로 '습'자를 되게 붙여 '씹'이라 발음하는 것이고, 남자는 양기라 마를 조燥자 음으로 '조'라 하는 것인데 그 역시 음을 되게 붙여 '좆'이라 하는 것이다."[59] (참고 '보지', '자지')

주문 이발제

퇴폐 이발소의 등장과 함께 생겨난 신조어다. 1980년대 초반 장발과 미용실의 호황으로 인해 이중고를 안게 된 이발소는 점점 하향 추세에 놓이기 시작했고, 그 자리를 성적 서비스를 제공하는 이른바 '퇴폐 이발소'가 대신하기 시작했다. 이에 1984년 3월 보건사회부(현재의 보건복지부)는 건물 내의 폐쇄된 장소나 내부가 들여다보이지 않는 지하실 등의 장소에는 이발소 개설을 불허하고, 지하나 폐쇄된 장소의 기존 업소에 대해서는 영업장소를 옮기거나 밖에서 내부를 들여다볼 수 있도록 시설을 고치게끔 하는 동시에 이발 요금을 조발, 삭발, 면도, 세발 등으로 구분해 손님의 주문에 따라 요금을 받게 하는 '주문 이발제'를 시행하게 했다.[60] 그러나 이는 별 효과를 거두지 못했고, 이발소는 미용실에 눌려 점점 사양길로 접어들었다.

주홍글씨 The Scarlet Letter

미국 작가 너대니얼 호손Nathaniel Hawthorne이 1850년에 발표한 소설 제목이자, '간통' 등과 같은 불명예스러운 딱지를 말한다. 『주홍글씨』의 주인공 헤스터 프린은 간통을 저질러 A문자(Adultery, 간통)를 가슴에 달고 다녀야 했다. 이건 실화에 가깝다. 1636년 뉴플리머스 공동체는 간통한 사람에게 두 개의 대문자, 즉 'AD'라고 새겨진 헝겊을 상의 윗부분에 꿰매고 다니게 한 법령을 제정했다. AD는 간통녀adulteress의 약자였다. 호손이 소설 속에서 이를 A자로 바꾼 것일 뿐, 원래는 간통녀에게 AD라는 두 글자를 달고 다니게 했다.[61]

지스팟 G-spot

여성의 질의 일부분으로, 자극을 받을 경우 높은 수준의 성적 각성과 강렬한 오르가슴을 일으킬 수 있는 성감대를 포함하는 것으로 알려졌다. 1981년 이후 지스팟에 대한 연구나 그 존재에 대한 논쟁,

기능에 대한 정의, 실제 위치에 대한 논의가 계속되고 있으며 의학
및 성에 대한 연구에서 주목을 받고 있다. 현재까지 밝혀진 바로는
여성의 질 입구에서부터 4~5cm 정도의 깊이 11시 방향에 있으며,
평소에 잘 만져지지 않기 때문에 여성의 경우에도 잘 모르는 사람
이 많다. 그러나 여성이 성적인 자극을 받을 경우 부풀어 오르며 지
속적인 자극을 받게 되면 방광이 비어 있더라도 소변이 나올 것 같
은 충동, 즉 사정감을 느끼게 된다. 독일의 산부인과 의사인 에르네
스트 그레펜베르크[Ernest Gräfenberg]가 1950년 발견했다.[62] (참고 '성 불감증', '양
귀비 수술')

지퍼

지퍼가 발명된 건 1917년이지만 현대적인 의류에서 사용할 수 있
을 만큼 가볍고 유연하게 만들어진 것은 1930년대였다. 앨리슨 루
리[Alison Lurie]는 "지퍼보다 더 섹시한 것은 없다. 지퍼는 빠르고 열정적
인 섹스를 위한 것이었다"고 말했다. 지퍼와 섹스가 무슨 관계란
말인가? 18~19세기의 정장 드레스에는 30개의 단추가 달려 있었으
며, 이후 단추 수가 줄긴 했지만 옷을 벗기까진 여전히 시간이 오래
걸렸다는 것을 상기할 필요가 있다. 『뉴욕타임스』가 '세계 역사를
바꿔놓은 지난 20세기의 베스트 패션'으로 지퍼를 선정하면서 다
음과 같이 말한 것도 무리는 아니다. "지퍼는 옷을 입는 문화뿐만
아니라 옷을 벗는 문화에도 혁신적인 영향을 끼쳤으며, 그로 인해

남녀 사이의 성관계에도 변화를 일으켰다.…… 어떤 영화 전문가는 '지퍼에 대해 이야기하는 것은 섹스에 대해 이야기하는 것과 같다'고 말한다. 나란히 배열된 단추로 여민 드레스는 낭만적인 도전을 의미한다. 남자가 그 단추를 벗기려면 인내심과 솜씨, 그리고 매력을 지녀야 한다. 그러나 반쯤 열려 있는 지퍼는 빨리 오라고 말없이 재촉하는 것이나 다름없다. 지퍼가 암시하는 그런 종류의 섹스는 낭만적이거나 오랜 시간이 걸리는 것이라기보다는 즉각적으로 이루어지는 격렬한 섹스일 것이다. 상대방의 옷을 벗기는 것이 한순간에 끝나버리기 때문이다."[63]

지퍼 게이트

클린턴 전 미국 대통령의 섹스 스캔들을 이르는 말이다. 박애주의자 클린턴이 지퍼를 내려주신 사건 되시겠다. 제니퍼 플라워스, 폴라 존스, 모니카 르윈스키, 캐슬린 윌리, 돌리 카일 브라우닝, 수전 맥두걸 등이 클린턴과 관계를 맺은 것으로 알려진 여성들이다. 전 세계를 떠들썩하게 했던 지퍼 게이트로 클린턴은 대통령 취임 채 1년도 되지 않아 미국 역사상 두 번째로 하원에서 탄핵을 당한 대통령이 되었고(상원에서 간신히 탄핵을 면했다.), 희대의 섹스 스캔들로 개망신을 당했다. 지퍼 스캔들은 역사상 미국의 언론이 가장 신 나게 보도를 수행한 기록적인 사건이기도 했다. 언론은 하루가 멀다 하고 지퍼 속 이야기를 펼쳤고, 덕분에 전 세계 사람들은 클린턴의

'성기 특성'과 감춰진 그의 '성 중독증'에 대해서도 알 수 있게 됐다. 『워싱턴타임스』(1997년 10월 15일)는 "클린턴의 성기는 발기할 때 휘어지는 것이 특징이다. 이런 성기 특징은 '페이로니 병'이라는 일종의 비뇨기 질환으로 심한 경우 90도 이상 휘어지기도 한다"며 클린턴의 성기 특징을 제1면에 대대적으로 보도했다. 이어 1998년 르윈스키 사건이 터지자 클린턴의 가계 전체가 '중독의 역사'를 갖고 있다는 기사를 보도하기도 했다. 『워싱턴타임스』(1998년 1월 25일)는 "클린턴의 계부는 알코올 중독, 동생은 코카인 중독, 할머니는 모르핀 중독에 빠져 있었다"며 "클린턴이 '여자 또는 섹스 중독증'인지는 단정하기 힘들지만, 역사 속에서 권력자들이 끝없는 성욕의 노예가 되곤 했던 숱한 증거들이 있다"고 보도했다. 마치 물 만난 고기처럼 다른 수많은 언론들도 앞다투어 선정적인 기사를 내놓았다. 『뉴스위크』는 폴라 존스의 변호사들의 말을 인용해 100여 명의 여성들이 대통령과 관계를 가진 것으로 추정되고 있다고 전했고, 『뉴욕포스트』는 클린턴이 섭렵한 여자가 수백 명에 이른다고 보도했다. 걸프전 당시 전쟁을 스펙터클한 오락 게임처럼 전달해서 주가를 올렸던 CNN은 이 섹스 스캔들을 '드라마틱한 정치 스릴러'처럼 보도해 많은 재미를 봤다. ABC 등 공중파 방송도 이에 뒤질세라 연속극도 중단하고 부랴부랴 특별 뉴스 생방송을 편성했을 뿐만 아니라 백악관 브리핑을 생중계했다. 인터넷 뉴스 사이트 '드러지리포트'는 클린턴의 섹스 스캔들을 집중적으로 물고 늘어짐으로써 세인의 관심을 더욱 집중시켜 하루 접속 건수 30만 건을 넘는 성공을 이루어냈다. 그 결과 '인터넷의 얼굴', '아메리칸 사이버 영웅', '정보민주주의 수호자', '말썽꾸러기 자녀를 둔 모든 어머니들의 희망'이라는 찬사까지 받게 됐다.[64] 시카고 대학이 조사한 바에 따르면, 미국인들은 전 세계에서 가장 '말로만' 섹스하기를 좋아하며, 침대에서 섹스를 하는 것보다는 TV를 보며 남의 섹스를 감상하는 것을 선호한다고 한다. 이 말이 사실이라면, 대통령의 섹스 스캔들이야말로 미국인들이 절대 놓치고 싶어 하지 않는 스펙터클이었음에 틀림없다. 클린턴도 미남이지만, 클린턴의 여자 보는 안목도 만만치 않아 그의 여자들은 한결같이 다 미녀들이었다. 할리우드가 제아무리 기를 써도 이처럼 흥미진진한 스펙터클을 무슨 수로 만들어낼 수 있을 것인가.

질 데오도런트

여성의 질 냄새 제거용 위생 용품으로, 1970년대에 이를 둘러싼 논쟁이 치열했다. 1971년 호주 출신의 페미니스트 작가 제르맨 그리어Germaine Greer는 질 데오도런트를 호되게 비난하면서 제조업자들을 마약 판매상에 비유했다. 사춘기 아이들의 불안정함을 이용해 일시적으로 기분 좋게 하는 약의 노예를 양산하는 마약 판매상이나 다름 없다는 것이다. 스프레이식 화학 물질이 질 점막을 상하게 할수 있다는 사실이 오래지 않아 밝혀졌지만, 옐토 드렌스에 따르면 "안타깝게도 제조업자들이 심어준 두려움, 즉 질 냄새가 여성의 자기 확신에 일상적 위협이 될 수 있다는 두려움은 그간 여성들의 집단 무의식에 오히려 깊게 자리 잡았다."[65] (참고 '보지의 힘')

질 봉합 infibulation

음핵 할례를 한 다음 대음순을 생으로 떼어내 질 위 덮개의 형태로 소변과 월경을 위한 작은 틈만 남기고 꿰매는 것을 말한다. 질 봉합을 한 여성이 결혼을 하면 성교를 위해 봉합된 부분이 잘린다. 여성에게는 고통스러울지라도 남성의 성적 쾌락을 위해 이 틈을 극도로 작게 만든다. 남편들은 장거리 여행을 떠날 때 부인에게 다시 봉합하도록 명령할 수 있다. 오늘날까지도 이슬람 국가 일부와 서아프리카에서 행해지고 있다.[66] (참고 '여성 할례', '음핵 할례')

질 오르가슴 virginal orgasm

남성의 성기가 질을 관통하는 것이 여성의 오르가슴에 필수라고 가정하는 것을 말한다.[67]

질 오르가슴의 신화 The Myth of the Vaginal Orgasm

여성 해방 운동 가운데 생겨난 가장 혁명적이고 영향력 있는 문서 중 하나다. 앤 코트 Anne Koedt가 썼고, 1968년 11월 미국 시카고에서 열린 '제1회 전미여성해방회의'에서 배포됐다. 페니스가 질을 관통하는 것이 여성의 오르가슴에 필수라고 여겨지는 것에 대해, "오르가슴은 모두 성적 쾌락 이외에는 기능하지 않는 클리토리스에서 일어나는 것이며, 질에서는 일어나지 않는다"는 주장이다. 코트는 남성이 질 오르가슴의 신화를 불멸의 것으로 유지하고자 하는 이유를 "우선 그들이 어떤 성행위보다도 질 삽입을 좋아하기 때문이며, 여성은 욕망을 갖는 독립된 인간이 아니라고 간주하는 것으로 권력을 유지할 수 있기 때문이다. 또 만약 질을 대신하여 클리토리스가 여성 쾌락의 중심이 되면 남성이 성적으로 필요 없게 되는 것을 두려워하기 때문이다"라고 주장했다. 코트는 여성들에게 성 의식을 다시 규정하고, 남성이 정의한 '정상적인' 섹스라는 개념을 버리고 그 대신 성을 즐기라고 호소했다.[68]

질투

질투에 대한 진화론적 설명은 "자신의 씨를 뿌리는 데에 도움을 주기 때문에 질투가 생겨났다"는 것이다. 질투엔 남녀 차가 없지만 질투를 유발하는 상황의 특징에 있어서는 차이가 발견된다. 심리학자 한규석에 따르면, 남자는 배우자가 다른 남성과 성적인 접촉을 하는 것에 대해 가장 큰 질투심을 보이는 반면에, 여성은 자신의 배우자가 다른 여성에게 시간과 돈, 마음을 헌신적으로 바치는 상황에 대해 그가 성적인 접촉을 하는 것보다 더 강한 질투심을 보이는 것으로 나타났다.[69] 한편, 2004년 영국 서덜랜드 대학 심리학 연구팀의 조사에 따르면, 세계에서 가장 질투심 강한 남자는 브라질 남성이며, 그 반대는 일본 남성이다. 연구팀은 질투심의 강도는 각국의 출생률과 관련 있다고 분석했다. 브라질처럼 출생률이 높은 나라에서는 다른 동성의 성적 능력에 대한 경쟁심이 높다는 것이다. 총기 소지가 합법적인 브라질에선 질투로 인해 남자들이 일으키는 사고가 빈번하기 때문에, 브라질 여성들은 남자 친구를 구할 때 거의 반드시 질투가 심하지 않은 남자라는 조건을 내건다고 한다. 그래서 브라질에는 "남의 부인이 아무리 예쁘더라도 지나친 칭찬을 삼가라"는 생활 격언이 있다.[70]

찌르기 |pricking

유럽에서 15~18세기에 걸쳐 일어난 마녀사냥에서 마녀임을 입증하는 방법 중의 하나였다. 마녀 혐의를 받은 여성들은 대중 앞에 발가벗겨진 채로 묶여 있어야 했다. 이때 길이가 한 뼘 정도 되는 송곳으로 오른쪽 유방 밑 5cm 정도 되는, 소위 '마녀 점'이라는 곳을 찔러 피가 나지 않으면 마녀로 판정을 받았다. 그러나 이 방식은 속임수였다. 이때 쓰는 송곳은 대롱 속에 긴 바늘이 들어 있고, 이 바늘 끝에는 철사가 연결되어 있어 필요할 때는 바늘을 뒤로 뺄 수 있게 만들어진 것이었다. 마녀 점을 찌를 때는 철사를 당겨 바늘을 뒤로 빼고 대롱만으로 찌르는 것이니까 피가 날 리 없었다. 이진아에 따르면, "이렇게 하여 대중들 앞에서 그 여자가 마녀임을 입증하고 재산 몰수와 처형을 정당화하는 것이다.…… 마녀 재판에 이의를 제기하거나 마녀를 감싸려고 한 남자는 장작단 밑 네 귀퉁이에 묶고 기름을 부어 화형의 땔감으로 사용했다. 지금도 영어에서는 'prick'라는 단어가 여자에게 비열한 짓을 하는 남자를 가리키는 말로 사용되며, '장작 faggot'이라는 단어는 남자를 경멸적으로 부르는 욕으로 사용되기도 하는데, 이 시기의 관행에서 유래한 말이다." [71] (참고 '마녀사냥', '마녀 젖꼭지')

찜질방 풍기문란

찜질방이 성황을 누리면서 나타난 찜질방 내 남녀의 과도한 애정 표현과 성추행을 말한다. 일부 찜질방은 아예 찜질방 입구에 "남녀 신체 접촉 금지, 위반 시 강제 퇴실"이라는 경고문까지 내걸었다. [72] 『경향신문』(2006년 10월 26일)은 '찜질방 꼴불견 베스트 10'으로 ① 과도한 애정 행각을 벌이는 커플, ②속옷을 안 입거나 뱃살을 내놓고 자는 아줌마, ③술 먹고 와서 코 골면서 자는 아저씨, ④화장 안 지우고 땀 뻘뻘 흘리는 내숭녀, ⑤한숨 자려는데 밟고 지나가는 꼬마들, ⑥이불이란 이불은 다 둘둘 말고 자는 사람, ⑦목소리 크게 수다 떠는 사람, ⑧돌아다니면서 여자 몸매 훑는 변태, ⑨좋은 자리 맡아놓고 자기 자리라고 우기는 사람, ⑩머리 위로 넘어 다니는 사람 등을 꼽았다. [73]

Interesting
Sex Dictionary

창녀학^{whorology}

포주 출신의 아이스버그 슬림이 만든 말로, 포주가 창녀를 다루는
방법에 관한 지식을 말한다.[1]

채털리 부인

영국의 작가 D. H. 로렌스^{David Herbert Lawrence}의 장편 소설 『채털리 부인의
사랑^{Lady Chatterley' s Lover}』의 주인공이다. 이 작품은 대담한 성행위의 묘사로
외설 시비의 대상이 되었으나 미국과 영국에서는 1959년과 1960년
에 각각 재판에서 승소하여 그 후로 완전본이 출판됐다. 영문학에
서 '가장 사악한 책'이라고 불릴 정도로 사회적 파장을 일으켰고
영국에서 정식으로 출판되기까지 32년이나 걸렸다. 오늘날에는 음

란 문학이라는 비난에서 벗어나 영문학 작품 가운데 성적 경험을
가장 탁월하게 묘사한 소설이자, 현대 산업 문명을 비판한 20세기
의 가장 중요한 소설로 평가받는다.

채홍사 採紅使

조선 연산군 때에, 창기 중에서 고운 계집을 뽑으려고 전국에 보내
던 벼슬아치를 말한다. 박정희 전 대통령을 둘러싼 각종 일화나 기
사, 평전 등에 현대판 채홍사의 활약에 대한 기록이 전한다. 그 기
록의 일부를 보자. "10 · 26 사건의 현장이었던 궁정동 안가와 같은
대통령 전용 '관립官立 요정'은 모두 5곳이나 있었다. 중앙정보부 의
전 과장 박선호는 박정희를 위한 '채홍사' 역할을 맡았는데, 그의
증언에 따르면 음탕한 술자리를 한 달에 10여 차례나 열었으며 궁
정동 안가를 다녀간 연예인만 해도 100명이나 됐다고 한다. 경호실
장 차지철도 채홍사 역할을 맡았는데 그가 TV를 보다가 지명한 경
우가 30%쯤 됐다고 한다."[2] "차지철은 유별나다고 할 정도로 독실
한 기독교 신자라 '채홍사' 일만큼은 중정에 떠넘겼다. 채홍사가
구해온 여자들은 먼저 차지철이 심사했다. 차지철은 채홍사에게
'돈은 얼마든지 주더라도 좋은 여자를 구해 오라'고 투정을 부리면
서도 돈은 한 푼도 주지 않았으며……. 지명된 여자들은 차지철의
심사에 이어 술자리에 들어가기 전 경호실의 규칙에 따라 보안 서
약과 함께 그날의 접대법을 엄격하게 교육받았다."[3] "박정희가 여

자들을 직접 지명하기도 했다. 그가 영화나 TV를 보다가 맘에 든 배우나 가수의 이름을 대며 '한번 보고 싶다'고 하면 즉시 불려왔다고 한다. 그리하여 수십 명의 일류 연예인들, 누구나 한번 듣기만 하면 입을 딱 벌릴 만한 TV 드라마와 은막의 스타들이 궁정동 안가의 밤 연회에 왔다는 것이다. 갑작스런 궁정동 연회의 차출 지시로 영화나 TV 프로 촬영 스케줄이 펑크 나는 일도 종종 일어났다. 납득할 만한 설명 없이 연예계의 힘 있는 '협회'에서 무조건 출두하라는 연락이 가는 것이다. 이런 일로 한두 차례 곤욕을 치른 경험이 있는 연예계의 제작진 사이에서 소문이 나지 않을 수 없었다."[4]

처녀 處女

생식 중심의 순결관이 숨어 있는 단어다. 이는 이광수의 자전 소설에도 잘 나타나 있다. "이미 동정을 잃어버린 그녀와 나와는 하나로 합하여질 수 없다. 여자는 한 번 남자를 접하면 그 혈액에까지 그 남자의 피엣것이 들어가 온몸의 조직에 변화를 일으킨다고 한다. 여자는 평생에 한 번만 이성을 사랑하게 마련된 것 같다. 두 번, 세 번째 사랑은 암만해도 김이 빠진, 꺼림칙한 구석이 있는 사랑이다." 이에 대한 권혁웅의 비판이 눈길을 끈다. "참 무섭지 않은가?…… 이광수의 잘못은 친일에만 있었던 게 아니다. '처녀'라는 말에는 장소 개념이 들어 있다. 여자를 정복 가능한 땅으로 여기는 사고방식 때문이다. 처녀막, 처녀 비행, 처녀 출판, 처녀작, 처녀지,

처녀림……. 역겨운 관용어들이다. 이광수의 생각이 정확히 그렇다. 첫사랑의 상대를 인격으로 대하지 못하고 더럽혀진(?) 살덩어리로 여긴 것, 타인과의 만남을 관계의 형식으로 보지 않은 것, 세상을 제 기준으로만 판단한 것이다."[5]

처녀 논쟁

가수 싸이의 2집 앨범에 수록된 노래 '처녀 논쟁'을 둘러싸고 벌어진 논란이다. 이 노래는 처녀성을 지켜야 한다는 여자에 대해 남자가 저주에 가까운 비난을 쏟아내는 내용을 담고 있다. "난 결혼 전엔 지킬 거야/다 됐어. 나 처녀란 말이야/어후 짜증나. 왜 이제 이야기해……/그래 너 처녀냐? 비켜 난 처녀 같은 거 안 먹어……/처녀만의 시대는 끝났다……/처녀는 몸이 아니라 정신/못생기고 처녀라 자랑하는 건 병신/돈을 위한 섹스, 맘이 담긴 섹스, 땀 빼려는 섹스/모두 숭고한 스포츠/……/내 생각엔 순결은 순전히 다 뻥……." 이승재는 "이 노래에는 남녀의 음부를 일컫는 직선적인 단어는 물론, '삐치기', '앞치기', '옆치기' 운운하면서 각종 체위를 나타내는 말까지 등장하는데, 차마 구체적으로 옮기기가 민망할 정도다"라면서 호기심에 찬 반응을 보이거나 비판적 시각에 심정적으로 맞서는 일각의 저항을 우려했다. "일부 신세대는 이런 욕설과 비난의 종합 선물 세트 같은 가사를 반복해 듣고 부르면서 일종의 배설 욕구를 해소하는 것으로 보인다. 도덕과 규율에 억눌려 산다는 피해 의식이 큰 젊은이들은 이런 극단적인 가사를 통해 탈출구를 찾으려 하는 것이다. '모든 섹스는 스포츠'라는 도발적인 주장까지 서슴지 않으면서 말이다."[6]

처녀막 處女膜, carunculae myrtiformes

자궁 내막의 일종으로 질을 막거나 부분적으로 덮는 막을 말하며 여성 외성기의 일부를 이룬다. 가장 흔한 처녀막의 모양은 초승달 모양이며, 다른 모양도 많다. 출산 이후 사라지지만 일부가 남아 있을 수 있다. 처녀막은 해부학적인 기능이 없음에도 순결을 중요시하는 사회에서는 처녀성을 판단하는 기준으로 여겨져 왔는데, 사실 처녀막을 검사한다고 해서 여성이 처녀라는 것을 확신할 수는 없다. 왜냐하면 사춘기에 이르러 자위행위 등으로 처녀막이 없어질 수도 있거나, 승마나 운동으로 손상될 수 있고, 아예 태어날 때부터 없는 사람도 많기 때문이다. 강간이나 성적 학대가 의심될 때는 처녀막을 자세히 검사하기도 하지만, 처녀막만으로는 결론을 내릴 수 없다. 약 43%만이 처음 성교 시 피를 흘리며, 57%의 여성의 처녀막은 늘어날 뿐 찢어지지는 않는다.[7] 한편, 지난 2009년 러시아의 한 30대 여성이 남편에게 사랑을 받기 위해 처녀막 수술을 6차례나 받았다는 기사가 보도된 적이 있었다. 6년 전 연애 결혼한 나탈리아(30)는 신혼 초야에 자신이 처녀가 아니란 사실을 남편이 알아채고 크게 화를 낸 뒤 늘 죄를 지은 심정으로 살아왔다. 나탈리아는 죄를 갚는다는 마음에서 결혼 1주년을 맞아 처녀막 복원 수술을 했는데 남편의 '반응'이 좋자 해마다 시술을 받는 수고를 마다하지 않았다. 하지만 너무 잦은 수술로 인해 면역계통이 손상을 입으면서 질이 세균에 감염, 일시 위독해져 집중 치료 끝에 겨우 목숨을 구하는 일이 벌어졌다. 주치의는 여러 차례 처녀막 복원 수술을 받으면 건강에 치명적인 악영향을 미칠 우려가 있다고 경고했으나 나탈리아는 이를 무시하고 거듭 시술을 했다가 사단이 나게 됐다.[8]

처녀막 소송

1994년 봄 38세의 노처녀가 자궁암 검사를 받다가 처녀막이 파손됐다는 이유로 병원을 상대로 민사 소송을 제기한 사건이다. 병원 측에선 38세나 된 여자에게 처녀막이 있을 걸로 생각하지 않았다고 항변했지만, 법원은 병원 측에 500만 원의 손해 배상을 명령했다.[9]

처녀처럼 Like a Virgin

가수 마돈나의 1984년 히트곡 제목이다. 마돈나는 '처녀'에 대한 새로운 해석을 내놓았다. 마돈나는 고교 시절 첫 성 경험 후에도 여전히 자신을 처녀라고 우겼는데, 그 이유는 "자기가 무엇을 하고 있는지 자각할 때까지는 결코 순결을 잃은 게 아니기 때문"이다.[10] 'Like a Virgin'은 그 주장을 이론화 했다. 김형찬의 해설에 따르면,

"여기서의 '처녀처럼'은 '처녀가 아닌데 처녀처럼 행동한다'는 의미가 아니다. 남성에 의해 아름다움이나 처녀 여부가 규정되는 것이 아니라 주체적으로 '처녀'가 된다는 뜻이다. 'Like a virgin=I am a virgin'인 셈이다. 이 같은 등식과 관련해 일부에서는 마돈나를 '여성의 성적 주체성'을 확립한 인물로 꼽는다. 여권론자들은 '질의 입구를 막고 있는 탄력성 있는 점막'에 불과한 처녀막이 '가부장제를 유지하기 위한 주요 메커니즘'으로 기능해 왔다고 순결성 논리를 비판해 왔다. 마돈나는 '처녀처럼'의 강렬한 메시지를 통해 '막'을 둘러싼 논란에 종지부를 찍었다는 것이다. 마돈나는 '상처'를 딛고 새 출발하는 모습을 강조하지도 않는다. 대신 '항상 처녀'라는 새로운 개념을 창출했다."[11]

천만 원 신드롬

1997년 4월 김영삼 대통령의 아들 김현철의 비리와 관련된 국회 청문회에서 "김현철의 하룻밤 술값이 1,000만 원에 달한다"는 증언이 나왔는데, 이는 신드롬이라고 해도 좋을 정도로 선풍적인 관심을 불러일으켰다. 『경향신문』(1997년 4월 23일)은 "1994년엔 강남 룸살롱의 한 접대부가 정계의 한 실력자로부터 국산 최고급 승용차를 선물로 받았다고 해 화제가 되기도 했다. 접대부가 승용차를 선물로 받았다면, 룸살롱에서 어울린 재계 인사가 정계 실력자에게 주는 검은 돈의 규모를 짐작할 만하다.…… 권력 핵심이 룸살롱을 즐겨 찾으면서 일부 대기업들은 강남에 단골 룸살롱을 정해놓기 시작했다. 룸살롱 주인들은 이들 '확실한' 고객을 잡기 위해 재색을 겸비한 접대부를 확보하고 고객 끌기에 열을 올렸다"라고 전하면서 정치권의 행태를 다음과 같이 꼬집었다. "호화판 술자리의 현장은 대부분 서울 강남의 룸살롱이었다. 문민정부 들어 권력 실세들은 과거 어느 정권 때보다도 룸살롱을 즐겨 찾았고 많은 이권이 그곳에서 요리됐다. 권력에 줄을 대려는 사람들은 권력 실세들의 단골 룸살롱을 찾느라 숨바꼭질을 하기도 했다. 룸살롱 파티에 참석한 사실만으로 위세를 누리는 일도 적지 않았다. 과거 권력자들이 요정 정치를 했다면, 문민 실세들은 룸살롱 정치를 즐긴 것이다. 이른바 '신 정경유착'의 산실 룸살롱은 문민정부의 일부 비뚤어진 실세들의 일그러진 행태를 적나라하게 보여주는 상징적 현장이다."[12]

청각성 색욕 이상증 audiofetishism
소리에 의해 발동되는 색욕 이상증이다. 보고된 사례로는 다른 사람의 기침 소리만 들으면 성욕이 발동해 자위행위를 하는 사람이 있다고 한다.[13]

청계천 시위
2007년 11월 11일 서울 청계천에서 80여 명의 성적 소수자들이 벌인 공개적인 길거리 시위를 말한다. 정부의 차별금지법 제정안의 차별 금지 대상 목록에서 '성적 지향'이 빠진 문제를 두고 반발한 것이었다. 그동안 이들이 행사장에서의 사진 촬영을 금지하는 등 언론의 접근을 통제해왔고, 퀴어 문화제에서도 상당수가 자신의 얼굴을 가리고 참가해온 것에 비하면 이날 성적 소수자들의 공개 시위는 그만큼 심각하고도 의미 있는 것이었다. 한국성적소수자문화인권센터는 "다양성을 존중하는 사회를 위해 성적 소수자들이 나서야 한다"며 "이번 싸움은 한국의 스톤월 항쟁이 될 것"이라고 말했다.[14] _(참고 '스톤월 항쟁')

청바지의 성적 효과

청바지(진)를 '섹스 상품'으로 만드는 데에 결정적인 역할을 한 인물은 미국의 캘빈 클라인이다. 클라인은 진을 광고하면서 진의 이미지를 섹스와 결합시켰다. 그는 "진은 섹스에 관한 것이다"라고 단언했다. 진을 섹스와 결부시켜 팔아먹는 클라인의 천재적 감각이 본격적으로 선을 보인 것은 1980년 당시 15세의 여배우 브룩 실즈를 모델로 내세운 TV 광고를 통해서였다. 이름 하여 '브룩 실즈의 노팬티 광고'였다. 그 광고에서 실즈는 "나와 나의 캘빈 클라인 사이에는 아무 것도 없어요"라고 말했다. 엉덩이를 뒤로 빼면서 셔츠의 단추를 잠그는 것인지 푸는 것인지 알 길이 없는 그녀의 포즈는 "정말 아무것도 없다니까요"라고 화끈하게 확인시켜주는 듯 보였다. 실즈의 한마디는 미국의 젊은이들을 열광시켰다. 이 광고가 나가고 나서 클라인 진은 90일 만에 판매량이 300%나 증가했다.[15] 캘빈 클라인은 이후로도 다양한 섹스 어필 광고를 선보였고 2009년에는 '스리섬' 광고로 대박을 터뜨린 바 있다.

체조비

화대를 가리키는 속어다. 2002년 기준 유흥업소 아가씨들이 30분 '체조' 하고 받는 돈은 보통 30만 원 선이었으며, '텐프로' 의 체조비는 50~100만 원 선이었다.[16]

초야권 droit du seigneur

프랑스어로 '영주의 권리' 라는 뜻으로 봉건 영주가 봉신의 신부와 초야를 치를 수 있는 권리를 말한다. 여러 원시 사회에서도 이와 비슷한 관습을 찾아볼 수 있으나, 중세 유럽에서 이러한 관습이 존재했다는 직접적인 증거는 거의 없다. 대부분의 증거는 영주의 초야권이 실제로 행사됐다는 기록이 아니라 봉신이 그것을 피하기 위해 지불한 몸값에 관한 기록들이다. 많은 학자들이 이 문제를 규명하기 위해 연구를 했다. 프랑스와 이탈리아의 일부 지역에서 아주 초기에 잠깐 이 관습이 존재했을 가능성은 있으나 다른 곳에서는 전혀 존재하지 않았던 것이 분명하다. 봉건 영주의 많은 권리들이 봉신의 결혼, 특히 봉신의 신부에 대한 영주의 선택권과 관련이 있었지만 이러한 권리들은 거의 언제나 금전 지불로 대체됐다. 즉 영주의 초야권은 사실상 또 다른 세금을 징수하는 명목이 되었을 것으로 보인다.[17] 그렇다면 역사상 가장 비싼 초야권은 누구의 권리였을까? 스페인 프로 축구 스타 크리스티아누 호날두의 전 여자 친구이자 이탈리아의 누드 댄서인 파라엘라 피코가 그 주인공이다. 피코는 호날두와 한창 열애 중이던 2009년 11월 30일 자신의 초야권을 100만 유로(17억 5,560만 원)에 팔겠다고 공개 선언했다. 피코는 그간 스테이지에서 옷을 벗는 연기를 펼쳤지만 아직 처녀성을 간직하고 있다고 주장했다. 피코의 대담한 발언은 천하의 바람둥이 호날두를 엿 먹이기 위한 것이었지만, 그녀의 값비싼 초야권을 누가 샀는지에 대해서는 아직까지 밝혀진 바 없다.[18]

최후의 프런티어

섹스를 가리키는 말이다. 미국 사회학자 맥스 러너(Max Lerner)와 데이비드 리스먼(David Riesman)은 섹스를 미국인에게 남겨진 '최후의 프런티어'라고 했다.[19]

춘삼월 보지

"춘삼월 보지 쇠줄도 끊는다"는 속담에서 나온 말로, 남성의 거세 공포를 상징하는 말이다. 춘삼월에 여성의 성욕이 왕성해진다는 뜻을 내포하고 있다. 김열규는 "쇠줄이 잘리는 판에 남자 자지는 오죽하겠는가! 그 속담은 여성을 잔뜩 무서워하고 있기도 하다. 남자 뿌리가 잘린다는 망상은 '거세 공포'를 낳는다. 불알이 떼이고 자지가 잘린다고 무서움에 떠는 것이다. 그래서 '어금니 갖춘 보지'라는 터무니없는 공상이 생겨났다. 남성 뿌리를 잘라 먹는 여성 성기라는 관념이 남성들 의식의 바닥에 웅숭그리고 있는 셈이다. 아니면 '사내 삼키는 보지'란 관념은 여성 생식기를 악마화해버렸다. 하마의 큰 아가리, 고래의 무시무시한 아가리를 남성들은 여성 성기에 대놓고 망상하게 된 것이다"라고 설명했다.[20] '어금니 갖춘 보지' 또는 '이빨 달린 보지vagina dentata' 신화는 세계의 많은 문화권에 존재한다.[21]

치마 속 다리 논쟁

2008년 3월 짧은 치마를 입은 여성의 다리를 휴대전화 카메라로 촬영한 행위는 처벌 대상이 아니라는 대법원의 확정 판결을 두고 벌어진 논쟁이다. 법원은 치마 아래뿐 아니라 치마 속 다리도 반드시 성적 욕망의 대상이라고 할 수 없다고 밝혀 여성계가 강력 반발했다. 2006년 12월 12일 피고인 김 씨는 지하철을 타고 가다 자신의 앞쪽에 짧은 치마를 입고 앉은 20대 여성을 보고 휴대전화 카메라 방향을 아래쪽으로 잡아 여성의 다리를 촬영했다. 지하철에서 내린 김 씨는 에스컬레이터를 타고 오르면서 앞서가는 또 다른 20대 여성의 치마 속을 향해 휴대전화를 꺼내 들었다가 시민들의 신고로 경찰에 붙잡혔다. 경찰 조사 결과, 김 씨의 휴대전화에는 지하철 안에서 찍은 여성의 다리 사진만 남아 있었다. 검찰은 휴대전화 사진과 에스컬레이터의 목격자 진술을 증거로 김 씨를 벌금 50만 원에 약식 기소했다. 이에 반발한 김 씨가 정식 재판을 청구하자 1심 재판부는 "(치마 아래 다리 사진이) 성적 욕망이나 수치심을 유발할 수 있는 타인의 신체'를 촬영했다고 보기 어렵다"고 판단했다. 에스컬레이터에서 촬영한 행위에 대해서도 "여성의 치마 속 다리 부위가 반드시 성적 욕망이나 수치심을 유발할 수 있는 타인의 신체라고 단정하기 어렵고 증거도 없다"며 무죄를 선고했다. 검찰은 불복했지만 항소심 재판부와 대법원은 "공소 사실에 대한 증명이 없음을 이유로 무죄를 선고한 원심 판단은 옳다"며 무죄를 확정했다. 여성 단체는 당장 "법원 판결은 상식적 수준에서 이해가 가지 않는다"며 거세게 반발하고 나섰다. 한국성폭력상담소는 "여성의 특정 신체 부위를 몰래 찍는 행위가 범죄가 아니라면, 어떤 행위가 성폭력이 될 수 있느냐"며 "이번 판결로 비슷한 일이 더 많이 발생할까 우려된다"고 말했다. 여성문제연구회도 "계단 오르내리는 것을 쳐다보는 시선만으로도 불쾌한데, 인권 침해에 가까운 사진 촬영이 어떻게 용인될 수 있느냐"고 법원의 판결을 질타했다.[22]

치즈 케이크 ^{cheesecake}

각선미를 드러내고 강조한 여성의 섹스 어필 사진을 뜻한다. 이 말은 1920년대 초반부터 미국 여성들을 열광하게 만든 스타킹의 색깔이 한결같이 살구색이었기 때문에 나온 것이다.[23]

칙릿 ^{chick-lit}

젊은 여성을 일컫는 미국의 속어 'chick' 과 문학을 뜻하는 'literature' 의 합성어다. 20대 싱글 직장(주로 광고, 잡지, 패션 등의 업종) 여성의 성공과 사랑을 다루는 소설을 말한다. 이에 상대되는 남자 소설은 '래드릿^{lad lit}', '딕릿^{dick lit}' 으로 불린다.[24] 칙릿은 섹스를 많이 다뤄 이에 반감을 갖는 이들이 많았다. 예컨대, 이정호 공공연맹 정책국장은 2006년 11월 "언론은 이런 류의 소설을 선전하기에 급급하다. 칙릿 소설을 마치 '성장 소설' 의 반열에까지 올려놓는 무수히 많은 기사들을 쏟아내고 있다. '칙릿' 을 사용한 첫 일간지는 역시 『조선일보』다. 『조선일보』는 2006년 8월 5일 톱기사에서 '칙릿' 을 20대 여성을 타깃으로 한 '아가씨 소설' 이라고 이름 붙였다. 물론 섹스와 욕망 등의 자극적인 제목과 함께"라면서 다음과 같이 주장했다. "『조선일보』는 이들 칙릿 소설이 상반기 대박을 터뜨린 이유에 대해, 있어 보이기 위해 비싼 몽블랑 만년필을 쓰고, 취업과 결혼에서 우위를 차지하기 위해 성형 수술도 당당하게 권장하고, 경제적 독립, 섹스, 욕망을 무엇보다 중시하고 당당하게 드러내는

20대 여성들의 감성을 잘 자극했다고 한다. 섹스를 많이 언급하면 여권이 신장되나. 이런 쓰레기 같은 문장을 기사랍시고 휘갈기고 있다."[25] 그러나 '칙릿 열풍' 그 자체는 사실인 걸 어이하랴. 『조선 일보』가 장사를 잘하는 이유 중의 하나도 대중의 욕망에 충실하기 때문은 아닐까? 문제는 계급 차이로 인한 상대적 박탈감이었다. 칙 릿에서 비롯된 이런 박탈감이 바로 '된장녀 신드롬'을 낳았다.(참고 '된장녀')

칙칙이

조루증 치료 방법의 일환으로 성관계 전 성기에 스프레이 형태로 뿌리는 국소 마취제를 일컫는 은어다. 사정 시간은 지연되나 남성 과 여성 모두에게 성적 만족이 감소되는 단점이 있으며 자주 사용 시에는 큰 부작용을 야기할 수 있다.

친근자 강간 nonstranger rape

희생자와 최소한의 인간관계가 있는 사람에 의해 저질러지는 강간 을 말한다.[26]

친자 감정 신드롬

중국에서는 개혁·개방 확산에 따른 성 개방 풍조로 인해 때 아닌 '친자 감정 열풍'이 불었다. 수년 전만 해도 전국의 병원별로 연간 10건에도 미치지 못했던 친자 감정 건수가 요즘에는 수백 건에 이르러 마치 열풍처럼 번지고 있는 것이다.[27] 이 바람은 뉴질랜드에도 불었다. 뉴질랜드의 『선데이스타타임스』(2005년 1월 30일)는 자기 자식이 친자식인지를 확인하려는 DNA 검사를 부인 몰래 의뢰하는 남자들이 늘고 있으며 지금까지 검사를 받은 사람들 가운데 30%는 자신이 친아버지가 아닌 것으로 나타나 충격을 주고 있다고 보도했다.[28] 미국에서도 DNA 친자 확인 검사가 1991년 14만 2,000건에서 2001년 31만 490건으로 늘어났으며 영국에서는 연간 8,900~2만건이 이뤄지고 있다. 2005년 8월 영국 존 무어스 대학의 마크 벨리스Mark bellis 박사팀은 지난 55년 동안 DNA 친자 확인 검사와 유전적 건강 진단 등의 연구를 종합한 결과, 부계 불일치 비율이 3.7%로 추정된다고 밝힌 바 있다. 자신이 친부가 아닐 것이란 의심을 갖고 DNA 검사를 요청했을 때는 대략 30%가 혈육이 아니라는 판정을 받았다고 한다.[29] 친자 감정 신드롬은 모든 동물의 수컷은 자기 유전자를 최대한 많이 퍼뜨리려 한다는 생물학 이론을 아주 노골적으로 확인시켜주는 사례지만, 이런 본능이 성 개방 풍조와 더불어 최신 과학 기술과 만남으로써 잠재된 상태에서 떨쳐 일어나게 됐다는 게 흥미롭다. 최첨단 기술이 인간의 동물적 본능을 일깨운다는 게 재미있지 않은가.

친족 성폭행

친족에 의한 성폭행을 말한다. 모두가 경악하고 모두가 심각하게 받아들이는 친족 성폭행이 점점 늘고 있는 이유는 무엇일까. 대부분의 친족 성폭행이 자신이 사는 집에서 벌어진다는 점을 고려할 때 친족 성폭행은 안전성 측면에서 탁월하다. 범행 장소도 안전하고 피해자가 신고할 가능성도 낮기 때문이다. 그래서 언론 보도에 흔히 나오는 것처럼 '10년 넘게 딸을 성폭행한 인면수심의 아버지' 같은 사례가 발생하는 것이다. 너무나 큰 범죄라고 생각하기에, 한 번이나 백 번이나 큰 차이가 없다고 스스로 합리화한다. 쉽게 말해 호랑이 등에 올라탄 격이다. 친족 성폭행이 대개 오랜 기간 지속되는 것은 이처럼 일단 시작하면 자포자기하고 합리화를 하기 때문에 스스로 멈추지 못하고 끝까지 가는 속성 탓이다. '범죄 기회'라는 측면에서 볼 때도 마찬가지다. 범죄는 세 가지 조건이 갖춰졌을 때 발생한다. 범죄 동기가 부여된 범죄자, 적절한 대상, 범죄를 막을 수 있는 보호자의 부재가 그것이다. 이 가운데 하나라도 부족하면 범죄는 발생하지 않는다. 친족 성폭행은 이 세 조건이 맞아떨어질 가능성이 다른 범죄보다 높다. 무엇보다 범행 대상이 만만하다. 범행 대상이 범죄자에게 저항하기가 쉽지 않고 어차피 계속 같은 장소에서 살아야 하기 때문에 도망갈 데를 찾기도 어렵다. 신고의 가능성도 낮으며 지켜줄 사람도 별로 없다. 피해자에게는 최악의 조건인 셈이다. '그래도 가족인데'라고 안심하면 오산이다. 심각한 범죄일수록 가족 간에 발생하는 경우가 많다. 한마디로 믿는 도

끼에 발등 찍히는 일이 아닐 수 없다.[30]

칠거지악 七去之惡

조선 시대에 아내를 내쫓을 수 있었던 7가지 조건을 말한다. 불순[不順], 무자[無子], 음[淫], 투[妬], 악질[惡疾], 다언[多言], 절도[竊盜] 등이었는데, 원전을 보자면 다음과 같다. "시부모에게 불순한 것은 덕을 거스르는 일이요, 자식을 못 낳는 것은 절손이다. 음탕한 것은 일족을 망치는 일이고, 질투는 일가를 망친다. 나쁜 병은 가세를 누르고, 말이 많은 것은 집안의 우세이고, 도둑질은 의로움을 거스름이다."[31]

7년 만의 외출 The Seven Year Itch

1955년에 개봉된 미국 영화배우 메릴린 먼로의 출연작으로, '섹스의 역사'에서 한 획을 그은 작품이다. 이 영화엔 먼로가 뉴욕 렉싱턴가의 지하철 환풍구 위에서 팬티가 드러날 정도로 바람에 날리는 치마를 잡고 요염한 미소를 지으며 몸을 떠는 그 유명한 장면이 등장한다. 먼로의 섹스 어필은 주로 몸을 떠는 것이었는데, 이는 당대의 섹스관을 반영하는 것이기도 했다. 폴 맥도널드Paul McDonald는 "그 당시에는 여성의 성적 만족을 질의 오르가슴으로 여겼다. 먼로는 떨고 몸부림치며 유순한 섹슈얼리티를 보여주었는데, 이는 질의 오르가슴을 시각적으로 나타내주는 것이었다"며 다음과 같이 말했다. "1950년대에 여성은 성적 어필을 하도록 조장되었지만, 여성의 섹슈얼리티가 출현함에 따른 막연한 두려움도 있었다. 그것은 남성의 섹슈얼리티와 상관없이 존재할 수도 있는 그런 섹슈얼리티였던 것이다. 이러한 맥락에서 질의 오르가슴을 음핵의 오르가슴보다 높이 평가했다. 왜냐하면 전자는 여성의 쾌락이 삽입에 의존한다는 점에서 남성의 섹슈얼리티라는 견지에 의해 정의한 것이기 때문이다. 이것은 먼로가 여성의 성적 자유에 대한 적극적인 이미지를 만들어내기 힘들었음을 말해준다."[32](참고 '질 오르가슴', '질 오르가슴의 신화')

Interesting
Sex Dictionary

카마수트라^{Kama Sutra}

고대 인도의 성애에 관한 경전이자 교과서다. 4세기경에 바츠야야나^{Vatsyayana}가 썼다고 전해진다. 고대 인도 사람은 인생의 3가지 목적으로서 다르마(法: 종교적 의무), 아르타(利: 처세의 길), 카마(愛: 성애의 길)를 들어 이에 관한 많은 책을 쓰고 연구했는데, 카마수트라는 성애에 관한 책 가운데서도 오래됐을 뿐만 아니라 중요한 책이다. 성교 중 울부짖음에 관한 대목을 보면 다음과 같다. "정열이 극치에 다다르면 남자는 여자의 국부를 때리고 또한 음낭으로 국부를 쳐서 자극하면 여자는 이에 저항을 시도하며 못 견뎌서 도망을 치려는 듯 혹은 만족감이 한꺼번에 얽힌 여러 가지 울부짖음을 연발한다. 그녀의 울부짖음에는 노곤한 피로에서 오는 한숨이나 울음, 또는 안간힘이 섞인 울부짖음이 교차하게 된다."[1] 성애의 기교, 소녀와의 교접, 아내의 의무, 남의 아내와의 통정, 유녀^{遊女}, 미약^{媚藥} 등에 관해 논술하여 일반 시민을 성 지식의 결여에서 오는 위험으로부터 구하고자 하는 책으로, 고대 인도의 일상생활이나 사회에 관한 중요한 자료가 되고 있다. 인도 고전 문학에서 연애 묘사의 배경을 이루고 있어 그 연구나 감상에 중요한 참고 자료가 되기도 한다.[2]

카바레 혁명

1910년대 미국에서 카바레를 매개로 일어난 사회 문화적 혁명을 말한다. 카바레는 '성의 1회용 상품화'를 부추겼을 뿐만 아니라 계급, 성, 인종 등 오락 산업을 지배하던 장벽들을 허무는 데 기여했다. 카바레의 내부 구조와 거기서 펼쳐지는 유흥 거리 자체가 그때까지 공연자와 관객 사이에 뚜렷이 존재하던 구분선을 지워버리는 경향이 있었기 때문이다. 1912년 뉴욕의 어느 가십 잡지의 편집자는 카바레가 "장벽을 제거하고 공연자들을 회중 집단 속으로 끌고 들어가는데, 이러한 허물없는 행태가 모든 관습의 요새를 허물어뜨린다는 사실은 누구의 눈에도 명백하다"고 개탄했다.[3] 성의 위대함이라고나 할까?

카사노바 콤플렉스

새로운 여자에게 자꾸 눈이 쏠리게 되는 심리로, 심리학자 피터 트라첸버그[Peter Trachtenberg]가 붙인 이름이다. 희대의 호색한으로 알려진 카사노바라는 인물에서 비롯했다. 마광수는 카사노바 콤플렉스를 일종의 정서 장애로 규정하면서 다음과 같이 말했다. "이 병에 걸린 남자는 여자와의 관계를 오직 '성적'인 것에만 국한시키고 그 밖에 마약, 알코올, 일, 도박 등에도 중독 현상을 보이기 쉽다. 주위 사람들과도 정신적으로 친밀한 관계를 지속하기 어렵다. 그런 비사교적 행동의 이면에는 자기 자신이 전혀 가치 없는 인간이거나 무능한 인간이라고 느끼는 뿌리 깊은 열등감이 자리 잡고 있다."[4]

카섹스

자동차 안에서 하는 섹스로, 이는 자동차의 대중화 시기에 성 혁명을 몰고 왔다. 한 자동차 해설가는 "포드 T형 모델은 실내 공간이 너무나 커서 아무리 키가 큰 사람도 선 채로 자신들의 원하는 욕구를 충족할 수 있었다"고 주장했다.[5] 작가 존 스타인벡[John Ernst Steinbeck]은 1945년 발표한 소설 『통조림 공장 마을[The Cannery Row]』에서 "미국인들의 두 세대는 자신의 포드 자동차 점화 코일에 대해 아는 것이 클리토리스에 대해 아는 것보다 더 많다.…… 이 시기의 아이들은 대부분 포드 T 모델 안에서 만들어졌다"고 썼다.[6]

커닐링구스

남자가 여자의 음부를 입으로 애무하는 것을 말한다. (참고 '펠라티오')

커밍아웃 coming out

동성애자들이 자신의 성 정체성을 공개적으로 드러내는 일이다. 영어 come out of closet에서 유래한 용어로, 번역하면 '벽장 속에서 나오다' 라는 뜻이다. 동성애자들이 더 이상 숨지 않고 밝은 세상으로 나와 공개적으로 사회에 자신의 동성애적 취향을 드러낸다는 것을 의미한다. 동성애자 스스로가 동성애자임을 인정하고 긍정적으로 받아들이거나, 동성애자 집단에서 자신의 성 취향을 드러내는 것도 커밍아웃의 범주에 든다. 일반적으로는 가족이나 직장, 학교 또는 일반 사회에서 자신이 동성애자임을 공개적으로 밝히는 것을 의미하는 경우가 많다. 그동안 동성애자들은 이성애자들이 절대 다수를 차지하고 있는 사회 구조 속에서 자신의 성 정체성을 찾지 못하고 심리적 갈등을 겪거나, 동성애자임이 알려져 각종 사회적 멸시와 비난을 받는 경우가 많았다. 이로 인해 서구에서는 물론 한국에서도 동성애가 사회 문제화 되기도 했다. 커밍아웃은 동성애자에 대한 이러한 사회적 시각을 극복하고, 동성애자 스스로가 확실한 자아 정체성을 확립하기 위해 공개적으로 자신을 드러내려는 의도에서 비롯했다.[7]

컨트 ^{cunt}

여성의 음부 또는 성교를 가리키는 비속어다. 남자에게 쓰면 '비열한 놈'이라거나 '구역질 나는 놈'이란 뜻도 있다. 미국에서 남자에게 "You are cunt"라고 하는 건 최대의 모욕이다.[8]

코요테 COYOTE: Call Off Your Old Tired Ethics

"낡아빠진 오랜 윤리를 벗어던져라." 매춘을 처벌의 대상에서 제외시키고자 마고 세인트 제임스^{Margo St. James}가 1973년 샌프란시스코에 설립한 지원 그룹의 이름이다. 이 그룹의 장기적 목표는 매춘 규제법의 일소인데, 매춘부의 인권 신장에도 힘쓰고 있다. 매춘부에게도 권리가 있음을 가르치고, 적절한 법적 조언을 제공하고, 보석금을 준비하고, 매춘을 그만두고 싶은 여성에게는 취직을 알선해주기도 한다.[9]

콘돔 condom

피임이나 성병 예방을 목적으로 성교 시에 남자의 음경에 씌워 사용하는 고무 제품이다. 18세기에 영국인 의사 콘턴이 만들었다고 하나 16~17세기에 이미 쓰였다는 기록도 있으며 그 기원은 확실하지 않다. 처음에는 성병 예방을 목적으로 보급되었으나 근래에는 피임 용구로 널리 쓰이고 있다. 사정된 정액 중의 정자가 질 내로 들어가는 것을 막는 일이 목적이고, 옛날에는 사용 전에 구멍이나 파손 등 하자의 유무를 살펴야 할 정도로 조제품이 많았지만 이제는 품질이 완벽할 정도로 향상됐다. 그러나 반드시 삽입 전에 끼워야 하고, 사정 후에는 음경이 빨리 축소되기 때문에 음경과 콘돔과의 사이에 틈이 생겨 정액이 누출되기 쉬우므로 발기하는 타이밍이 알맞아야 하며, 음경의 안쪽 끝을 쥐고 발기하지 않으면 실패하는 일이 있다. 피임의 실패율은 7.5~28.3%이다. 결점은 남성 쪽의 성감이 다소 저하된다는 점을 들 수 있고, 여성의 경우도 그렇다고는 하나 이는 심리적인 영향 때문인 경우가 많다.[10] (참고 '페미돔')

콘돔 강국

세계적인 콘돔 생산 강국은 한국이다. 단 3곳뿐인 한국 중소기업이 세계 콘돔 시장 1위(점유율 30%)를 점유하고 있다. 세계 콘돔 시장에는 일반 소비 시장 이외에 유엔인구활동기금 등 국제기구에서 콘돔을 구매해 아프리카 등지에 에이즈 예방 차원에서 공급하는 공공 시장이 있는데, 한국의 공공 시장 점유율은 점점 높아져 50억 개 시장 중 절반 이상을 차지하고 있다.[11]

콘돔 광고

콘돔의 대명사라 할 수 있는 듀렉스Durex는 '셀렉트'라는 과일 향 나는 콘돔을 내놓으면서 딸기, 귤, 바나나를 남성의 성기로 표현했다. 각국의 콘돔 업체가 생산 표준으로 삼는 자국 남성의 페니스 길이는 한국 15cm, 미국 · 유럽 20cm, 스웨덴 23cm다. 둘레 역시 36, 38, 40mm 등 차이를 보인다. 그러나 한 나라 안에서도 성기의 길이와 굵기가 천차만별일 것인바, '메이츠' 콘돔은 제품의 다양성을 강조하기 위해 여러 형태의 연필과 손잡이를 나열하면서 "남자들은 각기 다른 형태의 성기를 가지고 있습니다. 우리의 콘돔 역시 그렇습니다"라는 카피를 내세웠다.[12]

콘돔 논쟁

1990년대에 영국과 프랑스 사이에서 콘돔을 둘러싸고 벌어졌던 논쟁을 말한다. 영국 신문 『가디언』이 "프랑스의 왕통이 혁명 전까지 유지된 것은 영국이 발명한 콘돔 덕택"이라고 주장하면서 논쟁의 포문을 열었다. 루이 15세가 애인에게 아기를 갖지 못하게 하고자 영국에서 발명한 피임 기구인 콘돔을 대량 구입하여 사생아 출산을 막아 왕통의 질서를 바로잡았다는 주장이었다. 이에 대해 프랑스는 사실의 진위 여부를 문제 삼으면서 반박했다.[13]

콘돔주

콘돔에 폭탄주를 넣어 마시는 것이다. 신축성이 좋은 콘돔의 특성

상 상당량을 단숨에 먹게 돼 어지간한 주당도 고개를 절레절레 흔들게 하는 폭탄주다.[14]

콜걸 call girl

전화의 대중화로 인해 탄생한 매춘부를 말한다. 마셜 매클루언[Marshall McLuhan]은 1964년에 출간한 『미디어의 이해[Understanding Media]』에서 전화의 예상치 못한 결과로 '콜걸의 등장'을 들었다. 전화 때문에 매매춘의 혁명이 이루어졌다는 것이다.[15] 『조선일보』(1964년 11월 28일)에도 「서울에도 콜걸 우글우글」이라는 제목의 기사가 실린 걸 보면, 그 혁명이 한국에도 상륙했던 것으로 보인다. 기사를 통해 당시의 실태를 살펴보자. "고급 창녀들이 도심지 주택가를 잠식, 순결한 가정 생활에 흙탕질을 치고 있다. 충무로 5가, 오장동, 묵정동 등지의 주택가에 방 2~3개를 얻어 비싼 세를 물어가며 자리 잡고 있는 이들 독립 창녀들은 거리에서 유객 행위를 하지 않고 ①전화로 매음 청부를 맡아 금수장, 아스토리아 호텔 등으로 하룻밤 1,000원 내지 2,000원씩 받고 원정을 가거나('콜걸' 제), ②호텔 보이나 웨이터들의 소개를 받고 손님을 찾는(매음 소개) 등 종래와는 달리 점점 지능적으로 번져가고 있다."[16]

쾌락권

문화평론가 김지룡이 1999년 자신의 저서 『나는 솔직하게 살고 싶다』에서 내세운 주장이다. "쾌락은 인간의 권리다. 아니 인간이기에 즐길 수 있는 권리다. 그걸 나는 '쾌락권' 이라고 부른다. 모든 동물이 성행위를 할 때 쾌감을 느끼는 것은 새끼를 키우는 고통에 대한 반대급부라는 설이 있다. 암컷이 수컷보다 성적 쾌감의 강도가 높은 것은 임신과 출산 그리고 육아라는 고통이 그만큼 크기 때문이라고 한다. 그러나 인간은 다르다. 피임이라는 축복을 얻었다. 쾌락에 따른 대가를 덜 치러도 되는 것이다. 이런 좋은 것을 왜 기피하려고 하는가. 쾌락은 삶을 즐기는 데 매우 중요한 요소다. 더욱이 돈이나 사회적 지위와 관계없이 누구나 즐길 수 있다. 이런 요소를 스스로 방기한다는 것은 사회를 불행하게 만드는 것이다. 그러나 성을 제대로 즐기기 위해서는 교양이 필요하다. 앞으로의 성교육은 성을 통해 삶을 제대로 즐길 수 있는 교양 교육으로 바뀌어야 한다. 성적인 교양을 통해 삶을 즐길 수 있는 사회가 되었으면 한다." [17] 이어 그는 "비디오방에서 섹스 좀 해도 내버려둬라"라고 주장했다. "가끔은 정말로 한국이란 나라가 싫어질 때가 있다. 신문에서 황당한 기사를 접할 때마다 이런 생각을 한다. 얼마 전 또다시 나를 흥분하게 만든 사건이 있었다. 청소년보호위원회에서 '비디오방이 성적 접촉 장소로 이용되고 있어 유해하다' 고 밝힌 기사였다. 하긴 '자녀 안심하고 학교 보내기' 라는 황당한 운동을 하는 곳이므로 그런 발상을 하는 것도 무리는 아닌 것 같다.…… 신문 보도에 따르면 한 관계자는 '비디오방에서 포옹, 키스, 애무, 성행위 장면이 직접 목격되는 등 풍기문란 행위가 심각했다'고 말한다. 아니 도대체 왜 문제가 되는 거지? 행위가 문제인지, 장소가 문제인지 불분명할뿐더러, 어느 쪽이건 왜 문제가 된다는 것일까.…… 비디오방에서 성행위가 이루어지는 것은 새삼스러운 일이 아니다. 밀실 공간이므로 문제될 것도 없다. 여관이나 호텔에서 하면 괜찮은 일이고, 비디오방에서 하면 나쁜 일이 되는 것일까. 청소년보호위원회 멤버들은 섹스는 꼭 여관에서 해야 한다고 생각하는 사람들인가. 비디오방에 지불하는 비싼 요금은 영화를 보는 대가뿐만 아니라 두 사람만의 공간에 대한 대가다. 그 안에서 무엇을 하는지는 그들의 자유 영역이다."[18]

쿠퍼액

남성의 성적 흥분 시 분비되는 소량의 맑고 투명한 액체다. 쿠퍼액에도 미량의 정자가 들어 있기 때문에 임신이 이루어질 확률은 있지만 매우 희박하다. 성행위를 원활하게 하는 일종의 윤활유 역할을 하며 정액이 부드럽게 나올 수 있도록 도와준다.(참고 '애액')

쿨리지 효과 Coolidge Effect

새로운 여성이 나타나면 성적으로 다시 흥분하게 되어 여러 번의 성적 접촉을 하고자 하는 강한 충동을 느끼는 남자의 성향을 가리키는 말이다.[19] 다원주의적 관점에서 여성은 남성의 헌신을 원하는 반면 남성은 유전적으로 많은 씨를 퍼뜨리고 싶어 하는 불균형을 설명하기 위해 만든 개념인데, 이 효과의 이름은 미국 제30대 대통령 캘빈 쿨리지Calvin Coolidge의 일화에서 비롯한다. 어느 날 쿨리지 대통령 부부가 농장을 방문했는데, 따로 떨어져서 농장 안을 둘러보고 있었다. 영부인이 닭장을 지나가다가 한 수탉이 열정적으로 암탉과 교미하는 것을 보게 됐다. 그녀는 "저런 일이 하루에 한 번 이상 있나요?"라고 물어보았다. 농부는 "물론이지요. 수십 번씩 되지요"라고 대답했다. 영부인은 "그 이야기를 대통령에게 좀 해주세요"라고 부탁했다. 나중에 대통령이 닭장 옆을 지나갈 때 농부는 바로 말을 전했다. "매번 똑같은 암탉하고?" 대통령이 물었다. "아니요, 매번 다른 닭이죠." 농부는 대답했다. 대통령은 고개를 끄덕이며 "그 이야기를 영부인에게 좀 해주시오"라고 말했다.[20]

퀴어 문화제

동성애자, 양성애자, 성전환자 등 성적 소수자의 인권과 권익 향상을 도모하고자 만든 축제다. 우리나라에서는 2000년에 처음 개최됐다. 행사 기간에 각종 토론회와 영화제, 거리 퍼레이드, 전시회, 퍼포먼스, 댄스파티 등이 펼쳐진다.

퀴어 이론 ^{queer theory}

정상적인 성행위를 강화하고 당연시하는 전제에 저항하는 이론으로, 미셸 푸코의 영향을 받아 1990년대 초 이후 활발한 작업이 이루어졌다. '퀴어'라는 말은 원래 '기묘한', '기분 나쁜'이란 뜻으로 동성애자들을 모욕하려고 사용된 말이었는데, 1980년대 이후 동성애자 운동 집단이 이 말의 의미를 능동적으로 재규정한 것이다. 사람들이 비아냥거리고 비하하며 썼던 말을 공공 영역에서 당당하게 채택함으로써 정상과 비정상의 기준에 대한 의문을 제기한 것이다. 이후 퀴어는 단지 동성애자만이 아니라, 성과 젠더의 도식적인 분류에 저항하는 모든 이들을 뜻하는 단어로 사용되고 있다.[21]

퀴어 정치학

퀴어 이론의 실천을 위한 이론 체계를 말한다. 게이, 레즈비언, 양성애자, 성전환자 등 성적 소수자들은 각자 확실한 자기 정체성을 추구하면서 상호 배타적인 자세를 취했다. 예컨대, 양성애자는 이성애자와 친밀하게 지내는 교활한 박쥐와 같은 배신자로 취급당했으며, 일부 급진적 페미니스트는 트랜스젠더 여성을 여성의 신체를 강탈한 가부장이라고 맹렬히 공격했다. 현민에 따르면, "퀴어 정치학은 정체성의 정치학이 갖는 배타성을 타파하고 이성애주의 바깥에서 이성애자와 성적 소수자 사이의 경계 그리고 성적 소수자 내부의 경계를 넘어서는 소통을 진작시키고자 한다."[22]

퀴어플라이 ^{QueerFly}

2006년 9월 서울대학교 동성애 동아리인 '큐이즈'가 창간한 성적 소수자들의 학내 매체다. 큐이즈 측은 "성적 소수자에 대한 다양한 담론이 나오지만 정작 성적 소수자들에 의해 만들어지는 이야기가 없다는 문제의식을 갖게 됐다"며 "잡지 창간은 성적 소수자와 사회의 소통을 만들기 위한 시도"라고 말했다. 서울대 외에 연세대 '컴투게더', 고려대 '사람과 사람', 성균관대 '성퀴인', 이화여대 '변태소녀 하늘을 날다' 등 주요 대학마다 동성애 동아리가 운영되고 있다.[23]

클렙토마니아 ^{kleptomania}

절도광을 말하는데, 특히 성적 흥분과 관련된 절도 행위가 많다. 예컨대, 콜린 윌슨^{Colin H. Wilson}의 『성의 충동』에 따르면, 미국 시카고의 소년 윌리엄 하이렌즈는 12세 무렵 여자의 속옷을 훔치는 일에서 성적인 흥분을 느끼기 시작해 이후 상습 절도자로 전락했다. 그는 "열려 있는 창만 봐도 발기 현상이 일어난다"고 했다. 이 소년은 자기 방에 300점의 팬티, 코르셋, 슈미즈, 양말 등을 모아두고 있었다. 이런 병적인 도벽이 심해지면 이성의 육체 일부를 강탈하여 수집하는 변태로 발전하는데, 머리카락 같은 특수 부위의 털만을 뽑아 수집한다든가, 치아를 뽑아 수집하는 식이다. 이를 '컬렉트 마니아'라고 한다.[24]

클리토리스 ^{clitoris, 음핵}

요도구 앞에 작은 돌기 모양의 기관으로 다량의 신경 조직을 가진 여성 성기의 한 부분이다. 남성의 귀두에 대응하는 조직으로 오직 성적인 쾌감을 위해 존재하는 것으로 알려져 있으며 여성 할례 시 제거하는 부위이기도 하다. 남성의 음경처럼 해면체로 되어 있고 발기도 되지만 요도구는 나 있지 않다. 발기되면 단단해지나 음경만큼 단단해지지는 않는다. 음경보다 훨씬 작은 기관에 음경에 있는 만큼의 신경 조직이 있으므로 얼마나 예민한 부위인지 알 수 있다. 음경보다 약 10배 예민하며 유두, 지스팟과 더불어 여성의 육체 중에서 가장 민감한 성감대다. 따라서 음핵에 적절한 자극만 가해도 오르가슴에 도달하지만 너무 강한 자극 때문에 불쾌감을 느끼기도 한다.[25]

키스방

최근 들어 가장 인기 있는 변종 업소를 꼽으라면 단연 키스방이다. 키스방의 인기 비결은 '입술은 여성의 마지막 순결'이라는 기존의 묘한 금기를 넘어선 데서 찾을 수 있다. 과거 성매매 여성들은 '몸은 팔아도 입술은 안 된다'는 생각을 가지고 있었다. 그런 만큼 키스는 돈으로도 넘을 수 없는 성역처럼 생각되기도 했던 게 사실이다. 하지만 키스방은 그 성역을 일순간에 허물어뜨렸다. 많은 남성들이 키스방에 몰리는 데는 이런 사정이 있는 것이다. 현재 키스방은 국내에서 60~100여 곳이 성업 중인 것으로 알려지고 있다. 업종이 생겨난 지 얼마 안 되었는데도 급속히 확산된 데는 '체인화'가 가장 큰 역할을 했다고 관계자들은 분석하고 있다. 이렇게 강력한 콘셉트와 저렴한 비용으로 무장한 키스방에 날개를 달아준 것은 다름 아닌 법이다. 키스방 업종 자체가 '합법적'이라는 것이다. 외견상으로는 유사 성행위와 직접적인 성매매를 배제하고 있기 때문에 실제 키스만을 했을 경우에는 현재의 법규로는 단속할 근거가 없다고 한다. 그러나 키스방에서의 다양한 행위 역시 '성적 행위'임에는 틀림없다. 남성의 몸을 만지고 성적 흥분을 불러일으키는 부위의 하나인 입술에 대한 자극을 통해 남성이 현장에서 자위를 할 수 있다는 것은 분명 섹스에 버금가는 행위이기 때문이다. 또한 이러한 행위들이 '돈을 주고받으며' 행해진다는 것이 문제이며 결국 수위가 높아져 업주의 암묵적인 동의 아래 더 짙은 유사 성행위까지 가능하다는 것 또한 공공연한 사실이다. 결국 여타의 다른 성매매 업소들과 본질적인 차이는 없다는 이야기다.[26]

키스 영혼 결합설

키스를 영혼의 결합으로 보는 시각이다. 에이드리언 블루Adrianne Blue는 그 대표적 사례로 할리우드 영화 〈귀여운 여인〉(1990년, 감독 게리 마샬)의 한 장면을 제시한다. "남자는 백만장자 사업가이고, 여자는 매춘부이자 아주 독립적인 여성이다. 그녀는 자신의 몸을 파는 대

465

신 6일 동안 그와 함께 보내기로 계약을 맺는데, 그 첫 번째 합의 조건이 '입에는 키스하지 않는다' 는 것이.…… 친구인 또 다른 매춘부가 그녀에게 묻는다. '키스했어? 그것도 입에?' 그녀가 '그래' 라고 대답하자, 그 친구는 그녀가 사랑하고 있음을 깨닫는다."[27]

키스 평등론

입술, 입, 혀, 이는 양성적이며 아무리 사내다운 남자라도 입술만큼은 처녀의 것과 비슷하므로 키스에선 남녀평등이 구현된다는 주장이다. 에이드리언 블루는 "키스는 동등한 것들끼리의 만남이다. 키스를 하는 동안 두 사람은 생물학적으로 동등한 존재로서 의사소통한다"며 다음과 같이 말했다. "몰래 키스하거나 억지로 입술을 짓누를 수는 있지만, 음경이 질을 강탈하듯이 그렇게 쉽게 혀로 입을 강탈할 수는 없다. 음경은 구멍에 억지로 밀어 넣고 있어도 아무런 상처도 입지 않는다. 하지만 혀를 억지로 입속에 집어넣어서 서로의 뜨거운 친밀감이 깨지고 나면 그 초대받지 않은 침입자는 깨물리고 심지어는 잘려나가기도 한다. 또는 그렇게 될지도 모른다는 공포를 느낀다. 그래서 키스를 할 때에는 서로의 열정을 쉽게 배반할 수 없다."[28]

키스 행복론

키스가 행복감을 높인다는 주장이다. 인간관계를 전문으로 다루는 미국 의사 로라 버먼[Laura Berman]은 "부부가 진료실로 찾아와 관계가 소원해진다고 말하면 나는 '마지막으로 키스한, 정말 키스한 때가 언제냐'고 묻는다. 그러면 '성관계를 맺던 때 말고는 키스를 안 한다'는 대답이 나오기 일쑤다. 키스는 매일 하고, 매번 최소 15초간은 지속하라고 조언한다"[29]고 말했다. 국내 1호 부부 교육 강사인 두상달, 김영숙 부부는 2008년 출간한 『아침 키스가 연봉을 높인다』에서 "아침 키스를 받고 출근하는 남편은 그렇지 않은 남편보다 연봉이 20%나 더 높다는 선진국의 통계가 있다"며 "하루의 기분은 아침에 결정되며 이를 결정하는 곳은 가정"이라고 말했다.[30]

킨제이 보고서

1948년 1월 7일 앨프리드 킨제이[Alfred Kinsey]가 『남성의 성적 행동[Sexual Behavior in the Human Male]』이라는 책을 상·하권으로 출간했을 때 세상은 경악했다. 사회가 믿고 싶어 하는 미국인의 성적 행동과 실생활에서 이루어지는 성행위 사이에 커다란 차이가 있다는 사실이 드러났기 때문이다. 책은 출간되자마자 열흘 만에 6쇄 18만 5,000부 판매를 기록했고 이후 한동안 부동의 베스트셀러 목록에 들었다. 10년 동안 9,000명을 인터뷰한 결과를 토대로 작성한 이 보고서에 따르면, 기혼 남성의 85%는 혼전 성 경험이 있고, 성공한 사업가 가운데 적어도 80% 이상이 혼외정사 경험이 있으며, 유부남의 30~45%는 아내 몰래 바람을 피웠고, 남자 셋 중 하나는 동성애 경험이 있으며, 남성의 90%는 자위행위를 했다. 남자들에게 성의 '배출구'에 대해 물었을 때, '진정한 이성애 성교'는 자위, 몽정, 이성애적 애무에 이어 고작 4위를 차지했다. 그러나 여성 단체와 보수 언론은 이 같은 결과에 크게 반발하며 킨제이 보고서에 맹렬한 공격을 퍼부었다. 킨제이라는 이름은 낯 뜨거운 성 폭로에 늘 붙어 다니는 불명예스러운 이름이 되었으며, 지각이 좀 있는 사람들조차 그를 학문적인 관음증 환자로 여겼다. 킨제이는 이에 굴하지 않고 1953년 가을 두 번째 책인 『여성의 성적 행동_{Sexual Behavior in the Human Female}』을 출간했다. 이 보고서에 따르면 4명의 여대생 가운데 1명꼴로 혼전 성관계를 경험했으며 이 가운데 거의 과반수가 후회하지 않는다고 답했다. 유부녀의 29.6%는 혼외정사를 경험했고, 여성의 60%는 자위행위를 했으며, 여자 8명 중 1명은 동성애를 체험했다. 특히 여자의 오르가슴에 대한 자료는 미국 대중에게 충격을 주었다. 여자 역시 남자처럼 오르가슴에 탐닉하는 동물이라는 결론이 도출됐기 때문이다. 가령 여자의 25%가 15세까지, 절반 이상이 20세까지, 64%가 혼전에 이미 오르가슴을 맛본 것으로 보고됐다. 그리고 결혼 후 첫 달에 49%, 6개월 이내에 67%, 1년 안에 75%의 신부가 오르가슴에 도달했다. 남자가 한 번 사정하는 사이에 14%의 여자가 여러 차례 오르가슴을 즐긴 것으로 나타났으며 10번 이상 오르가슴을 만끽한 여자들도 있었다. 어쨌거나 대부분의 여자들은 성교 도중에 클리토리스를 자극하지 않고서는 오르가슴에 도달할 수 없는 것으로 밝혀졌다.[31] 이런 결과들과 더불어 킨제이는 이른바 '질 오르가슴'은 미신이며 자위가 성교에 해로운 영향을 끼친다는 주장은 사실무근이라고 반박했다. 이 책은 25만 부가 팔리는 등 폭발적인 관심의 대상이 됐다. 킨제이의 조사 방식과 관련, 조사 대상자가 백인, 중서부 중산층, 대학생들에 치우쳤고, 조사에 응한 자원자들 중에는 죄수와 성범죄자들도 포함돼 있으며, 정상적 신뢰도가 낮은 경우라는 것 등은 오늘날에도 지적되는 문제다. 그러나 광범위한 사례 수집을 토대로 하는 미국 성 연구의 전통이 확립된 것은 전적으로 킨제이의 공로다. 킨제이의 두 보고서는 미국인들이 겉보기와는 달리 가슴속 깊은 곳에 '욕망이라는 이름의 전차'를 숨겨두고 있다는 사실을 확실하게 밝혀주었다. 그의 연구를 통해 정상과 일탈의 기준, 이성애와 동성애의 연속성, 성의 기준으로서의 오르가슴 등이 새롭게 정립됐고, 섹스에 대한 정의definition는 다시 만들어졌다. 또 여성의 성적 자유 신장과 성 평등 운동에도 커다란 영향을 미쳤다.[32]

Interesting
Sex Dictionary

탈반

"이반을 탈퇴한다"의 줄임말로 10대 동성애자 사이에서 널리 쓰인다. 청소년이 성 정체성을 찾는 과정에서 느끼는 고통과 좌절을 담고 있는 말로 그 속뜻이 아프게 와 닿는다. 한채윤·권김현영은 이렇게 증언한다. "이것은 동성애자가 되지 않겠다는 선언이라기보다는 동성애자인 자신을 포기하겠다는 선언에 더 가까운 경우가 많다. '알고 보니 나는 정말 동성애자가 아니었어' 라는 깨달음이 아니라 '더는 이렇게 살 수 없다' 는 고통의 호소이기도 하다. 동성애자라는 사실을 숨겨야 하는 일에 지쳐서, 알려진 후 휘몰아치는 비난과 감시, 심지어는 협박에 지쳐서, 앞으로도 계속 지금의 친구들과 행복하게 잘 지내는 일이 과연 가능할지에 대한 염려에 지쳐서 그들은 한마디를 남긴다. '이젠 좀 쉬고 싶습니다' 라고 말이다."[1] (참고 '이반')

터키탕

중동 지방에서 유래한 목욕법으로 일본에서 건너오면서 원래 개념인 남녀의 혼욕보다는 윤락을 목적으로 이용됐다. 남성이 터키탕에 들어가면 여성이 지목되어 따라 들어가 목욕과 사우나, 마사지 등을 한꺼번에 서비스하는 것은 물론 일명 '수세미(여성의 음모)'로 온몸을 애무한 후 성관계까지로 이어진다. 1996년 8월 7일 주한 터키 대사관은 국내 각 언론사에 항의 서한을 보내 "터키와 전혀 관련이 없는 '터키탕'이란 이름은 바뀌어야 한다"고 요구하기도 했다. 터키 대사관 측은 서한에서 "'터키식 목욕탕'으로 불리는 터키의 목욕탕은 한국의 공중목욕탕과 크게 다르지 않다. 터키에 있는 매춘 업소를 '한국의 집'이라고 부르면 한국인들은 과연 기분이 어떻겠는가? 매춘 업소나 다름없는 한국 퇴폐 목욕탕을 왜 하필이면 '터키탕'이라고 불러야 하는가?"라고 물었다.[2] 이후 터키탕이란 이름은 점점 사라졌으며, 증기탕으로 이름이 대체됐다.(참고 '소프랜드')

털 난 조개 bearded clam

영국에서 여성의 음모를 일컫는 속어로, 서양에서 여성의 털을 혐오하고 탄압했던 오랜 역사가 숨어 있는 말이다. 미국에서 clam은 '마음을 열지 않는 인색한 사람'을 뜻하기도 한다. 독일어권에서 여성의 음모 표현은 58개나 되는 반면, 남성의 음모를 표현하는 단어는 5개밖에 안 된다는 것도 이런 역사를 방증한다.[3]

털 없는 원숭이 The Naked Ape

1967년 발간된 데즈먼드 모리스의 책 제목으로, 인간의 섹스를 원숭이와 비교한 것으로 유명하다. 그는 여성의 가슴은 직립 보행을 하면서 성적인 신호가 엉덩이에서 앞으로 위치를 옮겨온 것이며, 여성의 입술과 가슴은 하나의 구성단위를 형성, 입 구멍의 빨간 테두리는 원숭이 성기의 빨간 테두리를 대신한 것이라고 주장했다.[4]

테크노니미 technonymy

자녀 본위 호칭법을 말한다. 환태평양 연안의 민족과 종족에서 보이며, 아이(철수)를 낳으면 아이를 본위로 아내는 철수 엄마, 남편은 철수 아버지 하는 식으로 부르는 호칭 관습이다.[5] 이러한 호칭법은 우리나라에서 특히 가사만을 담당하는 여성의 정체성이 지역이나 토지(외서댁, 화순댁 등)에서 남편으로, 남편에서 다시 자녀에게로 종속되는 과정을 보여주는 대표적인 상징으로 작용하고 있다.

테크노 에로티시즘 techno-eroticism

욕망의 테크놀로지 대상을 열광적으로 찬양하는 것으로, 산업 시대엔 자동차, 오늘날엔 컴퓨터를 포함한 디지털 테크놀로지가 그 주요 대상이다.[6] 자동차와 디지털 제품의 광고에 섹스 어필이 난무하는 것은 바로 소비자들의 테크노 에로티시즘을 겨냥한 것이다.

텐트 부대

일명 모포 부대다. 2~5명의 소수 정예로 군인의 숙영지를 따라다니며, 간단한 음식과 술 그리고 성을 매매한다. 특히 한미 연합 훈련 시 자주 출몰하며 주로 미군을 상대로 영업을 하는 단체를 지칭한다.

텐프로

보통 한국에서 10% 안에 드는 미인들이 서비스하는 룸살롱을 일컫는 말로 알고 있는데, 강남 유흥업계의 산증인이라 불리는 김성렬의 주장은 다르다. "마담이 도우미에게서 챙겨가는 수수료가 10%면 텐프로인 거예요. 점오(1.5)는 15%, 수수료가 20%면 20%라고 부르죠. 텐프로는 공식적으로는 2차가 허용이 안 되는 곳이에요. 점오나 20%는 되고요. 텐프로 아가씨는 모두 최상의 미모를 갖췄기에 몇 개 룸을 동시에 뛰어도 마담이 수수료를 10% 이상 못 챙겨요. 그렇지 않으면 아가씨들이 그만두거든요. 그래서 제가 텐프로와 경쟁하기 위해 수수료를 9%로 낮춘 거예요. 그래서 퍼블릭 가게를 9%라고 부르기도 하죠. 지금은 텐프로, 점오, 20%들이 거의 사라졌어요. 남은 건 클럽이나 비즈니스 클럽, 하드코어 같은 곳인데 다들 허접해요."[7] 미모가 상위 10%든 수수료가 10%든 공통된 사실은 이 텐프로가 룸살롱의 최고급을 일컫는 말이라는 것이다. 텐프로 중에는 회원이 아니거나 사전 예약 없이는 입장할 수 없는 업소도 있다. 텐프로에서는 나름대로의 '품격'이 있기 때문에 신체 접촉도 매우 가벼운 편에 속한다. 옷을 벗는 것은 오히려 이상한 행동이며 거의 있을 수 없는 일이다. 하지만 술값은 북창동의 3~4배를 훌쩍 넘어선다. 따라서 일부 남성들은 "만지지도 못하고 인사와 전투도 없으면서 엄청나게 비싼 텐프로를 뭐 하러 가느냐"고도 하는데, 텐프로에 손님들이 모이는 이유는 명확하다. 상위 10%라는 외모와 수질 때문이다. 따라서 상당한 수준의 비즈니스 때문이거나 혹은 돈이 남아 주체할 수 없는 정도의 남성들이 '정체성의 차별화'라는 수준에서 가는 경우가 적지 않다. 텐프로의 경우 아예 2차가 없다는 것을 공식화하기는 하지만 두 번째 이후부터는 은밀하게 2차가 존재한다.

텔레딜도닉스 teledildonics, 원격 음경

사이버 섹스의 주요 도구로 가상 현실 속의 음경을 말한다. 과학저술가인 하워드 라인골드Howard Rheingold가 만든 조어로, 1990년 처음 이 개념이 제시됐을 때 거의 하룻밤 만에 전 세계에 센세이션을 불러일으켰다.[8] 크리스 실링Chris Shilling에 따르면, "원격 음경을 통한 가상의 성적 경험은 작은 진동기를 두른 옷을 입은 사람들이 전화를 연결함으로써 비슷한 복장을 한 다른 사람들을 불러모으고, 통화하는 동안 몸의 느낌이 인공적으로 유도되고, 머리에 쓴 수화기에는 섹스 중에 있는 육체가 컴퓨터로 영상화되어 묘사되면서 이루어진다. 텔레딜도닉스는 육체적 접촉이 없는 위생적인 섹스를 나누게

함으로써 안전한 섹스를 위한 최후의 수단을 약속한다."⁹

텔레토비 음모론

미국의 제리 폴웰Jerry Falwell 목사는 1999년 TV 어린이 프로그램 〈텔레토비〉의 한 캐릭터인 팅키 윙키(보라돌이)가 동성애자들의 음모에 의해 만들어진 코드라며 방영을 금지해야 한다고 주장했다. 팅키 윙키가 게이 긍지의 상징인 삼각형 안테나를 달고, '공식적 게이 색조'라는 보라색 털을 가졌으며, 남성적 목소리와 큰 덩치에도 불구하고 늘 여자용 손가방을 소지하고 있기 때문이라는 것이 이유였다.¹⁰

트랜스젠더 transgender

자신의 육체적인 성과 정신적인 성이 반대라고 생각하는 사람을 말한다. 동성애자와는 다른 개념이다. 여자 같은 게이(남성 동성애자), 남자 같은 레즈비언(여성 동성애자) 또는 동성애자의 극단적인 모습이 트랜스젠더라고 하기도 하는데 잘못된 것이다. 트랜스젠더 모두가 성전환 수술을 받거나 원하는 것은 아니다. 어떤 이는 성전환 수술을 거부하기도 한다. 의학 용어로는 성전환증에 가깝다. 성전환증이란 성적 주체성 장애의 가장 심한 형태로 사춘기 이후에도 자신의 선천적 성에 대해 지속적으로 불편감과 부적절감을 느끼며 2년 이상 1차 및 2차 성징을 제거하고 상대 성징을 획득하려는 집착에 사로잡혀 있는 상태를 말한다. 이들은 어려서부터 반대 성의 놀이, 행동, 태도, 복장 등을 보인다. 발생 원인에 대해서는 가정환경이나 심리적인 면이 육체적 성과 정신적 성의 불일치에 더 큰 영향을 미친다는 후천적 요인설과 태아 단계에서 특정한 호르몬이 기능을 발휘하지 못한 데서 기인한다는 선천적 요인설 그리고 이 두 가지가 복합적으로 작용한다는 복합 요인설이 제기되는데, 아직까지 정설은 없고 선천적 요인설이 설득력을 얻고 있다. 외국의 경우 대략 남자는 약 3만 명당 1명, 여자는 10만 명당 1명 정도라고 보고되고 있다. 우리나라는 4,500명 정도로 추산되는데, 의학적 도움을 기대하기 힘든 상황에서 성징을 바꾸기 위해 비의학적 또는 불법적 조치를 강구해왔던 것으로 보인다. 반대 성의 성호르몬을 투여하거나 비의료인에게 성기 제거 수술을 받는 등 부분적이나마 상대 성의 신체적 성징에 가까워지려고 노력하는 경우가 많다. 성전환증의 치료에서 정신 요법을 사용하기도 하지만 효과를 기대하기는 어렵고, 최근에는 수술을 시행하는 추세다. 외국의 경우 성전환증에 대한 치료는 1970년대 이후 성전환 수술 기법이 급성장해 수술 자체의 성공률뿐만 아니라 사회 적응의 결과도 좋아졌다는 보고들이 최근에 많이 나오고 있다.[11]

트랜스젠더 강간죄

2009년 2월 남성에서 여성으로 성을 전환한 트랜스젠더를 성폭행한 경우에도 강간죄가 성립한다는 법원의 판결이 처음으로 나왔다. 부산지방법원은 가정집에 침입해 돈을 훔치고 호적상 남자인 50대 성전환자를 흉기로 위협해 성폭행한 혐의로 기소된 신 모(28) 씨에 대해 강간죄 등을 적용, 징역 3년에 집행 유예 4년을 선고하고 120시간의 사회봉사를 명령했다. 재판부는 "피해자가 보통의 여성처럼 성행위가 가능하고 실제 성적 침탈 행위가 있었다면 여성으로서의 성적 자기 결정권을 침해한 것으로 강간죄를 적용하지 않을 이유가 없다"고 판시했다. 재판부는 "이미 대법원에서도 2006년 6월 성전환자의 호적 정정 신청을 받아들여 성전환자의 사회·심리적 성별을 인정하고 있으므로, 피해자를 강간죄의 피해자로 보는데 아무런 문제가 없다"고 밝혔다.[12]

트랜스젠더 보호 규정

미국에서 성전환 수술을 한 트랜스젠더가 늘면서 대기업이 마련한 보호 규정을 말한다. 예컨대 반도체 제조 회사인 인텔은 성전환자 차별을 막기 위해 사규에 차별 금지 규정을 신설하고, 성전환자를 도와주는 지침서를 만들어 배포했다. 인텔은 성전환 수술을 준비하는 직원은 수술 1년 전부터 원하는 성의 복장을 하고 다닐 수 있게 했으며, 이름이나 복장을 바꾼 뒤에는 원하는 성의 화장실을 사용하게 했다. 또 동료 직원들이 '그녀'를 '그'라고 불러서 성적 수치심을 느끼게 했을 경우 사과하도록 했다.[13]

트로일리즘 ^{troilism}

관음증의 일종인 '3인 간 색정광'을 말한다. 두 사람이 정상적인 성행위를 하고 있는 동안 제3의 상대자가 이를 보면서 성적으로 만족을 얻는 유형이다.[14]

티켓 다방

1시간 단위로 티켓을 끊어 다방에 근무하는 여성을 데리고 나갈 수 있게 조치한 다방을 말한다. 즉 티켓은 시간당 비용을 말하며, 주로 매춘에 사용된다. 커피 값은 일반 커피숍에 비해 저렴하다. 대개 그 지역에 상주하는 다방은 소수고 추수가 끝나 추곡수매로 목돈이 생기는 읍·면 단위에 일시적으로 수십 개 업체가 생겼다 사라진다. 주로 현금 사정이 좋은 농·어촌 지역에 대도시에서 공수된 아가씨들이 반짝 영업을 하는 경우가 많다.

Interesting
Sex Dictionary

파워 페미니즘 power feminism

1993년 나오미 울프^{Naomi Wolf}가 페미니즘이 불평등의 사회적 원인과 여성이 고통을 받는 해악에 초점을 맞추는 것은 자멸이라고 주장하면서 내세운 새로운 페미니즘이다. 울프는 여성에게 스스로를 희생자라고 생각하는 것을 멈추고 나름대로 갖고 있는 권력을 이용할 것을 촉구했다. 울프는 흑인 목사 제시 잭슨^{Jesse Jackson}의 다음과 같은 말을 운동의 슬로건으로 삼았다. "여러분이 누군가에 의해 쓰러진 것에는 책임이 없습니다. 일어서야 하는 것에 책임이 있을 뿐입니다." 그러나 파워 페미니즘은 교육을 잘 받고 성공한 백인 상류층 여성에겐 매력적이지만, 그렇지 못한 여성에겐 냉소와 비판의 대상이 되고 있다.[1]

파트너 교체 섹스

파트너를 바꿔서 하는 섹스로, 이 방면의 대가는 단연 비틀스다. 비틀스 초기 공연 시절의 전기 작가였던 마크 헤르츠가드에 따르면, "비틀스는 하룻밤에 6~7명의 여자를 돌아가며 안는 일이 비일비재했다. 존이 '다음!' 이라고 외치면 각 멤버는 명령에 따라 파트너를 바꾸었다."[2]

팜므파탈 femme fatale

프랑스어로 '치명적인 여인' 을 뜻하는 말로 19세기 유럽의 문학에서 사용되기 시작했다. 주로 억제할 수 없을 정도로 매력적인 여성, 특히 남자를 위험과 재앙으로 이끄는 여성들에게 '팜므파탈' 이라는 용어가 바쳐졌다. 많은 문학이 아름다운 악녀를 노래했고, 수많은 유럽의 화가들이 그 이미지를 작품으로 구현했다. 19세기 말 팜므파탈의 출현 배경은 다음의 세 가지로 정리되고 있다. 첫째, 가부장적 사회가 붕괴하면서 자의식이 싹튼 여성들이 순종적인 여성상을 거부하고 성 해방을 요구했다. 남성들은 자신의 권위를 넘볼 만큼 드세진 신여성에 대한 두려움과 위기감을 팜므파탈에 투영했다. 둘째, 유럽 전역에서 성매매가 기승을 부리면서 성병 환자들이 급속히 늘었고, 문란한 성관계로 인한 임신과 낙태, 불륜과 원조교제가 성행하면서 섹스는 곧 파멸이라는 인식이 팽배했다. 셋째, 세기말적 집단 불안감에 감염된 사람들은 삶의 허무함과 죽음의 공포를 잊기 위해 성적 쾌락에 탐닉했다. 즉 에로스와 타나토스(성과 죽음)는 시대의 화두였다.[3] 20세기에 들어와 팜므파탈은 영화에서 유행하기 시작했다. 1920년대에는 테다 바라, 마를레네 디트리히 등의 배우가 있었다. 1940년대 누아르 영화에서는 수전 헤이워드 Susan Hayward나 라나 터너Lana Turner 등이 팜므파탈의 전형을 만들었다. 이런 여성상은 1960년대 변형기를 거쳐 1980년대 〈보디 히트Body Heat〉(1981년, 감독 로렌스 캐스던)의 캐슬린 터너, 1990년대 〈원초적 본능〉의 샤론 스톤과 같은 새로운 팜므파탈을 만들어냈다. 한국 영화에서 대표적인 팜므파탈은 〈아주 특별한 변신〉(1994년, 감독 이석기)에서의 이혜영, 〈장미의 나날〉(1994년, 감독 곽지균)과 〈블랙 잭〉(1997년, 감독 정지영)에서의 강수연을 들 수 있다. 남성을 유혹하고 파멸로 이끄는 팜므파탈의 이미지는 오랫동안 페미니스트의 비판 대상이었다. 팜므파탈이 지닌 성적인 힘은 남성의 가부장적인 질서에 대한 위협과 희생을 불러온다. 하지만 여성의 죽음이나 법적 처벌을 통해 결국 가부장제는 다시 회복된다. 일부 페미니스트들은 〈보디 히트〉나 〈원초적 본능〉과 같은 영화에서 성적 욕망을 지닌 여성에 대한 남성의 공포를 발견하기도 한다. 즉 팜므파탈은 역으로 가부장적 이데올로기에 대한 여성의 전복적인 힘을 잠재적으로 보여준다는 것이다.[4]

페니스 공포증

프로이트의 제자를 자처하는 일부 정신분석가들이 페미니스트들에게 붙인 딱지다. 페니스 공포증 때문에 여성 운동을 한다는 논리다.[5]

페니스 파시즘

보수와 진보를 막론하고 존재하는 남성우월주의적·남근주의적 의식과 사고에 의한 문화적 독재 체제를 말한다. 다음에 소개한 한 여성 문인의 증언을 페니스 파시즘의 한 사례로 볼 수 있겠다. "잔디가 탐스럽게 깔린 교정의 어느 잔디밭이다. 서울에서 내려온 유명 시인을 둘러싸고 우리가 앉아 있다. 나는 들뜬 목소리로 내가 생각하는 시와 문학이란 것에 대해 열과 성을 다해 그 시인에게 말하고 있다. 인정받고 싶은 나의 욕망이 그의 마음을 움직인다. 이윽고 그 시인이 말한다. '자네 오늘 밤 나한테 수청들지 않겠나?' 나는 유명 시인과 더불어 '시를 말하기 위해서라면' 밤을 새울 용의도 물론 있었다. 그러나 갑자기 내 말은 말이 아니라 다만 재잘거림이 되고 만다. 남성의 귀를 즐겁게 만들어줄, 다만 소리로서의 내 말. 옆에서 선배라는 남자가 말한다. '너 좋겠다. 낙점을 받았네.'"[6] 이러한 문제에 대해 임지현은 다음과 같은 물음으로 각성을 촉구했다. "우리의 문단 전체가 일상적 남성 국수주의의 혐의에서 자유로운지 스스로에게 물어보면 어떨까? 문단의 전설로 내려오는 작가적 호방함이 혹 우리네 삶의 성적 억압과 일상적 모순에 대한 문학적 감수성을 덮어버리는 것은 아닐까?"[7]

페로티시즘 Feroticism

여성 중심의 에로티시즘을 말한다. 2004년『페로티시즘: 여성의 눈으로 본, 미술 속의 에로티시즘』을 쓴 김영애가 남성 위주의 에로티시즘의 한계를 넘어서기 위해 페미니즘 Feminism과 에로티시즘 Eroticism을 합성해 만든 말이다.[8]

페미니즘과 매춘부의 전쟁

프랑스의 철학자 엘리자베트 바댕테르 Elisabeth Badinter는 "매춘부들을 '절대적 희생자'로 보는 시각은 그들을 침묵하게 만든다. 일반 여성의 단 한마디가 금과 같은 가치를 갖는 데 반해, 매춘부의 말은 한마디 가치도 없다. 매춘부의 말은 대번에 거짓이나 조작된 것으로 간주된다. 그들의 반론을 거침없이 제거하고 그들을 무시하는 방법이다. 그녀들이 아무리 큰 소리를 내며 자신을 방어해도 매춘 금지론자(새로운 페미니즘 옹호자)들은 매춘부들과 전쟁을 하고 있는 중이다"라고 말했다.[9] 김기원도 "한국의 성매매 여성 비율은 네덜란드의 4배, 미국의 2배가 넘는다. 불법인 미국이 합법인 네덜란드보다 비율이 높고, 또 한국은 그들보다 더 높다. 성적 서비스에 자원 배분이 과다한 현실을 시정하는 데 처벌이 능사가 아닌 셈이다"

라며 다음과 같이 말했다. "양대 노총과 민주노동당은 성매매 여성을 외면했다. 이처럼 지지 기반조차 챙기지 못하니 헤매는 게 당연하다. 성매매 처벌법 재검토를 용기 있게 제기할 다음 대선 후보가 있을까. 정치인은 민감한 문제를 피해 간다. 하지만 양극화에 신음하는 우리 시대가 요구하는 지도자란 성매매 여성 같은 서민의 눈물을 닦아주는 인물이 아닐까."[10]

페미닌 feminine

'여자의' 라는 뜻으로, 그 라틴어 어원은 여자의 허벅지 다리를 뜻한다. 이규태는 "여자의 다리는 수천 년간 노출해서는 안 되는 제2의 치부였다"며 다음과 같이 말했다. "여자의 다리는 동서양 할 것 없이 국부 다음으로 수치심을 유발하는 부위였다. 영국 상류 사회에서는 다리라는 말을 쓰는 것 자체를 천하게 여겼다. 식사를 할 때 부인 앞에 닭다리를 내놓는다는 것은 모욕이다. 그랜드 피아노의 다리에 양말을 신기는 것도 노출된 다리에 대한 상스런 이미지 때문이었다.…… 우리나라에서도 여자의 육체 부위 가운데 가장 늦게 개방된 곳이 다리다. 그래서 한국의 개화는 여자의 다리로부터 시작됐다는 말까지 있다."[11] 한국에서 1960년대 말까지 스타킹 모델을 구할 수 없었던 것도 바로 이런 문화의 산물이다. 남영나이론은 1960년대 말 광고 대행사 만보사와 계약을 맺고 브래지어와 스타킹의 광고 제작을 맡겼는데, 속옷 모델을 구할 수가 없어서 광고 제작에 상당한 어려움을 겪었다고 한다. "당시만 해도 여성 의류 모델 자체가 거의 없었다. 하물며 속옷 모델은 더더욱 찾기 어려웠다. 동방예의지국에서 여성이 아슬아슬한 속옷만 걸치고 사진을 찍는다는 것은 상상조차 할 수 없는 '사건'이었다. 브래지어를 찍으려면 가슴 부위가 노출될 수밖에 없으니 그렇다 치더라도, 스타킹 모델은 다리만 나오게 찍는데도 꺼렸을 정도니 지금 생각하면 격세지감이 크다. 모델이 없으니 그림을 그릴 수밖에 없었다. 그래서 미술 전문가에게 의뢰해 일러스트 기법으로 브래지어와 스타킹을 착용한 모습을 그려 광고를 내보냈다."[12]

페미돔 Femidom

여성용 콘돔이다. 가격이 콘돔에 비해 비싼데다 피임 실패율이 높다는 문제가 있다. 미국 정부의 조사에 따르면, 페미돔의 피임 실패율은 25%에 이른다. 그래서 미국 정부는 페미돔의 모든 외부 포장에 다음과 같은 내용을 의무적으로 명시하도록 했다. "에이즈를 포함해 성행위로 전염되는 질병에서 우리 스스로를 보호하는 데는 남성용 콘돔이 더 효과적입니다."[13] (참고 '콘돔')

페서리 pessary

자궁 입구를 덮어서 정자가 자궁 속으로 들어가는 것을 막는 여성용 피임 기구의 일종으로, 중세부터 사용됐다. '페서리'란 말은 라틴어 페사리움^{pessarium}에서 파생한 것으로, 이는 일종의 운동 경기에서 사용한 달걀 모양의 돌을 의미했다. 페서리가 달걀 모양이라고 해서 붙은 이름이다.[14]

페이로니 병

음경이 휘는 병이다. 사실 음경보다는 백막 손상이라는 말이 더 적절하다. 백막이란 음경을 둘러싸고 있는 막인데 탄력성이 매우 좋아 음경 내부에 혈액이 들어차면 이것이 풍선 부풀어 오르듯 늘어난다. 그런데 충격으로 인해 백막이 손상돼 한쪽 부위에 딱딱한 섬유 조직이 생겨나면 이 부분은 늘어나질 못한다. 그러면 발기할 때 반대쪽만 늘어나서 음경이 휘게 되는 것이다. 대개 40대에서 60대에 자주 발생하는 이러한 증상을 페이로니 병이라 한다. 페이로니 병의 증상은 발기될 때 아프고, 휘는 부위의 강직도가 떨어지며, 음경에 딱딱한 결절이 만져진다. 대체로 얼마나 휘어져야 문제가 있는지 궁금해하는 이들도 있는데 보통 30도 이상 돌아가 있으면 병원을 찾아야 한다. 방치할 경우 90도까지 완전 휘어버리거나 어느 날 음경과 본인이 서로 마주보는 어이없는 사태를 초래할 수도 있다. 클린턴 전 대통령의 성기가 발기할 때 휘어진다는 사실을 전 세계 사람들이 알고 있다. 한국 남성 100명 중 1명꼴로 발병한다고 전해지는데 다행히 이 질환은 수술로 교정이 가능하다. 원래 남자의 그곳은 다들 약간씩은 휘어 있다. 속옷 아래에 페니스를 두는 방향이 사람마다 다르고 원래 사람의 몸은 비대칭이기 때문에 완전 일직선이기는 어렵다. 하지만 정도가 심해 성관계가 어렵고 미관적으로 창피하다면 수술을 통해 방향을 바로잡아야 한다.[15]

페이지 스리 걸 page 3 girl

섹스 마케팅으로 유명한 영국의 대중지 가운데 『더 선』의 3면에는 젊은 여성의 토플리스(상반신 나체) 사진이 고정적으로 실리는데, 여기에 실리는 여성을 가리키는 말이다. 영국은 점잖은 '신사의 나라'로 소문난 나라인데, 왜 그렇게 대중지들의 섹스 판매가 치열한 걸까? 이런 분석이 있다. "영국인들이 아이를 낳는다는 사실은 믿기가 어렵다. 다른 나라 사람들은 섹스를 즐기지만 영국인들은, 사람에 따라서 차이가 있기는 하지만 어쨌든, 섹스를 내면의 적으로 여기기 때문이다. 이것은 성적인 매력이라고는 눈곱만치도 없었던 17세기 청교도혁명의 지도자 올리버 크롬웰Oliver Cromwell과 그 추종자들의 책임이라고 할 수 있을 것이다.…… 영국인이라고 성욕이 없을 리는 없다. 그래서 그들은 문틈으로 남의 침실을 엿보는 일을 취미로 삼는다. 그러다가 들키면 체면이 말씀이 아니기 때문에 소심한 사람은 섹스에 관한 글을 읽는 것으로 만족한다. 영국 신문에 '침실 스토리'가 넘쳐나고, 유명 인사의 사소한 스캔들이 흥미진진한 각색을 거쳐서 등장한다. 일요일 오후가 되면 사도마조히즘 기사를 읽느라고 도색 잡지에 코를 처박고 있는 영국인이 참으로 많다. 하지만 영국인의 취향에 맞고 또 가장 안전한 것은 수영복 차림의 미녀가 등장하는 야한 그림엽서일 것이다. 섹스에 대해 콤플렉스가 있기 때문에 그들은 섹스를 진지하게 받아들이기보다는 낄낄거리며 바라보길 좋아한다." [16]

페티시즘 fetishism

성적 흥분과 만족을 얻기 위해 비非성적인 물건을 필요로 하는 성적 도착증의 일종이다. 거의 남성에게만 나타나며, 여성의 속옷이나 스타킹 등의 의류, 신체의 일부분인 머리카락, 눈썹, 손톱, 발톱, 음모 등을 수집해 이를 성적 공상이나 자위행위에 사용하기도 한다. 페티시즘이라는 용어는 원래 인류학에서 유래한 것으로, '페티시(fetish 또는 fetich)'라는 말은 마술적이고 영적인 힘을 지닌 것으로 생각하여 목걸이나 팔찌에 달고 다녔던 장식품인 참 charm 을 가리키는 말이다. 프로이트는 그의 저서 『성 이론에 대한 3가지 의견 Three Contributions to the Theory of Sex 』에서 페티시즘 환자가 성적 만족을 얻는 대상은 '미개인들이 그런 물건에서 그들의 신을 형상화하는 것'과 견줄 만하다면서 페티시즘을 정신의학적 개념으로 설명했다. [17] (참고 '변태 성욕')

페팅 petting

손과 혀에 의한 애무를 말한다. 마광수는 "에로틱한 쾌감은 성교에 의한 사정과 수정에 있지 않으며, 진정한 쾌감은 페팅에서 온다"고 말했다. 비틀즈의 존 레넌이 부른 노래 '사랑'에는 "Love is touch, love is feeling(사랑은 접촉, 사랑은 느낌)"이라는 가사가 있다. 마광수는 "나는 사랑을 이만큼 정확하게 정의한 말도 없다고 생각한다"며 다음과 같이 말했다. "나는 존 레넌의 가사에 덧붙여 사랑을 나 나름대로 이렇게 정의하고 싶다. 'Love is touch, love is sucking, love is licking, love is not intercourse!(사랑은 접촉이고, 핥고 빠는 것이다. 사랑은 삽입 성교가 아니다!)'라고."[18] 참으로 명언이라 아니할 수 없다.

펠라티오 Fellatio

입술이나 혀로 남성의 성기를 애무하는 구강성교의 한 종류다. 보통 여성이 행하며 남성이 하는 경우도 있다. 남성의 음경을 입에 넣어 혀로 핥거나 빠는 형태로 이루어지며 성교를 모방하여 아래위로 입을 움직이기도 한다. 어원은 라틴어의 'fellare(마신다는 의미의 동사)'에서 왔다. 펠라티오를 하는 사람은 상대방의 남성기 중 음경 부분을 입에 넣고 입술과 혀를 사용하여 자극한다. 이성 커플 사이에서 행해지는 경우에는 성교의 전희로 행해지는 경우가 많다. 펠라티오는 하는 사람과 받는 사람 모두 남녀를 불문하고 성적 쾌락을 얻는 경우도 있으며, 구내 사정하는 경우도 자주 있다. 남성 커플꺼리는 오히려 애널 섹스보다도 간편하기 때문에 삽입 행위보다 선호되는 경우가 있다. 펠라티오의 체위에는 펠라티오를 받는 남성은 서고, 펠라티오하는 여성(또는 남성)이 남성을 향해 무릎을 꿇는 체위가 있고, 69체위가 있다. 펠라티오 받는 측의 남성이 신호 없이 상대의 입이나 얼굴에 사정하는 경우도 있다. 또는 정음(사정된 정자를 마시는)하는 사람도 있다. 성 풍속 산업을 운영하는 점포의 대다수는 펠라티오를 서비스 중 하나로 정해놓고 있다. 펠라티오의 종류는 다음과 같다.[19]

1. 청소 펠라: 성교의 후희(↔ 전희의 반대말) 중 하나로 펠라티오에 의해 사정한 정액을 핥거나 요도 안에 남은 정액을 빨아내어 처리하는 행위다.

2. 손가락 펠라: 여성이 자신 또는 타인의 손가락을 빠는 행위다.

3. 판 펠라: 비키니 브리프 등 팬티를 입은 그대로 자극하는 행위다. 팬티를 통할 경우에는 모자이크 편집이 필요 없기 때문에 이 행위 그 자체로 페티시즘을 느끼는 사람이 적지 않게 존재한다.

4. 더블 펠라: 한 사람의 여성(또는 남성)이 동시에 두 사람의 남성의 음경을 펠라티오하는 것을 말한다. 남성 두 사람이 선 채로 여성(또는 남성)이 무릎을 꿇고 하거나, 남성 두 명이 누운 상태에서 행한다.

통상 두 사람의 남성에 대해 교대로 펠라티오를 하지만(펠라티오를 받지 않는 남성에게는 수음 등으로 자극을 계속 준다), 동시에 두 사람의 음경을 입에 넣는 행위도 자주 보인다. 업소에서는 한 사람의 남성에 대해 두 사람의 여성(또는 남성) 중 한 사람이 귀두를 빨 때 다른 사람이 음낭을 핥는 등 동시에 펠라티오 하는 것을 말한다.

5. 셀프 펠라티오·오토 펠라티오: 남성이 자신의 성기를 자신의 입 안에 넣는 것이다. 다른 사람에게 펠라티오 받는 것보다 기분이 좋다고 느끼는 남성도 있다.

6. 상호 펠라: 남성끼리의 경우 서로 펠라티오를 하는 상태를 말하는 것으로, 식스티나인(69)과 동일한 의미로 사용된다.

7. 바큠 펠라: 남성기를 물고 흡입하는 행위다.

8. 수중 펠라: 물속에 있는 남성의 성기를 펠라티오하는 행위다.

9. 파이즈리 펠라: 유방 사이에 남성의 성기를 끼운 채 움직이면서 (파이즈리), 귀두 부분을 구강성교하는 행위를 말한다.

펨 femme

레즈비언 관계에서 여성 역할을 하는 여성을 말한다.(참고 '부치')

평생 섹스 횟수

한 통계에 따르면 인간은 일생 동안 평균 5명의 상대와 2,580번의 섹스를 나눈다고 한다. 전희를 포함해서 한 번 섹스를 할 때마다 걸리는 시간을 30분만 잡아도 그 시간을 다 합치면 무려 1,290시간이다. 2001년 6월 영국의 과학 저널 『네이처』에 실린 스웨덴 스톡홀름 대학 릴제로스 박사 연구팀에 따르면, 스웨덴 사람들의 섹스 상대자 수 분포는 '상위 20%의 부자들이 80% 이상의 소득을 독점한다'는 파레토의 법칙을 그대로 따르고 있었다. 릴제로스 박사팀은 성관계에서도 '부익부 빈익빈' 현상이 존재한다고 주장했다.[20]

포경 수술

의학적으로 환상절제술로 불리며 적당한 길이의 음경 피부와 포피를 잘라내 귀두를 노출시키는 수술법이다. 서구에서는 출생 시에 시행하는 신생아 포경 수술이 흔하지만, 우리나라는 초등학교 이후부터 사춘기에 이르는 시기에 흔히 시행된다. 우리나라의 포경 수술은 한국전쟁 당시 미군의 의사에 의해 들어왔다는 것이 정설인데, 이는 포경 수술이 주로 시행되는 시기가 우리나라와 서구가 다른 원인이 된다. 아이가 너무 어린 경우 전신 마취가 필요하지만, 초등학교 고학년 이상이면 음경 피부만 마취하는 국소 마취로 가능하다. 신생아에게는 곰코나 플라스티벨 같은 기구를 이용하지만 대부분 특별한 기구 없이 수술을 진행한다.[21] 필자는 고교 시절 종로 5가에 있는 무면허 돌팔이에게 가장 소중한 부분을 맡기는 수술을 감행했다. 수술 도중 마취가 풀려 거의 초죽음 상태에서 수술을 마쳤다. 싼 게 비지떡이란 말을 실감하는 대목이었다. 수술 후 성기에 붕대를 칭칭 감고 등교했는데 체육 시간에 체조를 하는 도중 아뿔싸! 붕대가 통째로 빠지는 사고가 발생하고 말았다. 당시의 체육복은 아랫단이 헐렁해 그만 붕대가 운동복 밖으로 나오는 대형 사고가 일어난 것이다. 어머니 몰래 팬티를 손수 빨아야 했던 일, 또한 일주일간 걸음걸이가 불편했던 일이 아직도 눈에 선하다. 사실 필자의 포경 수술은 당시로서는 조금 이른 것이었다. 그 시절에는 보통 전역을 100일 앞둔 고참들이 필수적인 연례행사로 고래를 잡곤 했다.(포경 수술을 부르는 말이다.) 수술을 받기 위해선 의무대 고래잡이에게 온갖 짜웅(아첨, 뇌물의 베트남어, 군대에서 주로 통용되는 은어)을 해야 겨우 일을 치를 수 있었다. 수년이 지난 후 아들놈이 초등학교 1학년 겨울 방학에 수술을 받는 것을 보고 나는 또 한번 격세지감을 느껴야 했다. 과연 포경수술의 적기는 언제일까? 그것이 알고 싶다.

포로 음경 penis captivus

부풀어 오른 남성 음경을 질이 꽉 감싸서 성관계 후에 남녀가 떨어지지 못하는 현상을 말한다. 드물게나마 실제로 남녀가 떨어지지 않아 병원에 실려간 사례가 있긴 하지만, 이야기는 늘 과장되게 마련이다. 여성의 질은 음경을 놓지 않을 정도로 수축하지 않지만 사람들은 개들의 교접 모습을 보고 남녀가 성관계 후에 떨어지지 못하는 상황을 상상하곤 했다. 옐토 드렌스는 "극히 드물게 일어나는 일이라 해도 이런 사건에 대한 두려움 자체는 아주 오래전부터 존재했다"며 "성적으로 자제하지 않으면 대중 앞에서 수치를 겪을 수 있다는 걸 강조하기 위해서였다"라고 말했다.[22] (참고 '조개 보지')

포르나 porNA 운동

문화미래 이프가 "포르노를 추방하자 porNO" 는 안티 차원을 넘어 여성·장애인·동성애자도 함께 즐길 수 있는 대안적인 문화로 제안한 개념이다. 포르노의 'O'는 남성 어미, 포르나의 'A'는 여성형 어미라는 점에 착안해 '포르나'라는 이름을 붙였다.[23]

포르노 pornography

성적 자극을 목적으로 인간의 신체나 성적 행동을 명확히 묘사한 것을 말한다. 그리스어에서 창녀를 뜻하는 '포르네 πόρνη' 와 쓰거나 기록하다라는 뜻의 '그라포^{ypá}', 그리고 어떤 상태나 장소를 나타내는 어미 '-이아(-α)'가 붙어서 만들어진 단어 'πορνογραφία'를 영어식으로 읽은 것이다. 현대에는 상당량의 포르노그래피가 비디오나 DVD 및 인터넷을 통해 배포되고 있다.[24] 1982년 군대에서 휴가 나와 처음 접한 포르노 비디오는 그야말로 큰 충격이었다. 그전에 기껏해야 잡지에 만족해야 했던 우리 세대(58년 개띠)에게는 마치 망치로 한대 맞은 듯한 기분이었다. 지금은 초등학교 5, 6학년 때 약 80%의 학생들이 야동을 본 경험이 있다니 더 이상 포르노는 19금이 아닌 것이 돼버렸다.

포르노 간통

미국에서 남편이 아내 몰래 인터넷 음란물을 즐기다 이혼당하는 사례가 늘면서 나온 말이다.[25] 그렇다면 '인터넷 간통'이라는 말도 가능하겠다. 인터넷은 혼외정사를 가질 수 있는 가장 빠르고 안전하며 확실한 방법의 제공처이기 때문이다.[26]

포르노 강국

포르노 산업에 대한 국민 1인당 연간 지출액이 경제 수준 대비 가장 높은 나라는 한국이다. 영국 BBC 방송이 발행하는 과학 기술 전문 월간지 『포커스』(2010년 2월호)는 세계 35개국을 대상으로 단테의

『신곡』에 나오는 정욕, 탐식, 탐욕, 나태, 분노, 시기, 교만 등 7대 죄악을 많이 저지르는 국가 순위를 매겼는데, 한국은 '정욕' 부문 1위로 선정됐다. 이 부문 2위는 일본이었으며 호주, 핀란드, 중국, 브라질, 체코, 대만, 미국, 캐나다가 뒤를 이었다.[27]

포르노 검색 강국

세계에서 국민 1인당 포르노를 가장 많이 검색하는 나라는 엄격한 이슬람 율법으로 소문난 파키스탄이다. 2010년 7월 구글이 검색어 입력 현황을 집계한 결과다. 파키스탄은 2010년뿐만 아니라 5~6년 전부터 이 부문에서 1위를 유지해 왔다.[28] '포르노의 역설'이 국제적으로도 입증된 사례라 하겠다.

포르노 관용 강국

세계에서 포르노, 특히 포르노 제작에 가장 관대한 나라는 헝가리다. 한 달에 100여 편이 넘는 포르노가 헝가리에서 제작되어 전 세계로 유통되고 있다. 박영섭은 헝가리가 '포르노 영화의 메카'가 될 수 있었던 이유를 이렇게 설명했다. "헝가리는 표현의 자유에 있어서 거의 무제한적인 권리를 보장하고 있다. 포르노 영화를 자유화하고 있는 나라라고 해도 약간씩의 규제가 있을 수가 있다. 그런데 헝가리에서는 어떤 규제도 받지 않는다. 인건비가 싸 제작비가 엄청나게 적게 든다는 것도 이유다. 독일에서 1편 제작할 비용으로 헝가리에서는 3편을 제작할 수가 있다. 그리고 가장 중요한 이유는 포르노 영화에 출연할 멋진 배우를 구하기가 쉽고 다른 유럽 나라에 비교해 출연료 또한 비교가 안 될 만큼 싸다는 것이다.…… 헝가리는 섹스에 대해 비교적 관대한 분위기이기 때문에 설사 포르노 영화에 출연한 사실이 밝혀졌다 하더라도 본인이나 주위에서 크게 대수롭게 여기질 않는다.[29](참고 '포르노밸리')

포르노 민주화론

포르노가 민주주의의 발전에 기여했다는 설이다. 조한욱은 "인쇄술의 발달을 통해 더 많은 사람들이 포르노를 접할 수 있게 된 결과 그에 대한 검열과 통제의 필요성이 촉발됐다는 사실, 그리고 포르노가 절대 왕정의 비판을 위한 도구로 사용됐다는 사실은 포르노가 민주주의의 확산과도 깊은 연관성을 지닌다는 추정에 확신을 불어넣는다"고 말했다. 그는 포르노가 사회 비평의 역할까지 수행하게 됐다며 이렇게 주장했다. "대중화된 외설 문화는 궁정의 정치나 귀족들의 세계를 비판하기 위한 수단으로 사용됐다. 성적인 자유 사상이 정치적·철학적 자유 사상과 관련을 맺는 것은 이러한 맥락에서다. 그렇다고 포르노그래피가 반드시 정치적 비판이나 전복을 위한 목적으로만 제작되었던 것은 아니다. 그것은 경제적 이윤을 챙기기에 편리한 매체이기도 했다. 그리하여 포르노그래피는

르네상스 이탈리아의 인쇄공, 삽화가, 작가들 수준에서 빛을 보게 되었으며, 이제 사회 비판과 정치적 비판을 넘어서 남성 중심적인 인문주의 문화에 비평을 가하는 역할까지 떠맡게 됐다."[30]

포르노밸리

이른바 포르노 산업의 실리콘밸리로 불리는 미국 로스앤젤레스 북쪽의 산페르난도 계곡을 말한다. 포르노밸리에서는 2007년까지 한 해 5,000~6,000편의 포르노가 제작됐는데, 2008년 세계를 강타한 경제 위기로 큰 타격을 입었다. 미 포르노 산업 전문지 『어덜트비디오뉴스』의 마크 컨스 편집장은 "경제 위기 전인 2007년 60억 달러(약 7조 3,000억 원)에 이르던 미국 포르노 산업의 전체 매출이 지난해 30~50% 줄어들었다"고 말했다. 이성 간 성교 장면을 찍을 때 예년에는 1,000달러(약 120만 원)를 받던 여배우들이 이제는 800달러(약 97만 원), 같은 장면에서 보통 500달러(약 60만 원)를 받던 남성 배우는 300달러(약 36만 원)를 받으면 운이 좋은 편이라고 한다.[31]

포르노 성기

포르노 영화에 나오는 남성의 성기를 보고 자괴감을 느끼거나 자학을 하는 남자들이 많은데, 절대 그럴 일이 아니다. 이진이 잘 지적했듯이, "미국 포르노 영화에 나오는 남자의 성기 크기는 보통의

2배는 될 만큼 큰데 그것을 보고 백인이나 흑인의 성기가 동양인의 성기보다 크다고 여기는 것은 잘못된 생각이다. 영화에 나오는 미남 · 미녀가 미국인의 전형이 아니듯, 포르노에 나오는 배우들의 성기는 그것이 돈벌이의 주된 수단이므로 특화되어 있을 뿐이다."[32] 그러나 평균적으로 보아 흑인의 성기가 가장 크고 그 다음이 백인, 그리고 그 다음이 동양인이라는 건 분명한 사실이다. 그러나 크다고 꼭 좋은 건 아니다. 작은 고추가 맵다는 말이 왜 나왔겠는가.

포르노와 외설 Pornography and Obscenity

영국 작가 D. H. 로렌스가 1929년에 출간한 책의 제목으로, 그의 선구적인 성애론이 잘 나타나 있다. 그는 이 책에서 지식인들의 성에 대한 위선을 비판하면서 "성은 인간 생활에 있어서 대단히 유익하고 필요한 자극"이라고 주장했다. 로렌스는 성을 증오하고 죄악시하는 정신문명의 해독 때문에 진정한 인간 문명이 파괴되고 왜곡된다고 생각했다.[33]

포르노 porNO 운동

1977년 독일에서 여성 잡지 『엠마』를 창간해 대성공을 거둔 독일의 대표적인 여성주의자 알리스 슈바르처 Alice Schwarzer가 1987년부터 전개한 포르노 반대 운동이다. 그녀는 이 운동의 성과로 1997년 독일 시

민을 대표하는 '올해의 여성'으로 선정됐다.[34]

포르노의 가정화 Domestication of pornography

1980년대의 비디오 붐으로 인해 포르노를 가정에서 즐겨볼 수 있게 됨으로써 포르노의 소비와 개념에 일대 혁신을 가져온 것을 말한다.[35] 우리나라의 VCR 보급 대수는 1988년 4월 180만 대였는데 올림픽 특수에 힘입어 연말엔 220~250만 대에 이르러 비디오 시장의 규모가 영화 시장을 추월해버렸다.[36] 1988년 말 전국의 비디오숍은 약 2만 개소, 프로 테이프 시장은 연간 1,000억 원에 이르는 시장 규모를 형성했다.[37] VCR은 1990년엔 350만 대(35%)로 늘었으며, 1992년 1월의 갤럽 조사에 따르면 VCR의 보급률은 54.2%인 것으로 나타났다. 1990년대 초 한국 국민은 1년에 극장 영화를 1.2편 보는 반면 비디오 영화는 7.4편을 보는 것으로 나타났다. 당시 섹스 비디오 영화의 평균 제작 기간은 15일이었으며, 영화의 주 무대는 침실, 별장, 숲 속 등이었고, 등장인물도 남녀 약간 명이면 족했다. 1988년 5월부터 1989년 9월까지 제작돼 공연윤리위원회의 심의를 통과한 작품 61편 가운데 93.4%인 57편이 불륜과 매춘 등을 다루고 있어 연소자 관람 불가의 성인용이었다. 이들 비디오물에는 한 편당 정사 장면이 평균 9회인 것으로 나타났다.[38] 웬만한 집엔 다 섹스 비디오 영화가 한두 편 있기 마련이어서 그걸 감추려는 부모와 그걸 보려는 자식 간의 '비디오 숨바꼭질'이 벌어지기도 했다.

포르노의 역설

보수적인 사람이 포르노를 더 많이 보는 현상을 말한다. 이 역설의 산증인이 바로 미국 유타 주 주민들이다. 유타 주는 길거리에서 술집을 보기 힘든 곳이며 모르몬교도가 전체 주민의 60% 이상을 차지한다. 지난 2005년 '미국에서 가장 보수적인 도시'에서 1등을 차지하기도 했다. 이런 유타 주가 '미국에서 온라인 성인물을 가장 많이 보는 도시' 조사에서도 미국 내 1위를 차지했다. 조사에 따르면, 1,000가구당 5.7가구가 성인물을 보는 것으로 나타났다. 2009년 3월 『경제전망저널』에 실린 벤저민 에덜먼Benjamin Edelman의 연구 「홍등주: 누가 성인 오락물을 사는가」에 따르면, 유타 주처럼 보수적인 주에서 인터넷으로 포르노를 더 많이 보는 것으로 나타났다. 자유롭고 관대한 성향의 도시가 포르노를 더 많이 볼 것이란 고정관념을 뒤집는 결과였다. 과학 전문지 『뉴사이언티스트』는 포르노 이용 빈도와 보수적 사고방식 간의 이 같은 상관관계가 정치적 결정에도 그대로 드러난다고 분석했다. 예를 들어, 포르노를 많이 보는 10개 주 중 8곳이 지난 대선 때 보수주의자인 공화당의 존 매케인에게 표를 던졌고, 가장 적게 보는 10곳 중 6곳이 진보주의자인 민주당의 버락 오바마 대통령을 지지했다는 것이다. 에덜먼은 "이 연구를 보면 (성인물에) 가장 비 관용적인 사람들이 그것을 가장 많이 구입한다"고 말했다.[39]

포주 pimp, ponce

창녀를 두고 영업을 하는 사람을 말한다. ponce는 '매춘부의 기둥서방'이라는 뜻도 있다.

폴리아모리 Polyamory

서로를 독점하지 않는 다자 간 사랑을 뜻하는 말로, 모노가미(일부일처제)의 대안으로 생겨난 새로운 결혼 형태다. 2009년 6월 미 ABC 방송은 폴리아모리를 채택한 이들이 늘어나고 있으며, 일부에선 '차세대 인권 운동'으로까지 보고 있다고 보도했다. 폴리아모리 운동은 1960~1970년대 공동체 생활에 뿌리를 두고 생겨났다. 1986년 설립된 폴리아모리 그룹 모임 '러브 모어Love More'에는 3,000여 명이 활동하고 있고, 단체 메일 수신 명단에는 전 세계적으로 약 1만 5,000명이 등록돼 있다. 폴리아모리 전문가 데버러 애너폴Deborah Anapol은 "폴리아모리는 오래전부터 있어 왔고 지금은 많은 문화에서 이를 받아들이고 있다"면서 "하와이에선 부부 외 다른 파트너를 뜻하는 '푸날루아punalua'라는 단어도 있다"고 언급했다. 폴리아모리를 채택한 이들은 여러 파트너로 구성된 그룹을 이루며, 그룹 안에서 다양한 관계를 맺는다. 하지만 그룹을 벗어난 관계는 허용하지 않는다. 그룹에 따라 한 번에 한 명의 파트너하고만 성관계를 맺게 하는 등 규칙이 있다. 그룹 멤버끼리 자식을 함께 기르기도 한다. 미국의 보수 단체들은 "동성 간 결혼을 합법화한 것이 폴리아모리 그룹 같은 비전통적인 형태의 관계가 생겨나는 길을 열어주고 있다"고 비난하고 있다. 하지만 폴리아모리 그룹은 "우리는 단순한 섹스 파트너가 아니라 정신적인 유대 관계를 더 중요하게 여긴다"고 반박한다.[40] 일각에선 미국 내 폴리아모리 가족이 50만 가구가 넘을 것으로 추정하고 있다. 미국의 대다수 커플이 이혼을 경험하는 현대 사회에서 '다수 대 다수'의 구도가 훨씬 효율적이라는 주장도 나오지만, 킨제이 연구소는 "폴리아모리는 어떤 이들에겐 '폴리애거니(polyagony, 이중 삼중의 고통)'가 될 수 있다"고 경고했다. 또 전문가들은 인간의 본질적 심성인 '질투'를 완벽하게 제어하는 건 불가능에 가깝다고 지적했다. 천성적으로 타고나는 동성애와 선택의 문제인 폴리아모리를 동급으로 보지 말라고 동성애 단체가 등을 돌린 것도 부담이다.[41] (참고 '모노가미')

푸시 pussy

여성의 음부 또는 성교를 가리키는 비속어다. 어린이들 세계에서는 고양이 pussycat를 뜻한다. 미국에서 남자에게 "You are pussy"라고 하면 "너는 여자처럼 약한 놈이다"는 뜻인데, 이는 남자를 가장 모욕하는 말이다.[42]

풀살롱

이른바 '원 스톱 서비스'로 성매매까지 할 수 있는 룸살롱을 말한다. 2009년 4월 경찰에 적발된 모 룸살롱의 경우, 각 층이 200m²인 10층 건물을 빌려 1~3층은 여종업원 대기실로, 4~7층은 여러 개의 방이 있는 룸살롱으로, 8~10층은 침실이 마련된 성매매 장소로 이용해 온 것으로 밝혀졌다.[43]

풍선 효과

법적 규제가 음성화를 부추겨 범죄를 더 양산한다는 논리다. 2004년 3월 22일 제정된 성매매 특별법에 대해 김강자 한남대 경찰행정학과 교수는 『중앙일보』(2010년 3월 18일)와의 인터뷰에서 다음과 같이 말했다. "현실을 고려하지 않은 이상적인 법 때문에 풍선 효과가 발생했다. 음성화된 성매매가 만연해 있다. 음성화된 성매매는 단속이 더 어렵다. 성매매 업소 건물의 한 개 층을 단속하는 데 10여 명의 인력이 필요하다. 한 건물을 수색하려면 수십 명이, 한 지역을 단속하려면 수백 명이 필요한 셈이다. 음성화된 성매매는 서울을 잡으면 경기도로 퍼지고, 경기도를 잡으면 제주도로 퍼진다. 전국적으로 동시에 포위망을 좁혀가며 단속해야 한다. 그만한 경찰력을 어디서 확보하나"라며 현실을 개탄했다. 이어 성매매의 음성화를 우려하며 다음과 같이 제안했다. "내가 주장하는 건 단계적·한시적 규제주의다. 성매매가 완전히 없어지기 전까지는 양지로 끌어내놓고 정부가 관리하자는 거다. 어릴 때부터 성이 얼마나 소중하고 귀중한 건지 철저히 가르치고 성매매를 직업으로 택하는 지경까지 이르지 않도록 복지를 튼튼히 하는 게 선행돼야 한다. 성매매를 허용하는 나라의 경우 성매매 종사 인구 비율이 우리나라의 10분의 1도 안 된다." 사실 지금 이 순간에도 강남이나 시내 빌딩가에는 온갖 성매매에 관련된 명함이 난무하고 있다. 이들 업소의 특징은 달랑 전화번호(물론 대포폰) 하나 적어놓고 사전 예약제로 단속을 피해가며 영업을 하고 있다는 점이다. 오히려 성매매 특별법이 시행되어 아동 성범죄가 끊이지 않고 화대만 인상시켰다고 오입꾼들의 불평이 대단하다. 풍선을 부는 것은 업소만이 아닌 것이다.

프랑스 배설 문화

프랑스의 배설 문화는 워낙 독특해 세계적으로 독보적이다. 17세기에 지어진 베르사유 궁은 길이 580m에 2,000개나 되는 방을 갖췄지만, 화장실은 하나도 없었다. 그 대신 300개 정도의 요강이 있었다.[44] 루이 14세 시절 루브르 궁전 방문자들은 안뜰, 발코니, 계단, 문 뒤 등 가리지 않고 여기저기에 대소변을 봐서 악취를 진동시켰지만, 그걸 당연하게 생각했다.[45] 루이 14세는 요강에 볼일을 보면서 사람들을 맞기도 했는데, 그때 왕을 알현하는 건 가장 영예로운 일이었다.[46] 프랑스인들은 배설에 프라이버시 같은 의미를 두지 않았기 때문에 머리와 발이 밖으로 드러나는 옥외 화장실이 유행했다. 그 전통은 지금도 살아 있어서 프랑스의 대부분의 공중화장실은 남녀 공용이며, 레스토랑에도 남녀 공용 화장실이 많지만, 프랑스인들은 그걸 별 문제로 여기지 않는다.[47]

프로이트의 복음

1차 세계대전 중 젊은 남자들이 전쟁터에 나가 싸우는 동안 여성들이 성적 기갈 상태에 빠졌다는 우려와 공포가 유럽과 미국 사회를 휩쓸었다. 종전(1918년 11월 3일) 후 어떤 일이 벌어졌을지는 쉽게 짐작할 수 있다. 그간 밀린 성욕을 채우려는 열풍에 프로이트가 동원됐다. F. L. 알렌Frederick Lewis Allen에 따르면, "섹스는 인류를 움직이는 중심적이고 보편적인 힘으로 간주됐다. 인간의 거의 모든 동기는 섹스로 귀결됐다.…… 정신 건강의 첫째 필요 조건은 억제 없는 성생활이며, 건강하고 행복하게 살려면 리비도에 복종해야 한다. 이것이 바로…… 미국인들의 마음에 심어진 프로이트의 복음이었다.…… 자기 통제의 덕을 설교했던 성직자들은 직설적인 비평가들에게 '자기 통제라는 것은 이미 시대가 지난 것이며, 실로 위험한 것'이라는 이야기를 들었다."[48]

프리아피즘 priapism, 지속 발기증

사정 이후에도 발기가 지속되는 질환으로, 전설적인 발기 능력을

지닌 번식과 정력의 신 프리아포스^{Priapos}에서 이름을 따왔다. 빌 아
에스는 지속 발기증에 대해 이렇게 설명했다. "이러한 질환은 특정
약품의 복용이나 부상, 혹은 겸상 적혈구 빈혈증과 같은 혈액 장애
에서 비롯되기도 하지만, 대부분의 의사들은 발생 원인을 거의 알
수 없어 그저 머리만 긁고 있을 뿐이다. 지속 발기증은 매우 고통스
러우며, 4시간 이상 지속될 경우에는 생명을 위협할 수도 있다. 만
약 발기 상태가 풀리지 않아서 음경 안에 갇힌 혈액이 응고되면, 세
상 모든 남자들이 움찔할 만한 섬뜩한 방법을 동원해 억지로 피를
뽑아내야 한다. 즉 커다란 바늘을 음경에 꽂은 다음, 거의 시커멓게
된 피를 뽑아내는 것이다."[49]

플라토닉 러브 Platonic love

정신적 사랑을 뜻한다. 그러나 마광수에 따르면, "'플라토닉 러브'
란 정신적 사랑을 의미하는 것이 아니다. 플라톤은 동성애자였다.
(소크라테스도 그랬다.) 그는 미소년들의 아름다운 '외모'를 사랑했다.
당시에는 인간의 육체미를 최고의 덕으로 쳤다. 그래서 올림픽 경
기에 출전하는 선수들은 모두 벌거벗은 맨몸뚱이로 시합에 임했다.
그때는 여성보다 남성의 외모를 더 사랑했다.(동물계에서 수컷이 암컷
보다 아름다운 것과 같다.) 당시의 철학자들은 대개가 '게이'였다."[50] 그
리스의 철학자들은 여자와 동침하면 육체를 낳지만 남자와 동침하
면 마음의 생명을 낳는다고 믿었다.[51]

플래퍼^{flapper}

1920년대는 미국의 성 혁명 시대로 기록되는데, 이 혁명의 선두 주자는 플래퍼였다. 1700년대 중반 영국에서는 '플래퍼'가 날개를 퍼덕거리는 소리를 흉내 낸 의성어로 '이제 막 날기를 배우려는 새끼 야생 오리'라는 뜻으로 쓰였으며, 1800년대 중반엔 '머리를 핀으로 묶지 않고 길게 늘어뜨려 바람에 휘날리게 하는 여자'라는 뜻으로 쓰였다. 그러다 20세기 초쯤 프랑스에서 '짧은 치마에 단발머리를 한 길거리 창녀'를 부르는 말로 의미가 달라졌다. 1차 세계대전 당시 유럽땅을 밟은 미군들이 이 창녀들과 즐기면서 '플래퍼'라는 말과 그녀의 모습을 기억에 담은 채 미국으로 돌아오면서 미국에선 또 다른 의미로 쓰이게 됐다. 넓게 보자면 플래퍼는 1차 세계대전 이후 여성들의 사회 참여로 인해 생겨난 '신여성'을 일컫는 말이지만, 그 전형적인 모습은 짧은 치마를 입고 담배를 물고 색소폰 소리에 몸을 흔들어대는 '노는 여자'였다. 1922년 『플래퍼』라는 잡지가 창간될 정도로 '플래퍼 붐'은 미국 사회에 큰 영향을 미쳤다. 이 말이 외국으로 수출되면서 부정적인 의미가 더욱 강해져, 한국에서도 한때 여자 깡패나 행실이 방정하지 못한 여자를 가리켜 '후랏빠'라고 부르기도 했다. '박애 소녀'라는 별명도 등장했다. 맥라렌^{Angus McLaren}에 따르면, "노동 계급의 소녀들은 댄스홀에 '한 건 하러' 가는 경우가 더 많았다. 뉴욕에서는 그들을 '박애 소녀'라고 불렀다. 성적인 선물과 하룻밤의 유흥을 맞바꾸려고 했기 때문이다.…… 그러나 그들은 스스로를 창녀로 여기지는 않았으며, 두 번

째부터는 가능했을는지 몰라도 첫 데이트부터 섹스를 허락하려고
는 하지 않았다."[52]

플레이보이

미국의 월간 남성 잡지다. 최초로 여성의 누드 사진과 성에 관한 내
용을 특집으로 다루었다. 세련된 구성과 사진 특집으로 유명한 이
잡지는 누드 사진뿐만 아니라 수준 높은 화제의 시사 기사와 소설
도 싣고 있다. 명사나 화제의 인물과의 인터뷰 또한 인기를 끌었다.
1953년 메릴린 먼로의 캘린더를 표지로 하여 출간한 『플레이보이』
창간호는 당시 미국인들의 성을 둘러싼 위선을 벗겨주었다. 『플레
이보이』의 창간은 자유의 깃발이 나부끼는 것과, 그리고 독재하에
서 불복종을 외치는 것과 크게 다르지 않았다. 휴 헤프너에 따르면
"『플레이보이』가 나왔던 때는 바로 미국에서 '성 혁명'이 일어나
고 있던 시점이었다.…… 나의 벌거벗은 소녀들은 불복종의 상징
이고 성의 위대한 승리이며, 청교도주의의 끝이었다."[53] 창간 이래
이 잡지는 성에 대한 진보적 견해를 강조해왔다. 이 잡지가 표방하
는 '플레이보이 철학'은 남자는 성을 포함한 모든 면에서 완전한
자유를 누려야 한다는 것이다. 이 잡지는 미국의 젊은 중산층 남성
들의 성 관습에 큰 영향을 끼쳐왔고, 이 잡지의 구성 형식과 접근법
을 많은 잡지가 모방해왔다.[54] 헤프너는 앨프리드 킨제이를 자신의
영웅으로 여기면서 쾌락을 멸시하는 청교도적 윤리관과의 전쟁에

나섰다. 그는 창간 이념으로 "하루하루를 즐거운 나날이라고 생각
하라. 인생은 결코 눈물의 골짜기가 아니다"라는 인생관과 더불어
"삶에 활력을 불어넣어 주는 신의 축복인 외설물을 미국인이 즐기
게끔 하자"는 사명을 내세웠다.[55] 저널리스트 빌 브라이슨[Bill Bryson]은
"『플레이보이』는 언제나 미국인의 생활에서 주춧돌"이었다며 그
전성시대를 이렇게 회고했다. "내가 아는 남자들은 모두 『플레이
보이』를 읽었다. 어떤 남자들은 (우리 아버지처럼) 안 그런 척했다. 아
버지는 슈퍼마켓에서 도색 잡지에 눈길을 주는 걸 들키면 창피해
하시면서 사실은 '아름다운 집과 정원' 따위를 보고 있는 척하셨
다. 하지만 읽었다. 심지어 옷장 구석의 오래된 상자 안에 남성 잡
지를 한 다발씩 숨겨두고 자식들이 모를 거라고 생각했지만 모르
는 아이는 없었다. 우리는 가끔 아빠들의 잡지를 몰래 교환한 다음
아버지의 비밀 상자에 다른 잡지를 넣어놓곤 아버지들의 반응을
상상하고 낄낄댔다.…… 휴 헤프너는 우리 모두에게 영웅이었다."

PC Political Correctness

다문화주의를 주장하면서 성차별이나 인종 차별에 근거한 언어 사
용이나 활동에 저항해 그걸 바로잡으려는 운동이다. '정치적 광
정', '정치적 공정성', '정치적 올바름' 등으로 번역할 수 있다. 이
운동의 주장에 따르자면, 가정주부[housewife]는 가사 엔지니어[domestic
engineer], 스튜어디스[stewardess]는 비행 승무원[flight attendant], 창녀[prostitute]는 섹스 대

리인[sex surrogate]으로 불러야 한다.[56]

피자매연대

대안 생리대 만들기 운동을 펼치고 있는 단체다. 여성이 평생 쓰는
생리대는 1만 2,000개에 이르는데, 생리대를 만들기 위해 잘려나가
는 나무와 폐생리대 소각 과정에서 나오는 환경 호르몬을 생각하
면 면으로 만든 대안 생리대로 바꿔야 한다는 것이다. 대안 생리대
란 일회용 생리대와 탐폰에 반대해 여성 자신이 직접 만든 '면 생
리대'를 가리키는 것이다. 피자매연대(www.bloodsisters.or.kr)는 "펄
프를 가공해 만든 일회용 생리대는 암을 유발하는 다이옥신을 다
량으로 함유하고 있어 질염과 가려움증, 심지어 자궁 근종까지 일
으킨다"고 밝혔다. 이는 건강과 환경 보호뿐만 아니라 '월경 관리'
를 남성 중심의 산업 자본이 아닌 여성이 주도한다는 점에서도 큰
의미가 있는 일이다.[57]

피터 팬 신드롬

신체적으로는 어른이지만 그에 따른 책임과 역할을 거부하고 어린
이의 심리 상태에 머무르고자 하는 심리적 퇴행 상태에 빠진 어른들
을 영원히 늙지 않는 동화 속 주인공에 비유한 것이다. 1983년 미국
의 심리학자 댄 카일리[Dan Kiley]가 『피터 팬 신드롬[Peter Pan syndrome]』이라는 책

에서 지적했다.[58] 원조교제와는 다른 차원에서 성인이나 대학생이 여고생과 사귀고 싶어하는 것도 피터 팬 신드롬으로 볼 수 있다.[59]

핀업걸 Pin-up Girl

핀업걸 혹은 핀업모델은 흔히 대중문화에서 사용되는 대량 생산된 이미지 중 하나다. 패션모델, 글래머 모델, 여배우들이 핀업걸로 불린다. 핀업은 회화나 삽화 등 다양한 분야에서 이용된다. 1941년에 처음으로 영어로 명시되었지만, 실제로는 최소한 1890년대에 문서화된 것으로 보인다. 핀업의 이미지는 신문이나 잡지, 석판화, 엽서 등 다양한 매체를 통해 표현됐다. 이 중 일부는 달력을 통해 알려지기도 했으며, 이때부터 벽에 걸어놓는 사진이라는 의미가 붙기 시작했다. 이후 핀업걸의 포스터가 대량 생산되기 시작하면서 순식간에 인기를 얻었고, 핀업의 이미지로 사진을 찍어낸 연예인들은 섹스 심벌로 부상했다. 초기에 인기를 끌었던 핀업걸은 베티 그레이블이었다. 그녀의 포스터는 2차 세계대전 당시 모든 미군들의 사물함에 붙어 있었다고 전해진다. 또 다른 핀업의 형태는 예술 작품, 즉 아름답고 매력적인 여성에 관한 이상향 혹은 그에 관한 생각을 표현한 결과물을 들 수 있다. 그 예로는 찰스 데이나 깁슨Charles Dana Gibson이 그린 〈깁슨 걸〉이 있다.[60]

핍쇼 peep show

일종의 스트립쇼로 돈을 내고 작은 방 같은 곳에 들어가 창을 통해
여자가 옷 벗는 것을 구경하게 되어 있다. 작은 구멍으로 들여다보
면 여러 가지 그림이 움직이는 것처럼 보이는 요지경 상자에서 유
래했다.(참고 '거울방')

Interesting
Sex Dictionary

하렘 harem

동물 세계에서 가장 강력한 수컷 한 마리가 여러 암컷을 거느리거나 인간 세계에서 가장 강력한 한 명의 남자가 여러 여자를 거느리는 번식 체계를 말한다. 데즈먼드 모리스는 "하렘의 역사상 가장 화려했던 터키 술탄들의 대후궁을 살펴보면 이런 번식 체계가 실제로는 얼마나 많은 문제점으로 시달렸는지를 잘 알 수 있다"며 이렇게 말했다. "첩의 지위를 받아들일 수 없는 여자에게 행해진 일반적인 벌은 무거운 돌을 매단 자루에 넣어 보스포루스 해협에 빠뜨리는 것이었다. 한번은 무려 300명의 여자들(후궁 전체에 해당한다.)을 이런 식으로 죽였는데, 그 이유는 단순히 술탄이 새 여자들과 즐기고 싶었기 때문이었다."[1]

하룻밤 자고 만리장성 쌓기

한때의 인연으로 정을 맺었거나 은혜를 입고 크게 갚는다는 뜻으로, 중국 진시황이 만리장성을 쌓기 위해 일할 수 있는 남자를 모두 징발했을 때 탄생한 설화다. 아내와 17세 된 딸만 둔 사내가 만리장성 징용에 끌려가자, 효심 깊은 딸이 어느 날 하룻밤만 재워달라고 찾아든 젊은 나그네를 보고 어머니와 의논한다. 결국 딸에게 설득당한 어머니는 나그네에게 이렇게 말했다. "오늘 저녁에 우리 딸과 부부의 인연을 맺고 나서 그대가 장인을 대신해 징용을 갈 수 있겠는가? 그리고 징용을 마치고 다시 돌아와 살 수 있겠는가?" 총각이 동의했고, 딸과 하룻밤을 지낸 총각은 약속대로 장인이 일하는 곳을 찾아가 장인을 집으로 돌려보내고, 자신은 3년간 일한 뒤 처가로 돌아와서 행복하게 살았다는 해피엔딩 스토리다.[2]

하얀 빤스

전투 소녀, 알프스 소녀 하이디, 세일러 문, 짱구 엄마 등 일본 만화나 애니메이션에 등장하는 여자들이 빠뜨리지 않고 살짝 보여주는 문화적 상징이다. 하얀 빤쓰는 일본의 하드코어 포르노에도 어김없이 등장한다. 이와 관련해 김정운은 이런 물음을 던졌다. "왜 하필 그 아른아른한 하얀 빤스인가. 왜 빨간 빤스, 파란 빤스, 찢어진 빤스면 안 되는가? 개인적인 취향에 따라 빤스의 색깔을 달리할 수도 있는 것 아닐까? 그런데 안 그렇다. 계속 하얀 빤쓰다." 왜 죽어라 하고 하얀 빤쓰인가? 일본 내에서 나온 해석을 종합해 자신의 생각을 덧붙여 김정운이 내린 결론은 이렇다. "하얀 빤쓰에 흥분하는 남자들에게 하얀 빤쓰는 절대 벗겨지면 안 된다. 하얀 빤쓰가 벗겨지는 순간 모든 성적 환상은 끝나버리기 때문이다. 이 슬픈 남자들에게는 하얀 빤쓰 속 여성의 성기가 욕망의 대상이 아니다. 하얀 빤쓰 자체가 목적이다. 하얀 빤스라는 상징의 소비를 통해 자신의 불감증을 벗어나려는 눈물겨운 노력이 이 모든 현상의 본질이라는 이야기다. 하얀 빤쓰를 소비하는 행위는 자신의 존재를 확인하려는 몸짓이다. 상대방과의 성관계가 아니다. 빤쓰의 색이 하얀색이어야 하는 이유도 바로 그 때문이다. 때 묻지 않은 순수함을 상징하는 하얀색은 그 빤쓰 속의 성기에 대한 상상을 방해한다. 하얀 빤스 속에는 여자의 성기가 없다. 남성 자신의 뿌리 깊은 정신적 상처가 있을 뿐이다."[3] 가슴에 와 닿거니와 날카로운 분석이지만, 너무 어렵게 생각하는 것일 수도 있다. 살짝 보여줌으로써 성에 굶주렸거나 상처받은 남자들의 애간장을 태우는 데엔 하얀색이 제격이지 않을까? 만화나 애니메이션을 제작하는 기능상 그게 편리할 수도 있지 않을까? 처음엔 어떤 이유에서 비롯됐건 그것이 하나의 '코드'로 굳어버리면 나중에 하는 사람들도 무작정 그렇게 따라서 하는 것일 수도 있지 않을까? 어찌 됐건 여러 빤쓰 중에서 '하얀 빤스'가 가장 가슴을 설레게 하는 것만큼은 분명한 것 같다.

한국의 음란 관련법[4]

1. 〈채털리 부인의 사랑〉과 〈춘몽〉 사건

1967년 6월 10일 서울형사지방법원은 변태 성욕자의 린치를 다룬 유현목 감독의 영화 〈춘몽〉(1965년)에 유죄 선고를 내렸는데, 이는 일본의 〈채털리 부인의 사랑〉 사건 판결을 원용한 것이었다. 문제가 된 장면은 주인공인 여인이 앞가슴 일부에 살색의 나일론 천을 두르고 나체로 음부를 노출시킨 채로 변태 성욕자에게 쫓겨 계단 위층에서 아래층으로 도망쳐 내려오는 장면에서 완전 나체가 된 모습을 약 6초가량 보여준 것이었다. 판결문의 내용은 이렇다. "예술 작품은 궁극적으로 인간의 성적 충동을 다루면서 그 정서에 호소하는 것이기 때문에 예술 작품에 있어서의 그 성적 충동의 표현은 완곡하고 미화되어 나타나는 것이 정상이나 예술인이 그 작품에서 성적 충동을 강조한 나머지 건전한 정상인에게 윤리적으로 혐오의 대상이 되는 내용을 싣고 이를 예술 작품이라고 하고 그 예술성을 강조하더라도 작품이 갖는 음란성은 동시에 스스로 별개의 차원에 속하는 도덕적, 법적 측면에 있어서의 평가 대상이므로 작품의 예술적 가치 여부는 별개의 개념인 그 음란성을 정하는 표준이 될 수 없다. 따라서 문제의 영화가 인간의 선악 문제를 다룬 예술적 가치가 있는 작품이라 하더라도 그 내용의 일부가 음란성을 띠고 있는 한 그 예술성의 유무는 그 음란성의 소장(消長: 쇠하여 사라짐과 성하여 자라감)에 아무런 영향이 없다고 할 것이다." 예술이고 뭐고, 일단 음란해 보이면 안 된다는 뜻이다.

2. 고야의 나체화 사건

1970년 10월 30일 스페인 화가 고야의 명화 〈나체의 마야〉를 성냥 갑에 부착 판매한 사람이 대법원에서 유죄 판결을 받았다.

3. 「동경의 밤 25시」와 『서울의 밤』 사건

1971년 6월 24일 일본 『주간여성』의 글을 월간지 『인기』가 연재한 것인데 대기업의 간부들이 미혼 여사원과 놀아난다는 내용을 담고 있었다. 서울형사지방법원은 이 글에 대해 유죄 판결을 내렸다. 문제가 된 내용은 자동차 안에서 성교 장면을 묘사함에 있어서 "내 것은 킹 사이즈야, 킹 사이즈란 흔치 않은 것", "차 안에서 옆으로 누운 탓인지 좀처럼 잘 되지 않는다" 등의 표현이 문제가 됐다. 박승훈의 문학 작품 『서울의 밤―남대문에서 워커힐까지』는 "성의 부패, 타락상을 있는 그대로 공개 고발함으로써 사회에 경종을 울리고 동시에 현대인의 원죄로부터의 해방을 위한 미래 모색의 길을 터줌을 목적으로 한 고차원적인 예술 작품이라 음란 문서로 볼 수 없다"고 주장했으나, 기각되고 말았다.

4. 『반노』, 『애법』과 『고위 결혼』, 그리고 〈사방지〉 포스터 사건

1975년 대법원은 『반노』라는 소설에 담긴 남녀 간의 변태적인 성행위 묘사에 대해 무죄 판결을 내렸다. 1982년 2월 9일에는 여자 누드 모델의 6가지 성교 체위 사진을 수록한 『애법』과, 48가지 성교 체위를 그린 그림과 사진 등을 담은 『고위 결혼』 등의 사진집에 유죄 판결을 내렸다. 또한 1990년 10월 16일에는 동성애를 소재로 한 영화 〈사방지〉(1988년, 감독 송경식)의 광고 포스터 스틸 사진은 음화라는 판결을 내렸다.

5. 『즐거운 사라』 사건

소설 『즐거운 사라』(1991)를 집필한 마광수는 1992년 10월 29일 구속되어 그해 12월 28일 1심에서 징역 8월 집행 유예 2년을 선고받았으며, 1995년 6월 16일 대법원에서도 유죄 확정 판결을 받았다. 대법원은 "이 소설은 다양한 종류와 형태의 성행위에 대한 묘사가 병적이고 동물적인 차원에서 통속적으로 형상화되어 있을 뿐 건강하고 인간적인 차원에서 이를 서술함으로써 인간의 성적 욕구의 본질을 제시하거나 삶에 대한 새로운 통찰이나 비전을 제시한 흔적을 찾아볼 수 없다"라고 판결 이유를 밝혔다. 이에 대해 역사학자 최상천은 다음과 같이 일갈했다. "『즐거운 사라』 사건은 권력을 잡은 사람들의 횡포라는 측면에서만 우리나라 자유민주주의의 실체를 보여주는 것이 아니라 권력에 대항할 수 있는 세력의 수준도 보여주었다. 그러나 우리 사회를 지탱하고 있는 상당수의 진보적인 지식인이 『즐거운 사라』 사건에 침묵을 지킨 것은 이해할 수 없다."

6. 『내게 거짓말을 해봐』 사건 외

1995년 미야자와 리에의 누드집 『산타페』는 선정성보다 예술성을 강조했다고 평가되어 무죄, 배우겸 가수 유연실의 사진첩 『이브의 초상』 역시 무죄를 받았다. 그러나 세계적인 여배우 소피 마르소, 브룩 실즈, 메릴린 먼로, 샤론 스톤 등의 야한 사진을 실은 『에이스』는 예술성 없이 선정적 측면을 강조했다는 이유로 유죄 판결을 받았다. 이어 1997년 8월 전라 또는 반라 상태로 다양한 자세를 취한 여자 모델 사진이 수록된 사진첩 『오렌지 걸』에 대해서는 "남녀 간 성관계 장면이나 음부가 완전히 노출된 사건이 아니더라도 보통 사람에게 성적 흥분을 유발하거나 성적 수치심을 준다면 음화로 봐야 한다"고 판결했다. 1998년 1월 소설 『아마티스타』에 대해서는 외국에서 작품성을 인정받은 소설이라도 국내의 성적 도의 관념에 어긋난다면 음란물로 봐야 한다는 판결이 나왔다. 1998년 2월 대법원은 장정일의 소설 『내게 거짓말을 해봐』(1996)에 대해 출판사의 재빠른 회수 조치에도 불구하고 출판사 상무이사를 구속(1996년 11월)한 데 이어 저자 장정일을 징역 6월에 집행 유예 1년에 처했다. 이 소설은 30대 후반의 조각가 J와 여고생 Y의 파격적인 사랑을 다뤘는데 두 사람 간의 섹스를 묘사한 부분이 너무 노골적이고 변태적이라 하여 음란성 시비를 불러일으켰다.

항문 성교

일명 애널 섹스로 불리는 항문 성교는 성교의 한 형태로 발기한 성기를 직장으로 삽입하는 것을 말한다. 현대 사회 특히 서양 문화에서 항문 성교는 동성애자와 양성애자인 남성에게 널리 퍼져 있다. 항문 성교를 갖는 동성애 남성들 가운데 몇몇은 톱^{top} 또는 바텀^{bottom}의 역할을 취한다. 그러나 몇몇 남성들은 올^{all}로서 톱과 바텀을 모두 선호하는 경우도 있다. 미국에서는 'pitcher' 와 'catcher' 라는 표현을, 영국에서는 'active' 와 'passive' 를, 한자 문화권에서는 '공攻'과 '수受' 라는 표현을 사용한다. 항문 성교가 널리 받아들여지고 있는 이유는 '보호되지 않는 항문 성교' 를 통해 원치 않는 임신의 위험을 매우 낮출 수 있기 때문이다. 심지어 여성의 처녀성을 보존하는 것으로 여겨지기도 한다. 왜냐하면 처녀막을 다치지 않게 놔둘 수 있기 때문이다. 다른 이유로는 항문이 남성 성기에게 질보다 더욱 조이는 느낌을 제공하기 때문이다. 이러한 성행위는 여성보다 남성이 더 큰 성적 만족을 얻는다. 그러나 항문 성교는 전염병, HIV/에이즈, 육체적 위험, 암 등을 유발할 수 있다.[5]

해바라기

많은 남성들이 자신의 남성다움을 과시하기 위해 일명 '해바라기 수술' 이라는 해괴한 수술을 한다. 성기 안에 링이나 구슬을 넣거나, 봉침을 맞아 붓고 가라앉히기를 수십 번 하여 성기를 크고 튼튼하게 하는 등 남성들 사이에선 한때 유행처럼 번졌다. 원래 해바라기 수술은 교도소에서 재소자들이 칫솔의 손잡이 부분을 구슬 모양으로 만들어 삽입하거나 이태리타월로 귀두 부분을 문질러 살갗이 벗겨지고 딱지가 앉기를 수십 번 거치며 성기를 연마한 데서 비롯한다. 재력이 있는 사람은 전문의를 찾았지만 그렇지 못한 대다수 사람들은 돌팔이에게 자신의 가장 귀중한 곳을 맡겨야 했다. 선택의 폭을 넓혀주기 위한 배려인지 모르겠지만 종류도 다양했다. 한술 더 떠서 음경에 파라핀이나 바셀린을 주입해 크기를 확대하는 노력도 서슴지 않았다. 지금은 거의 볼 수 없지만 예전에는 007 가방에 음경 흡입 확장기를 넣고 다니면서 판매하는 사람들이 많았다. 일부 장사치 가운데 자신의 성기를 내놓고 직접 실험하는 열성파도 있었다. 그러나 이런 비과학적인 시술법은 시간이 지나면서 성기에 이상을 초래하는 등 심각한 문제를 야기했다. 수술을 받은 사람 중 염증과 통증, 합병증, 피부 괴사 등을 호소하는 사람이 생긴 것이다. 문제는 여기에서 그치지 않았다. 치료를 받는다 해도 원상회복이 어렵기 때문이었다. 무식하면 용감해진다는 말이 있다. 의학적 지식 없이 남이 한다고 유행을 좇는 것이 예나 지금이나 패가망신을 자초할 수 있다는 점은 자명하다.[6]

해어화 解語花

'말을 이해하는 꽃'이란 뜻으로 미인을 가리킨다. 당나라 현종이

양귀비와 함께 연못에 활짝 핀 연꽃을 감상하다가 "내 해어화와 연꽃 중에서 어느 것이 더 아름답소?"라고 신하들에게 물은 데서 유래했다. 물론 여기에서 해어화는 꽃은 꽃인데 말까지 할 줄 아는 양귀비를 두고 한 말이었다. 조선 시대에는 기생을 해어화라고 했다.[7]

허니돌

남성을 위한 섹스돌sex-doll을 말한다. 일본에서 2000년대 중반 개발됐다. 실리콘과 합성수지로 만들어진 실물 크기의 인형으로, 양쪽 가슴에 내장된 센스에 의해 유두를 움켜쥐면 신음을 낸다. 이 여성 로봇은 키가 156cm, 몸무게는 29kg이며, 가슴둘레는 87cm, 허리 사이즈는 57cm, 엉덩이 둘레는 83cm, 발의 크기는 24cm다. 머리는 교체 가능하며, 이빨은 오럴 섹스 시 발생하는 모든 사고를 피하기 위해 물렁물렁하게 제작됐다. 다양한 강도의 오럴 섹스가 가능하고 가능한 한 많은 체위를 구사할 수 있도록 회전이 가능한 엉덩이를 갖고 있다. 로봇의 유두지만 만지면 몸을 떨기도 한다. 또 상대방의 귀에 부드러운 말로 속삭이기도 한다. 내부에 음성 주문 박스 센서가 부착돼 있으며 음성 모듈은 목소리를 바꿀 수 있도록 설계됐다. 현재로서는 '허니돌'이 로봇의 초보 대용품에 지나지 않지만 그래도 믿을 수 없을 정도로 사람과 비슷한 모습을 하고 있다. 손으로 심은 눈썹, 순진무구한 시선, 아래로 숙인 눈꺼풀, 반쯤 벌린 입술을 한 이 사랑스러운 인형은 형언할 수 없는 매력을 뿜어낸다. 고객은 이구동성으로 실제 같다고 말한다. 전통적으로 일본에서는 하나의 사물이 인간의 형상을 띠면 하나의 혼이 생긴다고 여기며 인간의 대체물로 본다. 애니미즘 전통이 일본인으로 하여금 사물에 혼을 불어넣도록 만든 것으로 보인다.[8]

허벅다리 부인

자유부인 사건이 선정적으로 널리 알려지던 때에 반反 자유부인 운동도 일어났다. 국가와 사회단체가 앞다투어 열녀, 효부, 절부(절개를 지키는 부인)를 뽑아 모범과 찬양의 대상으로 표창한 것이다. 『동아일보』(1954년 12월 24일)에 따르면, 심지어 이런 '허벅다리 부인' 도 있었다. "장성군 서삼면 장산리 신기 부락에 거주하는 김(47)은 2년 동안 신병으로 고생하는 남편을 완치시키기 위해 갖은 노력을 다 했으나 신통치 않아 사람 고기가 제일 좋다는 말을 듣고 허벅다리를 도려내어 복약케 하여 회복시킨 사실이 있다 한다. 면민들의 칭송이 자자하고 본도 송 경찰국장은 감동하여 표창장을 수여했다."[9]

(참고 '자유부인 사건')

허위 오르가슴 faking orgasm

성적 오르가슴에 대한 강박 때문에 남성이 그렇지 않은데도 오르가슴을 느낀 것처럼 신음을 내거나 여성이 남성의 그런 강박에 호응해 일부러 신음을 내는 걸 말한다. 1980년대 『플레이보이』의 조사에 따르면, 미국 남성의 28%, 여성의 3분의 2가 허위 오르가슴을 연출한 것으로 밝혀졌다.[10] 이는 매춘부들이 꼭 알아야 할 필수 과목이기도 하다. 1984년에 첫 상영된 마를린 호리스의 영화 〈부서진 거울〉에선 고참 매춘부가 신참에게 최소한의 노력으로 제대로 오르가슴을 흉내 내는 법을 다음과 같이 알려준다. "나가떨어지는 것! 남자들이 원하는 건 네가 나가떨어지는 것뿐이야. 어쩔 도리가 없다는 듯 말이지. 그러니까 섹시한 척 숨넘어가게 헐떡거리면서 가만 누워 있어봐야 소용없어. 그걸론 속지 않으니까. 남자들이 멍청하긴 해도 그렇게 멍청하진 않거든.…… '오~' 하고 소리치는 거야. 상황에 따라서는 부드럽게. 그러면 말이지, 남자는 자기가 바그다드 최고의 호색한이라도 된 듯 느낀다니까. 돈을 더 받을 수 있을지 모른다고."[11]

헤테로섹시즘 heterosexism

동성애에 대한 이성애적 차별주의를 일컫는 말이다. 이성애의 틀 속에서 진정한 사랑이란 오직 남성과 여성 사이에서만 존재한다. 이들에게 동성애자의 사랑이나 다른 성애적 관계는 일반인의 가치 체계에서 벗어난 부자연스럽고 부도덕한 처사로 평가된다. 이러한 이성애 중심주의는 동성애를 사회적 혐오의 대상인 동시에 공포의 대상으로 여기기도 했다. 동성애자들의 생활이나 사고 구조에 대

해 부정적으로 반응하는 현상을 일컬어 동성애 공포증 또는 혐오
증이라고 한다.[12](참고 '동성애 공포증')

현모양처 賢母良妻

어진 어머니인 동시에 착한 아내라는 뜻으로, 기혼 여성에게 요구
된 가부장적 이데올로기다. 서구에서는 18세기경 자본주의화에 의
해 근대 가족이 나타나면서 공사 영역의 분리와 함께 형성됐다. 조
선과 일본에는 19세기 말에 개항과 더불어 서구 사상이 유입되면
서 들어왔는데, 『만세보』(1906년 8월 2일)에 이 어휘가 처음 등장했
다. 일본의 현모양처 이데올로기는 근대 국가 형성 과정에서 여성
교육의 필요성과 함께 주장된 것으로 근대와 반동의 두 얼굴을 갖
고 있었다. 우리라고 크게 다를 바 없었다. 조한혜정은 "1960년대
이후 본격적인 공업 자본주의화 과정을 거치면서 핵가족화는 보편
화하고 현모양처 이데올로기는 확고히 뿌리를 내리게 된다. 여성
은 일터에서 경제 생산에 참여하는 가장을 위하여 가정에 남아 가
사 노동을 하고 정서적 위안을 주는 아내로, 그리고 '출세할' 자녀
를 기르고 교육시키는 일에 몰두하게 된다"고 말했다. 2007년 11월
5일 한국은행이 5만원권 지폐에 들어갈 인물로 신사임당을 선정하
자 문화미래 이프의 대표 엄을순은 "여성을 한 명 넣는 것이 중요
한 것이 아니라 어떤 여성인가가 문제"라며 "신사임당이 현모양처
라는 이유로 화폐 인물이 되는 것은 우리 사회가 문화적으로 많이

뒤처졌다는 것을 보여주는 것밖에 안 된다"고 비판했다. 반면 『조선일보』 여성 전문 기자 박선이는 신사임당이 자기만의 예술 세계를 가졌음을 지적하면서 "미국의 선구적 페미니스트 베티 프리단이 제시했던, 아내와 어머니에 자신의 존재를 한정하기를 거부하는 여성 해방의 모습과 닮았다"고 주장했다.[13]

현지처

1973년부터 본격화된 일본인 대상 기생 관광이 낳은 신조어로, 한 사람의 경제적 지원을 받아 일정 기간 한국에서의 처 노릇을 하던 여성을 말한다. 현지처가 되는 건 기생 관광업에 종사하는 여성들의 꿈이었다. 그래서 돈깨나 있는 일본인의 한국 현지처가 되어 팔자 고친 여자들의 성공담은 그들의 부러움을 사기도 했다. 『신동아』(1976년 7월호)에 실린 「르뽀 관광 한국」이라는 제하의 기사는 당시의 실태를 다음과 같이 전했다. "일본인 관광객들이 '기생 파티'에서 번호표로 짝을 맞춘 파트너와 '한국에서 하룻밤'을 보낸다는 것은 조금도 신기한 얘기가 아니다. 요즈음엔 한술 더 떠 수시로 한국을 드나드는 관광객이나 일본 상사 주재원 또는 장기 체류자 중에는 일정 기간 계약 동거를 하거나 소위 '현지처'라는 이름으로 아예 살림을 차리고 있는 일본인이 많아졌다는 것도, H맨션, Y아파트 등에 그런 쌍들이 살고 있다는 소문과 함께 널리 알려져 있다."[14]
최근엔 일부 몰지각한 한국인들이 중국 등 아시아 국가들에 현지

530

처를 두는 양상이 나타나고 있다.

호로새끼

호로胡虜는 오랑캐 혹은 오랑캐의 포로라는 뜻인데, 병자호란 (1636~1637) 때 청나라에 끌려갔던 조선 여인들이 환향遝鄕해 낳은 아이를 말한다. 청나라에 포로로 끌려간 인원이 약 60만 명이었는데, 그중 50만 명이 여성이었다. 환향녀는 엄청난 수모와 탄압을 받고 자결까지 강요당했으니, 호로새끼가 좋은 대접을 받았을 리 만무했다. 이후 호로새끼는 최악의 욕설 중의 하나로 자리 잡았다.[15] '호래자식', '호노자식'이라고도 불리며, 배운 데 없이 막되게 자라 교양이나 버릇이 없는 사람을 낮잡아 이르는 말이다.(참고 '환향녀')

호빠

호스트바를 줄여서 부르는 속어다. 서울 장안동엔 호빠 수십 곳이 밀집해 있는데, 최근엔 여대생은 물론 여고생까지 찾고 있다고 한다. 『주간조선』(2010년 2118호)의 현장 취재에 따르면, 여대생 A양은 "고등학교 2학년 때 처음 호빠에 와봤다"며 "대학에 들어온 뒤엔 과외를 해서 번 돈으로 즐기러 온다"고 말했다. 여고생 E양은 "잘생긴 오빠들이 진짜 재밌게 해준다"며 "친구들도 다 그렇게 놀아보고 싶다며 부러워한다"고 했다. 이들은 주로 인터넷 사이트 '호빠

××'를 통해 만난다. 인터넷 동호회엔 '호빠 번개'를 알리는 글이 종종 올라온다. 이들은 호빠에 들어가기 전 자리를 함께하고 '어떻게 아는 사이인지'를 놓고 입을 맞춘다. "서로 잘 모르면 '나가요(여성 접대부)' 인 줄 안다"는 이유 때문이라나.[16]

호빠 2차

룸살롱 여성 접대부들이 거액의 2차 비용을 받는 것과 달리, 호빠에선 2차 비용을 받지 않는다. 『주간조선』(2010년 2118호)의 현장 취재에 따르면, 선수(남성 접대부)인 D군은 "모텔비는 손님이 내지만 웬만하면 2차 비용은 안 받는다"며 "남자도 자기 좋아서 하는 일 아니냐"고 반문했다. 그는 "손님이 예쁘면 나도 같이 자고 싶다"고 했다. 미성년 선수들도 있다. A양은 미성년 선수와 만나 사귄 적이 있다고 했다. "처음 만나 2차를 나간 뒤 종종 연락해 만났는데, 우연히 민증(주민등록증)을 봤더니 1992년생이었다"는 것이다. A양은 "그게 작년이었으니까 (선수가) 18살이었다"고 말했다. 온라인 호스트바 동호회원 G양은 "선수가 계속 사귀자고 조르기에 몇 번 만났는데, 하루는 자기가 이제 (고등학교) 2학년으로 올라간다고 고백했다"는 글을 올렸다. 그러자 이 사이트 회원들은 "언제 민짜(미성년) 품어보겠느냐", "부럽다. 고등학생 손이라도 한번 잡아보고 싶다"는 등의 댓글을 올렸다. 온라인 호빠 카페엔 "호빠 끊고 싶어도 가끔 가다 생각나면 멈출 수가 없다니깐……"이란 식의 글이 수없이

올라 있다.[17]

호스티스 영화

영화 〈별들의 고향〉(1974) 이후 쏟아져나온, 호스티스나 그 아류의 여성을 주인공으로 한 영화를 말하는데, 1979년까지 매년 흥행 순위 1위를 기록했다.[18] 1975년 〈영자의 전성시대〉(감독 김호선), 1976년 〈여자들만 사는 거리〉(감독 김호선)에 이어, 1977년은 호스티스 영화가 폭발세를 보였다. 관객 동원에 있어서, 1977년에 개봉된 〈겨울여자〉(감독 김호선) 60만 명, 〈내가 버린 여자〉(감독 정소영) 38만 명, 1978년에 개봉된 〈속 별들의 고향〉(감독 하길종) 32만 명, 〈O양의 아파트〉(감독 변장호) 28만 명 등의 기록을 세웠거니와, 이외에도 관객 10만 명을 넘은 영화가 10편이나 됐다. 1979년에도 〈아침에 퇴근하는 여자〉(감독 박용준), 〈꽃띠 여자〉(감독 노세한), 〈태양을 훔친 여자〉(감독 이원세), 〈학을 그리는 여인〉(감독 조문진), 〈가시를 삼킨 장미〉(감독 정진우), 〈목마 위의 여자〉(감독 김응천) 등과 같이 제목에 '여자'가 난무했다.[19] 이에 대해 영화평론가 호현찬은 "영화 경기를 살리는 데는 아무래도 호스티스와 창녀들의 공이 큰 것 같다"고 했고,[20] 영화감독 이원세는 "섹스 묘사도 못 하는 처지에 호스티스 영화가 범람하는 이상 풍조"라는 평가를 내렸다.[21] (참고 '별들의 고향')

호주제 폐지 논쟁

1998년 11월 '호주제 폐지를 위한 시민의 모임'이 조직되었을 때, 이 모임의 초기 게시판은 "이 앉아서 오줌 싸는 빨갱이 년들아"라는 제목의 글로 도배되곤 했다.[22] 호주제 폐지를 둘러싼 논쟁은 전쟁을 방불케 했다. 2003년 5월 한국씨족연합회 등으로 구성된 '정통가족제도 수호 범국민연합'은 다음과 같은 살벌한 전쟁 용어들을 쏟아냈다. "호주제 폐지하면 한국 가족 제도가 박살납니다!", "반만년 문화 배달 민족에게 사회주의 가족법이 웬 말이냐!", "호주제가 폐지되면 부모·형제 남이 되고 일가친척 없어진다!", "정통 가족 제도 파괴하는 민족 반역자 물러가라!", "호주제 폐지 주장자들의 논리는 공산도배들의 주장과 다를 바 없다."[23] 그러나 시대적 대세를 어찌 막을 수 있으랴. 2005년 3월 2일 국회 본회의는 호주제 폐지를 주요 내용으로 하는 민법 개정안을 찬성 161, 반대 58, 기권 16표로 통과시켰다. 2년 11개월간의 유예 기간을 거쳐 2008년 1월 1일부터 시행, 호주제는 역사 속으로 사라졌다.

호텔 미팅방

호텔에서의 미팅을 빙자한 성매매 업소를 말한다. 2009년 3월 경찰에 적발된 서울 도봉구의 S 관광호텔은 우즈베키스탄, 중국, 태국에서 온 여성 30여 명을 고용해 유흥 주점을 가장한 미팅방을 운영하면서 손님들에게 회당 13~14만 원씩 받은 뒤 1,000여 차례 성매매를 알선해 2억 4,000여만 원의 부당 이득을 챙겼다. 경찰 관계자는 "기존 단란주점이나 안마방보다 가격이 저렴하고, 관광호텔을 끼고 있어 성매매 업소 분위기도 나지 않는데다 외국인 여성들을 고용해 단번에 소문이 퍼졌다"며 "심야에는 손님들이 1시간 이상 기다릴 정도였다"고 말했다.[24]

혼외정사 婚外情事

배우자가 아닌 이성과 벌이는 정사를 말한다. 미국의 경제 전문 미디어 '블룸버그'의 칼럼니스트 매튜 린은 '혼외정사 건수'를 경제 회복 여부를 알 수 있는 지표 중 가장 기발한 것 중의 하나로 꼽았다. 린에 따르면, 혼외정사 건수는 영국의 인터넷 홈페이지 일리시트 인카운터스(www.illicitencounters.co.uk)에서 간접적으로 알 수 있다. 회원이 30만 명에 이르는 이 사이트는 남편이나 아내 몰래 은밀한 관계를 맺고 싶은 사람들을 이어주는 이른바 외도 사이트다. 린은 "영국의 대표적인 주가 지수인 FTSE100지수가 급등하거나 급락할 즈음에 이 홈페이지의 활동이 활발해진다. 지수가 지지부진하면 사람들이 남편이나 아내에게 충실하려고 하는 것으로 나타났다"고 전했다. 즉 주가가 오르면 사람들이 들뜬 마음에 외도 파트너를 찾고 주가가 뚝 떨어지는 순간에는 위안을 찾기 위해 바람을 피운다는 것이다.[25] 돌려 해석하면 경기 변화가 완만한 평소에는 배우자와 일상을 나누지만, 큰 변화에 따르는 기쁨과 슬픔은 외도 상대와 나눈다는 뜻이다. 오호! 통재라.

혼음 混淫

여러 명의 남녀가 뒤섞여서 간음하는 것을 말한다.

혼인빙자간음죄

형법 304조는 '혼인을 빙자하거나 기타 위계로써 음행의 상습 없는 부녀를 기망하여 간음한 자'를 처벌하도록 하고 있는데, 2009년 11월 26일 헌법재판소는 이 혼인빙자간음죄에 위헌 판결을 내렸다. 위헌 의견을 낸 6명의 재판관은 "이 죄는 다수의 남성과 성관계를 맺는 여성을 '음행의 상습 있는 부녀'로 낙인 찍어 보호 대상에서 제외하고 있다"며 "이 법 조항은 여성의 성적 자기 결정권을 보호하려는 게 아니라 여성에게 정숙한 생활을 강요하는 남성 우월적 정조 관념을 보호하려는 것"이라고 지적했다. 또 "여성을 보호받아야 할 유아처럼 취급하여 여성 보호의 미명 아래 국가가 스스로 여성의 성적 자기 결정권을 부정하는 셈"이라고 밝혔다. 이에 대해 합헌 의견을 낸 3명의 재판관은 "남녀가 서로 성관계에 대한 인식에도 차이가 있는 점을 고려할 때, 남자가 여자에게 거짓으로 결혼 약속을 했을 때 성적 자기 결정권이 침해될 가능성이 더 높다"고 밝혔다. 특히 송두환 재판관은 여전히 이 법의 보호를 필요로 하는 여성들이 상존하고 있음을 근거로 들었다. 송 재판관은 보충 의견에서 "여성의 권리가 많이 신장됐다고는 하나 아직 우리 사회에서는 혼인빙자간음으로 인한 피해가 계속 접수되고 있다"며 "이 법 조항을 폐기하는 것은 법이 다수의 선량한 여성들에 대한 보호 의무를 포기하는 것"이라고 강조했다. 헌재가 위헌의 근거로 든 또 하나의 논리는 국가가 개인의 성적인 사생활에 과도한 간섭을 할 수 없다는 것이다. 이 역시 성 풍속의 변화상을 반영한 것이다. 위헌 의견을 낸 재판관들은 "특히 성적인 사생활 영역에서 형법의 적용과 필요성을 판단할 때는 보다 엄격한 기준을 적용해야 한다"고 전제했다. 그러면서 "성인이 어떤 성행위와 사랑을 하든 원칙적으로 개인의 자유 영역에 속하고, 그것이 명백히 사회적 해악을 끼칠 때만 법률이 규제하면 될 것"이라고 덧붙였다. 그러나 합헌 의견을 낸 재판관들은 "거짓으로 결혼을 하겠다고 해 성관계를 맺는 행위는 다른 인격체의 법익을 침해하는 것"이라며 법으로 처벌할 수 있는 영역에 해당한다고 봤다. 혼인빙자간음죄가 이미 형벌로서의 기능을 상실했다는 점도 위헌 결정의 근거가 됐다. 다수 의견 재판관들은 "과거에 비해 적발·처벌 건수가 매우 줄어들었고 재판 과정에서 고소가 취소돼 공소 기각되는 사례가 대부분"이라며 "이것은 해당 법 조항이 규범 기능 및 처단 기능을 잃어가는 것을 보여준다"고 밝혔다. 이미 사실상 사문화한 법 조항임에도 고소 취소를 무기로 남성을 협박하거나 위자료를 받아내는 수단으로 이용되고 있다는 점도 지적됐다.[26]

홍제원 목욕 사건

병자호란 때 붙잡혀간 여인들, 이른바 환향녀들이 돌아오자 인조는 "호병에 잡혀 갔다 돌아오는 여자들은 홍제원에서 모두 목욕을 하고서 서울에 들어오라"고 영을 내렸다. 지금의 서울 서대문구 홍제동에 있는 냇물에서 목욕을 마친 뒤에야 도성으로 들어오는 것을 허락받은 것이다. 포로로서 외적에게 절개를 잃은 몸을 깨끗이 씻는 절차가 필요했다는 뜻이다.[27] 1996년 발표된 송우혜의 장편 『하얀 새』는 바로 이 '홍제원 목욕' 사건을 다룬 소설이다. 최재봉의 해설에 따르면, "살육과 파괴가 난무하는 전쟁통에 제 한 몸을 지키지도 못하고, 그렇다고 과감하게 자결을 택하지도 못해서 적의 포로로 끌려간 여인들에게 무턱대고 실절失節의 혐의를 씌웠던 조선 시대 남자들의 위선과 이기주의가 작가를 분노케 한 것이다. 소설의 주인공인 이승효는 만삭의 몸으로 몽고군에게 붙들려 청나라로 끌려간다. 전쟁이 끝나고 속환가라 불리는 몸값을 내고서 포로들을 조선으로 데려가는 것이 허용되자 갓난아이를 낳은 승효에게도 시가에서 보낸 사람이 찾아온다. 그러나 시가에서 원하는 것은 자신이 아닌, 대를 이을 갓난아이뿐이다. 승효는 결국 친정에서 보낸 몸값 덕분에 귀국할 수 있게 되지만, 남편과 시부모의 태도는 냉랭하기 짝이 없다. 마침내 그는 홍제동 냇물에서 이미 씻었던 몸을 또다시 씻은 뒤 청나라 수도 선양으로 되돌아간다. 오늘날 '화냥녀'라는 비속한 의미로 굳어버린 '환향녀' 신세가 된 승효의 심정은 그의 몸종인 철원네의 이유 있는 항변을 통해 표출된다. '아!

조선 남자들, 자기들이 무슨 염치로 여자들에게 목욕하기를 요구
하노.…… 자기들이 지켰어야 할 나라도 못 지키고 여자도 못 지켰
기 때문에 나라가 짓밟히고 여자들은 포로로 끌려갔다가 돌아간
게 아닌고.'" [28] (참고 '환향녀')

화간 和姦

서로 동의하에 성관계를 맺는 것을 말한다. 동의하에 관계를 갖는
화간과 힘으로 관계를 갖는 강간의 경계는 무엇일까? 애매한 기준
때문에 법정에서 논란이 그치지 않는 이 문제에 대해 최근 법원이
재미있는 판결을 내렸다. 인상을 쓰고 어깨를 누르면서 행해진 성
관계는 '강간'이라는 판결이 그것이다. 2010년 5월 25일 서울고등
법원은 평소 알고 지내던 김 모 씨와 강압적인 분위기에서 성관계
를 해 김 씨에게 상처를 입힌 혐의를 받고 있는 문 모 씨를 기소하
도록 재정 신청을 받아들였다고 밝혔다. 재판부는 "발로 걷어차거
나 뿌리치는 등 힘껏 반항하지 못했더라도 당시의 구체적 상황이
나 남녀의 신체·심리적 차이, 성관계에 이른 경위, 김 씨의 명백한
거부 의사 등을 고려할 때 문 씨가 험악한 인상을 짓고 어깨를 누르
는 정도의 폭행·협박을 한 것만으로도 충분히 반항을 곤란하게
할 정도에 해당한다"고 판결 이유를 밝혔다. 유부남인 문 씨는 총
각 행세를 하며 김 씨를 만나다 험악한 인상을 쓰고 어깨를 누르며
성관계를 강행했고, 김 씨는 이 때문에 신체 일부에 상처를 입고 외

상 후 스트레스 장애 등을 겪었다. 이후 김 씨가 문 씨를 고소하자 검찰은 '반항을 억압하거나 현저히 곤란하게 할 정도에 해당하지 않는다'며 '혐의 없음'으로 불기소 처분했고, 김 씨는 이에 불복해 재정 신청을 냈다.[29]

화랑 궁남론

신라 시대의 화랑이 모계사회의 궁남宮男이었다는 주장으로 정치사학자이자 『한국사 새로 보기』의 저자 신복룡에 의해 제기된 것이다. 그는 화랑이 진정 무사였다면 왜 우람한 남자를 뽑지 않고 얼굴이 고운 남자를 뽑았겠느냐고 물으면서 다음과 같이 말했다. "그것은 모계사회의 풍습 때문이었다. 정치와 종교가 명확히 구분되지 않던 모계 중심의 부족 사회에서 여왕은 부락장인 동시에 제주(무당)였고 의녀醫女였다. 따라서 신라의 여왕은 이미 그의 주신에게 출가한 몸이므로 결혼을 할 수가 없었다. 그렇다고 해서 그가 혼자서 잠자리에 들 수는 없었고, 그 얼굴 고운 남자들이 여왕과 잠자리를 함께 했다. 신라의 여왕들, 특히 그 얼굴 고운 남자들이 가장 득세했던 진성여왕 시대의 여왕과 궁남들 사이에 벌어진 진한 에로티시즘에 관한 얘기는 『삼국사기』「진성여왕편」과 『화랑세기』에 소상하게 기록되어 있다." 그렇다면 우리가 학교에서 배운 소위 세속오계는 어떻게 되는 것인가? "세속오계란 화랑과 무관한 서민 청년들의 생활 규범이었다. 세속오계가 화랑의 계율이었다는 것은 이

선근의 정훈 교재(국방부의 군인을 대상으로 한 교육 교재)에나 나오는 얘기였을 뿐이다.······ 한국전쟁이라는 폐허 속에서 청년들을 전쟁터로 나가게 하기 위해 화랑을 무사도로 미화한 이선근의 논리는 빗나간 우국심이었다.······ 나는 화랑으로서 부족 국가 또는 고대 국가의 건설에 이바지한 청년 재사^{才士}들의 공적을 부인할 뜻은 없다. 다만 화랑을 그런 식의 영웅 사관으로 몰고 가는 신라 중심사의 역사 필법에 저항하고 싶었을 뿐이다."[30]

화랑 동성애론

신라 시대의 화랑이 동성애자들이었다는 주장으로 일본 학자들에 의해 제기된 것이다. 논란이 큰 주장이나, 이익의 『성호사설星湖僿說』은 화랑을 선발할 때 반드시 미남자로 국한했다고 기록하고 있어 당시 유행했던 남색을 반영한 게 아니냐는 근거로 거론되기도 한다.[31]

화학적 거세법

2010년 6월 29일 국회를 통과한 법으로, 성범죄자에게 성욕을 감퇴시키기 위해 여성 호르몬을 투입할 수 있도록 하는 것을 주요 내용으로 하고 있다. 화학적 거세법은 국회 본회의에서 찬성 137표, 반대 13표, 기권 30표라는 압도적 표차로 가결됐다. 박민식 한나라당 의원과 함께 화학적 거세법을 공동 발의한 조배숙 민주당 의원은

"범죄 예방 차원에서 불가피한 조치"라며 "범죄자와 피해자 인권 가운데 무엇을 우선할 것인가 하는 문제로, 범죄자의 인권을 아예 무시하자는 것은 아니지만 피해자들의 인권 보호 차원에서 사회적 위험을 막는 게 더 중요하다고 보았다"고 말했다. 반면 민변 소속 차혜련 변호사는 "성범죄를 막는 사회적 시스템이나 예방 프로그램과 결합할 때 효과가 있을 것"이라며 "약물 투여만으론 실효가 의심된다"고 말했다. 그는 "외국의 경우 화학적 거세를 도입하더라도 명백한 성 도착증 환자에게 국한해 적용하고 자발적 동의를 얻어 시행한다. 그렇게 했을 경우 효과가 나타나는데 우리는 적용 기준도 너무 넓고 동의받는 절차도 허술하다"고 지적했다. 김대성 한림대 교수는 "약물 투여 기간에만 성욕이 감퇴하는 만큼 본질적인 해결책은 아니다"라고 지적했다. 그는 "드물지만 부작용도 나타난다"며 "발열, 기침, 호흡 곤란 등 폐렴 증세를 포함해 과민 반응, 간 기능 저하, 가슴이 나오는 식으로 여성의 신체적 특징이 나타날 수 있다"고 우려했다.[32]

환향녀 還鄕女

병자호란 때 청나라에 끌려갔다 돌아온 여성이다. 환향녀는 왕조가 나라를 지키지 못해 발생한 시대의 희생자였음에도 '화냥년'으로 지탄받았다. 왕조와 집권 사대부는 그들에게 사죄하기는커녕 모든 책임을 그들에게 떠넘겨 자살을 강요했다.[33] (참고 '홍제원 목욕 사건')

황진이 선발대회

2000년 8월 26일 서울에서 룸살롱 등 유흥업소 여종업원을 대상으로 열린 미녀 선발대회다. 밤 문화 전문 사이트 '조이헌트'가 주최한 이 행사에는 106명의 유흥업 종사 여성 중 네티즌의 예선 투표를 거쳐 통과한 16명의 후보가 참가했고, 이 중 즉석 OMR 카드 투표를 통해 뽑힌 5명의 황진이상 수상자에게 5,000만 원의 상금이 지급됐다. 주최 측은 "황진이를 복원해 유흥업소 여종업원의 역할을 바로잡아 룸살롱 문화를 건전하게 바꾸겠다"고 대회 취지를 밝혔지만, 이 행사는 단 1회를 끝으로 막을 내리고 말았다. 화려한 레이저쇼와 다양한 프로그램, 투표를 통한 참여 유도 등 의욕적인 기획에도 불구하고 미스코리아 선발대회를 어설프게 흉내 낸 삼류 눈요기 행사라는 비난을 넘어서지 못한 것이다. 시대의 가인이자 예술인이었던 황진이는 끝내 복원되지 못했고, 이렇게 웃지 못할 해프닝으로 기록되고 말았다.[34]

황혼 이혼

늙어서 하는 이혼을 말한다. 통계청에 따르면, 2007년 이혼 건수는 12만 4,600건으로 전년도에 비해 400건 줄었다. 2003년(16만 7,100건)을 정점으로 매년 소폭이나마 감소하는 추세다. 그러나 황혼 이혼은 크게 늘었다. 특히 은퇴 연령대인 55세 이상 남성의 이혼 증가세가 두드러졌다. 2007년 이혼 건수가 1만 4,200건으로 2000년(7,500건)의

2배에 육박했다.[35] 왜 황혼 이혼이 느는가? 그간 자녀를 이유로 참았던 아내의 인내가 자녀 교육을 끝낸 황혼 무렵에 폭발하기 때문이라는 분석이 유력하다.[36]

훅업 Hook-up

파티에서 우연히 마주친 남녀가 눈을 맞춘 후 자연스럽게 에로틱한 관계를 갖는 것을 의미한다. 『뉴스위크』(2004년 11월 9일)는 미국 대학 캠퍼스에 '훅업' 이라는 새로운 성 풍조가 유행하고 있다고 보도했다. 하룻밤의 성관계를 의미하는 훅업은 키스부터 섹스까지 온갖 성행위를 포함하는데 사귀는 것은 그 순간뿐이며, 행위 후에는 다시 관계를 갖기는커녕 대화하는 일도 없다는 게 특징이다. 이전의 '하룻밤 섹스one night stands' 와는 달리 훅업은 일반화돼 캠퍼스의 전형적인 행동 양식으로 자리 잡아 일반적인 대학생이라면 당연히 경험하는 일이 됐다. 한 미국 대학의 조사에 따르면, 여학생의 77.7%, 남학생의 84.2%가 훅업을 경험했으며 재학 중 평균 파트너 수는 10.8명이었다고 한다. 취업이나 대학원 진학 준비를 하느라 워낙 바빠 진지하게 연애를 할 시간을 내기가 어려워졌기 때문이라는 분석도 있지만 정확한 이유는 알 수 없다.[37] 미국에선 훅업 커플 4쌍 중 1쌍이 첫 만남에서부터 성관계를 한다는 연구 결과도 나와 있다. 훅업 파트너는 수시로 바뀌게 마련인데, 동일한 파트너와 자연스럽게 훅업을 몇 차례 반복하게 되면, 그때부터 데이트를 시작하는 것이 관례화되고 있다. 함인희는 변화하는 젊은 세대의 성 풍속도에 대해 이렇게 설명했다. "한마디로 요즘 젊은 세대는 몸을 먼저 부딪친 다음 마음을 나누는 관행을 만들어가고 있는 셈이다. 혹업 세대의 변명인즉, 성관계를 갖기까지 지나치게 오래 탐색 과 정을 거치는 것은 낭비라는 것이다. 대신 서로를 향한 에로틱한 감 정이 촉발되어 성적 호기심을 충족시키고 나면, 그때부터 진정한 의미의 정서적 유대 및 친밀성을 안정적으로 다져나가는 것이 가 능하다는 주장이다." [38]

휘멘 Hymen

그리스 신화에서 횃불을 든 청년의 모습을 하고 있는 혼인의 신으 로, 영어식 발음은 '하이먼' 이다. 이 신화에서 유래돼 '처녀막' 을 뜻하기도 한다. [39]

휴게텔

일상의 피로에 지친 남성들에게 군이 휴식 공간을 제공하겠다고 나선 서비스 업소다. 명목상 남성이 지친 몸과 마음을 돌보기 위해 잠시 쉬고 가는 곳이지만, 그 휴식에 여성의 손길이 따르지 않을 리 없다. 목욕, 안마는 물론 자위행위까지 남자의 은밀한 휴식이 여성 의 손으로 이뤄진다. 서비스는 1시간 동안 이용할 수 있으며 가격은 10만 원에서 20만 원까지 천차만별인 것으로 알려졌다. 안마 시술소와 더불어 성매매도 공공연하게 이뤄지고 있지만 보건 시설로 분류돼 단속 대상에서 제외된 곳이다. 『동아일보』(2009년 4월 21일)에 따르면, 휴게텔에 대한 단속 규정이 없고 성매매에 대한 규제도 미약해 휴게텔이 번성일로에 있는 것으로 나타났다. 그 실태는 이렇다. "서울 강북구 미아 8동 G 휴게텔. 2억 원을 들여 남성용 휴게텔을 개장해 7개월 만에 25억 원을 벌었고 경찰에 적발되더라도 부당 이득 몰수 추징액 5억 원과 벌금 200만 원을 내면 끝이다. 여기에 종업원 월급 주고 세금 꼬박꼬박 다 내도 4억 8,500만 원은 고스란히 손에 남는다. 2007년 6월 성매매로 부당 이득을 챙긴 혐의로 구속된 업주 김 모 씨는 징역 6개월에 집행 유예 2년, 벌금 200만 원을 선고받고 3개월 만에 풀려났다. 김 씨는 간판도 바꾸지 않은 채 바지사장을 고용해 영업을 재개했다. 강북경찰서에서 조사를 받은 바지사장 홍 모 씨는 '벌금은 조금 나올 것 같지만 휴게텔은 구청 단속 대상이 아니어서 (영업에 타격이 되는) 행정 처분은 안 나올 것'이라고 여유 있게 말했다."[40]

흑기사 · 백기사 게임

1997년 11월 이른바 'IMF 환란'이 일어나면서 불황이 닥친 유흥업소에서 손님을 끌기 위해 적극 도입한 이벤트 중의 하나로 게임의 구체적인 내용은 지역과 업소마다 다르다. 『서울신문』(1998년 3월 21

일은 "IMF 한파로 장사가 안되자 손님을 끌기 위해 룸살롱, 단란주점 등 유흥업소의 퇴폐 행위가 기승을 부리고 있다. 나체쇼 등의 음란 공연을 벌이는 룸살롱, 접대부를 고용해 술시중을 드는 단란주점, 술을 파는 노래방 등 업태 위반 영업이 전국 곳곳에서 판치고 있으며 일부 업소는 종업원들에게 윤락 행위까지 시키고 있다"며 다음과 같이 말했다. "대학들이 밀집한 서울 신촌 일대 일부 술집에서는 저녁 시간에 '흑기사', '백기사' 게임이 유행하고 있다. '흑기사' 게임은 여자 손님이 거부한 폭탄주를 남자 손님이 마시면 여자 손님이 키스를 해줘야 하는 게임이고, '백기사' 게임에서는 남자 손님이 여자 손님 한 명을 골라 꽃을 선물하되 거절당하면 폭탄주 한 잔을 벌주로 마셔야 하며 꽃을 받아주는 여자가 나올 때까지 계속해야 한다. 꽃을 받은 여자는 남자에게 키스를 해야 한다."[41]

흥청망청

'함부로 마냥 흥청거리는 모양' 이란 뜻이다. 원래 '흥청' 은 대궐에 거주하는 기녀를 말한다. 연산군은 전국에 채홍사를 보내 자색이 뛰어난 소녀들을 뽑아 올렸는데, 그 수가 1,300여 명에 이르렀다. 원각사의 승려를 축출하고 기녀들을 그곳에 거주하게 하고는 이들 기녀에게 등급을 매겼다. 등급이 높아 대궐에 거주하는 기녀는 흥청, 그중에서도 왕의 곁에서 시중하는 기녀는 지과흥청, 왕과 잠자리를 같이한 기녀는 천과흥청이라 했다. 이런 흥청의 수가 300명에 달했다. 역사학자 이영화에 따르면, "연산군은 흥청들과 연일 연회를 벌였다. 여기서 마음껏 떠들고 논다는 뜻의 '흥청거리다' 라는 말이 생겨났고 '흥청망청' 이 유래했다. 연산군이 폐출되고 중종이 즉위하자 흥청들은 장 100대씩 맞고 귀양을 갔다. 뽑혀 올라올 때도 울면서 올라왔던 흥청들은 그 말로도 마찬가지로 억울하기 이를 데 없었다."[42] 앞으로 흥청망청 놀 때엔 흥청들의 억울한 한도 생각해보는 게 좋겠다.

희姬

중국에서 춘추전국 시대까지 쓰인 말로, 황제나 왕의 정실부인을 가리킨다.[43] 강희, 금희, 기희, 미희, 배희, 병희, 복희, 서희, 성희, 수희, 숙희, 순희, 영희, 윤희, 정희, 주희, 준희, 지희, 초희, 춘희, 현희 등의 식으로 한국에서 여성의 이름으로 많이 쓰이는 이유도 바로 여기 있다. 모쪼록 '희' 자 이름을 가진 여성을 애인이나 아내로 둔 남자들은 그녀를 왕비처럼 잘 모실 일이다.

희생자 촉진성 강간 victim-precipitated rape

공격자가 희생자의 어떤 행동이나 언어에서 성관계를 원하는 것으로 해석하여 발생한 강간을 말한다. 미국에선 약 20%가 희생자 촉진성 강간에 해당한다는 연구가 있다.[44] 그러나 이런 분류 자체가 전형적인 '피해자 탓하기'일 수 있다는 점에서 매우 위험하다 하겠다.

히스테리 ^{hysteria}

어원은 자궁을 뜻하는 그리스어 '히스테라^{hystera}'인데, '병적 발작'
이란 뜻도 있다. 여성의 권리를 주장하는 여성에게 남성들이 정신
적으로 문제가 있다는 듯 덮어씌운 굴레다. 영국의 정치철학자 에
드먼드 버크^{Edmund Burke}는 1790년 『프랑스혁명에 대한 성찰^{Reflections on the}
^{Revolution in France}』에서 "여성이란 동물은 높은 지위에는 앉을 수 없는 동
물일 뿐이다"라고 주장했다. 메리 월스톤크래프트는 『여성 권리의
옹호^{A Vindication of the Right of Women}』(1792)에서 버크의 주장을 반박했다. 이번
에는 영국 소설가 호러스 월폴^{Horace Walpole}이 월스톤크래프트를 '속치
마 입은 하이에나'라고 공격했다. 이게 바로 전형적인 '히스테리
딱지 붙이기'수법이다.[45] 히스테리는 남자에게는 없는 여자의 병
으로 이 병에 걸린 처녀를 치료할 수 있는 가장 좋은 처방은 결혼으
로 여겨졌다. '히스테리'라는 용어를 쓰지 않는 이들은 '자궁의 질
식'이라거나 '자궁의 격노'라는 표현을 썼다.[46] '노처녀 히스테리'
란 말엔 수백 년 묵은 여성 차별의 흔적이 담겨 있는 셈이다.

Interesting

Sex 주

Dictionary

머리말

1) 이홍, 「한국사회의 심층심리/한국인의 정력 숭배: 50대가 가장 큰 고민」, 『월간조선』, 2002년 11월, 480~495쪽.

ㄱ

1) 조기원, 「게임기 속 여자 친구와 온천 가는 일본 남성들」, 『한겨레』, 2010년 9월 1일.
2) 배은경, 「성폭력 문제를 통해 본 여성의 시민권」, 한국여성연구소, 『여성과 사회』, 제8호(1997년 7월), 창작과비평사, 59~60쪽.
3) 데즈먼드 모리스(Desmond Morris), 황현숙 옮김, 『머리 기른 원숭이』, 까치, 1996, 190~191쪽.
4) 유인경, 「배신을 법으로 단죄하는 것은 타당한가 …… 간통죄 합헌 결정 그 후」, 『경향신문』, 2008년 11월 6일.
5) 이현택, 「가정 깨는 불륜, 이젠 돈으로 보복한다」, 『중앙일보』, 2010년 4월 7일.
6) 이상연, 「인류의 오랜 유산 매매춘 고대 그리스 서적에 매춘부 등장, 우리나라는 신라 유녀가 효시」, 『한국일보』, 1997년 11월 2일, 13면.
7) 임종국, 『밤의 일제 침략사』, 한빛문화사, 2004, 27~28쪽.
8) 이능화, 이재곤 옮김, 『조선해어화사』, 동문선, 1992, 442쪽.
9) 임종국, 민족문제연구소 엮음, 『한국인의 생활과 풍속 (상)』, 아세아문화사, 1995, 219쪽.
10) 이규태, 『암탉이 울어야 집안이 잘된다 1』, 신원문화사, 2000, 16쪽.
11) 이규태, 『암탉이 울어야 집안이 잘된다 2』, 신원문화사, 2000, 216쪽.
12) 이태희, 「10대 매춘 '거리 접속' 인터넷·전화방 등 단속 피해」, 『한겨레』, 1999년 12월 20일, 15면.
13) 김윤재, 「다국적 변태 性 문화 거울방 등장」, 『시사신문』, 2006년 8월 17일.
14) 권수현, 「남성의 섹슈얼리티와 성폭력」, 한국성폭력상담소 엮음, 『섹슈얼리티 강의』, 동녘,

1999, 340쪽.

15) 오토 키퍼(Otto Kiefer), 정성호 옮김, 『로마 성 풍속사 I』, 산수야, 1995, 170~173쪽.

16) 두산 백과사전.

17) 이봉준, 「동성애 촉발하는 '게이 폭탄'을 아시나요?」, 『연합뉴스』, 2005년 1월 16일.

18) 이진, 『미국에 관한 진실 77가지』, 문예당, 1997, 283~284쪽.

19) 이동일, 「게이바를 가다: 술의 이색 지대」, 박재환 외, 『술의 사회학』, 한울아카데미, 1999, 237쪽.

20) 리처드 플로리다(Richard Florida), 이길태 옮김, 『창조적 변화를 주도하는 사람들』, 2002.

21) 이성숙, 『매매춘과 페미니즘, 새로운 담론을 위하여』, 책세상, 2002, 53쪽.

22) 조은·이정옥·조주현, 『근대 가족의 변모와 여성 문제』, 서울대학교출판부, 1997, 186~187쪽.

23) 장 클로드 볼로뉴(Jean Claude Bologne), 권지현 옮김, 『독신의 수난사』, 이마고, 2006, 406쪽.

24) 이성숙, 『매매춘과 페미니즘, 새로운 담론을 위하여』, 책세상, 2002, 19쪽.

25) 두산 백과사전.

26) 박주호, 「'뉴욕의 술판說' 갈 데까지 간 저질 공방」, 『국민일보』, 2002년 2월 22일, 2면.

27) 이승재, 「〈클로저〉 마초 근성을 벗긴다」, 『동아일보』, 2005년 2월 17일, A22면.

28) 서준, 「나이트클럽의 요지경 백태」, 『일요신문』, 2007년 4월 18일.

29) 박주연, 「1995년 연극 〈미란다〉 법정에 서다」, 『경향신문』, 2010년 10월 19일.

30) 김성용, 「"알몸시위는 음란 행위 해당"-대법」, 『연합뉴스』, 2000년 12월 31일.

31) 오연근, 「바바리맨 엄벌한다」, 『경인일보』, 2006년 9월 27일.

32) 김기용, 「길에서 음란 행위 혐의 전교조 교사 해임 정당」, 『동아일보』, 2008년 12월 3일.

33) 윤택림, 『한국의 모성』, 지식마당, 2001, 40~41쪽.

34) 조혜정, 『한국의 여성과 남성』, 문학과지성사, 1988, 77쪽.

35) 조은, 「모성·성·신분제: 『조선왕조실록』 '재가 금지' 담론의 재조명」, 한국사회사학회, 『사회와 역사』, 통권 제51집(1997년 봄), 문학과지성사, 109~141쪽; 조은, 「모성의 사회적·역사적 구성: 조선 전기 가부장적 지배 구조의 형성과 '아들의 어머니'」, 한국사회사학회, 『사회와 역사』, 통권 제55집(1999년 5월), 문학과지성사, 1999, 80~83쪽.

36) 유영익, 『동학농민봉기와 갑오경장』, 일조각, 1998, 166쪽.

37) 전경옥·변신원·박진석·김은정, 『한국 여성 문화사 1』, 숙명여자대학교 아시아여성연구소, 2004, 211~213쪽; 전경옥·유숙란·이명실·신희선, 『한국 여성 정치 사회사 1』, 숙명여자대학교 아시아여성연구소, 2004, 50쪽.

38) 「'관광 포주' 구속: 허위 광고 내고 콜걸 행위 강요」, 『조선일보』, 1972년 7월 15일, 7면.

39) 두산 백과사전.

40) 이규태, 『한국인의 생활 문화 1』, 신원문화사, 2000, 194~196쪽.

41) 김연광, 「美國 대통령 선거 참관記-머리 나쁘면 투표도 어렵다」, 『월간조선』, 2001년 1월호, 조선일보사, 212쪽.

42) 조화유, 「이보다 더 웃길 순 없다. 2000년 미국 大選 연장전 대소동 …… 요절복통 조크 모음」, 『월간조선』, 2001년 1월호, 조선일보사, 220쪽.

43) 권김현영, 「병역 의무의 성별 정치학」, 『당대비평』, 제6권 제2호 통권19호(2002년 여름), 삼인, 48~49쪽.

44) 데즈먼드 모리스(Desmond Morris), 황현숙 옮김, 『머리 기른 원숭이』, 까치, 1996, 191쪽.

45) 귀도 크놉(Guido Knopp), 이동준 옮김, 『광기와 우연의 역사 2』, 자작나무, 1996.

46) 김정운, 『일본 열광』, 프로네시스, 2007, 287~288쪽.

47) 이영화, 『조선 시대 조선 사람들』, 가람기획, 1998, 56~64쪽.

48) 이규태, 『한국인의 생활 문화 2』, 신원문화사, 2000, 226~228쪽.

49) 두산 백과사전.

50) 오현지, 「박왕진 원장 "여성의 성적 만족, 귀두 비중 높아"」, 『뉴시스』, 2010년 4월 27일.

51) 정성희, 『조선의 성 풍속』, 가람기획, 1998, 69~71쪽.

52) 이규태, 『암탉이 울어야 집안이 잘된다 1』, 신원문화사, 2000, 102쪽.

53) 김홍탁, 『광고, 리비도를 만나다』, 동아일보사, 2003, 165~167쪽.

54) 이창무, 「근친상간, 그 추악한 배신의 도끼」, 『주간동아』, 706호(2009년 10월 13일), 동아일보사, 118~119쪽.

55) 김선주, 「개방적인 성, 혼인의 폐쇄성」, 국사편찬위원회 편, 『혼인과 연애의 풍속도』, 두산동아, 2005, 36쪽.

56) 권순형, 「혼인 풍속과 혼인 의례」, 국사편찬위원회 편, 『혼인과 연애의 풍속도』, 두산동아, 2005, 70~71쪽.

57) 이한영, 「대동강 로열패밀리 서울 잠행 14년」, 동아출판사, 1996.

58) 이상수, 「올해 노벨평화상은 두 정상에!」, 『한겨레21』, 제313호(2000년 6월 22일), 한겨레신문사, 30~31쪽.

59) 야마시다 영애(山下英愛), 「식민지 지배와 공창 제도의 전개」, 한국사회사학회, 『사회와 역사』, 통권 제51집(1997년 봄), 문학과지성사, 156쪽; 김태수, 『꽃가치 피어 매혹케 하라』, 황소자리, 2005, 18쪽.

60) 이능화, 이재곤 옮김, 『조선해어화사』, 동문선, 1992, 443쪽; 박정애, 「날고 싶은 '농중조' : 일제 시대 기생 이야기」, 길밖세상, 『20세기 여성 사건사』, 여성신문사, 2001, 80쪽.

61) 이규태, 『한국학 에세이 2』, 신원문화사, 1995, 316쪽.

62) 김성민, 「'기업형 성매매' 룸살롱, 상무 80명에 남녀 종업원 250명 …… 중견 기업 뺨쳐」, 『조선일보』, 2009년 5월 9일.

63) 이용균, 「계열사까지 둔 룸살롱 …… 의상실·미용실 갖추고 여종업원에 폭리」, 『경향신문』, 2009년 6월 15일.

64) 조선일보 특별취재팀, 「여종업원·손님·웨이터 …… 2,000명 '지하 불야성'」, 『조선일보』, 2010년 8월 28일.

65) 이충신, 「김본좌 패러디」, 『한겨레21』, 제632호(2006년 10월 27일), 한겨레신문사, 12쪽.

66) 김홍진, 「'김본좌' 집행유예」, 『조선일보』, 2008년 9월 17일.

67) 조은아, 「가짜 '김정일 정력제'」, 『동아일보』, 2006년 8월 11일, 12면.

68) 원정환, 「따르릉…… "받는 순간 낚인다" 스팸 전화의 비밀?」, 『조선일보』, 2007년 4월 28일, B7면.

69) 손영옥, 「국제 전화 컬렉트콜 조심하세요」, 『국민일보』, 2007년 5월 4일, 12면.

70) 이정윤, 「장안동 호스트바에 가다」, 『주간조선』, 2118호(2010년 8월 16일), 조선일보사.

71) 이경달, 「'꿀벅지' 무슨 뜻일까」, 『매일신문』, 2009년 10월 8일.

ㄴ

1) 김선미, 「'연예계 접대 비리' M-S-H 등 유명 룸살롱 현장 취재」, 『동아일보』, 2002년 8월 9일, 51면.

2) 손정목, 「[남기고 싶은 이야기들: 서울만들기 10] 나비 작전」, 『중앙일보』, 2003년 9월 17일, 27면.

3) 고찬유, 「나이트클럽 룸 잡기 '추첨까지'」, 『한국일보』, 2001년 1월 11일, 26면.

4) 한현우·최수현, 「허리띠 푼 나훈아…… "이러면 믿으시겠습니까"」, 『조선일보』, 2008년 1월 26일.

5) 박은주, 「잘릴지 모른다는 불안감」, 『조선일보』, 2008년 1월 30일.

6) 「관광 회사 '탈선' 알선」, 『조선일보』, 1974년 10월 30일, 7면; 조용승, 「"낙엽 주우러 가자" 탈선 관광」, 『조선일보』, 1974년 11월 1일, 6면.

7) 서준, 「나이트클럽의 요지경 백태」, 『일요신문』, 2007년 4월 18일.

8) 조갑제, 『내 무덤에 침을 뱉어라 1』, 조선일보사, 1998, 318~320쪽; 중앙일보 특별취재팀, 『실록 박정희』, 중앙M&B, 1998, 108~109쪽.

9) 조갑제, 『내 무덤에 침을 뱉어라 1』, 조선일보사, 1998, 353~354쪽.

10) 리사 터틀(Lisa Tuttle), 유혜련·호승희 옮김, 『페미니즘 사전』, 동문선, 1999, 331쪽.

11) 최정훈, 「유서 깊은 목욕 문화」, 『경향신문』, 2000년 1월 27일, 23면; 김희경, 「한국 목욕의 역사」, 『동아일보』, 2003년 9월 5일, 54면.

12) 이연복·이경복, 『한국인의 미용 풍속』, 월간에세이, 2000, 155~156쪽.

13) 이연복·이경복, 『한국인의 미용 풍속』, 월간에세이, 2000, 156~157쪽; 김희경, 「한국 목욕의 역사」, 『동아일보』, 2003년 9월 5일, 54면; 최정훈, 「유서 깊은 목욕 문화」, 『경향신문』, 2000년 1월 27일, 23면.

14) 이연복·이경복, 『한국인의 미용 풍속』, 월간에세이, 2000, 158쪽; 이규태, 『한국학 에세이 1』, 신원문화사, 1995, 190~191쪽.

15) 백영흠·안옥희, 『한국 주거 역사와 문화』, 기문당, 2003, 161쪽.

16) 제러미 리프킨(Jeremy Rifkin), 이원기 옮김, 『유러피언 드림』, 민음사, 2005, 167쪽.

17) 에두아르트 푹스(Eduard Fuchs), 이기웅 · 박종만 옮김, 『풍속의 역사 II 르네상스』, 까치, 1986, 336쪽, 341쪽.

18) 설혜심, 『온천의 문화사』, 한길사, 2001, 266~269쪽.

19) 조용래, 「목욕탕 외교」, 『국민일보』, 1999년 12월 14일, 7면.

20) 박용채, 「남녀 혼탕서 눈요기하다……」, 『경향신문』, 1994년 7월 15일, 27면.

21) 정형, 『사진 통계와 함께 읽는 일본 일본인 일본 문화』, 다락원, 2009년 2월 10일, 185쪽.

22) 에스터 빌라(Esther Vilar), 안인희 옮김, 『사랑하니까 결혼한다고?』, 시유시, 1997, 123쪽.

23) 린지 저먼(Lindsey German), 장경선 옮김, 『성 계급 사회주의』, 책갈피, 2003, 231쪽.

24) 옐토 드렌스(Jelto Drenth), 김명남 옮김, 『버자이너 문화사』, 동아시아, 2007, 136쪽.

25) 이규태, 『한국인의 의식 구조 2』, 신원문화사, 1983, 316쪽.

26) 글로리아 스타이넘(Gloria Steinem), 양이현정 옮김, 『남자가 월경을 한다면』, 현실문화연구, 2002.

27) 데이빗 부스(David M. Buss), 김용석 · 민현경 옮김, 『욕망의 진화』, 백년도서, 1995, 345~347쪽.

28) 권승준, 「남자는 하룻밤 사랑 위해서는 얼굴보다 다리를 본다」, 『조선일보』, 2010년 9월 24일.

29) 김준영, 『입에 익은 우리 익은말』, 학고재, 2006, 98~99쪽.

30) 「미국 최초 '합법적 남성 매춘부' 된 25세 청년」, 『조선닷컴』, 2010년 2월 2일.

31) 위키 백과사전.

32) 피터 콜릿(Peter Collett), 이윤식 옮김, 『습관의 역사』, 추수밭, 2006.

33) 강경희, 「프랑스 여자는 속옷을 좋아해」, 『조선일보』, 2006년 9월 2일, A12면.

34) 김주희, 「티켓 다방은 10대 여성의 일터? 놀이터?」, 유쾌한섹슈얼리티인권센터 기획, 변혜정 엮음, 『10대의 섹스, 유쾌한 섹슈얼리티』, 동녘, 2010, 199쪽.

35) 차형석, 「룸살롱 "노래방이 미워"」, 『한국일보』, 2005년 8월 25일, A10면.

36) 이규연, 「노래밤 · 노래바는 또 뭐야」, 『중앙일보』, 2005년 8월 29일, 31면.

37) 이성임, 「정비된 혼인, 일탈된 성」, 국사편찬위원회 편, 『혼인과 연애의 풍속도』, 두산동아, 2005, 166쪽.

38) 캐슬린 배리(Kathleen Barry), 정금나 · 김은정 옮김, 『섹슈얼리티의 매춘화』, 삼인, 2002, 114~121쪽.

39) 김현진, 『그래도 언니는 간다』, 개마고원, 2009, 62~63쪽.

40) 전길양, 「노년기의 성」, 또하나의문화 편집부, 『여성의 몸 여성의 나이』, 또하나의문화, 2001, 249쪽.

41) 이인식, 「노인에 대한 오해」, 『조선일보』, 2010년 3월 27일.

42) 강갑생, 「서울 어르신 10명 중 3명 한 달에 한 번 이상 성관계」, 『중앙일보』, 2009년 12월 30일.

43) 백상현, 「노인정에 웬 비아그라 당번?」, 『서울신문』, 2006년 8월 30일, 15면.

44) 이규태, 『한국인의 생활 문화 1』, 신원문화사, 2000, 200~202쪽.

45) 김홍탁, 『광고, 리비도를 만나다』, 동아일보사, 2003, 23쪽.

46) 에스터 빌라(Esther Vilar), 안인희 옮김, 『사랑하니까 결혼한다고?』, 시유시, 1997, 96~97쪽.

47) 문화연대 편집위원회, 『당신의 문화 쾌적합니까』, 문화과학사, 2001, 76~80쪽.

48) 옐토 드렌스(Jelto Drenth), 김명남 옮김, 『버자이너 문화사』, 동아시아, 2007, 369~370쪽.

ㄷ

1) 이프 편집부, 「'다꽝 마담'에서 '왕 게임'까지: 호스트바 잠입 르포」, 『페미니스트 저널 이프』, 1997년 가을호, 이프, 46쪽.

2) 스티븐 컨(Stephen Kern), 이성동 옮김, 『육체의 문화사』, 의암출판, 1996, 151쪽.

3) 김혜영·김형우, 「대리모, 배만 빌려주면 기본이 4,500만 원」, 『한국일보』, 2010년 10월 7일, 8면.

4) 박주연, 「대리모 이어 대리부까지?」, 『뉴시스』, 2010년 10월 22일.

5) 유마디, 「중년 남성들의 새 탈출구」, 『주간조선』, 2120호(2010년 8월 30일), 조선일보사.

6) 김영승, 『반성』(개정판), 민음사, 2007.

7) 김홍탁, 『광고, 리비도를 만나다』, 동아일보사, 2003, 185~189쪽.

8) 피터 콜릿(Peter Collett), 이윤식 옮김, 『습관의 역사』, 추수밭, 2006.

9) 함인희, 「훅업(Hook-up) 세대의 등장」, 『한국일보』, 2008년 5월 16일.

10) 아르민 퐁스(Armin Pongs) 엮음, 윤도현 옮김, 『당신은 어떤 세계에 살고 있는가? 2』, 한울, 2003, 148~151쪽; 강경희, 「파리, 한 집 건너 독신」, 『조선일보』, 2006년 2월 21일, A16면; 탐사기획팀, 「핵가족도 무너지고 있다 …… '나홀로' 가구 300만 시대 전체의 20%」, 『국민일보』, 2006년 7월 24일, 1면; 김찬희, 「[2005 인구주택총조사] 나홀로 가구 급증 '超 핵가족화'」; 『국민일보』, 2006년 7월 27일, 2면; 전광희, 「독신 가구 증가와 경제적 파장」, 『한국일보』, 2006년 8월 3일, 26면.

11) 김선미, 「클럽 '돈 텔 마마' "30세 미만 입장 불가"」, 『동아일보』, 2002년 10월 18일, 57면.

12) 조항범, 『우리말 활용 사전』, 예담, 2005, 84쪽.

13) 이규태, 『암탉이 울어야 집안이 잘된다 1』, 신원문화사, 2000, 183~185쪽.

14) 캐서린 H. S. 문(Katharine H. S. Moon), 이정주 옮김, 『동맹 속의 섹스』, 삼인, 2002, 156쪽.

15) 이승호, 『옛날 신문을 읽었다(1950~2002)』, 다우, 2002, 186~187쪽.

16) 윤가현, 『동성애의 심리학』, 학지사, 1997, 233쪽.

17) 윤가현, 『성 심리학』, 성원사, 1990, 176쪽.

18) 정해은, 「봉건 체제의 동요와 여성의 성장」, 한국여성연구소 여성사연구실, 『우리 여성의 역사』, 청년사, 1999, 248~249쪽.

19) 이규태, 『한국학 에세이 2』, 신원문화사, 1995, 245~247쪽.

20) 한애란 · 권호, 「'된장녀' 사회학」, 『중앙일보』, 2006년 8월 16일, 11면.

21) 백승찬, 「'된장녀'가 어쨌다고……」, 『경향신문』, 2006년 8월 7일, 22면.

22) 박현동, 「된장녀와 마초」, 『국민일보』, 2006년 8월 18일, 19면.

23) 구둘래, 「된장녀」, 『한겨레21』, 제623호(2006년 8월 17일), 한겨레신문사, 12쪽.

24) 라나 톰슨(Lana Thompson), 백영미 옮김, 『자궁의 역사』, 아침이슬, 2001, 44~45쪽.

25) 박승혁, 「스위스, 드라이브 인 성매매 도입 논의」, 『조선일보』, 2010년 9월 2일.

26) 강준만, 『미국사 산책 5』, 인물과사상사, 2010, 213쪽.

27) 이진, 『미국에 관한 진실 77가지』, 문예당, 1997, 56쪽.

28) 「[여적] 룸살롱」, 『경향신문』, 1990년 1월 30일, 2면.

29) 김용탁, 『광고, 리비도를 만나다』, 동아일보사, 2003, 187쪽.

30) 데이비드 프리드먼(David Friedman), 김태우 옮김, 『막대에서 풍선까지』, 까치, 2003, 247
    쪽; 알리샤 C. 셰퍼드(Alicia C. Shepard), 차미례 옮김, 『권력과 싸우는 기자들』, 프레시안북,
    2009.

31) 박준희, 「1인 손님 & 전담 접대부 '나홀로 룸살롱' 성행」, 『문화일보』, 2009년 9월 3일, 8면.

32) 이교동, 「젖소부인을 위한 변명: 에로 비디오의 정치 경제학」, 고길섶 외, 『문화 읽기: 삐라에
    서 사이버 문화까지』, 현실문화연구, 2000, 480쪽.

33) 임인택, 「은밀하고 노골적인 접대의 속살」, 『한겨레21』, 제755호(2009년 4월 10일), 한겨레신
    문사.

2

1) 리사 터틀(Lisa Tuttle), 유혜련 · 호승희 옮김, 『페미니즘 사전』, 동문선, 1999, 246쪽.

2) 김정운, 『일본 열광』, 프로네시스, 2007, 68~77쪽.

3) 이충형, 「교묘하게 법망 피한 '라이브 섹스 클럽'」, 『중앙일보』, 2009년 7월 1일.

4) 박승혁, 「10代 유혹해 성매매시켜…… '러버보이' 주의보」, 『조선일보』, 2010년 8월 10일.

5) 신윤동욱, 「지금 그들은 상징으로 말한다」, 『한겨레21』, 제349호(2001년 3월 15일), 한겨레신
   문사.

6) 윤가현, 『동성애의 심리학』, 학지사, 1997, 26쪽.

7) 리사 터틀(Lisa Tuttle), 유혜련 · 호승희 옮김, 『페미니즘 사전』, 동문선, 1999, 250쪽.

8) 박숙희, 『뜻도 모르고 자주 쓰는 우리말 사전』, 책이있는마을, 2003, 416~417쪽.

9) Marsha L. Vanderfrd, 「Vilification and Social Movements: A Case Study of Pro-Life
   and Pro-Choice Rhetoric」, 『Quarterly Journal of Speech』, 75:2(May, 1989), pp.166~182.

10) 이성숙, 『매매춘과 페미니즘, 새로운 담론을 위하여』, 책세상, 2002, 103쪽.

11) 김홍수, 「"이성 유혹하려면 롤러코스터 타고 남성 지갑 열려면 성적 자극 주라"」, 『조선일보』,

2008년 9월 11일.

12) 신창호, 「단란주점도 밀실 있으면 룸살롱"」, 『세계일보』, 1997년 10월 4일, 31면.

13) 정용인, 「지역 사회 토착 비리의 사슬」, 『위클리경향』, 제874호(2010년 5월 11일), 경향신문사.

14) 김준일, 「룸살롱들 낯 뜨거운 인터넷 호객」, 『경향신문』, 2004년 5월 29일, 7면.

15) 정재락, 「"더듬이…… 왕자병……" 경찰, 룸살롱 고객 특징 꼼꼼히 적힌 장부 압수」, 『동아일
보』, 2003년 10월 18일, 31면.

16) 김동섭, 「룸 쇼걸의 처절한 삶」, 『경향신문』, 1990년 2월 9일, 14면.

17) 김동섭, 「룸 쇼걸의 처절한 삶」, 『경향신문』, 1990년 2월 9일, 14면.

18) 두산 백과사전.

19) 앵거스 맥래런(Angus McLaren), 임진영 옮김, 『20세기 성의 역사』, 현실문화연구, 2003,
339~340쪽.

■ ▨

1) 문수현, 「마가렛 생거」, 『주간조선』, 1926호(2006년 10월 18일), 조선일보사.

2) 마광수, 『성애론』, 해냄, 1997, 7쪽.

3) 마광수, 『마광쉬즘』, 인물과사상사, 2006, 106쪽.

4) 헨드릭 빌렘 반 룬(Hendrik Wilem van Loon), 이혜정 옮김, 『관용』, 서해문집, 2005.

5) 라나 톰슨(Lana Thompson), 백영미 옮김, 『자궁의 역사』, 아침이슬, 2001, 97~98쪽.

6) 라나 톰슨(Lana Thompson), 백영미 옮김, 『자궁의 역사』, 아침이슬, 2001, 35쪽.

7) 「특수층 자제 명단 가득 '마담뚜 장부'」, 『조선일보』, 1980년 10월 30일, 6면.

8) 신세미, 「세태 그린 '결혼풍속도' …… 놀라움과 반성이……」, 『조선일보』, 1983년 11월 15일,
12면.

9) 「속물적 결혼 풍속도: '마담뚜' 구속에 반영된 세태」, 『조선일보』, 1984년 2월 21일, 2면.

10) 곽태일, 「마조히즘과 사디즘…… 변태냐 욕망이냐」, 『주간동아』, 324호(2002년 3월 7일), 동
아일보사, 83쪽.

11) 민경자, 「한국 매춘 여성 운동사」, 한국여성의전화연합 엮음, 『한국 여성 인권 운동사』, 한울,
1999, 253쪽.

12) 이순욱, 「한국 현대 시의 성과 제국주의」, 김정자 외, 『한국 현대 문학의 성과 매춘 연구』, 태학
사, 1996, 248쪽.

13) 「부모까지 앗은 혼수 빚」, 『조선일보』, 1990년 3월 11일, 3면; 「[횡설수설]」, 『동아일보』, 1990년
5월 9일, 1면; 「"패물 적다" 부인 살해 징역 10년 선고」, 『조선일보』, 1990년 6월 14일, 18면.

14) 이재운 · 조규천 편저, 『뜻도 모르고 자주 쓰는 우리 한자어 사전』, 책이있는마을, 2005, 83~
84쪽.

15) 알렝 꼬르벵(Alain Corbin), 이종민 옮김, 『창부』, 동문선, 1995, 375~383쪽.

16) 이효재, 『한국의 여성 운동: 어제와 오늘』, 정우사, 1989, 182쪽, 251쪽.

17) 정희진, 「죽어야 사는 여성들의 인권」, 한국여성의전화연합 엮음, 『한국 여성 인권 운동사』, 한울아카데미, 1999, 308쪽.

18) 이영자, 『소비자본주의 사회의 여성과 남성』, 나남, 2000, 116쪽.

19) 김완섭, 『창녀론』, 천마, 1995, 207~211쪽.

20) 앵거스 맥래런(Angus McLaren), 임진영 옮김, 『20세기 성의 역사』, 현실문화연구, 2003; 장호순, 「[해설] 성 평등과 표현의 자유: 캐서린 맥키넌의 주장에 대하여」, 캐서린 A. 맥키넌(Catharine A. MacKinnon), 신은철 옮김, 『포르노에 반대한다』, 개마고원, 1997, 157~174쪽.

21) 이봉지, 「여성의 성, 메두사인가, 포개진 입술인가?: 식수와 이리가레가 제기하는 '쾌락'」, 『페미니스트저널 이프』, 1998년 겨울호, 이프, 72~77쪽.

22) 이수연, 『메두사의 웃음』, 커뮤니케이션북스, 1998, 3쪽.

23) 김정운, 『일본 열광』, 프로네시스, 2007, 213~214쪽.

24) 타일러 코웬(Tyler Cowen), 이은주 옮김, 『상업 문화 예찬』, 나누리, 2003.

25) 박형준, 「이슬람 여성 인권 유린 2제」, 『동아일보』, 2004년 10월 30일, A13면; 주정훈, 「이슬람 명예 좀먹는 '명예 살인'」, 『한겨레』, 2005년 6월 4일, 8면; 강경희, 「잇따른 '명예 살인'제 발등 찍는 무슬림」, 『조선일보』, 2006년 8월 30일, A17면.

26) 이태희, 「부와 가난의 세습 사회 '선택된 소수' 그들만의 결혼」, 『한겨레』, 2003년 1월 1일, 42면.

27) 이상현, 「日帝 부검 인체 적출물이 왜 국과수에?」, 『연합뉴스』, 2010년 1월 24일.

28) 게르티 쩽어(Gerti Senger) 외, 함미라 옮김, 『불륜의 심리학』, 소담출판사, 2009.

29) 클라우디아 스프링거(Claudia Springer), 정준영 옮김, 『사이버 에로스』, 한나래, 1998, 128~130쪽.

30) 김진철, 「모텔 경영학 제1장 "돌리고 돌리고 돌려라"」, 『한겨레』, 2009년 6월 12일.

31) 장익상, 「LA시, 모텔·호텔 시간 대여제 금지」, 『연합뉴스』, 2006년 3월 10일.

32) 박수균, 「대학가 '모텔형 비디오방' 성업 중」, 『문화일보』, 2006년 1월 6일, 8면.

33) 김진철, 「모텔 경영학 제1장 "돌리고 돌리고 돌려라"」, 『한겨레』, 2009년 6월 12일.

34) 채지영, 「당신의 목소리 첫인상 좌우한다」, 『동아일보』, 2005년 9월 2일, 주말에디션 1~2면.

35) 이충환, 「목소리 매력적인 사람 성생활도 왕성」, 『동아일보』, 2004년 10월 8일, A16면.

36) 김준영, 『입에 익은 우리 익은말』, 학고재, 2006, 98~99쪽.

37) 두산 백과사전.

38) 서울대학교 병원.

39) 바버라 캔트로위츠(Barbara Kantrowitz)·팻 윈거트(Pat Wingert), 「성(性)의 경계가 사라진다?」, 『뉴스위크 한국판』, 제945호(2010년 9월 8일), 중앙일보시사미디어.

40) 윤상돈, 「러브호텔 '불황의 늪'」, 『서울신문』, 2006년 2월 25일, 5면.

41) 강석운·박종생, 「묻지마 사회심리학을 캔다」, 『한겨레』, 1996년 10월 30일, 11~12면.

42) 박영배 · 신난향, 『게이 레즈비언부터 조지 부시까지: 미국 현대 문명 보고서』, 이채, 2000.

43) 데이비드 브룩스(David Brooks), 형선호 옮김, 『보보스』, 동방미디어, 2001, 271~272쪽.

44) 이상록, 「위험한 여성, '전쟁미망인'의 타락을 막아라: 1950년대 전쟁미망인의 출현」, 길밖세상, 『20세기 여성 사건사』, 여성신문사, 2001, 123쪽.

45) 이재운 · 조규천, 『뜻도 모르고 자주 쓰는 우리 한자어 사전』, 책이있는마을, 2005, 92쪽.

46) 김주영, 「'일등품' 유아 만들기」, 박재환 외, 『현대 한국 사회의 일상 문화 코드』, 한울아카데미, 2004, 116쪽.

47) 황호택, 「IMF 미시」, 『동아일보』, 2000년 10월 21일.

48) 홍성철, 『유곽의 역사』, 페이퍼로드, 2007, 241쪽.

49) 이재운 · 조규천, 『뜻도 모르고 자주 쓰는 우리 한자어 사전』, 책이있는마을, 2005, 92쪽.

50) 이규태, 『암탉이 울어야 집안이 잘된다 1』, 신원문화사, 2000, 309쪽.

51) 진 랜드럼(Gene N. Landrum), 노은정 · 모윤신 옮김, 『성공하는 여성들의 심리학』, 황금가지, 1997.

52) 이완배 · 최호원, 「[단속 死角 강남 유흥가] 끈끈한 '돈줄 유착'」, 『동아일보』, 2000년 8월 8일, 21면.

53) 문경란, 「성매매 여성들 '법외 노조' 결성」, 『중앙일보』, 2005년 9월 24일, 12면.

54) 이유진, 「성매매 여성 노조 모습 첫 공개」, 『한겨레』, 2005년 10월 18일, 12면.

55) 이재운 · 조규천, 『뜻도 모르고 자주 쓰는 우리 한자어 사전』, 책이있는마을, 2005, 93쪽.

56) 김동진, 조항범 평석, 『선인들이 전해준 어원 이야기』, 태학사, 2001, 107~108쪽.

ㅂ

1) 「바바리맨이 나타났다!!! 바바리맨 대처법과 처벌」, 뇌한왕궤의 도움 안 되는 지식 창고(http://lawcomp.tistory.com/), 2010년 3년 22일.

2) 권홍우, 『99%의 롤 모델』, 인물과사상사, 2010; 카트린 칼바이트(Cathrin Kahlweit) 외, 장혜경 옮김, 『20세기 여인들 성상, 우상, 신화』, 여성신문사, 2001; 수전 린(Susan Linn), 김승욱 옮김, 『TV 광고 아이들』, 들녘, 2006.

3) 빌 브라이슨(Bill Bryson), 정경옥 옮김, 『빌 브라이슨 발칙한 영어 산책』, 살림, 2009; 조지 모스(George L. Mosse), 서강여성문학연구회 옮김, 『내셔널리즘과 섹슈얼리티』, 소명출판, 2004.

4) 박효순, 「휴가철 애인 구하기 실태…… '바캉스 부킹' 해변으로 나가~요?」, 『스포츠칸』, 2008년 7월 17일.

5) 윌리엄 라이딩스 2세(William J. Ridings, Jr.) · 스튜어트 매기버(Stuart B. McIver), 김형곤 옮김, 『위대한 대통령 끔찍한 대통령』, 한언, 2000; 리처드 솅크먼(Richard Shenkman), 이종

인 옮김, 『미국사의 전설, 거짓말, 날조된 신화들』, 미래M&B, 2003.

6) 홍은택, 「흑인-소녀-친구 부인 클린턴의 여인 수백 명」, 『뉴스플러스』, 1998년 2월 12일, 44~45쪽.

7) 「'땐스'로 유혹 농락: 박인수 사건」, 『조선일보』, 1955년 6월 18일, 조간 3면.

8) 이상록, 「전쟁의 폐허 위에 다시 세워진 '정조 관념' : 1955년 박인수 사건」, 길밖세상, 『20세기 여성 사건사』, 여성신문사, 2001, 149쪽.

9) 윤재걸, 「광복 50년의 말, 말, 말」, 『월간중앙』, 1995년 1월호, 중앙일보시사미디어, 167~168쪽.

10) 신현준, 「2001년 여름의 한국 대중음악, 엽기와 섹스로 기독교 윤리에 도전하다」, 『황해문화』, 제32호(2001년 가을), 새얼문화재단, 379~380쪽.

11) 류숙렬, 「"난 페미니스트의 노예가 되어도 좋아": 맛있는 남자 박진영」, 『if』, 1998년 겨울, 148~149쪽.

12) 주철환, 「시사 토크쇼 진행하고픈 '대중 공화국' 자유주의자」, 월간 『말』, 1999년 3월호, 월간 말(주).

13) 강갑생, 「서울 어르신 10명 중 3명 한 달에 한 번 이상 성관계」, 『중앙일보』, 2009년 12월 30일.

14) 이규태, 『암탉이 울어야 집안이 잘된다 1』, 신원문화사, 2000, 209~211쪽.

15) 빌 헤이스(Bill Hayes), 박중서 옮김, 『5리터』, 사이언스북스, 2008, 368~370쪽.

16) 김양중, 「40대 이상 남성 절반 '풀죽은 밤'」, 『한겨레』, 2004년 11월 3일, 8면; 민태원, 「40~50대 43% '고개 숙인 남성'」, 『국민일보』, 2004년 11월 3일, 9면.

17) 임유경, 「'발바리' 라니…… 연쇄 성폭행범과 동떨어져」, 『여성신문』, 1048호(2009년 9월 18일), (주)여성신문사.

18) 김명환 · 김중식, 『서울의 밤 문화』, 생각의나무, 2006, 87쪽.

19) 리사 터틀(Lisa Tuttle), 유혜련 · 호승희 옮김, 『페미니즘 사전』, 동문선, 1999, 360~361쪽, 417쪽.

20) 위키 백과사전.

21) 정성희, 『조선의 성 풍속』, 가람기획, 1998, 75쪽.

22) 김경희, 「배꼽의 성(性)적 의미」, 『이코노미플러스』, 2010년 1월 22일, 조선매거진.

23) 김정운, 「아이폰과 룸살롱」, 『한겨레』, 2010년 6월 3일.

24) 채장석, 「포스트 모더니즘과 비디오 아트」, 김욱동 편, 『포스트 모더니즘과 예술』, 청하, 1991, 287~288쪽.

25) 이흥우, 「[현대사의 순간] (67) 20세 처녀 생매장: 전정운의 백백교 '구약'」, 『조선일보』, 1973년 5월 22일, 4면; 유재동, 「1937년 백백교 피해자 유골 발굴」, 『동아일보』, 2007년 6월 9일.

26) 옐토 드렌스(Jelto Drenth), 김명남 옮김, 『버자이너 문화사』, 동아시아, 2007, 437~439쪽.

27) 이규태, 「여학생계」, 『조선일보』, 1984년 5월 17일, 5면.

28) 이규태, 『암탉이 울어야 집안이 잘된다 2』, 신원문화사, 2000, 47쪽.

29) 캐슬린 배리(Kathleen Barry), 정금나 · 김은정 옮김, 『섹슈얼리티의 매춘화』, 삼인, 2002,

151쪽.

30) 번 벌로(Vern Bullough) · 보니 벌로(Bonnie Bullough), 서석연 · 박종만 옮김, 『매춘의 역사』, 까치, 1992, 397쪽.

31) 이정윤, 「장안동 호스트바에 가다」, 『주간조선』, 2118호(2010년 8월 16일), 조선일보사.

32) 「페미니스트인가, 레즈비언인가」, 『페미니스트저널 이프』, 1999년 여름호, 이프, 195쪽.

33) 리처드 셴크먼(Richard Shenkman), 이종인 옮김, 『미국사의 전설, 거짓말, 날조된 신화들』, 미래M&B, 2003; 빌 브라이슨(Bill Bryson), 정경옥 옮김, 『빌 브라이슨 발칙한 영어 산책』, 살림, 2009.

34) 나탈리 제몬 데이비스(Natalie Zemon Davis), 조형준 옮김, 『여성의 역사 3 (상)』, 새물결, 1999, 110쪽.

35) 김덕영, 『프로이트, 영혼의 해방을 위하여』, 인물과사상사, 2009, 331쪽.

36) 지그문트 프로이트(Sigmund Freud), 김석희 옮김, 『문명 속의 불만』, 열린책들, 1997, 104~105쪽.

37) 「Britney Spears」, 『Current Biography』, 61:4(April, 2000), p.9.

38) 수전 린(Susan Linn), 김승욱 옮김, 『TV 광고 아이들』, 들녘, 2006.

39) 신승철, 「한국 남자들, 왜 '이대근'을 선호하나」, 『조선일보』, 2009년 11월 7일.

40) 정덕준, 「한국 대중 문학에 대한 반성적 고찰」, 정덕준 외, 『한국의 대중 문학』, 소화, 2001, 24쪽.

41) 정종화, 『자료로 본 한국 영화사 2: 1955~1997』, 열화당, 1997, 89~90쪽.

42) 이재규, 『시와 소설로 읽는 한국 현대사 1945~1994』, 심지, 1994, 135~136쪽.

43) 이형기, 「〈별들의 고향〉 호스티스 삶 통해 도시 비정 고발」, 『한국일보』, 1991년 8월 31일, 12면.

44) 정동우, 「부부 간 성폭행죄 되나 안 되나」, 『동아일보』, 1994년 1월 14일, 7면.

45) 앵거스 맥래런(Angus McLaren), 임진영 옮김, 『20세기 성의 역사』, 현실문화연구, 2003; 정동우, 「남편 '강간' 부인 성기 절단 모두 무죄」, 『동아일보』, 1994년 1월 23일, 4면.

46) 김동진, 조항범 평석, 『선인들이 전해준 어원 이야기』, 태학사, 2001, 117쪽.

47) 김준영, 『입에 익은 우리 익은말』, 학고재, 2006, 184~185, 194~195쪽.

48) 김동진, 조항범 평석, 『선인들이 전해준 어원 이야기』, 태학사, 2001, 119~120쪽.

49) 김준영, 『입에 익은 우리 익은말』, 학고재, 2006, 185쪽.

50) 김열규, 『욕: 그 카타르시스의 미학』, 사계절, 1997, 111쪽.

51) 김용옥, 『여자란 무엇인가』, 통나무, 1989, 189쪽.

52) 옐토 드렌스(Jelto Drenth), 김명남 옮김, 『버자이너 문화사』, 동아시아, 2007, 456쪽.

53) 옐토 드렌스(Jelto Drenth), 김명남 옮김, 『버자이너 문화사』, 동아시아, 2007, 26~27쪽.

54) 지혜, 「보지의 커밍아웃: 버자이너 모놀로그」, 『페미니스트저널 이프』, 2001년 여름호, 이프, 212~215쪽.

55) 옐토 드렌스(Jelto Drenth), 김명남 옮김, 『버자이너 문화사』, 동아시아, 2007, 443~444쪽.

56) 박래용, 「"노 보트 노 키스"」, 『경향신문』, 2010년 5월 20일.

57) 정성희, 『조선의 성 풍속』, 가람기획, 1998, 301~306쪽.

58) 강주화, 「변협 '부부 강간죄' 반대」, 『국민일보』, 2005년 8월 18일, 6면; 권재현, 「변협 "부부 강간죄 반대"」, 『경향신문』, 2005년 8월 18일, 9면; 김지성, 「부부 강간죄 도입: 변협 법제화 반대 계기 논란 가열」, 『한국일보』, 2005년 8월 18일, 6면; 류이근, 「국민 81.3% "부부 강간을 처벌하라"」, 『한겨레21』, 제563호(2005년 6월 14일), 한겨레신문사, 20~24쪽.

59) 이규태, 『암탉이 울어야 집안이 잘된다 2』, 신원문화사, 2000, 186쪽.

60) 박민선, 「한국 레즈비언의 성과 삶」, 한국성폭력상담소 엮음, 『섹슈얼리티 강의』, 동녘, 1999, 256쪽.

61) 이승재, 「성인 나이트클럽의 모든 것」, 『동아일보』, 2003년 2월 7일, 55면.

62) 이승재, 「성인 나이트클럽의 모든 것」, 『동아일보』, 2003년 2월 7일, 55면.

63) 김현진, 『그래도 언니는 간다』, 개마고원, 2009.

64) 서준, 「룸살롱의 모든 것 들춰 보니」, 『일요시사』, 2008년 12월 16일, 일요시사신문사.

65) 임헌영, 「[변혁으로서의 문학과 역사] 남정현의 '분지' ①: 민족자주 열망한 민중희원 소설화」, 『대한매일』, 1999년 5월 20일, 15면.

66) 임헌영, 「[변혁으로서의 문학과 역사] 남정현의 '분지' ③: 줄거리까지 왜곡 '이적'으로 몰아」, 『대한매일』, 1999년 6월 16일, 14면.

67) 최정무, 「한국의 민족주의와 성(차)별 구조」, 일레인 김(Elaine H. Kim) · 최정무, 박은미 옮김, 『위험한 여성』, 삼인, 2001, 35쪽.

68) 윤택림, 「결혼, 우리에게 무엇인가」, 『조선일보』, 2003년 8월 11일, 21면.

69) 게르티 젱어(Gerti Senger) 외, 함미라 옮김, 『불륜의 심리학』, 소담출판사, 2009.

70) 김홍탁, 『광고, 리비도를 만나다』, 동아일보사, 2003, 292쪽.

71) 정주리 외, 『역사가 새겨진 우리말 이야기』, 고즈윈, 2006, 55쪽.

72) 이창신, 「여성 운동」, 김덕호 · 김연진 엮음, 『현대 미국의 사회 운동』, 비봉출판사, 2001, 324~359쪽.

73) 타리크 알리(Tariq Ali) · 수잔 왓킨스(Susan Watkins), 안찬수 · 강정석 옮김, 『1968: 희망의 시절, 분노의 나날』, 삼인, 2001.

74) 이창신, 「미국 여성과 또 하나의 역사: '평등'과 '해방'을 위한 투쟁」, 김형인 외, 『미국학』, 살림, 2003, 355~386쪽.

75) 마빈 해리스(Marvin Harris), 원재길 옮김, 『아무것도 되는 게 없어』, 황금가지, 1996.

76) 「[LJ칼럼] 브레지어의 성 해방」, 엘제이비뇨기과(http://ljuro.com), 2006년 4월 27일.

77) 「새로 하는 성교육 1: 자신의 몸을 알자! 얼굴을 보듯 성기를 보자!」, 『페미니스트저널 이프』, 1998년 여름호, 이프, 241쪽.

78) 파트릭 르무안(Patrick Lemoine), 이세진 옮김, 『유혹의 심리학』, 북폴리오, 2005, 140쪽.

79) 허윤희, 「비아그라 10년······ 당신의 삶은 달라졌습니까」, 『조선일보』, 2008년 12월 21일.

80) 한상준, 「중장년 남성 웃음 늘었다」, 『동아일보』, 2009년 9월 14일.

81) 「"웃겨, 고추에 목숨 거는 남자들": 이프 번개 토론 비아그라 괴담」, 『페미니스트저널 이프』, 1998년 가을호, 이프, 243~248쪽.

82) 토니 마이어스(Toni Myers), 박정수 옮김, 『누가 슬라보에 지젝을 미워하는가』, 앨피, 2005, 110쪽.

83) 김이승현·박정애, 「빠순이, 오빠 부대, 문화 운동가?: 서태지 팬덤 이야기」, 한국여성연구소, 『여성과 사회』, 제13호(2001년 하반기), 창작과비평사, 159쪽.

84) 김홍기, 「'빨간 마후라' 10대 넷 소년원 송치-보호 관찰」, 『조선일보』, 1997년 10월 13일.

85) 김주희, 「티켓 다방은 10대 여성의 일터? 놀이터?」, 유쾌한섹슈얼리티인권센터 기획, 변혜정 엮음, 『10대의 섹스, 유쾌한 섹슈얼리티』, 동녘, 2010, 198쪽.

86) 박숙희, 『뜻도 모르고 자주 쓰는 우리말 사전』, 책이있는마을, 2003, 456쪽.

87) 고길섶, 『문화 비평과 미시 정치』, 문화과학사, 1998, 213쪽.

88) 이규태, 『암탉이 울어야 집안이 잘된다 2』, 신원문화사, 2000, 244쪽.

89) 박영출 외, 「子正 이후 서울은 '삐끼 天國'」, 『문화일보』, 1998년 4월 24일, 23면.

ㅅ

1) 「김길태 "변태 성욕"」, 『이코노믹리뷰』, 2003년 11월호.

2) 현민, 「섹슈얼리티: 이성애주의와 퀴어 정치학」, 이진경, 『문화 정치학의 영토들』, 그린비, 2007, 416쪽.

3) 이호숙, 「탈피와 연루, 이중의 성 의식: 최윤론」, 한국문학연구회, 『페미니즘은 휴머니즘이다』, 한길사, 2000, 327쪽.

4) 한규석, 『사회 심리학의 이해』, 학지사, 1995, 276쪽.

5) 임현경, 「사이버스페이스의 기술과 문화: 주요 용어 해설」, 『문화과학』, 10호(1996년 가을), 문화과학사, 171쪽; 수잔 B. 반즈(Susan B. Barnes), 이동후·김은미 옮김, 『온라인 커넥션』, 한나래, 2002, 242~247쪽.

6) 김연수, 『사이버 포르노그래피』, 진한도서, 2003, 81~84쪽.

7) 부형권·박정훈, 「윤락 알선 '사이버 포주' 적발…… 대화방 통해 매춘 주선」, 『동아일보』, 1998년 12월 5일, 31면.

8) 다나 J. 해러웨이(Haraway J. Donna), 민경숙 옮김, 『유인원, 사이보그, 그리고 여자』, 동문선, 2002, 265~325쪽; 다너 해러웨이(Haraway Donna), 임옥희 해설 및 번역, 「사이보그를 위한 선언문: 1980년대에 있어서 과학, 테크놀로지, 그리고 사회주의 페미니즘」, 『문화과학』, 8호(1995년 12월) 문화과학사, 1995, 74~99쪽.

9) 데즈먼드 모리스(Desmond Morris), 이규범 옮김, 『바디 워칭』, 범양사출판부, 1986, 247쪽.

10) 이태훈, 「'事後 피임약' 프랑스서도 1988년 국민 반발 등 논란」, 『조선일보』, 2010년 8월 17일.

11) 권태환, 「출산력 변천의 과정과 의미」, 권태환 외, 『한국 출산력 변천의 이해』, 일신사, 1997, 47쪽.

12) 소현숙, 「너무 많이 낳아 창피합니다: 가족계획」, 길밖세상, 『20세기 여성 사건사』, 여성신문사, 2001, 173~174쪽 김은실, 「한국 근대화 프로젝트의 문화 논리와 가부장성」, 『당대비평』, 제8호(1999년 가을), 삼인, 94쪽.

13) 신복룡, 『한국사 새로 보기』, 풀빛, 2001, 52~60쪽.

14) 강태호, 「여성 '상반신 노출' 자유 누가 막는가」, 『한겨레』, 2010년 8월 31일.

15) 박숙희, 『뜻도 모르고 자주 쓰는 우리말 사전』, 책이있는마을, 2003, 133쪽.

16) 데즈먼드 모리스(Desmond Morris), 황현숙 옮김, 『머리 기른 원숭이』, 까치, 1996, 195~196쪽.

17) 이규태, 『암탉이 울어야 집안이 잘된다 2』, 신원문화사, 2000, 205쪽.

18) 이규태, 『한국인의 정서 구조 2』, 신원문화사, 1994, 237쪽.

19) 홍성철, 『유곽의 역사』, 페이퍼로드, 2007, 195쪽.

20) 「표주박」, 『한국일보』, 1955년 12월 10일, 3면.

21) 윤가현, 『성 심리학』, 성원사, 1990, 45쪽.

22) 현민, 「섹슈얼리티: 이성애주의와 퀴어 정치학」, 이진경, 『문화 정치학의 영토들』, 그린비, 2007, 410쪽.

23) 주경철, 「선교사 체위」, 『조선일보』, 2010년 8월 21일.

24) 강준만, 『한국 현대사 산책 1960년대편 3권』, 인물과사상사, 244~246쪽.

25) 장 라플랑슈(Jean Laplanche) · 장 베르트랑 퐁탈리스(Jean-Bertrand Pontalis), 임진수 옮김, 『정신 분석 사전』, 열린책들, 2005, 199쪽.

26) 「참을 수 없는 포르노의 지겨움」, 『페미니스트저널 이프』, 1999년 여름호, 이프, 205쪽.

27) 김도연, 『일본 TV 벗기기』, 산성미디어, 1998, 99~98쪽.

28) 「'강도의 굴욕' …… 미용실 침입했다 여주인에 이틀 동안 '성 고문'」, 『미주중앙일보』, 2009년 4월 21일.

29) 강준만, 『미국사 산책 1』, 인물과사상사, 2010, 206~208쪽.

30) 윤가현, 『성 심리학』, 성원사, 1990, 89쪽.

31) 이규태, 『한국인의 생활 문화 1』, 신원문화사, 2000, 157~158쪽.

32) 옐토 드렌스(Jelto Drenth), 김명남 옮김, 『버자이너 문화사』, 동아시아, 2007, 412쪽.

33) 박근영, 「"성매매 여성도 세금 내고 싶다"」, 『시사IN』, 제54호(2008년 9월 27일), 참언론.

34) 권기석, 「성매매 유비쿼터스」, 『국민일보』, 2005년 3월 23일.

35) 「준비 안 된 法 …… '변태 영업' 키웠다」, 『동아일보』, 2005년 3월 22일.

36) 이인식, 「누가 섹스를 사는가」, 『조선일보』, 2009년 4월 11일.

37) 이대혁, 「"아저씨 ○○도 몰라요? ㅋㅋ 경찰이구나"」, 『한국일보』, 2009년 7월 25일.

38) 안은경, 「우리나라 여성들의 30% 이상 불감증 겪고 있어」, 『뉴스웨이브』, 2010년 5월 27일.

39) 미셸 푸코(Michel Foucault), 이규현 옮김, 『성의 역사 1』, 나남, 1990; 제임스 밀러(James

Miller), 김부용 옮김, 『미셸 푸꼬의 수난 2』, 인간사랑, 1995; 고명섭, 『광기와 천재』, 인물과 사상사, 2007.

40) 도정일 · 최재천, 『대담—인문학과 자연 과학이 만나다』, 휴머니스트, 2005.

41) 미셸 푸코(Michel Foucault), 이규현 옮김, 『성의 역사 1』, 나남, 1990, 157~158쪽.

42) 김홍탁, 『광고, 리비도를 만나다』, 동아일보사, 2003, 80쪽.

43) 슐라미스 화이어스톤(Shulamith Firestone), 『성의 변증법』, 풀빛, 1983; 앵거스 맥래런 (Angus McLaren), 임진영 옮김, 『20세기 성의 역사』, 현실문화연구, 2003.

44) 앵거스 맥래런(Angus McLaren), 임진영 옮김, 『20세기 성의 역사』, 현실문화연구, 2003.

45) 조영미, 「밀레트」, 김우창 외 엮음, 『103인의 현대 사상』, 민음사, 1996, 229~235쪽.

46) 김봄내, 「주택가까지 점령한 성인용품점 실태」, 『스포츠서울』, 2010년 3월 27일.

47) Jean Folkerts & Dwight L. Teeter, Jr., 『Voices of a Nation: A History of Mass Media in the United States』, 3rd ed.(Boston, Mass: Allyn and Bacon, 1998); 빌 브라이슨(Bill Bryson), 정경옥 옮김, 『빌 브라이슨 발칙한 영어 산책』, 살림, 2009.

48) 데이빗 부스(David M. Buss), 김용석 · 민현경 옮김, 『욕망의 진화』, 백년도서, 1995, 214쪽.

49) 하윤금, 「'Playboy' 성인 컨텐츠 유통의 신화와 현실」, 한국언론학회 편집부, 『한국언론학 보』, 제47권 5호(2003년 10월), 한국언론학회, 275쪽.

50) 마이런 섀라프(Myron Sharaf), 이미선 옮김, 『빌헬름 라이히』, 양문, 2005, 198쪽.

51) 빌헬름 라이히(Wilhelm Reich), 황선길 옮김, 『파시즘의 대중 심리』, 그린비, 2006.

52) 윤수종, 「빌헬름 라이히의 삶과 사상」, 빌헬름 라이히(Wilhelm Reich), 윤수종 옮김, 『성 혁 명』, 새길, 2000, 57쪽.

53) 파비엔 카스타-로자(Fabienne Casta-Rosaz), 박규현 옮김, 『연애, 그 유혹과 욕망의 사회 사』, 수수꽃다리, 2003, 335쪽.

54) 박효순, 「키 안 크는 우리 아이 혹시, 성조숙증 때문」, 『경향신문』, 2010년 7월 16일.

55) 김성환, 「성조숙증 진료 아동 97%가 여아」, 『한국일보』, 2010년 10월 4일.

56) 두산 백과사전.

57) 이유진, 「성폭력 '선정 보도' 피해자 두 번 울려」, 『한겨레』, 2006년 10월 26일, 2면; 조동시, 「편견을 부추기는 보도는 말아야: 에이즈 보도 · 성폭력 보도 가이드라인」, 『신문과 방송』, 제 432호(2006년 12월), 한국언론재단, 160~162쪽.

58) 김유경, 「구성애 "순결 관념을 바꿔야 한다"」, 『뉴스엔』, 2010년 3월 29일.

59) Don R. Pember, 『Mass Media Law』, 1996 ed.(Dubuque, Iowa: Brown & Benchmark, 1996), pp.242~245.

60) 유진 굿윈(H. Eugene Goodwin), 우병동 옮김, 『언론 윤리의 모색』, 한나래, 1995, 216~217쪽.

61) 유진 굿윈(H. Eugene Goodwin), 우병동 옮김, 『언론 윤리의 모색』, 한나래, 1995, 217쪽.

62) 김찬호, 『생애의 발견』, 인물과사상사, 2009, 199~200쪽.

63) 손재언, 「성희롱 문자 '화들짝' 처벌 못하니 '울화통'」, 『한국일보』, 2007년 4월 10일, 10면;

정유경, 「이것도 저것도 성희롱…… 직장 내 다른 문제 덮인다」, 『한겨레』, 2007년 10월 5일.

64) [사설] 성희롱 처벌을 완화해 달라는 경제 5단체」, 『한겨레』, 2008년 4월 7일.

65) 김홍탁, 「광고, 리비도를 만나다」, 동아일보사, 2003, 165쪽.

66) 김재기, 「섹슈얼리티의 철학적 의미」, 한국철학사상연구회, 『문화와 철학』, 동녘, 1999, 189쪽; 장(윤)필화, 『여성 몸 성』, 또하나의문화, 1999, 20쪽; 함재봉, 『탈근대와 유교』, 나남, 1998; 이규현, 「역자 서문」, 미셸 푸코, 이규현 옮김, 『성의 역사 1』, 나남, 1990, 7~17쪽; 조셉 브리스토우(Joseph Bristow), 이연정·공선희 옮김, 『섹슈얼리티』, 한나래, 2000, 28쪽; 김경일, 『여성의 근대, 근대의 여성』, 푸른역사, 2004, 120쪽.

67) 박승혁, 「美 10代들, 부모 세대보다 안전하게 性 생활」, 『조선일보』, 2010년 10월 6일.

68) 한스 디터 겔페르트(Hans-Dieter Gelfert), 이미옥 옮김, 『전형적인 미국인』, 에코리브르, 2003.

69) AFP통신, 「세계 첫 '섹스 로봇' 상용화」, 『조선닷컴』, 2010년 1월 11일.

70) 송현숙·임영주, 「섹스보다 외식이 낫다?」, 『경향신문』, 2004년 11월 26일, M1~M3면.

71) 이종석, 「불황 타격 룸살롱 '섹스 마케팅'-단골에 '아가씨와 콘도 동행'」, 『문화일보』, 2003년 8월 30일, 23면.

72) Wilson Bryan Key, 『Subliminal Seduction: Ad Media's Manipulation of a Not So Innocent America』(Englewood Cliffs, N. J.: Prentice-Hall, 1973); 윌슨 브라이언 키(Wilson Bryan Key), 허갑중 옮김, 『현대 사회와 잠재의식의 광고학』, 나남, 1992; 윌슨 브라이언 키(Wilson Bryan Key), 허갑중 옮김, 『섹스 어필 광고 섹스 어필 미디어』, 책과길, 1994.

73) 배국남, 「'포르노 왕'이 정가의 '저승사자'로」, 『주간한국』, 1754호(1999년 1월 14일), 한국일보, 51쪽.

74) 신재민, 「美 정가 '섹스 매카시즘' 공포」, 『한국일보』, 1998년 12월 22일, 7면.

75) 김태윤, 「탄핵 재판서 클린턴 공격 땐 '공화 의원 불륜 폭로' 엄포」, 『뉴스플러스』, 1999년 2월 18일, 15쪽; 윤희영, 「性에 대한 위선 깨겠다」, 『조선일보』, 1999년 1월 14일, 9면.

76) 박두식, 「[잇단 스캔들 폭로] 미 정계 '플린트 리스트'에 떤다」, 『주간조선』, 1999년 1월 28일, 조선일보사, 65쪽; 최이정, 「클린턴 공격하는 공화당 '성추문 의원 또 있다'」, 『일요신문』, 1999년 1월 17일, 40면.

77) 유성용, 「제주도에 '섹스의 메카' 있다. '성 박물관' 북적북적」, 『소비자가 만드는 신문』, 2010년 1월 22일.

78) 김열규, 『욕: 그 카타르시스의 미학』, 사계절, 1997, 57쪽.

79) 정병선 외, 「5억 명 돌파 페이스북(세계 최대 소셜 네트워크 서비스), 지구촌 소통 이끈다」, 『조선일보』, 2010년 7월 23일.

80) 박선이, 「태국의 한류 소비자들」, 『조선일보』, 2008년 2월 15일.

81) 홍정은·윤태진, 「전 지구적 TV 드라마의 수용 담론: 〈Sex and the City〉의 한국 여성 수용자를 중심으로」, 『프로그램/텍스트』, 제14호(2006년 9월), 한국방송영상산업진흥원, 163~190쪽.

82) 우에노 치즈코(上野千鶴子), 김보경·이선이 옮김, 「'그녀들'의 목소리는 무엇을 요구하고 있는가: 일본군 위안부, 이영훈 사태, 성매매」, 『당대비평』, 제28호(2004년 겨울), 생각의나무, 27쪽.

83) 박용채, 「日 "중학생 이하 성관계 금지"」, 『경향신문』, 2004년 11월 17일, 13면.

84) 이웅, 「"남성 섹스 정년은 69세"」, 『연합뉴스』, 2009년 9월 1일.

85) 『중앙일보』, 1996년 12월 17일, 7면.

86) 『일요신문』, 1996년 2월 18일, 65면.

87) 전성훈, 「휴대전화의 역기능…… 중고생 20% '섹스팅' 경험」, 『연합뉴스』, 2010년 3월 7일.

88) 데이빗 부스(David M. Buss), 김용석·민현경 옮김, 『욕망의 진화』, 백년도서, 1995, 155~156쪽.

89) 앨리 러셀 혹실드(Arlie Russell Hochschild), 이가람 옮김, 『감정 노동』, 이매진, 2009, 126~127쪽.

90) 송민섭, 「국내 첫 '섹스 박람회' 논란」, 『세계일보』, 2006년 8월 30일, 8면.

91) 박수균·음성원, 「'솔직한 性': 性 상품화' 서울 섹스포 싸고 논란」, 『문화일보』, 2006년 8월 30일, 9면.

92) 임인택, 「'말 많고 탈 많은' 섹스 박람회 가 보니」, 『한겨레』, 2006년 9월 1일, 11면.

93) 일레인 김(Elaine H. Kim), 「남성들의 이야기: 한국의 여성, 젠더 그리고 남성성의 구조」, 일레인 김(Elaine H. Kim)·최정무, 박은미 옮김, 『위험한 여성』, 삼인, 2001, 93쪽.

94) 공종식, 「"왜 하필 터키탕입니까"」, 『동아일보』, 1996년 8월 8일, 38면.

95) 김도연, 『일본 TV 벗기기』, 삼성미디어, 1998, 103쪽.

96) 이성구, 「名器의 조건」, 『월간조선』, 2007년 5월호, 조선일보사, 562~563쪽.

97) 이대혁, 「유리벽 안 여성들 선택 성매매 적발」, 『한국일보』, 2009년 4월 13일; 권재현, 「빌딩 한 개 층에 통째로 옛 집창촌식 '쇼케이스'」, 『경향신문』, 2009년 4월 13일.

98) 위키 백과사전.

99) 정성희, 『조선의 성 풍속』, 가람기획, 1998, 76~77쪽.

100) 이재운·조규천, 『뜻도 모르고 자주 쓰는 우리 한자어 사전』, 책이있는마을, 2005, 132쪽.

101) 이규태, 『암탉이 울어야 집안이 잘된다 2』, 신원문화사, 2000, 47쪽.

102) 강준만, 『대한민국을 움직이는 쿨 에너지』, 인물과사상사, 2007, 164쪽.

103) 이진구, 「간통 혐의로 피소 20代 여성, '처녀 증명서' 제출 결백 입증」, 『경향신문』, 1999년 4월 15일, 23면.

104) 박원식, 「네티즌 54% "육체관계 없다면 간통 아니다"」, 『한국일보』, 1999년 4월 22일, 7면.

105) 이기호, 「간통죄」, 『한국일보』, 2007년 9월 21일, 38면.

106) 한연주, 『나는 취하지 않는다』, 다시, 2006, 26~27쪽.

107) 고길섶, 『우리 시대의 언어 게임』, 토담, 1995, 345쪽.

108) 김성은, 「"남자는 섹스 동물, 외도 인정해야" …… 내연녀 회고록 파문」, 『유코피아닷컴』,

2010년 8월 5일.

109) 김성은, 「"어쩜 멋져!" 6살 소녀도 감탄한 '스리섬' 광고」, 『유코피아』, 2009년 11월 12일.

110) 두산 백과사전.

111) 김영화, 「아내와 간통한 동료 부인에 '스와핑' 강요 앙갚음」, 『한국일보』, 2001년 7월 14일, 27면.

112) 정영오, 「매춘 공급은 무죄…… 수요는 불법」, 『한국일보』, 2008년 3월 17일.

113) 윤가현, 「부산발 '스와핑' 태풍…… 관음증 범람의 현장」, 『주간동아』, 479호(2005년 4월 5일), 동아일보사, 34~37쪽.

114) 김홍석, 「폭로된 성과 은폐된 제도」, 김정자 외, 『한국 현대 문학의 성과 매춘 연구』, 태학사, 1996, 307~308쪽.

115) 정희진, 「성매매를 둘러싼 '차이'의 정치학: 성매매, 성별, 목소리들」, 『황해문화』, 제46호(2005년 봄), 새얼문화재단, 27~45쪽.

116) 장(윤)필화, 『여성 몸 성』, 또하나의문화, 1999, 144쪽.

117) 마이클 J. 실버스타인(Micheal J. Silverstein) · 닐 피스크(Neil Fiske), 보스턴컨설팅그룹 옮김, 『소비의 새 물결 트레이딩 업』, 세종서적, 2005, 88쪽.

118) 김재곤 · 원세일, 「직장인들, 점심에 '번개 맞선' 바람」, 『조선일보』, 2008년 3월 25일.

119) 주창윤, 『대한민국 컬처 코드』, 21세기북스, 2010, 116~120쪽.

120) 박숙희 · 유동숙, 『뜻도 모르고 자주 쓰는 우리말 나이 사전』, 책이있는마을, 2005, 357쪽.

121) 조용만, 「[남기고 싶은 이야기들] (제81화)-30년대의 문화계 (160) 다방 '69'」, 『중앙일보』, 1985년 2월 6일, 11면.

122) 마광수, 『문학과 성』, 철학과현실사, 2000, 93쪽.

123) 정동권, 「명품 치장 주말 하룻밤 파티 20~30대 '신데렐라족' 등장」, 『국민일보』, 2005년 9월 10일, 6면.

124) 최지영, 「미국서도 '명품 대여업' 인기」, 『중앙일보』, 2006년 3월 22일, 10면.

125) 이재성, 「소녀들에게 빠져봐 우리는 '아저씨 부대'」, 『한겨레』, 2007년 11월 28일.

126) 「新 모계 사회'가 열린다」, 『매일경제』, 2006년 1월 2일, 1면.

127) 거다 러너(Gerda Lerner), 「역사 속의 페미니스트」, 데보라 G. 펠더(Deborah G. Felder), 송정희 옮김, 『랭킹 100, 세계사를 바꾼 여성들』, 에디터, 1998년 2월 20일.

128) 마빈 해리스(Marvin Harris), 박종렬 옮김, 『문화의 수수께끼』, 한길사, 2000, 107쪽.

129) 백지숙, 『짬뽕』, 푸른미디어 1997. 69쪽.

130) 이임하, 『여성, 전쟁을 넘어 일어서다』, 서해문집, 2004, 154~155쪽.

131) 이임하, 『여성, 전쟁을 넘어 일어서다』, 서해문집, 2004, 162쪽.

132) 백선엽, 『군과 나: 백선엽 회고록』, 대륙연구소 출판부, 1989, 252쪽.

133) 윤가현, 『동성애의 심리학』, 학지사, 1997, 22~23쪽.

134) 박숙희 · 유동숙, 『뜻도 모르고 자주 쓰는 우리말 나이 사전』, 책이있는마을, 2005, 359쪽.

○

1) 표광민, 「'아동 포르노' 규제 논란」, 『PD저널』, 2009년 10월 14일, 한국PD연합회.

2) 박혜영, 「과학 기술 시대와 여성의 꿈」, 『녹색평론』, 제82호(2005년 5~6월), 녹색평론사, 91~92쪽.

3) 김지룡, 『나는 솔직하게 살고 싶다』, 명진출판, 1999, 255~258쪽.

4) 김지룡, 『개인 독립 만세』, 명진출판, 2000, 91~93쪽.

5) 이윤기, 『이윤기의 그리스 로마 신화 1』, 웅진지식하우스, 2000, 91~99쪽.

6) 리사 터틀(Lisa Tuttle), 유혜련 · 호승희 옮김, 『페미니즘 사전』, 동문선, 1999, 55~56쪽.

7) 김영애, 『페로티시즘』, 개마고원, 2004, 235~236쪽.

8) 한상진, 「안마 시술소 인턴사원 힘겨운 오렌지(?) 생활」, 『주간동아』, 611호(2007년 11월 20일), 동아일보사, 79쪽.

9) 이규태, 『암탉이 울어야 집안이 잘된다 1』, 신원문화사, 2000, 183~185쪽.

10) 문승숙, 「민족 공동체 만들기: 남한의 역사와 전통에 담긴 남성 중심적 담론(1961~1987)」, 일레인 김(Elaine H. Kim) · 최정무, 박은미 옮김, 『위험한 여성』, 삼인, 2001, 85쪽.

11) 석정남, 『공장의 불빛』, 일월서각, 1984, 90~91쪽.

12) 구해근, 신광영 옮김, 『한국 노동 계급의 형성』, 창작과비평사, 2002, 125쪽.

13) 박세길, 『다시 쓰는 한국현대사 2』, 돌베개, 1989, 279쪽.

14) 구해근, 신광영 옮김, 『한국 노동 계급의 형성』, 창작과비평사, 2002, 127쪽.

15) 정성희, 『조선의 성 풍속』, 가람기획, 1998, 91~93쪽.

16) 김민아, 「정치인 섹스 스캔들은 '권력 욕망' 때문…… NYT, 뉴욕 주지사 성매매 등 심리 분석」, 『경향신문』, 2008년 3월 13일.

17) 박형지 · 설혜심, 『제국주의와 남성성』, 아카넷, 2004, 180~182쪽.

18) 강준만, 『한국 현대사 산책 1980년대 편 2권』, 인물과사상사, 2006, 83~90쪽.

19) 황지희, 「금기 깬 멜로드라마」, 『PD저널』, 2006년 1월 18일, 한국PD연합회, 5면.

20) 노염화, 『기취 소년 문화의 바다에 빠지다』, 토마토, 1997, 210쪽.

21) 전규찬, 「〈애인〉을 둘러싼 이야기들: TV 드라마 텍스트의 주변 담론 분석」, 황인성 · 원용진 엮음, 『애인: TV 드라마, 문화 그리고 사회』, 한나래, 1997, 34쪽.

22) 『경향신문』, 1996년 12월 18일, 29면.

23) 이규태, 『한국인의 의식 구조 2』, 신원문화사, 1983, 253~254쪽.

24) 김홍탁, 『광고, 리비도를 만나다』, 동아일보사, 2003, 311~312쪽.

25) 고길섶, 『문화 비평과 미시 정치』, 문화과학사, 1998, 212~213쪽.

26) 박숙희 · 유동숙, 『뜻도 모르고 자주 쓰는 우리말 나이 사전』, 책이있는마을, 2005, 82쪽.

27) 김현숙, 「민족의 상징, '양공주'」, 일레인 김(Elaine H. Kim) · 최정무, 박은미 옮김, 『위험한 여성』, 삼인, 2001, 221쪽.

28) 백승구, 「주거 혁명의 旗手 張東雲」, 『월간조선』, 2006년 7월호, 조선일보사, 363쪽.

29) 이영화, 『조선 시대 조선 사람들』, 가람기획, 1998, 166~168쪽.

30) 이규태, 『암탉이 울어야 집안이 잘된다 2』, 신원문화사, 2000, 31쪽.

31) 권승준·김지현, 「학생들 사이 유행 '얼짱 팔찌', 알고 보니 성적 의미 담겨?」, 『조선일보』, 2010년 8월 19일.

32) 마이클 H. 하트(Michael H. Hart), 김평옥 옮김, 『세계사를 바꾼 사람들』, 에디터, 1993.

33) 이영미, 『한국 대중가요사』, 시공사, 1998, 134~136쪽.

34) 이철, 『경성을 뒤흔든 11가지 연애 사건』, 다산초당, 2008, 81~82쪽.

35) 강준만, 『한국 현대사 산책 1990년대 편 2권』, 인물과사상사, 351~353쪽; 손동수, 「영화에 대해 솔직하게 말하기」, 『상상』, 1996년 여름, 83~84쪽.

36) 줄리아 우드(Julia T. Wood), 한희정 옮김, 『젠더에 갇힌 삶』, 커뮤니케이션북스, 2006, 403쪽.

37) 조재진, 「묶이고 맞으며 쾌감? "취향 희한하네~"」, 『주간한국』, 2088호(2006년 1월 4일), 한국일보.

38) 고종관, 「성 지수 'SQ' 나왔다」, 『중앙일보』, 2004년 12월 8일, 23면.

39) 윤가현, 『성 심리학』, 성원사, 1990, 193쪽.

40) 이흥우, 「'엣지 있는 창작'」, 『경향신문』, 2009년 9월 25일.

41) 이준희, 「간지, 엣지」, 『한국일보』, 2009년 9월 23일.

42) 수전 린(Susan Linn), 김승욱 옮김, 『TV 광고 아이들』, 들녘, 2006.

43) 이동영, 「유치장 여자 화장실에 '에티켓 벨'」, 『동아일보』, 2005년 8월 26일, A9면.

44) 두산 백과사전.

45) 「'여대생 접대부' 논란」, 『경향신문』, 1998년 9월 22일, 21면.

46) 박근영, 「여성도 성을 산다」, 『시사IN』, 제54호(2008년 9월 24일), 참언론.

47) 스티븐 컨(Stephen Kern), 이성동 옮김, 『육체의 문화사』, 의암출판, 1996, 133쪽.

48) 스티븐 컨(Stephen Kern), 이성동 옮김, 『육체의 문화사』, 의암출판, 1996, 73~74쪽.

49) 캐롤린 라마자노글루(Caroline Ramazanoglu), 김정선 옮김, 『페미니즘, 무엇이 문제인가』, 문예출판사, 1997, 227~228쪽.

50) 최은희, 『여성을 넘어 아낙의 너울을 벗고』, 문이재, 2003, 70쪽, 80쪽.

51) 허윤희, 「"여자의 섹스, 그녀만큼 복잡 미묘하네"」, 『조선일보』, 2010년 9월 11일; 신디 메스턴(Cindy M. Meston)·데이비드 버스(David M. Buss), 정병선 옮김, 『여자가 섹스를 하는 237가지 이유』, 사이언스북스, 2010년 9월 11일.

52) 「여 화장실에 비밀 카메라」, 『한국일보』, 1997년 7월 15일, 39면.

53) 「여 화장실 몰래카메라 형법 적용 첫 구속」, 『한국일보』, 1998년 3월 13일, 31면.

54) 김계연, 「'누님 환영' …… 역 원조교제 인터넷 카페 성행」, 『연합뉴스』, 2010년 9월 7일.

55) 김수진, 『신여성, 근대의 과잉』, 소명출판, 2009, 324쪽.

56) 이규태, 『암탉이 울어야 집안이 잘된다 2』, 신원문화사, 2000, 31쪽.

57) 임지선·임인택, 「연기자 5명 중 1명 "나 또는 동료가 성 상납 강요받았다"」, 『한겨레21』, 제 768호(2009년 7월 13일), 한겨레신문사.

58) 이종식, 「"접대 위해 몸매 검사" 연예인 지망생 성추행」, 『동아일보』, 2009년 4월 9일.

59) 이정윤, 「장안동 호스트바에 가다」, 『주간조선』, 2118호(2010년 8월 16일), 조선일보사.

60) 앨런 브링클리(Alan Brinkley), 황혜성 외 공역, 『미국인의 역사』(전3권), 비봉출판사, 1998; 사라 에번스(Sara M. Evans), 조지형 옮김, 『자유를 위한 탄생: 미국 여성의 역사』, 이화여자 대학교 출판부, 1998.

61) 데즈먼드 모리스(Desmond Morris), 황현숙 옮김, 『머리 기른 원숭이』, 까치, 1996, 185~186쪽.

62) 토마스 무어(Thomas Moore), 정명진 옮김, 『섹스의 영혼』, 생각의나무, 1999, 214~215쪽.

63) 박형지·설혜심, 『제국주의와 남성성』, 아카넷, 2004, 180~182쪽.

64) 토머스 라커(Thomas Walter Laqueur), 이현정 옮김, 『섹스의 역사』, 황금가지, 2000, 241~ 243쪽.

65) 팻 윈거트(Pat Wingert), 차진우 옮김, 「오르가슴을 팔겠다고?」, 『뉴스위크 한국판』, 제934호 (2010년 6월 16일), 중앙일보시사미디어.

66) 이재형, 「당신은 오르가슴을 느껴봤나요」, 『한겨레21』, 제823호(2010년 8월 13일), 한겨레신 문사.

67) 이용균, 「'오빠, 나 기억해?' 스팸 문자 사기」, 『경향신문』, 2009년 6월 12일.

68) 백승재, 「지긋지긋한 '060' 전화, 공짜로 막는다」, 『조선일보』, 2005년 11월 9일, B14면.

69) 데즈먼드 모리스(Desmond Morris), 황현숙 옮김, 『머리 기른 원숭이』, 까치, 1996, 166쪽.

70) 윤순환, 「연예인 포르노 신드롬; 구하기 전쟁 속 검찰은 수사팀 가동」, 한국일보 1999년 3월 16일, 26면.

71) 조흡, 「맑스, 프로이트, 그리고 O양의 비디오」, 강준만 외, 『인물과사상 11』, 개마고원, 1999, 375쪽.

72) 박숙희, 『뜻도 모르고 자주 쓰는 우리말 사전』, 책이있는마을, 2003, 242~243쪽.

73) 김태균, 「룸살롱 검색 사이트 制? 窄?」, 『서울신문』, 2000년 9월 26일, 25면.

74) 김주희, 「티켓 다방은 10대 여성의 일터? 놀이터?」, 유쾌한섹슈얼리티인권센터 기획, 변혜정 엮음, 『10대의 섹스, 유쾌한 섹슈얼리티』, 동녘, 2010, 168~169쪽.

75) 이현아, 「옥소리 "간통이 무슨 죄?" 위헌 심판 신청」, 『한국일보』, 2008년 1월 30일.

76) 김선주, 「올해의 인물, 옥소리」, 『한겨레』, 2008년 12월 23일.

77) 이대혁, 「英 '온라인 정자 거래' 첫 재판」, 『한국일보』, 2010년 9월 15일.

78) 이프 편집부, [호스트바 잠입 르포] '다팡 마담'에서 '왕 게임'까지」, 『페미니스트 저널 이 프』, 1997년 가을호, 이프, 48쪽.

79) 신명호, 『조선의 왕』, 가람기획, 1998, 65~66쪽.

80) 정유경, 「검찰 '욕정을 못 이겨' 안 쓰기로」, 『한겨레』, 2007년 11월 2일, 27면.

81) 정희진, 「죽어야 사는 여성들의 인권」, 한국여성의전화연합 엮음, 『한국 여성 인권 운동사』, 한

울아카데미, 1999, 310~311쪽.

82) 줄리아 우드(Julia T. Wood), 한희정 옮김, 『젠더에 갇힌 삶』, 커뮤니케이션북스, 2006, 105~106쪽; 앨리스 워커(Alice Walker), 김은실, 「차이는 축복이며 자유의 시작이다」, 『당대비평』, 제27호(2004년 가을), 생각의나무, 9~29쪽; 존 스페이드(Jon Spayde)·제이 월재스퍼(Jay Walljasper) 외, 원재길 옮김, 『틱낫한에서 촘스키까지』, 마음산책, 2004, 237~238쪽; 실비아 월비(Sylvia Walby), 유희정 옮김, 『가부장제 이론』, 이화여자대학교출판부, 1996; 태혜숙, 『한국의 탈식민 페미니즘과 지식 생산』, 문화과학사, 2004; 최정무, 「한국의 민족주의와 성(차)별 구조」, 일레인 김(Elaine H. Kim)·최정무, 박은미 옮김, 『위험한 여성』, 삼인, 2001, 23~51쪽.

83) 박숙희, 『뜻도 모르고 자주 쓰는 우리말 사전』, 책이있는마을, 2003, 307쪽.

84) 빌헬름 라이히(Wilhelm Reich), 박설호 편역, 『문화적 투쟁으로서의 성』, 솔, 1996, 326쪽.

85) 마빈 해리스(Marvin Harris), 김찬호 옮김, 『작은 인간』, 민음사, 1995, 245쪽.

86) 구성모, 「사라지지 않는 원조교제 실태-늙은 오빠들 '풋사과' 못 따 안달」, 『헤이맨뉴스』, 2010년 6월 22일.

87) 김도연, 『일본 TV 벗기기』, 산성미디어, 1998, 79~81쪽.

88) 조르주 바타이유(Georges Bataille), 조한경 옮김, 『에로티즘의 역사』, 민음사, 1998, 82쪽.

89) 차윤정, 「'월경(越境)하는 여성' 들」, 『세계일보』, 2004년 9월 7일, 29면.

90) 강선미, 「여성의 몸, 월경에 대한 '점성학적 은유'」, 『여성의 몸 여성의 나이』, 또하나의문화, 2001, 220~221쪽.

91) 정성희, 『조선의 성 풍속』, 가람기획, 1998, 31쪽.

92) 김준영, 『입에 익은 우리 익은말』, 학고재, 2006, 285~286쪽.

93) 리사 터틀(Lisa Tuttle), 유혜련·호승희 옮김, 『페미니즘 사전』, 동문선, 1999, 360~361, 431쪽.

94) 민용태, 『성의 문화사』, 문학아카데미, 1997, 290~292쪽.

95) 정성희, 『조선의 성 풍속』, 가람기획, 1998, 91~93쪽.

96) 김정운, 『일본 열광』, 프로네시스, 2007, 208~211쪽.

97) 김정운, 『일본 열광』, 프로네시스, 2007, 205쪽.

98) 필립 튀르셰(Philippe Turchet), 강주헌 옮김, 『유혹 그 무의식적인 코드』, 나무생각, 2005, 114쪽.

99) 장 보드리야르(Jean Baudrillard), 배영달, 『보드리야르의 문화 읽기』, 백의, 1998, 211~242쪽.

100) 헬렌 피셔(Helen E. Fisher), 김남경 옮김, 『사랑의 해부학』, 하서, 1994, 23~24쪽.

101) 최진호, 「재미 교포 파이터 조선, 윤간 혐의로 275년형 구형」, 『격투기뉴스』, 2008년 10월 11일.

102) 김현숙, 「민족의 상징, '양공주'」, 일레인 김(Elaine H. Kim)·최정무, 박은미 옮김, 『위험한 여성』, 삼인, 2001, 236쪽.

103) 정유진, 「'민족'의 이름으로 순결해진 딸들?: 주한 미군 범죄와 여성」, 『당대비평』, 제11호(2000년 여름), 생각의나무, 231쪽.

104) 권경안, 「현해탄에 몸 던진 김우진」, 『조선일보』, 2006년 9월 20일.

105) 이애숙, 「여성, 그들의 사랑과 결혼」, 한국역사연구회, 『우리는 지난 100년 동안 어떻게 살았을까 2』, 역사비평사, 1998, 158쪽.

106) Don R. Pember, 『Mass Media Law』, 1996 ed.(Dubuque, Iowa: Brown & Benchmark, 1996), pp.406~407.

107) 김홍탁, 『광고, 리비도를 만나다』, 동아일보사, 2003, 39쪽.

108) 한병구, 『언론과 윤리 법제』, 서울대학교출판부, 2000, 196쪽.

109) 줄리아 우드(Julia T. Wood), 한희정 옮김, 『젠더에 갇힌 삶』, 커뮤니케이션북스, 2006, 397쪽.

110) 다노 데쓰후미, 장민철 옮김, 『히트 상품 이야기』, 행담, 1996, 178~179쪽

111) 이봉현, 「'원초적 본능' 샤론 스톤 한화에너지 광고 출연」, 『한겨레』, 1996년 9월 3일, 8면.

112) 이호갑, 「야한 광고 "홍수" 혐오감 "범람" "일단 시선 끌고 보자"」, 『동아일보』, 1996년 9월 17일, 43면.

113) 한채윤·권김현영, 「10대의 성 정체성, 한때와 탈반의 섹슈얼리티에 갇히다」, 유쾌한섹슈얼리티인권센터 기획, 변혜정 엮음, 『10대의 섹스, 유쾌한 섹슈얼리티』, 동녘, 2010, 269쪽.

114) 김미리, 「예전엔 사랑이 깨지면 눈물 흘렸지만 요즘엔 사랑이 깨지면 피눈물 흘린다」, 『조선일보』, 2008년 8월 20일.

115) 김완섭, 『창녀론』, 천마, 1995, 124~125쪽.

116) 김회승, 「때아닌 유방 확대 수술 바람」, 『한겨레』, 1997년 6월 9일, 15면.

117) 김정란, 「역자 후기」, 에스터 하딩(Ester Harding), 김정란 옮김, 『사랑의 이해』, 문학동네, 1996, 389~394쪽.

118) 에두아르트 푹스(Eduard Fuchs), 박종만 옮김, 『풍속의 역사 4: 부르조아의 시대』, 까치, 1989.

119) 이동훈, 「러시아 여성들 매춘 성행, 국내 조직 러 마피아 등과 연계」, 『한국일보』, 1996년 10월 18일, 35면.

120) 이명재·정위용, 「서울의 밤 러 매춘부 활개, 한국인 상대 알선 조직 성업」, 『동아일보』, 1996년 5월 7일, 47면.

121) 이대인, 「신종 '성매매 인형방' "경기지방청 나서 적극 단속해야"」, 『굿맨뉴스』, 2007년 6월 1일.

122) 조영남, 『맞아죽을 각오로 쓴 친일 선언』, 랜덤하우스중앙, 2005, 153쪽; 김남중, 「"反日이 親美로 치우쳐 잃은 것 많다" …… '친일선언'으로 금기 깬 조영남 인터뷰」, 『국민일보』, 2005년 1월 14일, 25면.

123) 「참을 수 없는 포르노의 지겨움」, 『페미니스트저널 이프』, 1999년 여름호, 이프, 201~202쪽.

124) 데즈먼드 모리스(Desmond Morris), 황현숙 옮김, 『머리 기른 원숭이』, 까치, 1996, 166쪽.

ㅈ

1) 조혜정, 『한국의 여성과 남성』, 문학과지성사, 1988, 79쪽.

2) 장 클로드 볼로뉴(Jean Claude Bologne), 권지현 옮김, 『독신의 수난사』, 이마고, 2006, 407쪽.

3) 페이스 팝콘(Faith Popcorn) · 애덤 한프트(Adam Hanft), 인트랜스번역원 옮김, 『미래 생활 사전』, 을유문화사, 2003, 85쪽.

4) 마광수, 『카타르시스란 무엇인가』, 철학과현실사, 1997, 75~76쪽.

5) 마광수, 『나는 야한 여자가 좋다』, 북리뷰, 2010, 142쪽.

6) 윤가현, 『성 심리학』, 성원사, 1990, 202쪽.

7) 문은미, 「노동 자원으로서의 섹슈얼리티 연구: 이십대 행사 도우미를 중심으로」, 『여성이론』, 제3호(2000년 겨울), 여성문화이론연구소, 165쪽.

8) 김선하, 「성공한 여성은 페미니즘의 적?」, 『중앙일보』, 2006년 3월 28일, 10면; 윤창수, 「"잘나 가는 여성이 페미니즘 죽인다」, 『서울신문』, 2006년 3월 28일, 14면.

9) 소현숙, 「정조는 취미다: 나혜석 이혼 사건」, 길밖세상, 『20세기 여성 사건사』, 여성신문사, 2001, 113~114쪽.

10) 지그문트 프로이트(Sigmund Freud), 김석희 옮김, 『문명 속의 불만』, 열린책들, 1997, 30쪽.

11) 김홍탁, 『광고, 리비도를 만나다』, 동아일보사, 2003, 316~321쪽.

12) 두산 백과사전.

13) 한원영, 『한국현대 신문연재소설 연구 上』, 국학자료원, 1999, 163쪽.

14) 허수, 「베스트셀러와 금서의 변주곡」, 한국역사연구회, 『우리는 지난 100년 동안 어떻게 살았 을까 1』, 역사비평사, 1998, 141쪽.

15) 김수남, 『한국 영화작가 연구』, 예니, 1995, 67쪽.

16) 서형실, 「일제 시기 신여성의 자유연애론」, 역사문제연구소, 『역사비평』, 계간25호 통권27호 (1994년 여름), 역사비평사, 112~113쪽; 김경일, 「일제 하의 신여성 연구: 성과 사랑의 문제를 중심으로」, 한국사회사학회, 『사회와 역사』, 통권57집(2000년 6월), 문학과지성사, 2000, 62~63쪽.

17) 김동진, 조항범 평석, 『선인들이 전해준 어원 이야기』, 태학사, 2001, 119~120쪽.

18) 김준영, 『입에 익은 우리 익은말』, 학고재, 2006, 309~311쪽.

19) 데즈먼드 모리스(Desmond Morris), 황현숙 옮김, 『머리 기른 원숭이』, 까치, 1996, 177~178쪽.

20) 김시현 외, 「14세 소녀 "오빠들과 가면 '쭝(주민등록증) 검사 안 해요"」, 『조선일보』, 2010년 7월 20일.

21) 「춤바람: '환락(歡樂)' 에서 '윤락(淪落)' 으로」, 『조선일보』, 1961년 4월 29일, 석간 5면.

22) 주경철, 『네덜란드』, 산처럼, 2003, 123~124쪽.

23) 임인택, 「장애인도 하고 싶다, 살고 싶다」, 『한겨레21』, 제829호(2010년 10월 1일), 한겨레신문사.

24) 에릭 마커스(Eric Marcus), 컴투게더 옮김, 『커밍아웃』, 박영률출판사, 2000, 70쪽, 84쪽.

25) 최홍원영, 「왜 '성매매 피해 여성'으로 규정해야 하는가?: 성매매 방지법 논쟁을 중심으로」, 『당대비평』, 제18호(2002년 봄), 생각의나무, 127~128쪽.

26) 빠스칼 디비(Pascal Dibie), 동문선 편집부 옮김, 『침실의 문화사』, 동문선, 1994, 324쪽.

27) 이성구, 「名器의 조건」, 『월간조선』, 2007년 5월호, 조선일보사, 562~563쪽.

28) 이승재, 「성인 나이트클럽의 모든 것」, 『동아일보』, 2003년 2월 7일, 55면.

29) 리사 터틀(Lisa Tuttle), 유혜련·호승희 옮김, 『페미니즘 사전』, 동문선, 1999, 93~94쪽.

30) 이무용, 「전화방의 문화 정치 주체와 공간의 파편화·분절화」, 논형, 2005, 220~224쪽.

31) 김동진, 조항범 평석, 『선인들이 전해 준 어원 이야기』, 태학사, 2001, 191쪽.

32) 마광수, 『나는 야한 여자가 좋다』, 자유문학사, 1995, 73쪽.

33) 마광수, 『나는 헤픈 여자가 좋다』, 철학과현실사, 2007, 118쪽.

34) 이규태, 『한국인의 의식 구조 2』, 신원문화사, 1983, 93쪽.

35) 이인열, 「대한민국은 '불법 정력제' 적발 강국」, 『조선일보』, 2010년 6월 2일.

36) 오윤현, 「숫자로 보는 남성의 성」, 『시사IN』, 제99호(2009년 8월 8일), 참언론.

37) 토머스 라커(Thomas Walter Laqueur), 이현정 옮김, 『섹스의 역사』, 황금가지, 2000, 255~256쪽; 다니엘 J. 부어스틴(Daniel J. Boorstin), 이성범 옮김, 『발견자들』(전2권), 범양사출판부, 1986; 데이비드 프리드먼(David Friedman), 김태우 옮김, 『막대에서 풍선까지』, 까치, 2003.

38) 앤드류 킴브렐(Andrew Kimbrell), 김동광·과학세대 옮김, 『휴먼 보디숍』, 김영사, 1995, 111쪽.

39) 이철민, 「덴마크 "정자(精子) 사세요"」, 『조선일보』, 2004년 10월 2일, A16면; 한용걸, 「"결혼 안 하고 아이만……" 미 여성들 '괜찮은 정자' 사냥」, 『세계일보』, 2006년 3월 21일, 13면.

40) 위키 백과사전.

41) McGrath, Judy, 『Current Biography』, 66:2(February, 2005), p.41.

42) 김형진, 「미국의 방송 프로그램 선정성 규제 제도」, 『미디어경제와 문화』, 제3권 제3호(2005년 여름), 커뮤니케이션북스, 12~15쪽.

43) gimme228 2006. 2. 10

44) 강준만, 「한국 실업의 역사」, 『인물과사상』, 147호(2010년 7월), 인물과사상사, 170쪽; 이광희, 「[한국 50년] 경제 큰길 뚫은 "골드러시" …… 월남-중동 특수」, 『조선일보』, 1998년 8월 22일.

45) 김홍탁, 『광고, 리비도를 만나다』, 동아일보사, 2003, 228쪽.

46) 연점숙, 「억압적 이성애 제도에 대한 거부와 대안-레즈비언 페미니즘」, 한국영미문학페미니즘학회, 『페미니즘』, 민음사, 2000, 312쪽.

47) 구정은, 「1억 명 …… 사라진 딸들」, 『경향신문』, 2010년 3월 17일.

48) 제정남, 「유시민, 성폭력 사건에 "해일이 일고 있는데 조개 줍고 있다" 묵살」, 『민중의소리』, 2006년 2월 6일.

49) 정희진, 『페미니즘의 도전』, 교양인, 2005년, 9쪽.

50) 현재석, 「‘빨리빨리 문화’ 조루도 “한(韓) 최고”」, 『머니투데이』, 2009년 10월 19일.

51) 이능화, 이재곤 옮김, 『조선해어화사』, 동문선, 1992.

52) 김성은, 「결혼과 이혼의 역사」, 이배용 외, 『우리나라 여성들은 어떻게 살았을까 2』, 청년사, 1999, 85쪽; 이규태, 『암탉이 울어야 집안이 잘된다 2』, 신원문화사, 2000, 216쪽; 전경옥 · 유숙란 · 이명실 · 신희선, 『한국 여성 정치 사회사 1』, 숙명여자대학교 아시아여성연구소, 2004, 148쪽; 이효재, 『조선조 사회와 가족: 신분 상승과 가부장제 문화』, 한울아카데미, 2003, 101쪽.

53) 신용하, 『독립협회 연구』, 일조각, 1996, 243쪽.

54) 김혜경, 『식민지하 근대 가족의 형성과 젠더』, 창비, 2006, 185쪽.

55) 김윤식, 『이광수와 그의 시대 1』, 솔, 1999, 49쪽.

56) 신영숙, 「강제 결혼이 빚어낸 여성 범죄」, 국사편찬위원회 편, 『혼인과 연애의 풍속도』, 두산동아, 2005, 202~234쪽.

57) 이국영, 「성매매 60% 전문 · 사무직」, 『매트로뉴스』, 2010년 10월 18일.

58) 죠르쥬 바따이유(Georges Bataille), 조한경 옮김, 『에로티즘』, 민음사, 1989, 147~148쪽.

59) 김동진, 조항범 평석, 『선인들이 전해준 어원 이야기』, 태학사, 2001, 118쪽.

60) 「지하 이발소 폐쇄: 퇴폐 막게 내부 들여다보여야 허가」, 『조선일보』, 1984년 3월 9일, 10면.

61) 장병길, 『나사니엘 호손』, 건국대학교출판부, 1995; 김성곤, 『김성곤 교수의 헐리웃 20세기 문화의 거울』, 웅진출판, 1997.

62) 서울대학교 병원.

63) 강준만, 『미국사 산책 5』, 인물과사상사, 2010, 223~224쪽.

64) 마트 바이(Matt Bai), 「루머 퍼뜨리는 온라인 잡지 성업」, 『뉴스위크 한국판』, 1997년 8월 27일, 중앙일보시사미디어, 79쪽; 정연주, 「클린턴 ‘성기 특징’ 신문 1면에」, 『한겨레』, 1997년 10월 17일, 7면; 홍은택, 「美 8천만 명이 본 ‘드라마 마지막회’」, 『동아일보』, 1998년 5월 16일; 윤희영, 「계부는 알코올…… 동생은 약물……」, 『조선일보』, 1998년 1월 27일, 7면; 홍은택, 「[지퍼게이트 1년] 클린턴 오리발 작전이 망신살 자초」, 『동아일보』, 1999년 1월 23일, 8면.

65) 옐토 드렌스(Jelto Drenth), 김명남 옮김, 『버자이너 문화사』, 동아시아, 2007, 415~416쪽.

66) 줄리아 우드(Julia T. Wood), 한희정 옮김, 『젠더에 갇힌 삶』, 커뮤니케이션북스, 2006, 398~400쪽.

67) 리사 터틀(Lisa Tuttle), 유혜련 · 호승희 옮김, 『페미니즘 사전』, 동문선, 1999, 360~361쪽, 435쪽.

68) 리사 터틀(Lisa Tuttle), 유혜련 · 호승희 옮김, 『페미니즘 사전』, 동문선, 1999, 293쪽.

69) 한규석, 『사회 심리학의 이해』, 학지사, 1995, 278~279쪽.

70) 임두빈, 「브라질 남자 못 말리는 질투심」, 『경향신문』, 2004년 9월 3일, 12면.

71) 이진아, 「남자 의사, 여자 마녀」, 『녹색평론』, 제77호(2004년 7~8월), 녹색평론사, 37~38쪽.

72) 오승완, 「남자 친구 있어도 범행, 갈수록 대범」, 『내일신문』, 2005년 10월 6일, 21면.

73) 「찜질방 꼴불견 베스트 10」, 『경향신문』, 2006년 10월 26일, K2면.

1) 캐슬린 배리(Kathleen Barry), 정금나 · 김은정 옮김, 『섹슈얼리티의 매춘화』, 삼인, 2002, 257쪽.

2) 김충식, 『남산의 부장들』, 동아일보사, 1992, 227~229쪽.

3) 김재홍, 「비화 10 · 26 사건 이후 19년 만의 최초 전면 공개 '채홍사' 박선호 군법회의 증언 녹취록 대통령 박정희의 '대행사, 소행사'」, 『신동아』, 1998년 11월, 307쪽.

4) 김재홍, 『박정희의 유산』, 푸른숲, 1998, 26쪽.

5) 권혁웅, 「박지성과 역지사지」, 『중앙일보』, 2006년 3월 11일, 30면.

6) 이승재, 「신세대가 열광하는 가요 들여다보기」, 『신동아』, 2006년 4월, 314쪽.

7) 위키 백과사전.

8) 김성우, 「결혼기념일마다 6회 처녀막 수술 러시아 30대 여성 화제」, 『스포츠한국』, 2009년 6월 22일.

9) 김완섭, 『창녀론』, 천마, 1995, 117쪽.

10) 박덕은, 『무희에서 스타까지 게이에서 성자까지』, 한솔미디어, 1996, 39쪽.

11) 김형찬, 「철학 박사 김형찬 기자의 '밀레니엄 담론'」, 『동아일보』, 1999년 8월 31일.

12) 강호식 · 박문규 · 이기수, 「정경유착, 이번엔 끊자 (1) 밀착의 현장」, 『경향신문』, 1997년 4월 23일, 3면.

13) 윤가현, 『성 심리학』, 성원사, 1990, 197쪽.

14) 정유경, 「'차별금지법마저 차별하나' 성 소수자들 거리로」, 『한겨레』, 2007년 11월 16일.

15) 스튜어트(Stuart) · 엘리자베스 유웬(Elizabeth Ewen), 「블루진, 패션, 자본주의」, 문화과학 편집부, 『문화과학』, 3호(1993년 봄), 문화과학사, 214쪽.

16) 김선미, 「'연예계 접대비리' M-S-H 등 유명 룸살롱 현장 취재」, 『동아일보』, 2002년 8월 9일, 51면.

17) 브리태니커 백과사전.

18) 김성우, 「"초야권 17억 원에 팔겠다" 호날두 여친 '충격 선언'」, 『한국일보』, 2009년 11월 30일.

19) 한스 디터 겔페르트(Hans-Dieter Gelfert), 이미옥 옮김, 『전형적인 미국인』, 에코리브르, 2003.

20) 김열규, 『욕: 그 카타르시스의 미학』, 사계절, 1997, 65쪽.

21) 옐토 드렌스(Jelto Drenth), 김명남 옮김, 『버자이너 문화사』, 동아시아, 2007, 408~409쪽.

22) 전성철 · 이대혁, 「'치마 속 다리' 막 찍어도 되나」, 『한국일보』, 2008년 3월 24일.

23) F. L. 알렌(Frederick Lewis Allen), 박진빈 옮김, 『빅 체인지』, 앨피, 2008.

24) 구둘래, 「칙릿이 세계 대세?」, 『한겨레21』, 제624호(2006년 8월 29일), 한겨레신문사, 50쪽.

25) 이정호, 「배설과 소비의 문학을 부추기는 신문」, 『미디어오늘』, 2006년 11월 22일, 전국언론노동조합연맹, 6면.

26) 윤가현, 『성 심리학』, 성원사, 1990, 227쪽.

27) 홍순도, 「대륙의 친자감정 열풍」, 『문화일보』, 2004년 12월 10일, 30면.

28) 고한성, 「뉴질랜드 아버지들, 친자 검사해보니 "친아버지 아니다" 30%나 돼」, 『내일신문』, 2005년 1월 31일, 7면.

29) 박정경, 「100명 중 4명이 가짜 아빠?」, 『서울신문』, 2005년 8월 12일, 12면.

30) 이창무, 「근친상간, 그 추악한 배신의 도끼」, 『주간동아』, 706호(2009년 10월 13일), 동아일보사, 118~119쪽.

31) 이규태, 『암탉이 울어야 집안이 잘된다 2』, 신원문화사, 2000, 204쪽.

32) 폴 맥도널드(Paul McDonald), 「스타 연구」, 조안 홀로우즈(Joanne Hollows) · 마크 얀코비치(Mark Jancovich), 문재철 옮김, 『왜 대중 영화인가』, 한울, 1999, 121~149쪽.

ㅋ

1) 바찌야나, 정태혁 옮김, 『카마수트라』, 동문선, 1995, 84쪽.

2) 두산 백과사전.

3) 스티븐 컨(Stephen Kern), 박성관 옮김, 『시간과 공간의 문화사 1880~1918』, 휴머니스트, 2004.

4) 마광수, 『성애론』, 해냄, 1997, 138쪽, 142쪽.

5) 제레미 리프킨(Jeremy Rifkin), 이정배 옮김, 『생명권 정치학』, 대화출판사, 1996.

6) 쿠르트 뫼저(Kurt Moser), 김태희 · 추금혼 옮김, 『자동차의 역사』, 이파리, 2007, 378쪽.

7) 위키 백과사전.

8) 이진, 『미국에 관한 진실 77가지』, 문예당, 1997, 56쪽.

9) 리사 터틀(Lisa Tuttle), 유혜련 · 호승희 옮김, 『페미니즘 사전』, 동문선, 1999, 119쪽.

10) 두산 백과사전.

11) 최형기, 「세계 최강 우리 콘돔, 이유 있다」, 『한겨레』, 2007년 11월 6일.

12) 김홍탁, 『광고, 리비도를 만나다』, 동아일보사, 2003, 150쪽.

13) 이규태, 『암탉이 울어야 집안이 잘된다 2』, 신원문화사, 2000, 213쪽.

14) 엄민용, 「신형폭탄주 진화는 계속 된다」, 『스포츠칸』, 2005년 12월 1일.

15) Marshall McLuhan, 『Understanding Media: The Extensions of Man』, New York: McGraw-Hill, 1965, p.266.

16) 「서울에도 '콜걸' 우글우글: 충무로 일대서 20여 명 연행」, 『조선일보』, 1964년 11월 28일, 3면.

17) 김지룡, 『나는 솔직하게 살고 싶다』, 명진출판, 1999, 238쪽.

18) 김지룡, 『나는 솔직하게 살고 싶다』, 명진출판, 1999, 246~250쪽.

19) 데이빗 부스(David M. Buss), 김용석 · 민현경 옮김, 『욕망의 진화』, 백년도서, 1995, 151쪽.

20) 데이비드 프리드먼(David Friedman), 김태우 옮김, 『막대에서 풍선까지』, 까치, 2003.

21) 조셉 브리스토우(Joseph Bristow), 이연정·공선희 옮김, 『섹슈얼리티』, 한나래, 2000, 234쪽, 289~290쪽.

22) 현민, 「섹슈얼리티: 이성애주의와 퀴어 정치학」, 이진경, 『문화 정치학의 영토들』, 그린비, 2007, 424쪽.

23) 한애란, 「"사회와 소통하고 싶다": 서울대 학생들 동성애 잡지 '퀴어플라이' 창간」, 『중앙일보』, 2006년 8월 26일, 9면.

24) 이규태, 『암탉이 울어야 집안이 잘된다 2』, 신원문화사, 2000, 241~242쪽.

25) 위키 백과사전.

26) 「무섭게 번진다 키스방 호황 왜? 그 안에서 정말 '뽀뽀'만 하겠니?」, 『헤이맨뉴스』, 2010년 6월 9일.

27) 애드리언 블루(Adrianne Blue), 이영아 옮김, 『키스의 재발견』, 예담, 2004, 203쪽.

28) 애드리언 블루(Adrianne Blue), 이영아 옮김, 『키스의 재발견』, 예담, 2004, 14쪽, 44~45쪽.

29) 조앤 레이먼드(Joan Raymond), 「새해에는 매일 15초간 키스하라」, 『뉴스위크 한국판』, 제711호(2005년 12월 28일), 중앙일보시사미디어, 62쪽.

30) 최영경, 「"키스받고 출근한 남편, 연봉 20% 더 높다"」, 『국민일보』, 2008년 6월 12일.

31) 조너선 개손 하디(Jonathan Gathorne-Hardy), 김승욱 옮김, 『킨제이와 20세기 성 연구』, 작가정신, 2010.

32) 강준만, 『미국사 산책 7』, 237~243쪽, 인물과사상사, 2010.

E

1) 한채윤·권김현영, 「10대의 성 정체성, 한때와 탈반의 섹슈얼리티에 갇히다」, 유쾌한섹슈얼리티인권센터 기획, 변혜정 엮음, 『10대의 섹스, 유쾌한 섹슈얼리티』, 동녘, 2010, 252~254쪽.

2) 브리태니커 백과사전.

3) 다니엘라 마이어(Daniela F. Mayr)·클라우스 마이어(Klaus O. Mayr), 김희상 옮김, 『털』, 작가정신, 2004, 68쪽.

4) 마빈 해리스(Marvin Harris), 김찬호 옮김, 『작은 인간』, 민음사, 1995, 182쪽.

5) 이규태, 『암탉이 울어야 집안이 잘된다 1』, 신원문화사, 2000, 328쪽.

6) 클라우디아 스프링거(Claudia Springer), 정준영 옮김, 『사이버 에로스』, 한나래, 1998, 15~16쪽.

7) 최영철, 「"강남 하드 코어 룸살롱? 오래 못 갑니다"」, 『주간동아』, 제670호(2009년 1월 20일), 동아일보사, 46~48쪽.

8) 클라우디아 스프링거(Claudia Springer), 정준영 옮김, 『사이버 에로스』, 한나래, 1998, 120쪽.

9) 크리스 쉴링(Chris Shilling), 임인숙 옮김, 『몸의 사회학』, 나남, 1999, 65쪽.

10) 박진빈, 「미국의 보수화와 군산 복합체: 신남부의 힘」, 역사문제연구소, 『역사비평』, 통권64호

(2003년 가을), 역사비평사, 39~59쪽.

11) 두산 백과사전.

12) 김창배, 「'트랜스젠더 강간죄 인정' 첫 판결」, 『한국일보』, 2009년 2월 19일.

13) 김기훈, 「'그녀'가 된 '그'를 '그'로 부르지 말라: 미 기업들, 트랜스젠더 고민」, 『조선일보』, 2005년 8월 3일, A8면.

14) 윤가현, 『성 심리학』, 성원사, 1990, 202쪽.

Ⅱ

1) 줄리아 우드(Julia T. Wood), 한희정 옮김, 『젠더에 갇힌 삶』, 커뮤니케이션북스, 2006, 110~112쪽.

2) 정재승, 「섹스가 없다면 예술이 있었을까」, 『한겨레21』, 제700호(2008년 3월 7일), 한겨레신문사.

3) 두산 백과사전.

4) 이명옥, 「문화 속의 팜므파탈」, 『조선일보』, 2009년 12월 7일.

5) 앵거스 맥래런(Angus McLaren), 임진영 옮김, 『20세기 성의 역사』, 현실문화연구, 2003, 206~207쪽.

6) 노혜경, 「말하면 죽인다? 침묵하면 죽는다!: '여성 해방' 안 된 사회의 인간은 여전히 노예다」, 노혜경 외, 『페니스 파시즘』, 개마고원, 2001, 14쪽.

7) 임지현, 「나도 사소한 일에만 분노한다」, 『동서문학』, 제30권 제4호(2000년 겨울), 228쪽.

8) 김영애, 『페로티시즘』, 개마고원, 2004.

9) 엘리자베트 바댕테르(Elisabeth Badinter), 나애리 · 조성애 옮김, 『잘못된 길』, 중심, 2005, 42쪽.

10) 김기원, 「성매매 여성의 인권」, 『한겨레』, 2006년 8월 18일, 26면.

11) 이규태, 『암탉이 울어야 집안이 잘된다 1』, 신원문화사, 2000, 27~29쪽.

12) 남상수, 「[남기고 싶은 이야기들] "속옷 모델 못 한다"」, 『중앙일보』, 2002년 6월 7일, 19면.

13) 귄터 아멘트(Gunter Amendt), 이용숙 옮김, 『섹스북』, 박영률출판사, 1995, 95~97쪽.

14) 라나 톰슨(Lana Thompson), 백영미 옮김, 『자궁의 역사』, 아침이슬, 2001, 70~74쪽.

15) 정명진, 「페이로니 병(음경만곡증) 한국 男 100명 중 1명꼴…… 수술로 교정 가능」, 『파이낸셜뉴스』, 2006년 6월 6일.

16) 유시민, 『유시민과 함께 읽는 유럽 문화 이야기 1』, 푸른나무, 1998, 22~24쪽.

17) 브리태니커 백과사전.

18) 마광수, 『성애론』, 해냄, 1997, 73~74쪽.

19) 두산 백과사전.

20) 정재승, 「5명, 2580번, 1290시간……」, 『한겨레21』, 제686호(2007년 11월 23일), 한겨레신문사.

21) 서울대학교 병원.

22) 옐토 드렌스(Jelto Drenth), 김명남 옮김, 『버자이너 문화사』, 동아시아, 2007, 403~406쪽.

23) 정희정, 「"여성도 즐길만한 포르노 만들어라"」, 『문화일보』, 2005년 6월 13일, 8면.

24) 위키 백과사전.

25) 남원상, 「'사이버 애인과 포르노 간통' 이 죄?」, 『동아일보』, 2008년 9월 17일, 15면.

26) 안드레아 오르(Andrea Orr), 유성렬 외 옮김, 『달콤살벌한 온라인 데이트』, 즐거운텍스트, 2006.

27) 정환보, 「포르노 산업 지출 1위 한국은 '정욕의 나라'」, 『경향신문』, 2010년 2월 3일.

28) 박승혁, 「'포르노 검색' 1위는 율법 엄격한 파키스탄」, 『조선일보』, 2010년 7월 15일.

29) 박영섭, 「헝가리: 유럽의 진주 포르노 영화 메카로 '타락'」, 『일요서울』, 1997년 7월 13일, 일요서울신문사, 43면.

30) 조한욱, 「[해설] 포르노그라피 만들기와 포르노그라피 읽기」, 린 헌트 엮음, 조한욱 옮김, 『포르노그라피의 발명』, 책세상, 1996.

31) 민동용, 「불황에 고개 숙인 美 포르노밸리」, 『동아일보』, 2009년 9월 16일.

32) 이진, 『미국에 관한 진실 77가지』, 문예당, 1997, 60쪽.

33) 이재우, 『D. H. 로렌스: 성을 통한 현대 문명의 고발』, 건국대학교 출판부, 1996, 26~27쪽.

34) 김재희, 「알리스 슈바르처 이야기」, 『페미니스트저널 이프』, 2001년 여름호, 이프, 122~127쪽.

35) 하윤금, 「'Playboy' 성인 컨텐츠 유통의 신화와 현실」, 한국언론학회 편집부, 『한국언론학보』, 제47권 5호(2003년 10월), 한국언론학회, 268~269쪽.

36) 강한섭, 「비디오 때문에 터지는 분통」, 『월간중앙』, 1991년 11월호, 82~83쪽.

37) 『스포츠서울』, 1989년 6월 10일.

38) 정연우, 「할리우드와 한국의 비디오 산업」, 월간 『말』, 1991년 1월호, 월간말(주) ; 유문무, 「자본주의와 대중문화」, 임희섭 · 박길성, 『오늘의 한국 사회』, 사회비평사, 1995년 3판, 95쪽.

39) 김연주, 「보수적인 사람들이 포르노 많이 봐」, 『조선일보』, 2009년 3월 6일.

40) 김연주, 「동성결혼 다음은 다자간(多者間) 사랑?」, 『조선일보』, 2009년 6월 20일.

41) 정양환, 「"아내에게 남자 친구가 생겼어요"」, 『동아일보』, 2009년 8월 3일.

42) 이진, 『미국에 관한 진실 77가지』, 문예당, 1997, 56쪽.

43) 신민기, 「4~7층은 룸살롱······ 8~10층선 성매매 신종 '풀살롱'」, 『동아일보』, 2009년 4월 6일.

44) 다니엘 푸러(Daniel Furrer), 선우미정 옮김, 『화장실의 작은 역사』, 들녘, 2005, 74~77쪽.

45) 제러미 리프킨(Jeremy Rifkin), 이원기 옮김, 『유러피언 드림』, 민음사, 2005, 168쪽.

46) 다니엘 푸러(Daniel Furrer), 선우미정 옮김, 『화장실의 작은 역사』, 들녘, 2005, 79쪽.

47) 피터 콜릿(Peter Collett), 이윤식 옮김, 『습관의 역사』, 추수밭, 2006, 211~212쪽.

48) F. L. 알렌(Frederick Lewis Allen), 박진빈 옮김, 『원더풀 아메리카』, 앨피, 2006.

49) 빌 헤이스(Bill Hayes), 박중서 옮김, 『5리터』, 사이언스북스, 2008, 373쪽.

50) 마광수, 『마광쉬즘』, 인물과사상사, 2006, 9~10쪽.

51) 마빈 해리스(Marvin Harris), 김찬호 옮김, 『작은 인간』, 민음사, 1995, 231쪽.

52) 강준만, 『미국사 산책 5』, 인물과사상사, 2010, 210~211쪽.

53) 강준만, 『미국사 산책 8』, 인물과사상사, 2010, 65쪽.

54) 브리태니커 백과사전.

55) 강준만, 『미국사 산책 8』, 인물과사상사, 2010, 65~66쪽.

56) 김성곤, 「'도의적 공정성(Political Correctness)'과 문화 연구(Cultural Studies)」, 『외국문학』, 제43호(1995년 여름), 열음사, 61~78쪽; 송정신, 「PC(Politically Correct) 운동에 대해」, 강준만 외, 『미디어와 쾌락』, 인물과사상사, 2003, 191~196쪽; 제임스 핀 가너(James Finn Garner), 김석희 옮김, 『좀더 정치적으로 올바른 베드 타임 스토리』, 실천문학사, 1996; 강태욱, 「Political Correctness(PC)」, 『뉴스위크 한국판』, 2005년 8월 24일, 중앙일보시사미디어, 79쪽; 김영석, 『설득 커뮤니케이션』, 나남, 2005, 264쪽.

57) 이재훈, 「"일회용 생리대 추방 건강·환경 지키자"」, 『서울신문』, 2004년 9월 22일, 25면.

58) 김문겸, 「키덜트, 사주 카페, 로또」, 박재환 외, 『현대 한국 사회의 일상 문화 코드』, 한울아카데미, 2004, 235~254쪽.

59) 김도연, 『일본 TV 벗기기』, 산성미디어, 1998, 83쪽.

60) 위키 백과사전.

ㅎ

1) 데즈먼드 모리스(Desmond Morris), 황현숙 옮김, 『머리 기른 원숭이』, 까치, 1996, 187~188쪽.

2) 김준영, 『입에 익은 우리 익은말』, 학고재, 2006, 309~311쪽.

3) 김정운, 『일본 열광』, 프로네시스, 2007, 30~38쪽.

4) 강준만, 『대중 매체 법과 윤리』, 인물과사상사, 2009, 416~428쪽.

5) 위키 백과사전.

6) 전병규, 「남성과 해바라기 수술」, 『파이낸셜데일리』, 2002년 1월 30일.

7) 박건승, 「서울 황진이?」, 『서울신문』, 2000년 8월 25일, 7면.

8) 아녜스 지아르, 이상빈 옮김, 「외로움 달래봐? 사랑해요」, 『헤럴드경제』, 2009년 10월 26일.

9) 이임하, 『계집은 어떻게 여성이 되었나』, 서해문집, 2004, 43쪽.

10) 윤가현, 『성 심리학』, 성원사, 1990, 53쪽.

11) 옐토 드렌스(Jelto Drenth), 김명남 옮김, 『버자이너 문화사』, 동아시아, 2007, 147쪽.

12) 최재천, 『사회생물학, 인간의 본성을 말하다』, 산지니, 2008, 240쪽.

13) 윤택림, 『한국의 모성』, 지식마당, 2001, 42쪽; 윤소영, 「근대 한·일의 만들어진 '현모양처' 론」, 장남호 외, 『화혼양재와 한국 근대』, 어문학사, 2006, 136쪽; 정진성, 「현대 일본의 모성 인식」, 심영희·정진성·윤정로, 『모성의 담론과 현실』, 나남, 1999, 245~264쪽; 가와모토 아

야, 「한국과 일본의 현모양처 사상: 개화기로부터 1940년대 전반까지」, 심영희 · 정진성 · 윤
정로, 『모성의 담론과 현실』, 나남, 1999, 221~244쪽; 조혜정, 『한국의 여성과 남성』, 문학과
지성사, 1988, 111쪽; 안선희 · 정유경, 「황당한 한은의 '화폐 인물' 선정 이유 "어진 아내에 영
재 교육에 남다른 성과"」, 『한겨레』, 2007년 11월 6일, 2면; 박선이, 「신사임당은 억울하다」,
『조선일보』, 2007년 11월 7일, A34면.

14) 오경환, 「르포 관광 한국」, 『신동아』, 1976년 7월, 167~168쪽.

15) 박숙희 · 유동숙, 『뜻도 모르고 자주 쓰는 우리말 나이 사전』, 책이있는마을, 2005, 226~228쪽.

16) 이정윤, 「장안동 호스트바에 가다」, 『주간조선』, 2118호(2010년 8월 16일), 조선일보사.

17) 이정윤, 「장안동 호스트바에 가다」, 『주간조선』, 2118호(2010년 8월 16일), 조선일보사.

18) 유선영, 「동원 체제의 과민족화 프로젝트와 섹스 영화: 데카당스의 정치학」, 『언론과 사회』, 제
15권 2호(2007년 여름), 성곡언론문화재단 언론과사회사, 13쪽.

19) 심산, 「〈애마부인〉의 아버지」, 『씨네21』, 296호(2001년 4월 10일), 한겨레신문사, 102쪽.

20) 호현찬, 『한국 영화 100년』, 문학사상사, 2000, 210쪽.

21) 정중헌, 『우리 영화 살리기』, 늘봄, 1999, 172쪽.

22) 고은광순, 『한국에는 남자들만 산다』, 인물과사상사, 2004, 68쪽.

23) 고은광순, 『한국에는 남자들만 산다』, 인물과사상사, 2004, 63쪽.

24) 송응창, 「호텔 미팅방 …… 커피만 마시고 '2차'」, 『한국일보』, 2009년 3월 6일.

25) 매튜 린, 강남규 정리, 「혼외정사와 경기 회복」, 『중앙선데이』, 2009년 5월 31일.

26) 이영창, 「'혼인빙자간음죄 위헌' 헌재 '개인의 사생활 국가가 간섭 말아야'」, 『한국일보』,
2009년 11월 27일.

27) 「홍제원 목욕」, 『조선일보』, 1963년 3월 27일, 5면.

28) 최재봉, 「'홍제원 목욕' 거부한 한 여인 이야기」, 『한겨레』, 1996년 6월 5일, 13면.

29) 윤대헌, 「인상 쓰면 강간, 웃으면 화간?」, 『스포츠칸』, 2010년 5월 25일.

30) 신복룡, 『한국사 새로 보기』, 풀빛, 2001, 43~51쪽.

31) 윤가현, 『동성애의 심리학』, 학지사, 1997, 73쪽.

32) 김원정, 「성범죄, '대중적 증오 입법' 근본 처방일까」, 『미디어오늘』, 2010년 7월 3일, 전국언
론노동조합연맹.

33) 최문정, 『임진록 연구』, 박이정, 2001, 140~143쪽.

34) 박건승, 「서울 황진이?」, 『서울신문』, 2000년 8월 25일, 7면; 고민구, 「빗나간 性 상품 '황진
이'」, 『문화일보』, 2000년 8월 28일, 29면.

35) 이영태, 「은퇴와 함께 떠나는 '여보' …… 55세 이상 이혼 7년 새 2배」, 『한국일보』, 2008년 4월
22일.

36) 김종우, 『홧병』, 여성신문사, 1997, 166~168쪽.

37) 대니얼 맥긴(Daniel McGinn), 「미국 대학 캠퍼스의 새 성 풍속도 '혹업'」, 『뉴스위크 한국
판』, 제654호(2004월 11월 9일), 중앙일보시사미디어, 48~49쪽.

38) 함인희, 「훅업(Hook-up) 세대의 등장」, 『한국일보』, 2008년 5월 16일.

39) 「새로 하는 성교육 1: 자신의 몸을 알자! 얼굴을 보듯 성기를 보자!」, 『페미니스트저널 이프』, 1998년 여름호, 이프, 241쪽.

40) 신광영, 「성매매, 걸려도 남는 장사?」, 『동아일보』, 2009년 4월 21일.

41) 이지운, 「IMF 손님 끌기 퇴폐 영업 극성」, 『서울신문』, 1998년 3월 21일, 23면.

42) 이영화, 『조선 시대 조선 사람들』, 가람기획, 1998, 166~168쪽.

43) 이재운 · 조규천, 『뜻도 모르고 자주 쓰는 우리 한자어 사전』, 책이있는마을, 2005, 111쪽.

44) 윤가현, 『성 심리학』, 성원사, 1990, 238쪽.

45) 하워드 진(Howard Zinn), 조선혜 옮김, 『미국민중저항사』(전2권), 일월서각, 1986; 모이라 게이튼스(Moira Gatens), 박찬길 옮김, 「정치적 몸의(과) 육체적 대표성」, 케티 콘보이(Katie Conboy) 외, 고경하 외 편역, 『여성의 몸, 어떻게 읽을 것인가?』, 한울, 2001, 110쪽.

46) 나탈리 제몬 데이비스(Natalie Zemon Davis), 조형준 옮김, 『여성의 역사 3 (하)』, 새물결, 1999, 514~515쪽.